21世纪经济管理精品教材·工商管理系列

管理决策分析

芮廷先 主编

清华大学出版社
北京

内 容 简 介

本教材结合财经类专业特点来组织和设计教学内容,秉承以教学案例为重点、以学生实践为主体、以教师讲授为主导的教学理念,也是为了适应财经类院校进行面向现代信息技术应用的计算机教育改革需求而编写。教材以 Excel 2010 软件作为运行环境,同时也可在 Excel 2007 或 Excel 2013 环境下运行。全书共分为九章:第一章管理决策概述;第二章 Excel 应用基础;第三章数据分析;第四章市场调查和分析;第五章经济管理预测模型;第六章优化决策方法;第七章生产管理决策模型;第八章资金管理决策模型;第九章管理系统优化问题。

本书可作为高等院校管理类专业教材,可供企业管理人员参考,也可作为管理学院(商学院)的 MBA 学生或硕士研究生的教材。

本书封面贴有清华大学出版社防伪标签,无标签者不得销售。
版权所有,侵权必究。举报: 010-62782989, beiqinquan@tup.tsinghua.edu.cn。

图书在版编目(CIP)数据

管理决策分析/芮廷先主编. —北京: 清华大学出版社,2016(2023.9重印)
(21 世纪经济管理精品教材·工商管理系列)
ISBN 978-7-302-43089-6

Ⅰ. ①管… Ⅱ. ①芮… Ⅲ. ①管理决策—高等学校—教材 Ⅳ. ①C934

中国版本图书馆 CIP 数据核字(2016)第 033961 号

责任编辑: 杜　星
封面设计: 汉风唐韵
责任校对: 宋玉莲
责任印制: 丛怀宇

出版发行: 清华大学出版社
　　　　网　　址: http://www.tup.com.cn, http://www.wqbook.com
　　　　地　　址: 北京清华大学学研大厦 A 座　　　　邮　　编: 100084
　　　　社 总 机: 010-83470000　　　　　　　　　　邮　　购: 010-62786544
　　　　投稿与读者服务: 010-62776969, c-service@tup.tsinghua.edu.cn
　　　　质量反馈: 010-62772015, zhiliang@tup.tsinghua.edu.cn
　　　　课件下载: http://www.tup.com.cn,010-62770177-4506
印 装 者: 三河市少明印务有限公司
经　　销: 全国新华书店
开　　本: 185mm×260mm　　　印　张: 21　　　字　数: 481 千字
版　　次: 2016 年 3 月第 1 版　　　　　　　　印　次: 2023 年 9 月第 7 次印刷
定　　价: 59.00 元

产品编号: 065591-03

前言

决策是管理过程中经常发生的一种行为。决策就是为了实现特定的目标，根据客观条件，在占有一定信息和经验的基础上，借助一定的工具、技巧和方法，对影响目标实现的诸因素进行分析、计算和判断选优后，对未来行动作出的决定。

随着生产和科学技术的发展，管理者经常要面对越来越复杂的问题并作出决策。因此，企业管理人员或决策者越来越迫切需要掌握决策理论中的数量分析方法。管理决策分析，作为一门特色鲜明的应用类课程，它顺应了知识经济时代对管理人才培养的需要。将计算机技术与管理知识相结合，旨在培养学生应用计算机技术解决经济、管理、金融等专业领域问题的能力。

本教材结合财经类专业特点来组织和设计教学内容，秉承以教学案例为重点、以学生实践为主体、以教师讲授为主导的教学理念，也是为了适应财经类院校进行面向现代信息技术应用的计算机教育改革需求而编写。教材以 Excel 2010 软件作为运行环境，同时也可在 Excel 2007 或 Excel 2013 环境下运行。全书共分为九章，具体安排如下。

第一章管理决策概述；第二章 Excel 应用基础；第三章数据分析；第四章市场调查和分析；第五章经济管理预测模型；第六章优化决策方法；第七章生产管理决策模型；第八章资金管理决策模型；第九章管理系统优化问题。

本书作者长期从事计算机及相关专业本科及研究生教学，积累了丰富的教学经验。长期的教学实践是教材编写的有力保证，也是教材创新的土壤。本教材语言通俗易懂、操作步骤清晰，所介绍的实例都是作者精心选择和亲自操作过的。在教材编写中，吸收国内外学术研究的新理论和新成果，力求做到内容新、例题新、习题新。教材内容注重简明实用，应用性强。在理论阐述上力求简明扼要、深入浅出、通俗易懂，用大量实例来说明管理决策理论和方法的原理及应用。本书可作为高等院校管理类专业教材，可供企业管理人员参考，也可作为管理学院（商学院）的 MBA 学生或硕士研究生的教材。谢美萍、陈元忠、俞伟广、王宸圆、陈丽燕、曹倩雯、芮廷先等老师参加了教材编写，芮廷先主编，对全书进行了统稿与审核。另外，吕光金、何士产、王晓琴等老师对本书的撰写也提供了大力支持，在此表示衷心的感谢。由于作者水平有限，书中难免有疏漏与错误之处，衷心希望广大读者批评、指正。

为了配合教学和参考，本书提供了配套的电子教案、课外实验，读者可到清华大学出版社网站(http://www.tup.tsinghua.edu.cn)下载。

编　者
2015 年 8 月

目录

第一章 管理决策概述 ... 1

第一节 管理决策 ... 1
一、管理决策作用 ... 2
二、管理决策程序 ... 3
三、管理决策基本类型 ... 4

第二节 决策与模型 ... 7
一、决策的概念及特点 ... 7
二、决策过程 ... 8
三、模型 ... 9
四、定量模型的变量 ... 12

第三节 管理决策影响因素 ... 13
一、影响决策因素 ... 13
二、管理决策原则 ... 18
三、信息技术环境对管理决策的影响 ... 20

第四节 决策理论发展 ... 21
一、决策理论体系 ... 22
二、决策理论学派 ... 26
三、决策理论新发展 ... 28

本章小结 ... 32
习题 ... 32

第二章 Excel 应用基础 ... 33

第一节 Excel 基本操作 ... 33
一、电子表格窗口的组成 ... 33
二、单元格、区域的选取和命名 ... 34
三、单元格的编辑和格式设置 ... 35
四、工作簿的管理 ... 38
五、单元格的引用与计算 ... 40

　　　　六、Excel 函数 ··· 42
　　第二节　Excel 图表 ·· 47
　　　　一、选定图表数据 ··· 47
　　　　二、利用图表向导创建图表 ·· 48
　　　　三、编辑图表 ·· 48
　　第三节　外部数据的导入与分析 ·· 51
　　　　一、Excel 与外部数据 ··· 51
　　　　二、导入 Web 数据 ··· 52
　　第四节　MS Query 查询外部数据 ··· 53
　　　　一、MS Query 的数据源 ··· 54
　　　　二、操作 MS Query ·· 56
　　　　三、多表查询 ·· 62
　　　　四、条件查询 ·· 64
　　第五节　Excel 与其他文件转换 ·· 70
　　　　一、将其他存储方式的文件保存为 Excel 文件 ····························· 70
　　　　二、将 Excel 工作表保存为其他文件类型 ··································· 73
　　本章小结 ··· 76
　　习题 ··· 76

第三章　数据分析 ·· 77

　　第一节　数据分析的基础 ·· 77
　　　　一、数据库概念 ··· 77
　　　　二、数据库管理 ··· 78
　　第二节　数据库中的关系 ·· 79
　　第三节　数据查询统计值方法 ··· 82
　　第四节　数据清单方法 ··· 86
　　　　一、数据列表的建立与编辑 ·· 86
　　第五节　数据透视表功能 ·· 94
　　　　一、数据透视表和数据透视图的形成 ··· 94
　　　　二、数据透视表的灵活性 ·· 97
　　　　三、数据透视图的灵活性 ·· 106
　　第六节　D 函数 ··· 109
　　第七节　数据分类汇总方法比较 ·· 110
　　本章小结 ··· 111
　　习题 ·· 112

第四章　市场调查和分析 ··· 114

　　第一节　市场调查数据的整理 ··· 114

  一、调查数据的审核 …………………………………………………… 114
  二、调查数据的分类 …………………………………………………… 115
  三、调查数据的录入 …………………………………………………… 115
 第二节 市场调查数据的图示 ………………………………………………… 125
  一、柱形图 ……………………………………………………………… 125
  二、柱形图与折线图的组合 …………………………………………… 127
 第三节 市场调查数据的描述 ………………………………………………… 128
  一、算术平均数 ………………………………………………………… 128
  二、众数 ………………………………………………………………… 128
  三、中位数 ……………………………………………………………… 129
  四、平均差 ……………………………………………………………… 129
  五、标准差 ……………………………………………………………… 129
  六、方差 ………………………………………………………………… 130
  七、偏度 ………………………………………………………………… 130
  八、峰度 ………………………………………………………………… 130
  九、区域 ………………………………………………………………… 130
 第四节 利用 Excel 数据分析功能实现随机抽样 ………………………… 133
 第五节 常用数据预处理方法 ………………………………………………… 135
  一、数据清理 …………………………………………………………… 136
  二、数据集成 …………………………………………………………… 137
  三、数据变换 …………………………………………………………… 137
  四、数据归约 …………………………………………………………… 138
 本章小结 …………………………………………………………………………… 139
 习题 ………………………………………………………………………………… 139

第五章 经济管理预测模型 ……………………………………………………… 141

 第一节 预测技术 ……………………………………………………………… 141
 第二节 时间序列预测法 ……………………………………………………… 142
  一、移动平均预测模型 ………………………………………………… 142
  二、指数平滑预测模型 ………………………………………………… 145
  三、趋势预测模型 ……………………………………………………… 148
  四、季节指数预测模型 ………………………………………………… 154
 第三节 回归分析法预测 ……………………………………………………… 157
  一、线性回归分析法 …………………………………………………… 158
  二、一元非线性回归分析法 …………………………………………… 166
 第四节 定性预测方法 ………………………………………………………… 169
  一、推算预测法 ………………………………………………………… 169
  二、集合意见法 ………………………………………………………… 170

本章小结 ………………………………………………………………………… 173
习题 ……………………………………………………………………………… 173

第六章 优化决策方法 ……………………………………………………… 175

第一节 最优化问题概述 …………………………………………………… 175
一、最优化问题及其分类 ………………………………………………… 175
二、最优化问题的数学模型 ……………………………………………… 176
三、最优化问题的求解方法 ……………………………………………… 176

第二节 线性规划方法 ……………………………………………………… 177
一、线性规划问题的计算机求解 ………………………………………… 177
二、线性规划数学模型的特征分析 ……………………………………… 180

第三节 线性规划模型应用 ………………………………………………… 180
一、生产计划问题 ………………………………………………………… 181
二、运输问题 ……………………………………………………………… 187
三、选址问题 ……………………………………………………………… 190
四、人员指派问题 ………………………………………………………… 192

第四节 非线性规划问题 …………………………………………………… 195
本章小结 ………………………………………………………………………… 197
习题 ……………………………………………………………………………… 197

第七章 生产管理决策模型 ………………………………………………… 199

第一节 盈亏平衡点分析 …………………………………………………… 199
一、线性盈亏平衡分析法 ………………………………………………… 199
二、非线性盈亏平衡分析法 ……………………………………………… 201

第二节 生产管理实务问题 ………………………………………………… 206
一、配料问题 ……………………………………………………………… 206
二、工作指派问题 ………………………………………………………… 208

第三节 生产计划决策 ……………………………………………………… 214
一、资源限制下的生产计划决策 ………………………………………… 215
二、多阶段生产安排 ……………………………………………………… 217
三、产销存计划决策 ……………………………………………………… 220
四、多目标生产计划决策 ………………………………………………… 223

第四节 经济订货量 ………………………………………………………… 227
一、库存成本 ……………………………………………………………… 227
二、经济订货量 …………………………………………………………… 228
三、考虑价格折扣情况下的库存控制 …………………………………… 234

第五节 随机需求状态下资源配置 ………………………………………… 237
一、泊松分布的计算与应用 ……………………………………………… 237

二、正态分布的计算与应用 ······ 238
　　三、指数分布的计算与应用 ······ 239
第六节　项目管理技术 ······ 240
　　一、网络计划技术概述 ······ 240
　　二、关键路线规划求解与工作表直接优化 ······ 242
　　三、利用线性规划进行项目时间调整 ······ 246
　　四、指定工期与完工概率的互推 ······ 254
本章小结 ······ 257
习题 ······ 257

第八章　资金管理决策模型 ······ 260

第一节　预期收益求解 ······ 260
第二节　财务函数与资金时间价值 ······ 262
　　一、财务函数介绍 ······ 262
　　二、资金的时间价值 ······ 264
第三节　投资管理评估决策 ······ 271
　　一、非贴现法的投资评估决策 ······ 271
　　二、贴现法下的投资评估决策 ······ 272
第四节　筹资管理问题 ······ 277
　　一、贷款分期偿还额函数 PMT ······ 277
　　二、债券及其他金融函数 ······ 278
第五节　资产管理计算与分析 ······ 280
　　一、固定资产管理折旧计算 ······ 280
　　二、流动资产管理中存货资产因素分析 ······ 285
第六节　财务分析与组合投资决策 ······ 290
　　一、企业财务报表的关联设置 ······ 290
　　二、企业财务比率分析的关联模板设置 ······ 294
　　三、组合投资方案决策 ······ 299
本章小结 ······ 302
习题 ······ 302

第九章　管理系统优化问题 ······ 304

第一节　网络最优化基本概念 ······ 304
　　一、网络最优化概述 ······ 304
　　二、网络最优化问题的求解工具 ······ 305
第二节　最短路径问题 ······ 306
　　一、最短路径问题概述 ······ 306
　　二、最短路径问题的应用 ······ 306

第三节　最小费用流问题··· 309
　　一、最小费用流问题概述··· 309
　　二、最小费用流问题的应用··· 310
第四节　最大流问题··· 311
　　一、最大流问题概述··· 311
　　二、最大流问题的应用··· 313
第五节　最小费用最大流问题··· 315
　　一、最小费用最大流问题概述··· 315
　　二、最小费用最大流问题的应用··· 316
第六节　最小支撑树问题··· 318
　　一、最小支撑树问题概述··· 318
　　二、最小支撑树问题的应用··· 319
本章小结··· 321
习题··· 321

参考文献··· 323

第一章 管理决策概述

　　信息与物质、能源共同构成了人类生存和社会发展的三大基本资源。信息是事物运动的状态与方式，是物质的一种属性。信息是信息论中的一个术语，信息与人类认识物质世界和自身成长的历史息息相关。人类社会之所以如此丰富多彩，都是信息和信息技术一直持续进步的必然结果。

　　信息技术是研究信息的获取、传输和处理的技术，由计算机技术、通信技术、微电子技术，传感技术结合而成。信息技术是利用计算机进行信息处理，利用现代电子通信技术从事信息采集、存储、加工、利用以及相关产品制造、技术开发、信息服务的新学科。

　　21世纪以来IT及互联网技术变革使得信息化迅猛发展，现今社会经济发展得越来越快，市场竞争也愈加激烈，如何能够在这快速发展的市场中站稳脚跟，对瞬息万变的信息及时作出反应，这些对于一个组织或企业来说都是至关重要的问题。管理决策是指组织管理者为了保证总体战略目标的实现而作出的对企业内部管理进行有效的组织、协调，使企业的生产技术经济活动正常进行的一种决策。管理决策旨在提高企业的管理效能，以实现企业内部各环节生产技术经济活动的高度协调及资源的合理配置与利用。具体来说，如何科学地根据现有条件（生产能力）来安排生产任务，如何合理地配置现有的资源，如何制订出最优的生产计划，这些对于一个企业的经营管理者来说，都是必须要掌握的知识。

第一节　管　理　决　策

　　数据就是数值，也就是我们通过观察、实验或计算得出的结果。数据有很多种，最简单的就是数字。数据也可以是文字、图像、声音等。数据可以用于科学研究、设计、查证等。数据是信息的载体。它能够被识别、存储和加工处理。数据经过处理、加工成有用及有意义的数据时便是信息。把数据转换成有用信息的过程称为数据处理。

　　决策就是作出重大决定的意思，即决定战略或策略问题。它是人们在社会生活和工作中普遍存在的一种活动。决策自古就有，战略决策如诸葛亮作的"隆中对"三分天下；战术决策如孙膑为田忌赛马献策而胜齐威王等。

　　每个人都具备决策能力。每天，人们都在作决策，人生是由许许多多的决策构成的，有的决策较为简单，有的决策问题则较为复杂。甚至可以说，人类历史等于所有人作出决策的总和。决策更是管理中经常发生的一种活动，对于组织来讲，有一系列的决策要作，1978年诺贝尔经济学奖获得者赫伯特·西蒙（Herbert A. Simon）认为管理是由一系列决策组成的，决策是管理的核心，管理的首要职能是决策，管理就是决策。改进组织的决策能力对于组织的成功和可持续发展具有重要意义。

所谓决策,就是指人们为了实现某一特定系统的目标,在占有信息和经验的基础上,根据客观的条件,提出各种备选的行动方案,借助科学的理论和方法,进行必要的计算、分析和判断,从中选择出一个最满意的方案以及对这个方案进行执行和检查,作为目前和今后的行动指南。

简言之,决策就是针对预期目标,在一定条件的约束下,从诸多方案中选择一个并付诸实施。每一个人、组织(企业或政府机构)都离不开决策。个人的决策关系到个人的成败得失,组织的决策关系到组织的生死存亡,国家的决策关系到国家的兴衰荣辱。然而,一个人或一个群体决策产生的后果,完全符合预期要求的情况是很少的,总是或多或少地偏离原来的设想,甚至有截然相反的情况。高明的决策者也只能是在重大决策问题上不出现大的偏离,缩小这种偏离正是决策研究的效果和潜力所在。这就需要研究科学决策理论、技术及方法。

一、管理决策作用

"管理就是决策",这是管理科学最具代表性的学者之一西蒙教授的名言。这一论断反映了管理活动与决策论的紧密关系。管理活动本身无时无刻不渗透着决策过程,管理作为一门学科,在其自身的理论中也包含和渗透着决策分析的理论和方法。管理决策的重要作用已受到管理学专家们的重视,并逐渐被企业经理们所认识。决策贯彻管理的全过程,管理就是决策,组织是由作为决策者的个人所组成的系统。管理决策在管理中的作用主要体现在以下几个方面。

1. 管理决策是管理者实施管理职能的核心工作

管理的计划、组织、指挥、协调和控制等职能活动的中心工作就是进行各种各样的决策。美国学者孔茨认为,"拟定决策,即从行为过程的各个方案中作出选择,是计划工作的核心。只有拟定了决策,即对资源、方针和信誉承担了义务,才能说有了计划"。其实,管理决策不仅仅是计划的核心,而且也是其他管理职能工作的中心任务。在实施组织职能时,机构设置、人员配备、权责划分等都是需要决策的重大问题;在指挥职能中,怎样使人力、财力和物力按照预期的目标有效地运转起来,需要大量的决策。如建立什么模式的行政指挥体系、资源的调配、领导方式以及人员激励等决策;在履行监督和调节职能时,建立信息回馈系统、建立调节监督制度、处理监督结果等,都需要管理者作出科学合理的决策,管理职能活动在一定程度上可以说是由一系列决策构成的。

2. 管理决策是组织合理配置资源并使之产生最大运转效益、协调组织中各部门活动、调动组织中人员积极性、增强组织凝聚力的重要纽带和保证

管理决策明确了一个组织的目标、发展愿景、配合行动要求等,因而使各部门的思想和行动能够有效地协调起来,减少资源的浪费。行为科学的研究成果也表明,树立适当的具有挑战性的目标,是激励被管理者积极性的一种创造性方法。

3. 管理决策是组织高效运营、取得最大经济效益的总指导

组织的生产运营活动范围广,竞争性强,无论是生产经营目标、生产经营计划、生产和购销方式与策略、生产经营库存等,还是具体的市场实战,都离不开管理决策,都必须以管理决策为统一指导。否则,在争取市场、应付和主动竞争方面,容易各自为政,分散力量,甚至内部互相冲突,造成严重的内耗。

4. 管理决策是管理者必须具备的基本能力,是检验组织领导水平的根本标志

管理者的能力大小,功绩大小,不仅要看他在日常事务管理中的表现,更关键的是要看他的管理决策能力。可以说,组织内各个部门所有的行为活动都从决策中产生。因此,对管理者决策能力的评价,不仅看他个人的表现,而且要看他所管辖的组织和部门的表现和成绩。

5. 管理决策是决定组织成败的关键因素

在当代社会经济生活中,组织所面临的外部环境变化剧烈,组织的生存和发展并不完全取决于运营活动本身,而在更大程度上取决于决策的正确性。决策失败的损失是惨重的,而且在短期内是无法挽回的。

二、管理决策程序

对决策者来说,科学的决策程序一般包括:发现问题和确定目标、收集情报、探索方案、方案选定和决策执行等几个阶段。

1. 发现问题和确定目标

决策问题是人们已经认识了的主客观之间的矛盾。客观存在的问题,只有当人们能够清楚地表达出来的时候,才构成决策问题。科学的发展证明,客观存在的矛盾,要变成人们能够清楚描绘出来的问题,并抓住它的实质,不但要经过大量的调查研究、分析、归纳,有时还必须通过创造性的思维,突破传统的观念,开发出新的观念。

为了抓住问题的实质,确定系统的决策目标,首先要对存在的决策问题进行系统分析。可以说,决策目标是对决策问题的本质的概括与抽象。经过分析后得出的目标必须达到如下要求。

第一,目标成果可以用决策目标的价值准则进行定性或定量的衡量。

第二,目标是可以达到的,即在内外各种约束条件下是现实的、合理的。

第三,达到目标要有明确的时间概念。

2. 收集情报(信息)和预测

信息是人们认识世界和改造世界的源泉,也是决策科学化的基础。在决策方案制定过程中,自始至终都需要进行数据、信息的收集和调查研究工作。

由于决策所需要的条件和环境往往存在着一些目前不能确定的因素,因此就要根据已经收集到的数据和信息进行预测。预测是人们对客观事物发展规律的一种认识方法。预测的范围很广,包括社会预测、技术预测、军事预测以及市场预测等。

3. 探索各种对策方案

在一般情况下,实现目标的方案不应该是一个,而是两个或更多的可供选择的方案。为了探索可供选择的方案,有时需要研究与实现目标有关的限制性因素。在其他因素不变的情况下,如果改变这些限制性因素,就能实现期望的目标。识别这些因素,把注意力放到如何克服这些限制因素上去,就可能探索出更多的比较方案。在制订方案的过程中,寻求和辨认限制性因素是没有终结的。对某一时间、某一方案来说,某一因素可能对决策起决定作用;但过了一定时间后,对类似的决策者来说,限制性因素就改变了。

对于复杂的决策问题,有时需要依靠有关业务部门或参谋(决策机构),汇集各方面的专家,一起制定方案。

4. 选择方案

从各种可能的备选方案中,针对决策目标,选出最合理的方案,是决策成功或失败的关键阶段。通常这个阶段包括方案论证和决策形成两个步骤。方案论证是对备选方案进行定量和定性的分析、比较和择优研究,为决策者最后选择进行初选,并把经过优化选择的可行方案提供给决策者。决策形成是决策者对经过论证的方案进行最后的抉择。作为决策者的主管干部虽不需要掌握具体论证方法,但必须知道决策的整个程序和各种方法的可靠程度,应当具备良好的思维分析能力、敏锐的洞察力以及判断和决断的素质。

5. 控制决策的执行

在决策执行过程中,还要及时收集其过程中的情报,据此发现问题或采取预防措施消除可能出现的问题。有时根据情报,也可能作出停止执行或修改后继续执行的决定。

三、管理决策基本类型

管理科学对决策问题的分类划分的方法很多,常见的有以下几方面。

(1) 决策按处理问题的内容分为:政治决策、军事决策、经济决策、科技决策等。

(2) 决策按涉及的范围分:有宏观决策和微观决策;还有战略决策和战术决策。又有国际性决策、全国性决策、部门或地区性决策、基层性企业决策和自我性个人决策。

(3) 决策按决策者所处的地位不同划分:有上层决策、中层决策和基层决策。还有个人决策和集体决策。

(4) 决策按目标多少划分为:单一目标决策和多目标决策。如分阶段进行,可有单阶段决策和多阶段决策之分。

(5) 决策按信息情报资料不同划分为:确定情况下的决策和不确定情况下的决策及风险情况下的决策。

(6) 决策按使用的方法不同可划分为:定性分析方法和定量分析方法,定量分析方法又分主观概率决策和客观概率决策等。

从信息技术的角度看,我们对一个具体的决策问题,看其在西蒙(Simon)决策过程中各个阶段的结构化程度来分类。

根据 Simon 的思想,将决策问题安置于连续的变化范围中,该范围从高度结构化(有时称为程序化,programming 或者称为可编程)决策问题到高度非结构化(非程序化)决策问题。所谓结构化阶段,指的是这个阶段的工作可以通过编制程序来实现。具体说,就是它的输入和输出的对象定义得很清楚,它的处理方法和步骤很规范,因此可编程。

总之,可以从多种不同的角度和视角,根据研究目的将管理决策问题进行多种分类,如表 1-1 所示为几种常见的分类。

表 1-1 常见的管理决策类型

分类标准	类型 1	类型 2	类型 3
层次性	业务决策	战术决策	战略决策
目标性	单目标决策	多属性决策	多目标决策
连续性	静态决策	跨期决策	动态决策
结构性	程序化决策	半程序化决策	非程序化决策
确定性	确定型决策	风险型决策	纯不确定型决策
独立性	个体决策	群体决策	社会决策
思维性	理性决策	行为决策	神经决策
民主性	独裁式决策	中庸式决策	民主式决策
逼近性	一次决策	多步决策	渐进决策

1. 按管理决策问题的层次性划分为战略决策、战术决策和业务决策

战略决策指有关组织的全局、关系到组织未来发展方向与远景的全局性长远性重大决策。例如，企业的中长期发展战略、区域经济社会发展规划、新产品研发与市场开拓等决策问题。战略决策是决定组织兴衰成败的关键，但因对未来情况不易准确估计，信息收集难度大，决策风险大，需要将理性与行为决策分析方法结合进行。战术决策主要是指为了实现既定战略决策目标，解决如何配置组织内部资源的问题，以及为提高工作效率，合理优化与再造组织业务活动的决策。例如，企业的生产经营计划、库存管理优化、生产与技术管理等。业务决策指组织日常经营管理中为提高生产效率、工作效率而作出的决策，往往只对组织产生局部影响。如工作任务的日常分配和监督，库存的控制和原材料的采购等，战略决策一般面对未来较长一段时期，而战术决策则往往是具体部门在未来较短时期内的行动方案。战略决策是战术决策的依据，战术决策是在其指导下制定的，是为战略决策服务、实现战略决策的手段和环节。业务决策所要解决的问题往往是明确的，一般可以采用分析工具进行选择。战略决策、战术决策和业务决策一般分别由高层、中层、基层管理者作出。

2. 按决策的目标性划分为单目标决策、多属性决策和多目标决策

单目标决策是指决策时只需要考虑一个决策目标的决策，决策所要达到的目标只有一个，这种决策目标单一，但多数带有片面性；多目标决策是指决策时需要考虑多个决策目标，决策所要达到的目标呈现多元化，这些目标之间往往相互联系并相互制约。按照决策问题决策方案是否连续和有限，进一步将多目标决策分为多属性决策（multi-attribute decision making）和多目标决策（multi-objective decision making）。多属性决策着重研究关于离散的、有限个决策方案的决策问题，有些文献也称之为有限方案多目标决策问题（multi-objective decision making problems with finite alternative）。多目标决策问题（multi-objective decision making）中的决策变量是连续型的，即备选方案数有无限多个，因此，有些文献也称为无限方案多目标决策问题（multi-objective decision making problems with infinite alternative）。按照一些国外文献的分类法，无论是多属性决策问题还是多目标决策问题，都可通称为多准则决策（multi-criterion decision making）。

3. 按决策过程的连续性划分为静态决策、跨期决策和动态决策

静态决策,是指在某个时间点上作出的决策,也称单阶段决策,整个决策过程只作一次决策就得到结果。现实生活中许多决策都是分布在未来一段时间内的一个或多个时间点上,没有决策的结果能够脱离时间而单独存在,跨期决策是指对不同时间点上的决策后果进行权衡以制定的决策。动态决策是指在时间上有先后顺序的一系列决策,也称序贯决策,整个决策过程是由一系列决策组成的,前一决策的结果将影响后续决策,因此,在进行动态决策时,需要考虑各个决策之间的相关性。管理活动往往是由一系列决策组成的动态过程,但在这一系列决策中,为了分析的需要,一些关键环节的决策可先假设为单阶段决策进行分析,然后再纳入动态过程进行研究。

4. 按决策的结构性划分为程序化决策、半程序化决策和非程序化决策

程序化决策也称为规范性决策,指在管理活动中重复出现的、例行的、具有一定结构的,可以通过一定的程序加以解决的决策。这种管理决策问题一般存在解决问题的既定方法。非程序化决策也称非规范性决策,是指偶然发生的或首次出现而又较为重要的非重复性决策。许多非程序化决策是一次性的,时效性较强。半程序化决策介于上述两者之间,其决策过程和决策方法有一定规律可以遵循,但又不能完全确定,即有所了解但不全面;有所分析但不确切;有所估计但不确定。这样的决策问题一般可适当建立模型,但难以精准确定最优方案。

5. 按决策问题出现后果的确定程度划分为确定型决策、风险型决策和纯不确定型决策

确定型决策是指在决策需要的各种情报信息完全掌握的情况下所作的决策,这时决策环境是完全确定的,决策方案所面临的自然状态只有一种,每一方案的结果也是唯一确定的,即决策的条件是确定的。风险型决策是指只掌握了进行决策所需要的部分信息,可供选择的方案中存在两种或两种以上的自然状态,但每种自然状态所发生的概率的大小是可以估计的。纯不确定型决策是指决策所需的情报完全无法具体掌握的决策,在可供选择的方案中存在两种或两种以上的自然状态,而且这些自然状态所发生的概率是无法估计的。

6. 按参与决策主体数量划分为个体决策、群体决策和社会决策

个体决策指在最后确定方案时,由决策者独自决定的一种决策;多主体决策(群决策)指由两个及以上的主体组成的决策集体共同作出的决策;社会决策也称为社会选择,是指社会组织成员对某个决策问题进行投票,如国民选举总统的投票、工会会员对某项职工福利的投票等。

7. 按对决策问题分析的思维性划分为理性决策、行为决策和神经决策

理性决策是指决策主体的选择偏好是完全理性前提下所作的决策;行为决策是指决策主体的选择偏好是有限理性前提下所作的决策;神经决策是指决策主体的选择偏好依据脑神经活跃程度所作的决策。

8. 按决策的民主性程度划分为独裁式决策、偏独裁式决策、中庸式决策、偏民主式决策和民主式决策等

9. 按对决策问题的逼近性划分为一次决策和渐进决策

一次决策指的是对决策问题进行一次性谋划就能达到决策目标的决策;渐进决策是对决策问题进行多次谋划逐步接近决策目标的决策,如邓小平提出"摸着石头过河"的改革开放发展战略就是渐进决策。

第二节　决策与模型

一、决策的概念及特点

管理可以说是艺术和科学的结合体,而决策则是中高层管理者的主要工作。网络化使得管理活动牵涉到的事物范围更加宽广,市场竞争的激烈程度也在不断提高。掌握有关决策的分析方法,对于管理者来说至关重要。

如何从多种方案中选择一种最佳的方案,就是决策问题。

【例1-1】 某企业准备开发两种产品,据初步市场调查,这两种产品均有较好的市场前景,但该企业目前只拥有开发一种产品的经济实力,那么,企业该如何决定生产哪种产品呢?

【例1-2】 某企业生产的高科技产品,在两个国家销售,其中在一个国家销量大、获利丰厚,但该国政治上不够稳定;另一个国家销量比前一个国家要小,但该国的政治比前一个国家要稳定得多,那么,如何确定该企业的长期营销方针呢?

上述两例的共同之处:每个例子都涉及一个需要决策的问题,而每个问题都有几种可能的解决办法。问题在于,如何从多种方案中选择一种最优的方案,这就是决策问题。

从上面两个例子也可看出决策所必须具备的特点。

1. 面向未来

需要决策的问题都是还没有发生,或者即将发生,因此我们要根据决策所影响的时间跨度来考虑,带有一定的前瞻性。

2. 目标明确

决策都是为了达到一定的预期目标或实现某种目的,无目标也就无所谓决策,所以,决策都是目标明确有针对性的。

3. 多种备选方案

决策总是要在若干个有价值的方案中进行选择,如果只是一个方案,就无从选择,无从优化。

4. 选优策略

决策总是在一定的条件下寻找优化目标和优化所要达到的途径和手段,不追求优化,决策也是没有意义的。不同的决策者有不同的决策风格,从而采取的选优策略也可能完全不同。

5. 理论性与实践性

决策总是要付诸于实践,要能够行得通,并且能取得预期的效果。所以,决策都有其现实性。另外,有些决策有一定的普遍性,今后可能还会遇到,因此有理论研究价值,并且需要用实践来检验。

在决策的分析阶段有两种基本的分析方式:定性分析和定量分析。定性分析主要依赖于决策者的主观判断和经验。定量分析则要科学得多,特别是对于缺少经验的决策者,定量分析是重要的分析工具。在商务领域中,管理的主要因素就是直觉和信息。定性分析靠的是决策者的直觉,它在很大程度上依靠决策者的个人素质。定量分析则是建立在准确、合适的数据基础上。有关数据如何在适当的地点、时间采集等问题有专门研究,此处不作讨论。我们唯一关心的是如何运用定量分析的方法帮助决策。

定量分析的方法非常适合解决复杂的问题。在运用定量分析的方法时,分析者先从问题中提取量化资料和数据,对其进行分析,再运用数学表达式的形式把问题的目标、约束条件和其他关系表示出来。最后,分析者在定量分析的基础上提出建议。

一个优秀的决策者会综合利用这两种分析方法,制定出最佳的决策方法。但是值得注意的是,任何决策都有成本,为一个简单的问题建立一个复杂模型是完全没有必要的。定量分析方法比较适合新问题、复杂问题、关键问题以及重复性很强的问题。对于新问题,管理者通常没有经验可供参考;而复杂问题用定性分析未必能找到合适的解决方法;关键问题因为是影响企业生存发展的重要问题,所以必须在决策前作尽可能多的分析;为重复性强的问题使用定量分析的方法是为了能够得到程序化的决策制定过程。

从决策的动态进程来看,当前所作的管理决策会受到以前管理决策的影响,并且将会影响以后的管理决策,形成一个接一个的管理决策链,从而所有管理决策都是承前启后、动态、序贯的。我们把作决策的时间点称为决策时刻,两个相邻的决策时刻间构成一个决策周期,每个决策时刻点都由一个管理决策系统作出管理决策。

管理决策基本按情报活动(问题识别、问题定义)、设计活动、抉择活动及评审活动(贯彻实施、反馈控制)的四项活动六个步骤的顺序进行,但每个步骤都可能是向前一个或前几个步骤反馈的循环过程。

二、决策过程

决策是一个逻辑过程,必须按照决策的程序进行工作。

1. 调查研究经营形势和环境

对企业外部环境和内部条件认真调查研究,分析企业面临的市场机遇和威胁,以及企业自身的优势和劣势。

2. 确定决策目标

明确决策所要解决的问题和要达到的目的,是决策的出发点和归宿。决策的目标主要在于确定以下问题:

为什么要选定这一目标?

哪个是主要目标?

要求达到什么程度?

这一目标与其他哪个目标关系最大?

3. 探索各种可行方案

可行方案是指能够解决某一经营问题,保证决策目标实现,具备实施条件的经营方案。可行方案必须两个以上,要对各种可行方案进行研究。

4. 方案的可行性论证与评价

要对每一方案的可行性进行充分论证,在论证的基础上作出综合评价。

5．方案选优

在各个方案论证评价基础上，从众多的方案的比较之中选出较优方案。

6．决策方案的实施与反馈

决策既定，即应付诸实施。在决策实施过程中，还要建立信息反馈制度，发现问题、查明原因、及时纠正，保证决策目标的实现。

为使决策科学化，在实际问题的决策中，通常是将定性和定量的决策方法结合运用。

图 1-1 为西蒙（Simon）决策过程。

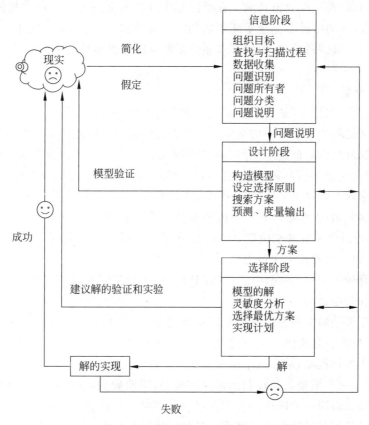

图 1-1　西蒙（Simon）决策过程

三、模型

定量分析的主要内容是建立模型和求解。模型是对客观实体或事态的描述。主要有形象模型（如汽车模型、人物模型等），模拟模型和数学模型。模拟模型和形象模型一样是实体模型，但是却不像形象模型那样是真实物体的仿造，温度计就是一种模拟模型，类似的还有车辆的油表等。

数学模型是定量分析的关键。它用数学的符号和数学关系描述事物。比如说用 u 代表消费者效用，用 p 代表商品的单位价格，用 x 代表商品数量，用 y 代表消费者收入。则一个简单的消费者效用函数模型可以表达为下面的数学形式：

$$u = U(x) \quad px \leqslant y \qquad (1\text{-}1)$$

建立模型的意义在于通过对模型的研究和分析,人们可以总结出真实事物的规律特征,进而对现实情况作出一定预测。简单的说,建立模型的目的就在于预测,因为人们总是在对未来情况有所预计的基础上作出最合适的决策。建立模型的另一个好处在于研究模型比研究现实的成本要低得多,而且风险也较小。

一般来说,越接近与实际情况的模型,由它得出的预测也就越准确。但是有时为了确定主要的控制因素,可以先建立一个比较简单的模型解释问题的主要矛盾。然后再不断补充进新的因素,再一次分析预测。在经济学中这是常用的方法。最常见的例子就是对于市场的研究,从两个极端完全垄断市场和完全竞争市场开始,而事实上,这样完美的市场是不存在的。但经济学家认为,在这些强限制情况下更容易得到关于消费者、生产商等的普遍规律。

1. 建立模型

我们现在所讨论的定量分析是建立在数学模型的基础之上的。而定量分析和数学建模的准确性又是取决于模型中的数学关系是否能够合适地描述问题的目标和约束条件。

目标函数就是用来描述一个问题的数学表达式。如果一个消费者的目标是其效用最大化,那么效用函数 $u=U(x)$ 就是它的目标函数,而 $px \leqslant y$ 就是约束条件。

如果要求解上面这个消费者效用最大化的问题,有些因素必须是固定的,比如说商品的价格 p 和消费者的收入 y,它们不由消费者自己决定,所以它们是非控制因素。购买商品的数量 x,可以由消费者来决定,所以它是可控制因素。因为通常可控制因素是由决策者决定的,所以它通常成为决策可变量。

需要注意的是:一个模型中的非控制因素和可控制因素并不是绝对的,它们依赖于具体的情况和问题。

如果一个模型的非控制因素都是固定不变的,这样的模型称为确定模型。对于消费者来说,个人所得税是由国家决定的,它是一个非控制因素。如果一个模型中只有一个非控制因素个人所得税率,那么这个模型就是一个确定模型。

相反,如果一个模型的非控制因素是随机的,不明确的,这样的模型就称为随机模型或是概率模型。最明显的随机非控制因素就是风险。风险往往具有不确定性,人们通常只能凭历史经验得到风险发生的概率。显然随机模型比确定模型更难分析。

2. 数据

模型定义后,下一步就是数据准备了。我们注意到在上面的消费者效用模型中没有具体的数据,无论是可控制因素还是非控制因素都用数学的通用符号表示。所以,当某位消费者进行求解的时候,他必须代入相关的具体数据。

数据准备并非如想象中的那样简单,特别是对于大型和中型的模型,通常需要大量的数据,这些数据可能有上千甚至上万个。收集这些数据需要大量时间,而且在采集数据的过程中很可能会产生错误。准确的数据是一切决策分析的基础,决策者必须重视数据准备阶段。数据的来源各种各样,有的是在业务过程中自动产生的,比如说销售数据;也有的是统计数据;还有的可以是专门采集的数据,比如用电脑辅助个人访问(CAPI)和电脑辅助自助访问(CASI)软件来收集客户的反馈信息。通常,在这个阶段需要建立一个综合考虑数据产生方式、时间、空间和服务的对象的数据库来支持各种数据模型。

3. 求解模型

一旦模型已经建立,而且数据准备也已完成,就可以进入模型求解阶段了。求解过程可以简单描述成:把具体的数据代入模型中,求得满足约束条件下的最优值。

一些简单的模型用笔算就可以解决,但计算机可以加快求解的效率。有的模型却必须要依靠计算机的帮助才能求解。不同的数学模型有各自适应的求解方法,经常会用到线性规划、整数规划、网络模型等。

决策者通常希望建立一个尽可能准确模拟现实问题的模型,并且它可以被求解。但是即使是数学家们也承认,如果一味地追求真实与准确,其最可能的结果就是模型庞大得无法求解。绝大多数的决策者欣赏那些简单易懂而又能够被求解的数学模型。

模型求解后,决策者往往会用一些简单的历史数据来验证模型的拟合度,如果结果与事实相符或是误差极小,就认为模型是准确的,可以用来进一步地预测未来。如果发现有较大的偏差,那么可能是数据错误,或者是某些因素的问题,甚至是模型本身就是错误的。那么就需要修改——验证,直到决策者认为模型已经能基本符合问题的本质,才可以运用到实际用途中。

4. 定量模型的变量

所有的模型由三种变量组成(见图 1-2),即决策变量、不可控变量(或参数)和结果变量,这些变量由数学关系联系在一起。在非定量模型中,这些关系是符号的或是定性的,决策的结果由决策(决策变量的值)、决策者不可控的因素以及各变量的关系所决定。

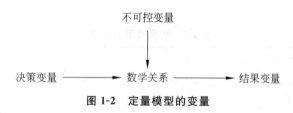

图 1-2 定量模型的变量

此外,在决策问题中往往还存在着另外一些变量,它们会影响结果变量(也称目标变量),但其数值完全取决于决策环境中的外在因素,是决策者无法控制的,这些变量一般称为不可控变量。

此外,在一些比较复杂的决策模型中,为了使模型的结构更加清晰,便于人们理解,有时还可以在决策变量和结果变量之间引入一些中间变量。

以一家具有垄断地位的企业为例,该公司垄断了某种产品的生产和销售。公司为提高利润,希望为该产品确定一个能够实现最大利润的最优单价。在这一决策问题中,利润是结果变量(目标变量),产品的单价是决策变量。为了比较清晰地表达产品单价对利润的影响,可以引入销售收益、总成本、产品的生产或销售数量等中间变量。此外,该决策问题中还包含了产品的单位变动成本和固定成本这两个外生参数(不可控变量),这是决策者无法直接控制的,这两个外生参数会通过对总成本的影响而最终影响利润。这些变量之间的关系如图 1-3 所示。

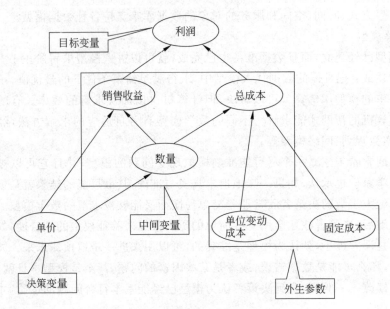

图 1-3　各变量与结果变量间的关系

四、定量模型的变量

1. 结果变量（目标变量）

结果变量是非独立变量，反应系统效果，即表示系统状态和达到目的的程度，如表 1-2 所示。

表 1-2　定量模型的变量

领域	决策变量	结果变量	不可控变量和参数
财务投资	投资方案和数量，投资多长时间，何时投资	总利润，回收率（ROR），每股收益，流通性	通货膨胀率，利率，竞争
市场	广告预算，何处做广告	市场份额，顾客满意程度	顾客收入，竞争行动
制造	生产什么和生产多少，库存水平，补偿计划	总费用，质量水平，职工满意程度	机器容量，技术，材料价格
会计	使用计算机，审计计划	数据处理费，错误率	计算机技术，税率，法律要求
运输	货运计划	总运输费	运输距离，规定
服务	职工水平	顾客满意程度	服务需要

非独立变量的含义是该变量描述的事件发生前，必须有其他事件发生，在这种情况下，结果变量取决于决策变量和不可控的独立变量。

2. 决策变量

决策变量描述行动方案，该变量的值由决策者确定，例如在投资问题中，投资债券是决策变量；在调度问题中，决策变量是人、时间和工作表，其他问题在表 1-1 中列出。

3. 不可控变量或参数

在任何决策中，都存在一些影响结果变量而决策者不能控制的因素，这些因素可能是固定的，称为参数，或者是变化的（变量），例如利率、城市建筑编码、税收规定和设施的价格。由于这些因素是由决策者的环境所决定，所以是不可控的。

某些变量起着对决策者限制的作用，所以形成问题的约束条件。

4. 中间结果变量

中间结果变量反应中间结果。例如在某工厂生产过程中，废品是中间结果变量，而总利润是结果变量（废品是总利润的因素之一）。另一个例子是职工的工资，它为决策变量，决定了职工的满意程度（中间结果），并由此决定生产率水平（最后结果）。

第三节　管理决策影响因素

一个正确有效的决策需要深入分析的因素很多，其中决策者、组织、社会经济、信息四个方面的因素对决策正确性、有效性尤为重要。

一、影响决策因素

1. 决策者因素

决策者拥有决策权，他在决策过程中有对众多备选方案的选择决定权，负责整个决策过程的领导工作，尽量解决决策过程中的疑难问题。由于管理决策具有层次性，决策者包括企业内拥有不同经营管理权力的经营者、管理者。但就企业内不同权力的经营者、管理者在决策活动中的地位而言，那些能引导和指挥别人按照某种方式行动，促使别人去完成工作任务的领导者，尤其是企业最高层的领导者，他们往往居于决策活动的核心地位，也称决策领导者。决策者在决策过程中的职责可概括为决定、组织和检查与控制。决定：任何一个决策者在决策过程中首先要确定决策目标。比如，是解决经营战略，还是解决产品结构、职工培训，或投资方向、资金筹措。然后为实现决策目标作出"拍板定案"的决定，选择最佳方案。组织：首先是决策组织的建立，决定参与决策的人员范围，然后指挥和协调决策过程各类人员关系，为实现决策目标提供组织保证、人才保证和措施保证。检查与控制：即在决策目标和方案的实施过程中，决策者通过检查、总结，及时、准确地发现问题，采取措施加以解决，不断地完善和修正决策方案。可见，决策者在企业决策过程中处于举足轻重的领导地位，他们素质的高低直接影响企业决策的正确性和有效性。决策者应该具备哪些素质呢？对此，许多专家和企业家都有自己的看法，我们认为对决策者的素质要求可归纳为知识结构、能力结构和心理结构三个方面。当然作为企业不同层次的决策者，其知识结构、能力结构两个方面在要求程度上是有所不同的。例如，知识结构方面，愈是高层决策者愈是要求知识广而博，愈是基层决策者愈要求专而精；能力结构上，不同层次决策者要有与其职务权限相应的能力水平。在这里，我们着重谈谈决策者心理状态对决策的影响。决策者在决策过程中能保持心理平衡是保证企业决策机制正常运转的重要条件。企业内不同决策者处在企业不同层次、不同部门的领导岗位上，在采取决策的过程中，决策者的认识、情绪和意志是决策者与下属执行者之间关系的一种心理平衡体现。

如果一个企业内决策者的认识、情绪与自己的理性认识发生矛盾,不能做到认识、情绪、意志三者的平衡,那么,势必会发生用感情替代理智的现象。此时,即使决策者知识结构、能力结构完善,也很难保证不出现决策失误,如目标选择错误或方案选择错误或决策执行错误。决策者心理状态在决策过程中的影响主要体现在决策者的认知、潜意识、直觉、风险态度、压力态度等方面,由此形成决策者的不同决策风格。

(1) 认知

认知是决策者对周围相关信息的选择、综合和解释。包括决策者凭经验和习惯有选择地接受信息,进行汇总,并运用经验与直觉解释信息。认知本质上是决策者个人大脑对外界各种信息的处理的过程,既需要不停地接收信息,更需要正确地解释所收到的信息。大量事实表明,在决策过程中决策者受到特定决策需求、背景和经历的影响,对接收到的信息存在选择性认知,会出现大相径庭的解释,这样就直接影响决策者正确地发现问题和认识问题,以及评估解决问题办法的正确性,影响方案的选择与执行。可见,在决策过程中,决策者要注意并承认自己的有限理性一面,获取更多信息,努力让自己的认知朝着正确引导决策方向发展,参与决策过程的参谋者必须在与决策者共事之中做好实事求是地改变决策者偏见的准备。

(2) 潜意识

从弗洛伊德的观点来讲,潜意识是个人以自我为中心对事物的一种反应。如恐惧与担心,热情与鼓舞等。在决策过程中决策者的潜意识表现为他从个人角度对需要解决的决策问题产生出的某种敏感反应。这是一种决策者决策问题的直接反应,影响着决策者对解决决策问题的支持与否的态度。

(3) 直觉

直觉是对问题的一种超越逻辑的思维结果。这种思维结果往往是决策者的洞察力、理解力、想象力和判断力等能力,在对一个复杂问题认知后产生的一种灵感和理解,这种灵感和理解能给解决问题带来创造性的突破方式。有人有这样一种说法,正确的决策靠 90% 的情报信息加上 10% 的直觉。在决策实践中要尽量避免采取重视和不重视的两种极端态度。正确的态度是要恰如其分地利用决策者的直觉,弥补信息依据的不足,将决策者直觉反映的智慧与决策风格体现于决策方案之中。这种态度也是用系统分析方法解决非规范化决策的基本要求。

(4) 风险态度

风险态度是指决策者对待决策中不确定性的态度,总体上看分为谨慎类、冒险类和循规蹈矩类。影响决策者接受风险的态度的因素主要有:决策者的智力;决策者的期望;决策者能得到的信息量;允许决策者作出选择的时间和作出选择本身的复杂性。这些因素相互之间也是有联系的:①决策者对信息要求的多寡与决策者成功的期望高低成正比。②决策者的理解领悟程度高说明其智力高,在决策时一般对信息量要求也更多。一般地讲,决策者智力越强,越是倾向于反复论证,选择有适度成就,失败可能小的方案;智力弱些的决策者,往往更愿意为报酬大的机会冒大的风险。③决策复杂程度增高,对信息量和时间的需求会随之增加,但复杂程度达到足够高之后,往往会因对找好办法希望减少而仓促地凭直觉作出决策。在不确定性条件下选择方案过程中,一般决策者既要对某特定结果价值与效用进行评价,又要对该结果发生的可能性进行判断。决策者准确判断概率和价值效用的能力将是一项非常重要的因素。

(5) 压力态度

压力态度是指决策者面临困难的心态。常见的心态有两种:一是怕决策失误使企业蒙受经济的和社会的损失;二是怕由此丧失决策者应有的权威。两种心态程度不同,相互影响结果,使决策者对待决策问题出现五种不同处置态度。①因循守旧。决策者一如既往,看重经验,无视条件变化。②见风使舵。决策者无主见,人云亦云,轻易采取行动。③敷衍推诿。决策者借故避免作出决策,把责任推诿给别人或者用文饰来拖延。④惊慌失措。决策者盲目地向各个方面寻找解决办法,以救燃眉之急。⑤保持警觉。决策者清醒地分析困难,有条不紊地寻找解决方法。显然,最后一种处置压力的态度最有利于保证决策的效果。综上所述,决策者个人心理结构在认知、潜意识、直觉、风险态度和压力态度等方面的表现对决策程序每一阶段上能否作出合理决策,直至保证整个决策过程正确、有效都有直接影响,这种影响远比选择定量决策技术复杂得多。决策过程参谋分析人员了解决策者在这些方面的表现,并使之趋向合理是一项细致的工作。

2. 组织因素

企业作为经营活动组织形式,其本身的目的、目标以及它所从事的业务,构成了决策的背景,组织既提供决策资源,也对决策进行限制。组织因素是指企业决策背景对管理者决策行为可能产生影响的因素,主要影响因素为集体决策、决策气候和组织的平衡与惯性。

(1) 集体决策

现代企业的决策由于多层次、多因素及其动态变化,往往需要不同类别和职责的多个人或个人来完成。集体决策就是不同决策者、参谋者、执行者和信息处理人员等,为实现企业目标而研究、设计和选择方案协同工作的过程。集体决策常有两种形式,即固定的和临时的决策。固定的集体决策的组织是企业组织体制的组成部分,即企业有常设的决策机构、参谋机构、信息机构和实施执行机构。这些机构往往和企业设置的各种组织浑然一体,能在整个经营管理过程中起长期作用。固定集体决策是直接与企业权力机制相关的决策,决策的可靠性和有效程度高。如高级管理人员的选聘,战略计划制订。临时的决策组织是为了解决某个问题而成立的一种松散的临时性机构。它通常是就专项决策的方案设计,选择实现决策目标的最优方案,由决策领导者根据需要选定有关人员组成的机构。如为了确定推出一种新产品的可行性,成立一个专门的项目小组。这种临时的决策组织在决策方案形成后就逐步消失,而不会在整个经营中起长期作用。决策的可靠性取决于临时决策组织内人员构成及决策领导者的组织能力,决策的有效性依赖审批决策方案的权力机构的权威性。现代企业决策由个人决策向集体决策发展。决策过程由一言堂向群言堂发展,有利于实现决策民主化、科学化。为此,要求决策领导者能热情地聆听各种意见,给予各种想法都有公开表达的机会;且平等对待之,做到集思广益。同时在参谋人员协助下,能与决策集体中每个成员相互沟通,了解他们各自对集体决策任务和目标的理解及观点,尤其要处理好成员间存在的分歧,不能无原则地调和、迁就与妥协,而要对集体决策运作了然于胸,确保运作正常,善于论证自己的观点并进行总结,比较客观地提出合理方案。当决策在大多数成员之间达成一致后,确保全体成员都同意执行最终制订的方案。这样,集体决策就能发挥决策成员间沟通机会多、协调水平高、执行决策承诺力度强的内在优势。加上对集体决策方式的良好培训与提供实践机会,就会制订出范围更广的备选方案,提供更多信息并增加创新性,确保决策的高质量与可信度。当然,集体决策过程比较复杂,耗费时间较多,利用不当会影响决策速度。

(2) 决策气候

正如我们对生活环境有怡人与不怡人之分的印象,员工们对所处部门或企业的工作环境也有内部组织气候鼓舞人心与压抑之分的印象。从管理决策角度而言,与管理者决策行为相关的组织气候就是决策气候。通常用自主权、决策行为制度、报酬定位和决策者得到的重视与支持度四个尺度衡量与判断,确定决策气候是否有益于决策者实现其决策行为。①自主权指决策选择的独立性。即决策者能自由选择如何建立决策,以及如何解决该决策并承担相应的责任。②决策行为制度是指给予决策者一个自主行事的框架,表示决策者的决策行为在多大程度上要受他人限制。显然,决策行为制度化程度高,决策者受到的限制就大,对创造性地作出有效决策的阻力也会增强。③报酬定位制度本身要影响员工的行为,企业可以多种报酬定位方式影响管理者决策行为。如采用效果定位,会使管理者对失败的担心超过对报酬的渴望,容易出现逃避或推诿决策困难的现象;如采用方法定位,将为强调完成任务并能积极提出解决问题想法的管理者提供奖励体制的支持,有益于决策过程创造力的发挥。④对个人尊重和支持度是指管理者体察他的决策行为得到充分尊重和支持的程度。决策气候让管理者感受到对他尊重性和支持程度强,他在制定决策过程中会更具有创造积极性和灵活性。这种个人尊重和支持程度既来自上级,也来自其同僚和下属,且需要互惠行动。因为一个人给予他人的尊重和支持越多,他得到的尊重与支持也越多。

(3) 组织的平衡与惯性

企业组织是一个复杂的实体,对企业组织的总目标大家都会认可,也能放到桌面上议论,但往往某些组织行为会有一些"隐藏"的目的。比如说,为了减少管理层次和环节,决策方案要进行机构调整,该撤的撤,该并的并。那么,撤和并就涉及原有机构领导人如何安置,有些人会下岗,有些人会调动。组织的平衡与惯性是指决策过程中决策方案形成需要考虑企业组织承受机构变动和人员流动在组织内产生的扰动的能力。一个企业组织的平衡与惯性,往往表现在企业组织的政策、规范和先例三个方面。而这三者又往往是决策者逃避或拖延组织改革可找的借口。例如,某地区一个批发公司进行研究分析,采用计算机管理,使发货时间缩短了40%。显然,这样的变动要打破原来的操作规范,有些管理部门或人员就会不同意这一分析建议,认为这样做破坏了原管理标准的决策制度。面对机构与人员调整、业务范围变化等涉及组织平衡与惯性的问题,还得从观念更新、知识更新上做工作,在方案设计中要考虑应对旧的组织平衡到新的组织平衡之间可能出现的扰动的对策。

3. 社会经济因素

决策者和决策组织的决策态度要受到社会经济各种因素的影响,其中社会规范、经济体制、法律限制等都影响决策的制定与执行。

(1) 社会规范

社会规范是指社会成员的行为活动可允许的范围。也可以说是社会对每个成员行为的一种评价标准。企业决策过程中如何处理好社会规范对决策的作用十分重要。首先，要认识到社会规范是一个社会历史发展而成的一种行为评价标准。对企业来讲，管理决策是一种创新活动，社会规范有时也就成为一种约束力。这种约束力的大小与企业决策当时所处条件有关，若企业管理决策所处环境条件是含糊和不肯定的，社会规范影响作用就小；决策过程信息交换得越保密，受规范影响的可能越小；与外界舆论越一致，受规范的影响越大；决策领导者越有信心和魄力，越不易受影响；决策集体成员越团结，意见越接近，影响也就越小。其次，社会规范决定企业的伦理行为取向。从企业是经济组织的本质而言，企业决策追求利润最优化绝对不会错，但从社会的伦理行为来讲，把利润最优化作为唯一经营目标，企业就会在社会上失去公众的信任。我们许多企业的经理，过去不敢提追求利润，而现在又有一种只强调金钱的倾向，这些都是片面的。企业决策应该充分认识到决策问题的多维性，尤其是有深远影响的重大问题决策，应该有多方面目标，把追求利润最优化和社会责任灵活地结合起来。

(2) 经济体制

自新中国成立以来，我国经济体制经历了高度集中的计划经济、社会主义有计划的商品经济两个阶段。目前又进入了社会主义市场经济阶段。不同的经济体制影响着企业决策行为。高度集中计划经济体制下，企业受到过多的行政干预和行政保护，计划由上级下达，原材料由国家供应，产品统销，盈利上缴国家，亏损由国家补贴，国家对企业业绩考核只注重产值等规模指标。企业决策行为完全是对上负责，即依靠上级的战略规划，致力于企业如何完成上级计划，追求产值数量最大化。自改革开放特别是党的十届四中全会确立了社会主义市场经济体制的改革目标以来，我国企业改革经过多年的探索和实践证明，既坚持企业国有资本国家所有，又能实现政企分开，企业成为独立法人实体的关键是建立与社会主义市场经济体制要求相符的现代企业制度。党的十六大进一步强调"国有企业是我国国民经济的支柱……按照现代企业制度的要求，国有大中型企业继续实行规范的公司制改革，完善法人治理结构"。这样，在社会主义市场经济体制下国有企业的决策行为就需要有根本性变革。总的来看，随着社会主义市场经济体制的建立和完善，企业决策环境有所改善（如现代企业制度的健全；决策者权威、能力和对下属信任程度；下属执行者要求独立的程度、参与决策的愿望与兴趣、对目标理解的程度、具备的知识与经验等），企业决策行为主要取向是企业家型和下约束型两种。企业家型决策行为，指企业的厂长经理是企业决策最后决断者，在企业具有极高权威，能对企业的经营大事、战略实施的推进创造性地作出判断决定。下约束型决策行为，指企业的中层决策者拥有较大决策自主权，企业长期经营形成的企业价值观和行为规范是其决策行为的制约力。

(3) 法律限制

社会的法律限制、文化特点也会影响企业决策行为。比如，市场经济条件下国家各种法律的建立与完善，一方面使市场行为规范化代表着机会，另一方面使企业决策灵活性受到限制代表着障碍，这样企业决策就不仅仅是照章办事，而更需要深思熟虑地分析决策。

4. 信息因素

信息是决策主体在决策过程中作出正确决策的依据,表现为支持决策的资料、信息和以某种方式加工分析得出的某些结论。准确的信息是正确决策的基础和前提。影响管理决策质量的信息因素主要有以下四个。

(1) 信息的可靠性

信息的可靠性是指信息符合实际情况的真实程度。信息越真实,可靠性就越高,只有真实可靠的信息才会有益于决策主体作出正确决策。为了保证信息的可靠性,对信息的收集、加工处理过程进行管理控制十分必要,同时,要尽量借助统计分析技术来测定调查研究分析结果在统计意义上代表总体的精确程度。

(2) 信息的数量

信息的数量是指决策过程中决策主体所占有的与决策有关的信息的数量。当决策主体就某一决策问题施行方案设计之前应估计一下所掌握的有关信息的数量是否足够,如果还不够,应当继续收集补充,直到认为满意为止。必须指出,这里讲的信息的数量,不能简单地理解为资料、消息的多少,重要的是所拥有资料、消息的信息含量,即资料、消息有益于决策主体减少对所关心事物认识上的不肯定性程度。减少所关心事物认识上的不肯定性程度越高,信息含量大的消息、资料就越能起到事半功倍的效果。

(3) 信息的及时性

信息的及时性是决策主体获得信息后能够迅速作出决策,使企业获得效益的及时程度。如果信息到达决策者的时间可保证决策者不失时机作出决策,获得某种效益,则信息为及时;反之,信息到达的时间过晚,决策者不能据以获得某种效益,则信息为不及时。

(4) 信息的适用性

信息的适用性是指提供给决策者的信息与其面临决策的信息需要之间的一致程度,决策者面临决策的信息需要随决策者所在管理层次的决策类型不同而不同。凡是提供的信息与决策有关,符合信息需要特征的,为适用信息;反之,与决策无关,不符合信息需要特征的为不适用信息。只有信息的适用性增加,其价值才能增加。

二、管理决策原则

管理决策原则是指决策必须遵循的指导原理和行为准则。它是科学决策指导思想的反映,也是决策实践经验的概括。管理决策过程中所需要遵循的具体原则是多种多样的,如决策过程中的悲观准则、乐观准则、最小遗憾准则等。但是,就管理决策的基本原则而言,有许多是共同的,这些一般原则主要有经济性、系统性、预测性、可行性、方向性、信息性、动态性、科学性等原则。

1. 经济性原则

经济性原则,就是研究决策的制定和决策的实施所花的代价与取得收益的关系,研究决策的投入与产出的关系。管理决策,尤其是以企业为主体的管理决策目标往往以经济效益为中心,并且要把经济效益同社会效益结合起来,以较小的劳动消耗和物资消耗取得最大的成果。如果一项决策所花的代价大于所得,那么这项决策是不经济的。

2. 系统性原则

系统性原则,也称为整体性原则,它要求把管理决策对象视为一个系统,以系统整体目标的优化为准绳,协调系统中各分系统的相互关系,使系统完整、平衡。因此,在管理决策制定中,应该将各个小系统的特性放到大系统的整体中去权衡,以整体系统的总目标来协调各个小系统的目标。管理决策发展的实践表明,运用系统性原则指导决策分析是决策科学化的重要保证。系统性要求决策不能只从事物的局部或某一指标去分析考虑问题,而必须从全局出发,全面考虑系统与系统之间、系统与子系统之间的相互联系和相互作用,处理好当前利益和长远利益、局部利益和整体利益的关系。

3. 预测性原则

预测是决策的前提和依据。预测是以过去和现在的已知,运用各种知识和科学手段来推知未来的状态。科学的管理决策,必须用科学的预见来克服没有科学依据的主观臆测,防止盲目决策。管理决策的正确与否,在很大程度上取决于对未来状态和后果判断的正确程度,如果对决策和行动后果缺乏有效信息,常常造成决策失误。所以管理决策必须遵循预测性原则。

4. 可行性原则

可行性原则的基本要求是运用自然科学和社会科学的研究方法,寻找能达到决策目标和预期效果的一切可行方案,并分析这些方案的利弊,以便进行最后抉择。可行性分析是可行性原则的外在表现,是管理决策活动的重要环节。只有经过可行性分析论证后选定的决策方案,才是有较大把握实现的方案。提供决策的方案都应事先考虑决策主体在主观、客观、技术、经济等方面是否具备可能实施的条件。掌握可行性原则必须认真研究分析制约因素,包括自然条件的制约和决策本身目标系统的制约。可行性原则的具体要求,就是在考虑制约因素的基础上,进行全面性、选优性、合法性的研究分析。如果某一方面要求还未达到,须考虑能否创造条件使之达到,只有具有可行性的方案才能成为管理决策有意义的备择方案。

5. 方向性原则

管理决策必须具有清晰和实际的具体的方向目标,并且这个方向目标应该具有相对的稳定性,一经确定下来,不宜轻易改动。

6. 信息性原则

决策是靠信息来制定的,信息是管理决策的基础,信息的质量决定着管理决策的质量。科学决策所要求的信息必须是准确、及时、适用的。进行决策必须广泛收集与之有关的全面系统的信息数据,然后进行归纳、整理、分析、加工,从而为正确的决策提供基本的条件。当今社会正向信息社会发展,信息在决策中的地位越来越重要,这就要求决策者在决策时,一定要重视信息性原则。

7. 动态性原则

管理决策的动态原则又称管理决策的变化原则,它指出决策者在决策时一定要用动态的、变化的观点进行管理决策活动,而不能用固定的、静态的观点去决策。决策环境条件的动态变化会产生一系列不确定因素,这些因素会给决策造成风险。只有遵循动态性原则,充分考虑方案给决策带来的可能的有利和不利影响,做好不确定性与风险分析,并根据决策执行过程中回馈的信息对决策进行补充、修改和调整,才能始终保持决策目标的动态平衡,并最终真正解决决策问题,使管理决策分析更具有科学性、合理性、适应性。

8. 科学性原则

科学性原则是一系列管理决策原则的综合体现。现代化大生产和现代化科学技术,特别是信息论、系统论、控制论的兴起,为决策从经验到科学创造了条件,管理决策活动产生了质的飞跃。管理者必须加强学习现代管理知识,遵循科学性原则,才可进行科学的决策。管理决策科学性的基本要求是:管理决策思想科学化;管理决策程序科学化;管理决策方法科学化;管理决策机制科学化。科学性原则的这几个方面也是互相联系、不可分割、缺一不可的。只有树立科学的决策思想,遵循科学的决策程序,运用科学的决策方法,建立科学的决策机制,整个决策才可能是科学的;否则,就不能称为科学决策。

所有这些原则都是指导管理决策活动的共同的、基本的原则,而不是管理决策过程中某个环节或个别管理决策类型的具体原则。管理者只有认真掌握这些原则的基本内涵,并紧密联系管理实践,才能不断提高决策水平。

三、信息技术环境对管理决策的影响

21世纪以来IT及互联网技术变革使得信息化迅猛发展,日新月异的技术平台形成了决策环境新的技术属性,在各类决策过程中,这些技术属性对于决策初始状态空间和预期状态空间的界定方式产生了重大影响,使得人们的决策过程发生了根本性变革。在这种环境下,网络使用者越多,每个网络使用者借助于网络平台进行决策的效率往往就越高,因为如此庞大的用户群,足以覆盖互联网的每个角落,对某类决策问题的信息和知识的整合能力大大提升,借助于现代"云计算"技术平台,通过网状的大量客户端对网络中某类决策问题和决策行为进行信息提取,获取的最新信息会影响到初始状态空间和预期状态空间的构成,推送到"云"端进行自动分析和处理,再把问题的解决方案分发到每一个客户端(见表1-3 决策支持举例)。综上所述,网络信息技术已经成为管理决策最主要的影响因素之一,全面体现在如下几个方面。

表1-3 决策支持举例

决策类型	控制类型			需要的技术支持
	操作控制	管理控制	战略计划	
结构化	接收账单 ① 登记订单	预算分析 ② 短期预测 个人报告 制造或购买	财务管理 ③ (投资) 仓库选址、分布式系统	管理信息系统 运筹学模型 事务处理
半结构化	生产调度 ④ 库存控制	信用评价 ⑤ 预算准备 工厂布局 工程进展 系统设计效益	建设新工厂 ⑥ 新的生产计划 质量保证计划	决策支持系统

续表

决策类型	控制类型			需要的技术支持
	操作控制	管理控制	战略计划	
非结构化	选择杂志封面 ⑦ 购买软件 批准贷款	谈判 ⑧ 招聘主管 购买硬件	研究与发展 ⑨ 新技术	决策支持系统 专家系统 神经网络
需要的技术支持	管理信息系统 管理科学	管理科学、DSS、ES、EIS	EIS、专家系统、神经网络	

（1）对管理体制机制的影响。对政治、经济、社会、技术的影响。

（2）对决策者价值判断的影响。

（3）对决策者事实判断的影响。如网络婚介决策、网上证券投资决策、网上期货投资决策、网上房地产投资决策等。

（4）对管理决策过程的影响。分别对情报活动、设计活动、抉择活动及评审活动有重要的影响，如极大地提高情报收集处理能力、不同方案的设计能力、抉择活动中的评价能力、实施中的反馈控制能力。

（5）对决策主体能力的影响。使决策主体认识和管理能力得到提升，对人们的智商情商水平及知识构成产生极大影响，使得决策者已经成为应用网络技术的"智慧者"之一，成为云计算的组成部分。劳动创造了人，制造和使用工具是人与动物的本质区别，信息网络技术的创新和应用已为人类进化为"超级人"奠定了基础。

（6）对跨国公司的影响。由网络信息技术产生的网络文化正在创造着世界通用的语言文化决策环境，直接影响跨国公司的战略决策制定和决策实施。

（7）对决策群体的影响。群决策在跨国合作中进行，如在抗击非典、DNA排序计算、抗击自然灾害、航天航海、资源的合作勘探开发利用等方面群决策发挥了重要作用。

第四节 决策理论发展

决策是人类活动的主要内容之一。自古人类就以特有的决策能力来求得生存和发展。体现人类卓越决策才能的杰作处处皆见，世代生辉。埃及金字塔、中国的万里长城、都江堰水利工程、宏伟壮丽的古建筑群（如紫禁城）等，都闪烁着人类决策和管理的系统思想与运筹学的光辉。中国古代的战略决策有诸葛亮《隆中对》而至三分天下，朱元璋采纳"广积粮、高筑墙、缓称王"的建议而建立明王朝，战术决策有孙膑为田忌赛马献策而胜齐王等。

虽然历史上的这些决策活动是很有效的，其决策思想和决策方法以现代科学来分析也是很科学的，对后人有启发意义。但是，这些决策在很大程度上是依靠决策者的智慧与经验，取决于他们的个人才能，缺乏规范化，没有从科学规律上去总结，没有一套比较完整、便于他人学习、掌握并能运用的理念与方法。一般认为这样的决策为经验决策。

人类的决策实践而形成的决策思想浩瀚而精深，但是，后人对决策思想的系统归纳和研究却晚至20世纪初才开始。现代管理学家、经济学家、哲学家和心理学家们都在从不同的角度研究"决策"，决策理论得到了极大的丰富，决策理论已经形成了较为完善的体系。因此,决策科学出现了。

决策理论的发展大致经历了统计决策、序贯决策(包括 Markov 决策)、多目标决策、群决策、模糊决策理论、集成决策理论等几个阶段。决策科学的兴起与发展有着它的历史必然性。首先是社会发展的迫切需要。20 世纪之前,人类社会也早就存在决策活动,人们对决策也十分重视,但由于那时的生产规模小,社会发展缓慢,信息沟通渠道不畅,同时科技文化水平也相对欠发达,因而决策并没有上升为科学。20 世纪以后,社会化大生产推动了科技进步,促进了人们生产方式、生活方式、思维方式的深刻变化;社会活动,特别是领导和管理活动越来越复杂,管理实践需要决策定量化、模型化、战略化、电脑化,从而推动了决策科学的研究与发展。其次,在理论上,自 20 世纪 50 年代以来出现了控制论、信息论、系统论等大批综合交叉学科,它们为决策科学提供了方法论的参考。心理学、脑科学在决策的心理因素,脑活动的机制等方面取得了重大进展,为决策科学的发展提供了新的动力支持。数学分支的发展,电脑的出现,为决策科学的产生提供了逻辑手段和定量分析的工具。最后,这是管理学自身发展的结果。决策科学的兴起和发展与其自身内部的条件是否成熟也很有关系。决策科学是管理学发展的必然分支。古典管理理论强调效率,重点研究如何按科学方法生产,重视人的生理能力和物质需求,忽视人的心理因素、社会因素和精神需求。人际关系学派作为古典管理理论的改进者,强调社会环境、人的因素的重要性。行为科学学派认为古典管理理论和人际关系学派的经济人、社会人模式都过于简单化,于是吸收心理学、社会学等相关学科的知识,注意研究组织中人的行为,及如何调动人的工作积极性等问题。而几乎与行为科学学派同时的管理科学学派则注重数学模型、电子计算机的应用,其管理重效果而不是效率。在实践过程中,领导者和管理人员发现决策在管理工作中起到了关键作用。一批管理学家把研究重点从"人"身上转移到决策问题上,并逐步建立了现代决策科学。进入 20 世纪 80 年代以来,随着计算机和信息技术的发展,决策分析的研究也得到了极大的促进,产生了计算机辅助决策——决策支持系统 DSS(Decision Support System)这一新的研究方向;20 世纪 90 年代后期出现了以数据仓库 DW(Data Warehouse)为基础,以联机分析处理 OLAP(On Line Analytic Processing)和数据挖掘 DM(Data Mining)为核心技术的 DSS。

决策从经验决策发展为科学决策,始于 20 世纪 50 年代。由于世界政治、军事、经济和科学技术发生了很大的变化,现代化、社会化大生产和现代化科学技术的飞速发展,对"决策"提出了更高要求,迫切要求经验决策向科学化的方向发展,迫切要求发展一种以决策活动为研究内容,以科学为基础的决策理论。

一、决策理论体系

现代决策理论的发展是与主观概率及效用理论的发展密切相关的。早在 18 世纪,Bernoulli 在解决圣彼得堡悖论时提出了效用的初步概念及用概率反映不确定性的思想,为效用的概念及效用函数可能形式的提出奠定了基础。20 世纪二三十年代,F. P. Ramsey 首先认识到了概率与效用具有内在相关性,可以通过人们的偏好推断主观概率和效用值,提出了构建基于这两个概念的决策理论。在此期间,现代化大生产与科学技术的发展迫切需要科学决策理论,以减少失误和风险损失,现代科学的发展为决策理论提供了工具和方法，信息论、控制论和系统论为决策理论提供了新的思维，现代决策理论的基础也逐步奠定，1944 年，John Von Neumann 和 Oskar Morgenstern 出版了《博弈论与经济行为》一书，该书是决策理论发展史上一个重要的里程碑，奠定了现代决策分析的效用理论基础，1947 年在该书的第 2 版中给出了期望效用模型的公理体系。由 Von Neumann、Morgenstern、Savage、Pratt 等建立的决策理论的公理体系为分析决策问题提供了基础。20 世纪 50 年代，Savage 建立了 Bayes 决策理论，对期望效用理论模型进行了拓展，给出了将主观概率与效用理论融合的公理体系。A. Wald(1950)提出了统计决策的基本理论。K. J, Arrow(1951)提出了多人决策的公理体系，并证明了此组公理条件下，当备选方案数大于等于 3 个时不存在群体一致的选择原则，这一定理为群体决策的研究发展奠定了重要的理论基础。20 世纪 60 年代，哈佛商学院的 Schlaifer、Raiffa、Pratt 等人在主观期望效用模型和 Bayes 统计决策理论的决策分析研究方面取得较大发展。

20 世纪 60 年代以后，决策理论研究的领域逐步扩大。例如，多目标决策、群决策、主从递阶决策、模糊决策、序贯决策（含马尔可夫决策）和决策支持系统等都被引入决策的研究范畴。20 世纪 80 年代以后，随着计算机和信息、通信技术的发展，决策分析的研究也得到了极大的促进，并产生了计算机辅助决策这一新的研究方向。许多大型决策优化问题在计算机的帮助下也得以解决，复杂的群决策问题在计算机和通信技术的辅助下，在应用方面也取得了很大的进展；决策支持系统在信息系统的基础上增加了模型库和知识库，使得整个系统具有一定的人工智能功能，因此能够从一定程度上代替人们对一些常见问题进行决策分析。

在这一时期，伴随着决策理论的发展，决策行为方面的研究也取得了丰富的研究成果。大量的实验和观察表明，现实中的决策者的行为并不完全与规范性决策理论预期的一致。1961 年，Edwards 在论文标题中首次使用了"行为决策理论"，Daniel Kaknemann 和 Amos Tversky 对人的判断启发式和偏见进行了大量的开创性研究，在 1979 年提出了期望价值理论(prospect theory)，指出人们即使拥有良好的信息也会由于各种因素的影响而难以作出理性选择，由此建立了行为决策理论体系。

20 世纪 80 年代以后的决策分析研究与 20 世纪六七十年代的研究的最大差别是，前者有了一定的实践经验基础，这些决策分析实践经验不仅对已有的决策理论进行了一定的检验，还为研究者提供了新的思维空间和研究课题，这样就不断丰富了决策分析研究的内容，促进了理论研究向深度发展，同时决策分析研究的应用性也得到了加强。这时的决策分析在研究方法上的一个变化是包含了行为科学和心理学的内容，试图从人类行为的根本上探讨决策行为的一般性规律。将决策分析研究过程和内容总结如图 1-4 所示的形式，行为科学和心理学方面的内容主要包含在选择和偏好的研究中。

进入 20 世纪 90 年代后，决策分析研究取得的比较重要的理论成果主要集中在选择理论(choice theory)方面。选择理论研究内容包括个人和群体的选择行为以及选择行为背后的价值偏好、判断、风险行为等。期望效用理论是规范决策分析中作为选择的主要理论基础和研究方法，但是人们在不断的决策实践中发现它的一些假设与实际情况不一致，因此，在许多决策分析问题中是无效的。典型的例子有两个：一是 Ellsberg 悖论；二是事前支付对决策行为的影响。

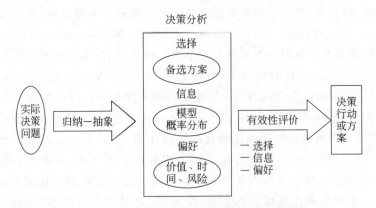

图 1-4　20 世纪 80 年代后决策分析研究基本模式和内容

Ellsberg 悖论说明了一个期望效用理论无法满足的事实，即决策者在决策过程中，主观概率的和不能保证为 1。研究人员解决这个问题的主要思路是围绕如何从理论上和方法上对状态概率进行修正，Bordley(1990)从行为科学和决策分析两个方面对这一问题进行了系统的研究和总结，并建立了 SSB(skew-symmetric bilinear utility)分析模型。这个模型能够解释大部分效用理论与实际情况冲突的问题，如偏好的非传递性、行动选择相关性、支付的非支配性、非独立性、不确定态度的非中立性、参考点的影响等。在 SSB 模型中，期望效用理论的偏好结构只是一种特殊情况。

事前支付对决策的影响是任何一个决策者在实际情况中都会遇到的问题，Thaler(1990)指出由于这种问题不满足主观概率期望效用理论(subjective expected utility theory)的所有支付都在当前决策中包含的假设，故不能用期望效用理论来研究和分析。Thaler 对这一问题的研究方法是：首先总结拓展通过观察建立起来的、不同的事前支付对于决策行为影响的假设，然后通过实验，模拟实际决策环境下的群体行为来检验和修正假设。Thaler 得出的结论是事前收益和损失对于决策者有着不同的影响：收益往往使决策者更能够接受具有风险的选择，而损失使决策者更钟情于能够挽回损失的选择；事前支付大小的不同对决策行为也有影响。Thaler 还研究了有事前支付的决策行为的过程，即决策者对于事前支付和随后的决策是分开考虑还是将二者视为整体考虑的问题，并用期望价值理论表达有事前支付的决策选择行为。期望价值理论与期望效用理论的差别在于价值函数代替了效用函数、决策权重(decision weights；Hogarth, et al, 1990)代替了主观概率(Kahneman, et al, 1979)。

从管理决策理论发展的脉络来看，存在着两个不同的主要研究方向：第一个研究方向是从理论上探讨人们在决策过程中的行为机理，这一方向又分为两个问题：描述性决策分析与规范性决策分析。所谓描述性决策分析是研究人们实际上是按照什么准则、什么方式进行决策，这主要是决策心理学探讨的问题；规范性决策分析是研究人们应当按照什么准则、什么方式作决策才是合理的或理性的，期望效用理论就是这一方面研究的主要成果。决策分析第二个研究方向是对实际决策问题的研究，如将一些典型的具体问题模型化，以指导实际决策过程。这些实际问题涉及如新产品开发、新技术推广、企业战略、冲突决策等许多方面。

图 1-5 勾画出了管理决策理论发展的脉络。

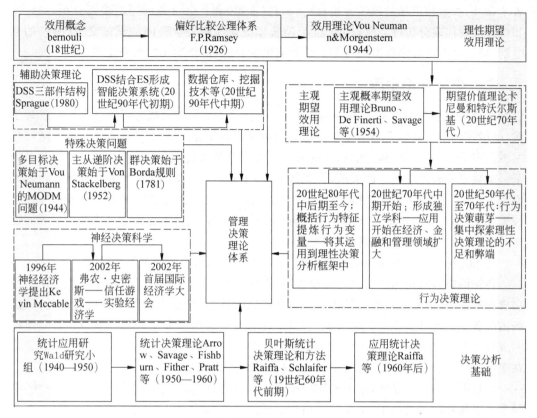

图 1-5　管理决策理论发展脉络

决策分析困扰人们的主要问题是决策复杂性的处理和研究，这里的复杂性是指实际决策背景往往比决策分析模型要复杂。复杂性的研究主要是分析其从哪些方面影响决策过程和决策模型，以及决策过程和模型在哪些方面不能满足实际决策问题的复杂性要求。从概念上来说，决策复杂性可以分为规范复杂性、描述复杂性和沟通复杂性。规范和描述复杂性与决策分析中的规范性研究和描述性研究相对应，而沟通复杂性是指在决策分析研究中存在的学科交叉问题。最优化决策分析中对经典报童模型的深入探讨，如对两产品报童模型问题的研究，价格、成本均可变的情况下报童的决策行为，就是对复杂性报童模型的研究。

未来的发展，首先是不断完善与决策实践相符的决策公理化体系，如决策及其解的定义、知识和理论方法的公理化建设等。其次，多目标规划理论(向量极值)已深入到一般偏序和无限维目标的抽象空间中，新的更实用的决策模式与方法将兴起；把计算机专家系统和多目标决策结合起来，即研究具有自动决策支持功能的专家系统、计算机支持合作工作(computer supported cooperative work, CSCW)的研究与应用也将逐渐开展起来；多目标动态决策、时序决策、信息不对称决策、风险(不确定性)决策和非线性决策等问题的研究也将迅速发展起来。另外，随着经济学、熵与混沌理论、合理预期学说、心理行为科学、认知科学和神经经济学等在决策理论中的渗透，支持决策者对半结构化和非结构化问题作有效决策的决策支持系统的发展,决策科学将被更广泛地应用到国民经济和社会发展的各个领域,如金融市场的风险分析、社会福利(保险)和社会选择问题的决策分析、高科技和统计决策风险分析等。所以,21世纪是管理决策与相关学科间的积极交流、融合的新时期,管理决策也将因此发展成为一个具有庞大分支、广泛实用的崭新学科。

二、决策理论学派

决策理论学派(decision making school)是在第二次世界大战之后发展起来的管理学派,美国管理学家和社会科学家赫伯特·西蒙是决策学派的主要代表人物。该学派吸收了系统理论、行为科学、运筹学和计算机科学等学科的研究成果,在20世纪70年代形成了一个独立的管理学派。西蒙的《管理行为》一书是最具代表性的,其主要内容有两个方面:首先是"有限度的理性"和"令人满意的准则";其次是决策过程理论。今天决策理论枝繁叶茂,与西蒙对这个领域的开创性贡献是分不开的,其理论已渗透到管理学的不同分支,成为现代企业经济学和管理学的理论基石。

决策理论学派非常强调决策在组织中的重要作用,认为管理就是决策。

传统的管理将组织活动分为高层决策、中层管理和基层作业,认为决策只是组织中高层管理的事,与下面的其他人员无关。但是西蒙却认为,决策不仅仅是高层管理的事,组织内的各个层级都要作出决策,组织就是由作为决策者的个人所组成的系统。首先组织的成员是否留在组织中,就要将组织提供给他的好处和他的付出进行对比。当决定了留在组织中后,无论成员处于哪一个管理阶层,都是要作出决策的。

而且随着科技的发展,员工素质的提高和组织的日趋扁平化,决策权会逐渐下放,即使是处于作业层次的员工,也要对采用什么样的工具、运用什么样的方法作出选择。西蒙认为,组织是指人类群体当中的信息沟通与相互关系的复杂模式。它向每个成员提供决策所需要的大量信息和决策前提、目标及态度,它还向每个成员提供一些稳定的可以理解的预见,使他们能预料到其他成员将会做哪些事,其他人对自己的言行将会作出什么反应。成员的决策其实也就是组织的决策,这种决策的制约因素很多,涉及组织的各个层次和各个方面,被称为"复合决策"。管理活动的中心就是决策。计划、组织、指挥、协调和控制等管理职能都是作出决策的过程。

因此,管理就是决策的过程,管理就是决策。西蒙也强调管理不能只追求效率,也要注意效果。效率是在一定目标和方向上的效率,效果则是决定方向目标这一类的根本问题。西蒙等人认为,在"信息爆炸"的当代,重要的不是获得信息而在于对信息进行加工和分析,并使之对决策有用,认为今天的稀有资源不是信息,而是处理信息的能力。西蒙决策理论的核心概念和根本前提是人类认知能力的局限性。决策学派据此提出了信息处理模式。西蒙将人的思考过程看作一种信息处理过程,所以,可以利用程序使计算机也能像人一样思考和创造。但是它们只是决策者的决策工具,并不能取代决策过程。管理人员还必须对可供决策的方案评价以后进行抉择,作出最后判断。一旦选定方案,经理人员就要对其承担责任和负担一定的风险。

西蒙认为决策的过程中,最重要的是信息联系,决策的各个阶段均是由信息来联系的。一般来说,决策是要遵守这样的程序的,但是也不能完全机械地用上面的过程来一步步地做,比如,在拟订方案阶段,出现了新的问题,这就需要重新返回第一个阶段来收集情报,结果又回到了第一个阶段。按说决策应该是充分地收集信息,然后作一个最好的决策,但有时候就没有足够的时间来收集信息,例如在经营中出现了突发事件,需要立刻解决,这时决策就在很大程度上要依据管理者的经验和直觉来决定。人的认知能力是有限的,人的行为的复杂性也不过是反映了其所处环境的复杂性,在这样的环境中,人不可能作出最优的决策。由于现实生活中很少具备完全理性的假定前提,人们常需要一定程度的主观判断,进行决策。也就是说,个人或企业的决策都是在有限度的理性条件下进行的。完全的理性导致决策人寻求最佳措施,而有限度的理性导致他寻求符合要求的或令人满意的措施。

1. 信息的不完全性

信息可以帮助我们对备选方案进行选择,所以在选择方案时要做到绝对合理,就需要对各种备选方案可能的结果具备完整的知识,但实际上我们在此方面的知识经常只能是部分和片面的,人们很难得到关于某一件事情的全面的知识,而且有时候得到的知识还是虚假的或者错误的。

2. 预测的困难性

因为结果是未来的,还没发生的,所以在对它们进行评价的时候不能够说正确与否,对方案的判断只能够是想象力和经验的结果。价值判断更是不完整和不可预测的。这使我们的预测只不过是一种对未来的期待,实际情况到底怎样,我们还没法预料。

3. 穷尽可行性的困难性

只有人们把所有的方案都找出来,才能作出科学合理的"最优的方案",绝对的合理性要求在可能发生的所有替代方案中选择,但是没有人能够把所有的候选方案都找出来,尤其是对企业中一些较为复杂的事务的决策,涉及的面很广,信息多,还远达不到将所有可能的结果和途径都考虑到的地步。有时候决策者自己也存在知识和计算能力方面的局限性,各种环境都在不断的变化,他们还要在缺乏完全信息的情况下进行决策,因此,在西蒙看来,"最优化"的概念只有在纯数学和抽象的概念中存在,在现实生活中是不存在的。按照满意的标准进行决策显然比按照最优化原则更为合理,因为它在满足要求的情况下,极大地减少搜寻成本、计算成本,简化了决策程序。因此,满意标准是绝大多数的决策所遵循的基本原则。

一个组织的决策根据其活动是否反复出现可分为程序化决策和非程序决策。程序化决策是结构良好的决策,非程序化决策,即结构不良的决策。一般来说,那种例行的反复出现的决策,比如:企业中的订货、材料的出入,产品的生产等,属于程序化决策;而那些对不经常出现的、非常规的事情作出的决策一般都是非程序化决策,例如,制定一个新的战略,对竞争对手的举动作出反应等,这些没有一定的章法可循,因此也就没办法程序化。另一种区分它们的主要依据是这两种决策所采用的技术是不同的。现在制定常规性程序化决策主要是应用运筹学和电子数据处理等新的数字技术,而制定非程序化决策的传统方式包括大量的人工判断、洞察和直觉观察。一般来说,程序化决策呈现出重复和例行的状态,每当出现这种情况时,决策者就可以利用以前曾用过的方法和规则来处理问题,按照以前的办法和程序,组织一般都有这方面的规定,有一定的规章和制度。典型的非程序化决策表现为,问题是新颖的,其确切的性质和结构不确定或很复杂,决策者不能够简单地使用以前的准则和程序来解决这样的问题,他们要根据他们的经验和知识对环境作出判断,提出创造性的解决方案,要求他们在困难、结构不良的环境中进行决策。

非程序化决策的现代技术正经历着一场革命,主要是探索解决技术方面的应用,包括决策者的培训和探索式计算机程序的编制,而且已经达到了模拟人的判断和直觉的现实程序。日常的活动不管如何复杂都可以分解为最简单的行动步骤,加以程序化。当企业中产生新的和修正旧的程序的创新过程时,需要进行非程序化决策,就要依次地经过全部决策过程。西蒙将全部决策过程大致概括为:判定问题,确定目标,然后寻求为达到目标可供选择的各种方案,比较并评价这些方案的得失。在这些方案中进行选择,并作出决定,在执行决定中进行核查和控制,以保证实现预定的目标。但是,程序化决策和非程序化决策并没有截然的不同,在实际管理工作中,这两者很多的时候都是混合在一起的,就像是一个光谱的连续体,一端是非常高度的程序化决策,另一端是非常高度的非程序化决策,这中间是慢慢的过渡阶段。此外,根据决策条件,决策还可以分为肯定型决策、风险型决策和非肯定型决策。肯定型决策是指决策执行后只有一种结果的决策,它又分为单目标决策和多目标决策。一般来说,这种决策是很少的,大多数都是风险型决策,这种决策存在着不确定的因素,一个方案可能会出现几种结果,但每种结果出现的概率大概是知道的;不确定决策也是有几种不同的结果,但每种结果的概率也不知道。这几种决策所采用的方法和技术都是不同的。

虽然说随着现代企业和现代技术的发展,组织的特征已经发生了根本性变革,在最现代的组织中,西蒙决策理论显然未能全面反映管理活动的规律性,缺乏对一般管理关系和环节的分析,忽视了管理工作要比决策工作多得多,复杂得多这个事实。但是,西蒙的决策理论仍然是我们理解人类行为的钥匙。

三、决策理论新发展

从现代决策理论的发展过程和研究范式来看,决策理论分为两种:一种是理性决策(理论);一种是行为决策(理论)。2002年前占主导地位的是以期望效用理论为基础的理性决策理论方法,随着理性决策悖论的研究和行为经济学的兴起,行为决策的理论越来越引起人们的兴趣。

1. 个人决策向群体决策发展

群决策是集数学、政治学、经济学、管理学、社会心理学、行为科学和决策科学等多门学科研究于一体的交叉学科。对群决策的研究始于200多年前,早期群决策理论的基本原则是:决策群体的最优选择应该是使社会福利达到极大,或群体效用极大。其代表人物法国数学家Borda在1781年提出了群体对方案排序的Borda规则。1785年法国另一位数学家Condorcet,同时又是经济学家和社会学家,他发现和研究了著名的"投票悖论",并提出了Condorcet规则以解决此悖论。他们的研究对投票理论产生了深刻的影响。此后,许多学者从各个方面对群决策进行了研究,英国的Dodgson和Nanson Laplace应用概率对偏好序的赋值问题进行了研究,提出集结偏好中偏好序的赋值方式,他发现了应用该类方法时,成员很容易通过谎报偏好将对自己偏爱方案威胁最大的方案排在最后,来对选举结果进行操纵。Dodgson 对选举和委员会问题进行了研究,提出了一种解决"投票悖论"的方法。20 世纪 50 年代以后,群决策理论框架的理性公理化理论开始建立,如 1944 年冯·诺曼和摩根斯坦(Von Neumann & Morgenstern)对多人对策问题效用函数进行了研究。美国经济学家 Arrow 于 1951 年在他的著作《社会选择与个人价值》中提出了著名的不可能性定理,为群决策奠定了重要的理论基础,并对社会的政治和经济产生了深远的影响,也成为现代社会选择理论体系形成的标志,这些研究工作使他成为 1972 年诺贝尔经济奖得主。Arrow 从数学上证明了给定合理性假设,没有任何决策是公正的。Arrow 的不可能性定理是群决策研究的一个里程碑,成为群决策研究的经典性结论。其后,社会选择理论的研究几乎都是围绕着这个定理展开的,人们希望通过对其一项或几项条件的修改或弱化,来寻找可以实现群体效用集结的方式。如,Fishburn对 Arrow 定理进行了研究,证明了当群体中的个体成员为无限集时,Arrow 不可能性定理变为可能定理。1998 年诺贝尔经济学奖获得者、印度籍经济学家 Amartya Sen 提出了著名的价值限制理论,解决了"投票悖论"并发展了 Arrow 的理论框架。20 世纪 70 年代以后,群决策研究主要分别由两类学者沿两条不同的途径进行:一条研究途径是社会心理学家通过实验的方法,观察分析群体相互作用对选择转移的影响;另一条研究途径是经济学家对个体偏好数量集结模型的研究。

妥协(compromise)、谈判(negotiation)和群决策理论(group decision theory)在 20 世纪七八十年代获得了很大的发展。群决策在信息收集、信息处理、方案结果的评价以及产生新的方案等方面比个体决策有许多重大的优势。同时群决策也有缺点,其主要的缺点是在决策时群体成员的意见必须取得一致。

20 世纪 80 年代,群决策理论研究和方法应用发展到了一个新的阶段,群决策理论拓展为几个不同而又有相互联系的研究领域:偏好分析、群体效用理论、社会选择理论、委员会决策理论、投票理论、一般对策论、专家评估分析、量化因子集、模糊群体决策理论、经济均衡理论以及群决策支持系统等。20 世纪末期,由于计算机技术、网络通信技术的发展,为消除或减少决策个体之间信息交流的障碍提供了可能,群决策的绩效也得到了较大的改善。群决策支持系统成为了当前研究的热点。

群决策理论研究虽然起步较早,但由于群决策问题内在的复杂性,群决策理论既是决策理论的前沿,也是决策理论最为薄弱的部分。尤其是进入 21 世纪,新一代互联网技术迅猛发展,相对分散的决策主体更广泛地嵌入于各类网络和信息平台中成为分散的、多维的、实时的信息结点,这类组织模式使得群决策中的现实形式更为多样,相对于群决策的实践发展,现有的群决策理论和方法的研究还很分散,尚未形成完整的理论框架体系,群决策在实践中的应用也还需要进一步研究。此外,鉴于群决策理论主要研究的是静态的偏好集结模型,而实际上群决策是一个信息反复交流最终达成一致的动态过程,所以应该加强对群决策过程的研究。

2. 单目标决策向多目标决策综合发展

多目标决策(multiple objectives decision making,MODM)问题最早是由意大利经济学家帕累托(Pareto)于 1896 年从政治经济学角度提出的,他把很多本质上不可比较的目标转化成一个单一的最优目标进行求解。1944年,冯·诺曼和摩根斯坦从对策论的角度提出了几个有多个决策者、彼此之间有相互矛盾的MODM问题。库普曼(Koopmans,1951)从生产和分配的活动分析中提出了MODM问题,并首次使用了"有效向量"这个概念,即现代MODM中的"非控解"的概念。同年,库恩和塔克(Kuhn & Tucker)从数学规划角度提出了向量函数极大化问题(vector function maximization problem),并推导出"有效解"存在的最优条件,他们的鞍点定理非常著名。1958年西蒙关于有限理性(bounded rationality)的研究可看作MODM的一部分。1961年由Charnes和Cooper引入的目标规划(goal programming)是早期的MODM方法,其准则是使目标值和实际达到值两者之间差的绝对值之和达到最少。1963年扎德(LA. Zadeh)从控制论的角度提出了MODM问题。Geoffrion(1968)从数学规划角度提出了向量优化问题的真有效解的概念,并给出了该解的必要和充分条件。1968年Johnson系统地提出了关于MODM模型的研究报告,这是MODM这门学科开始大发展的一个转折点。

MODM问题从帕累托于1896年提出到Johnson的系统总结,经历了70多年的时间。但是,MODM比较集中的研究和应用是从20世纪70年代才开始的。Cohon和Marks(1975)对当时发展起来的MODM方法进行了回顾和评价,所采用的准则是:①方法在计算上必须是可行的和有效的;②必须有助于在诸目标中进行协调的明确定量表示;③它必须提供充分的信息以便能采取一个有根据的决策。Haith和Loucks(1976)回顾了在定义和评价多目标中适用于计划工作者的一些方法。

20世纪70年代末期,萨蒂(Saaty)提出的AHP法(analytical hierarchy process)可以把定性目标定量化,同时可用于对多准则问题的准则优先序进行分析,或对MODM方案或策略(一般有限、离散)的优劣进行排序。至此多目标决策已成为运筹学和管理科学中最有发展动力和应用价值的领域之一。MODM的研究和应用还在继续,交互式规划、描述性决策模型、与决策支持系统和判断心理学的接口、多维风险分析以及在战略管理和经济方针制定等方面的应用代表着主要的趋势。

3. 单项决策向主从递阶决策发展

在管理决策系统中,决策者各自处于不同的层次上。一般地,高一级决策机构自上而下地对下一级若干决策机构行使某种控制、引导权,而下一级决策机构在这一前提下,亦可以在其管理范围内行使一定的决策权,虽然这种决策权比较起来处于从属的地位。在这种多层次决策系统中,最终的决策结果往往是寻求使各层决策机构之间达到某种协调的方案,具有以上特征的决策问题称为主从递阶决策问题。

具有主从递阶结构的决策问题最初是由Von Stackelberg于1952年在研究市场经济问题时提出的。因此,主从递阶决策问题亦称Stackelberg问题。这方面的早期工作主要是从对策论的角度出发,对静态和动态Stackelberg对策问题加以研究,代表性的学者有Chen、Cruz和Simann等,而Castanon、Athans、何毓琦、Lun和Olsder等人则将这一基本问题向更广泛的领域延拓。自20世纪70年代以来,许多学者以数学规划理论和方法为基础,通过建立多级数学规划模型来研究Stackelberg问题。此领域的研究最早由Bracken和McGill于1973年提出,在此基础上,Falk、Aiyoshi等人分别从不同角度对此类问题的求解方法进行研究。主从递阶决策问题是一类内容丰富、研究难度较大的问题,基本理论研究与求解技术仍在不断发展中。

纵观管理决策理论的发展历程,并回顾人类决策实践的诸多案例,可以看到,尽管人们对于管理决策问题的研究在不断深入,但在管理决策实践中,决策主体的认知却不同程度地存在有限性,进而成为导致决策有限理性的根本原因。因此,在决策过程中,主体的认知总是循序渐进的,并非一蹴而就。这种认知的局限所导致的结果,往往是某一特定时代或阶段对问题的认知过于片面或简单化。如在牛顿之前,人们对常见的苹果落地总是熟视无睹,而在牛顿之后,才有爱因斯坦的相对论以及从分子说到夸子说的微观世界的理论。决策问题同样如此,在决策理论的指导下,制定管理决策的过程中,如何突破有限理性?如何解析有限理性对不同决策问题的影响规律?如何在有限理性环境下寻求最优决策方案?这一系列问题的解决正是推动管理决策理论发展的不竭动力。

如前所述,理性决策是指决策主体的选择偏好是完全理性前提下所作的决策,其决策过程有脉络条理可循,决策的结果以及决策主体的偏好与主观判断具有一致性。理性决策理论认为决策主体具有完全理性,在追求决策目标时各种状态始终处于理想状态。在这一前提下,通过建构一系列公理体系形成了理性决策期望值理论、期望效用理论及系统化的决策分析方法与技术。非理性决策是指决策过程没有脉络条理可循,决策的结果以及决策主体的偏好与判断没有一致性或逻辑性。由于有限理性难以克服,非理性决策广泛存在。西蒙也指出,管理决策理论所关注的焦点是决策的理性方面与非理性方面的界限。近年来,行为决策理论(behavioral decision theory)对理性决策的前提进行了修正,即认为决策主体在现实状况下表现出来的有限理性、有限自利和有限自制的行为会对决策的结果产生不同程度的影响,决策主体的选择偏好是在有限理性前提下所作的决策,并给出了相应的研究范式。行为决策理论的研究有三个特点:①出发点是决策者的行为,以实际调查为依据,对在不同环境中观察到的行为进行比较,然后归纳出结论。②研究集中在决策者的认知和主观心理过程,如人们在作决策时的动机、态度和期望等,而不是这些行为所完成的实际业绩。即关注决策行为背后的心理解释,而不是对决策正误的评价。③从认知心理学的角度,研究决策者在判断和选择中信息的处理机制及其所受的内外部环境的影响,进而提炼出理性决策理论所没有考虑到的行为变量,修正和完善理性决策模型。

信息技术的突飞猛进与互联网技术的日新月异,使决策主体的认知水平和信息的丰富程度都有了极大的提升,有限理性的内涵在不断变化。在此背景下,只是有限理性不再来自于信息的不足,而更多的产生于决策主体处理信息和驾驭信息的能力。因此对人类来说,决策中的有限理性问题并没有得到根本性解决,理性决策理论与非理性决策理论需要共同发展,相得益彰。对有限理性问题的不断突破,应当是管理决策理论发展的不竭动力。理性决策理论奠定了系统化决策分析的基础,行为决策理论不断充实特定情境下决策的行为模式和决策模型,神经决策科学试图通过解析基因和神经因素对决策行为的影响机理对决策进行解释,后两者的发展可能会将社会因素和基因与神经因素共同充实到理性决策理论框架中来,使管理决策理论的分析过程能够在不断突破有限理性的道路上得以发展和完善。

本 章 小 结

管理决策旨在提高企业的管理效能,以实现企业内部各环节生产技术经济活动的高度协调及资源的合理配置与利用。管理是艺术和科学的结合体,决策是中高层管理者的主要工作。管理的主要因素就是直觉和信息,对决策者来说,科学的决策程序一般包括:发现问题和确定目标、收集情报、探索方案、方案选定和决策执行等几个阶段。在决策的分析阶段有两种基本的分析方式:定性分析和定量分析。定性分析主要依赖于决策者的主观判断和经验,定性分析靠的是决策者的直觉,它在很大程度上依靠着决策者的个人素质。定量分析则是建立在准确、合适的数据基础上,运用定量分析的方法帮助决策。从管理决策理论发展的脉络来看,存在着两个不同的主要研究方向:第一个研究方向是从理论上探讨人们在决策过程中的行为机理,这一方向又分为两个问题:描述性决策分析与规范性决策分析。描述性决策分析是研究人们实际上是按照什么准则、什么方式进行决策,这主要是决策心理学探讨的问题;规范性决策分析是研究人们应当按照什么准则、什么方式作决策才是合理的或理性的,期望效用理论就是这一方面研究的主要成果。决策分析第二个研究方向是对实际决策问题的研究,如将一些典型的具体问题模型化,以指导实际决策过程。这些实际问题涉及新产品开发、新技术推广、企业战略、冲突决策等许多方面。

习 题

1. 管理决策的基本要素有哪些?
2. 管理决策应遵循哪些基本原则?
3. 管理决策有哪些基本的分类?
4. 作为决策理论学派的代表人物——西蒙的主要观点有哪些?
5. 举例说明下列概念的差别。
(1) 决策与抉择。
(2) 风险性决策与确定性决策。
(3) 战略决策与战术决策。
(4) 程序性决策与非程序性决策。
(5) 决策修正与追踪决策。
(6) 理性决策与行为决策。

第二章 Excel 应用基础

Excel 是微软办公软件的一个重要部分,确切地说,它是一个电子表格软件,可以用来制作电子表格、完成许多复杂的数据运算,进行数据的分析和预测并且具有强大的制作图表的功能,它可以进行各种数据处理、统计分析和辅助决策操作,广泛应用于管理、统计、财经、金融等众多领域。

第一节　Excel 基本操作

电子表格可以输入输出、显示数据,可以帮助用户制作各种复杂的表格文档,进行烦琐的数据计算,并能对输入的数据进行各种复杂统计运算后显示为可视性极佳的表格,同时它还能形象地将大量枯燥无味的数据变为多种漂亮的彩色商业图表显示出来,极大地增强了数据的可视性。另外,电子表格还能将各种统计报告和统计图打印出来。正因为这些强大的功能,企业对电子表格是愈加的依赖。

一、电子表格窗口的组成

在 Windows 中启动 Excel 应用程序后,它的显示窗口如图 2-1 所示。

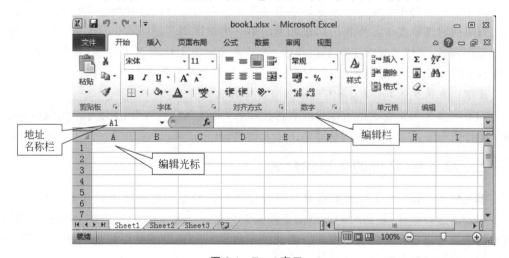

图 2-1　Excel 窗口

在该窗口中,除了与 Word、PowerPoint 等应用程序有相似之处的工具栏、菜单栏以外,还有一个地址名称栏和编辑栏。地址名称栏中显示了表格中黑色框(编辑光标)所在单元格的地址,如图中的 A1。除了显示光标所在的单元格地址外,如果对单元格命名后,在该处还能显示光标所在单元格的内容。在这里,可以对光标所在单元格的内容进行编辑，如输入数据和计算表达式、修改已经输入的内容。

图 2-2 所示的是工作簿窗口，这是应用程序所属的文档窗口。在该窗口中可以编辑、存储、处理数据。

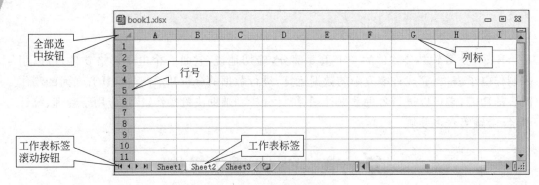

图 2-2 Excel 工作簿窗口

工作簿窗口的第一行是标题栏，显示所编辑工作簿的名称。当打开或新建一个新的工作簿时，Excel 自动为其命名为 Book1、Book2……

每个工作簿中可以包含多个工作表。一般情况下，新建一个工作簿含有三个工作表。每个工作表的名称先由 Excel 命名为 Sheet1、Sheet2、Sheet3，这些名称显示在工作簿窗口的工作表标签中。任何一个工作表由 16384 列×1048576 行组成。每行与每列的交叉点就是工作表的单元格。所以在地址名称栏中显示的就是单元格的行列标号或者是其名称。这个被显示地址或者名称的单元格就是当前单元格。

每个工作表都相互独立。用鼠标单击某个工作表名就可以选择当前工作表。

可以同时选取多个工作表。用鼠标单击第一个工作表名，然后 Shift+鼠标单击最后一个工作表名，可以选择多个相邻工作表；如果要选取的工作表名不相邻，先要单击任一个要选取的工作表名，然后依次用 Ctrl+鼠标单击其余各个要选取的工作表名。

注意：选取多个工作表，并不意味着当前工作表是多个。

如果有多个工作表或是工作表的名称比较长，那么在选择工作表时可以用鼠标单击四个工作表标签滚动按钮来左右移动工作表标签。

二、单元格、区域的选取和命名

单元格是 Excel 在工作表上最基本的操作单位。它主要是被用来存放数据信息的。与工作表的选择一样，任何时刻在当前工作表中只有一个处于活动单元格，即只能对当前活动的单元格进行有关的编辑操作。活动单元格显示时其周围有黑色的粗框线，而且它所在的行号和列标是"凸出"显示的。

1. 单元格的选取

选择一个单元格，将鼠标指向它单击鼠标左键即可；单击以后，单元格处于激活状态，从而可以对其实施编辑操作。

2. 区域的选取

区域指的是在工作表中一组相邻单元格所组成的矩形。区域的名称 Excel 默认为左上角单元格的地址与右下角单元格的地址，中间以冒号隔开。

3. 单元格或区域的命名

Excel 给每个单元格都有一个默认的名字，其命名规则是列标加横标，例如 D3 表示第四列、第三行的单元格。如果要将某单元格重新命名，可以采用下面两种方法：①只要用鼠标单击某单元格，在表的左上角就会看到它当前的名字，再用鼠标选中名字，就可以输入一个新的名字了；②在“公式”选项卡，“定义的名称”功能区有“名称管理器”按钮，点击，如图 2-3 显示，单击“新建”，弹出“新建名称”对话框，输入相关数据。

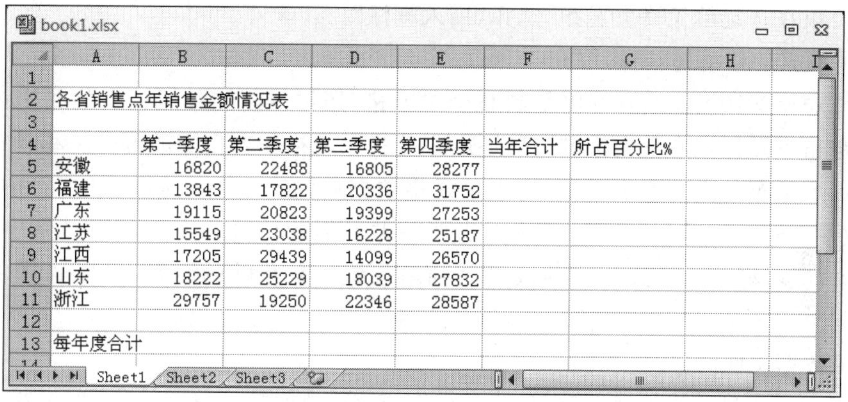

	A	B	C	D	E	F	G	H
1								
2	各省销售点年销售金额情况表							
3								
4		第一季度	第二季度	第三季度	第四季度	当年合计	所占百分比%	
5	安徽	16820	22488	16805	28277			
6	福建	13843	17822	20336	31752			
7	广东	19115	20823	19399	27253			
8	江苏	15549	23038	16228	25187			
9	江西	17205	29439	14099	26570			
10	山东	18222	25229	18039	27832			
11	浙江	29757	19250	22346	28587			
12								
13	每年度合计							

图 2-3　数据

三、单元格的编辑和格式设置

1. 单元格的输入和编辑

图 2-3 显示了某超市公司下属的几个省份销售部在去年每个季度的营业额，现以该表为例说明在 Excel 中对于单元格的输入和编辑。

(1) 数据的输入

在 Excel 的单元格中，既可以输入数值，也可以输入字符。第一个输入的如果是数字，则默认为在该单元格中输入的是数字值。同理于字符。如果没有对单元格进行任何的编辑操作，那么对数字，Excel 会在单元格中靠右边放：而字符串则靠左边放。

注意：如果要输入的内容是由数字组成的字符串，一般以单引号开始，然后再键入数字。

(2) 数据的编辑

当单击单元格使其处于活动状态时，单元格中的数据会被自动选取，一旦开始输入，单元格中原来的数据就会被新输入的数据所取代。如果单元格中包含大量的字符或复杂的公式，而用户只想修改其中的一部分，那么可以按以下两种方法进行编辑：双击单元格，或者单击单元格后按 F2 键，在单元格中进行编辑；或者是单击激活单元格，然后单击编辑栏，在编辑栏中进行编辑。

(3) 数据的插入、删除和清除

有时需要在已经输入数据的工作表中增加数据。具体操作时必须先选定插入位置，然后在"开始"选项卡"单元格"功能区中选择"插入"选项。如果选择了"活动单元格下移"的单选项，在按"确定"按钮以后，原来选定的单元格及其下方的所有单元格的内容都会下移一个位置。同样的可以插入一整行或一整列。

（4）单元格的批注

单元格中不仅可以输入内容，还可以对单元格附加批注，但是单元格的批注一般不显示出来，而是在该单元格的右上角有一个红色小块显示。操作时先单击要添加批注的单元格，在"审阅"选项卡上的"批注"组中，单击"新建批注"，在批注文本框中，键入批注文字。还可以在选定单元格上右键，选择"插入批注"。

（5）数据的移动、复制和填充

在 Excel 2010 中，不但可以复制整个单元格，还可以复制单元格中的指定内容。也可通过单击粘贴区域右下角的"粘贴选项"来变换单元格中要粘贴的部分。移动或复制单元格或区域数据的方法基本相同，选中单元格数据后，在"开始"选项卡的"剪贴板"组中单击"复制"按钮或"剪切"按钮，然后单击要粘贴数据的位置并在"剪贴板"组中单击"粘贴"按钮，即可将单元格数据移动或复制到新位置。在粘贴的时候，可以选择多种粘贴方式。

（6）数据文件的保存

在对工作表进行操作时，应记住经常保存 Excel 工作簿，以免由于一些突发状况而丢失数据。在 Excel 2010 中常用的保存工作簿方法有以下三种：在"文件"菜单中选择"保存"命令；在快速访问工具栏中单击"保存"按钮；使用 Ctrl＋S 快捷键。此外，Excel 2010 还可以另存为多种不同的格式。

2. 单元格的格式设置

在 Excel 中，所建立的新工作表其所有的单元格的行和列都具有相同的行高和列宽。但有时为了能让数据完整地显示出来，需要对单元格的大小进行调整或是显示的数据格式进行设置。

（1）改变行高和列宽

Excel 能自动调整行高以适应该行中最大字体的显示。用鼠标来改变行高时，将鼠标移至要改变行高的行号的下边，当十字形光标变为实心的双向箭头时，按住鼠标左键上下移动就能改变行高。此外，当变为实心的双向箭头时，双击鼠标能使行高自动适应所需的最大行高。

点击"单元格"功能区的"格式"按钮，选择"行高"，用以更加准确地设置行高，同样的方法也可以设置列宽。

（2）单元格的格式设置

对单元格的格式进行调整和设置，可以使工作表更加美观，具有可读性。

单击"样式"功能区"套用表格格式"按钮，选择合适的样式，在选中的区域里还可以实时地查看效果。

如果要删除格式套用，选择要去除其当前表样式的表，这时会显示"表工具"，同时添加"设计"选项卡。在"设计"选项卡上的"表格样式"组中，单击"其他"按钮；单击"清除"就可以删除格式。

选定单元格或区域再右键选择"设置单元格格式",就会出现如图 2-4 所示的对话框。该窗口中有数字、对齐、字体、边框、图案、保护等多张选项卡。

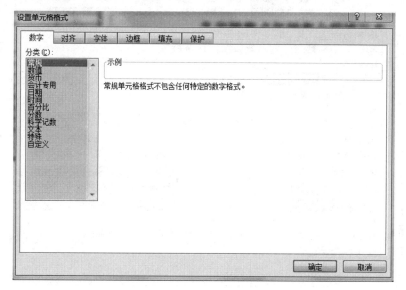

图 2-4　设置单元格格式

(3) 格式的复制和删除

单元格的格式设置包括了数字、字体、对齐、边框、图案、保护等六种格式的设置。样式就是指这六种格式的不同组合,每一种组合都可以赋予一个样式名称。利用样式,可以将预定的格式组合直接赋予所选定的单元格区域,这样可以提高操作的效率。

选择"样式"功能区的"单元格样式"按钮。可以选择默认的样式,也可以在某一样式上右键,如图 2-5,选择"修改"或者是单击"新建单元格样式"进行样式的自定义操作。

(4) 工作表窗口的冻结、拆分和缩放

如果所做的工作表比较大,在往下或往右流动显示数据信息时,可能会将行标题或列标题移出屏幕的显示区域。有时需要将表格的行标题及列标题始终显示在屏幕上,这时就要用到 Excel 中窗口的有关命令。

下面以图 2-3 所示的工作表,利用上述的各种操作来进行表格的格式设置。用水平对齐格式的"合并后居中"、16 磅的宋体使表格的标题在整修表中居中;列标题以 12 磅的楷体字在每列标题单元格中水平和垂直都居中,并使每列的单元格自动适应列标题的宽度,在 H4 中键入"所占百分比％",自动换行,使这一列与左边的列宽度相等,并以同样的字形与大小显示,调整该行高度使之自动适应;在表格的左上角单元格中画一斜线,并键入"季度"和"省份";行标题的省份名称用倾斜的宋体 10 磅字体,并在单元格中水平居中;使"每季度合计"在该单元格中自动换行,用 12 磅楷体字显示;缩小行号为 3 的行高,删除行号为 12 的整行;表格内部线用细实线,外框用双线;使整个表格正好显示在窗口中。完成以上操作后,表格如图 2-6 所示。

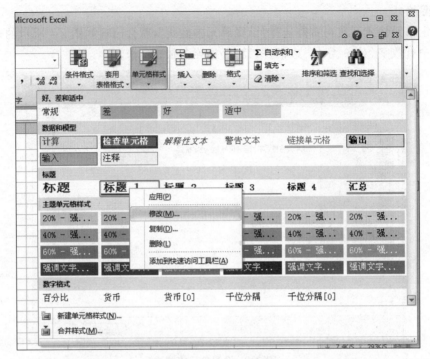

图 2-5 新建单元格样式

book1.xlsx

各省销售点年销售金额情况表

季度/省份	第一季度	第二季度	第三季度	第四季度	当年合计	所占百分比%
安徽	16820	22488	16805	28277		
福建	13843	17822	20336	31752		
广东	19115	20823	19399	27253		
江苏	15549	23038	16228	25187		
江西	17205	29439	14099	26570		
山东	18222	25229	18039	27832		
浙江	29757	19250	22346	28587		
每年度合计						

Sheet1 Sheet2 Sheet3

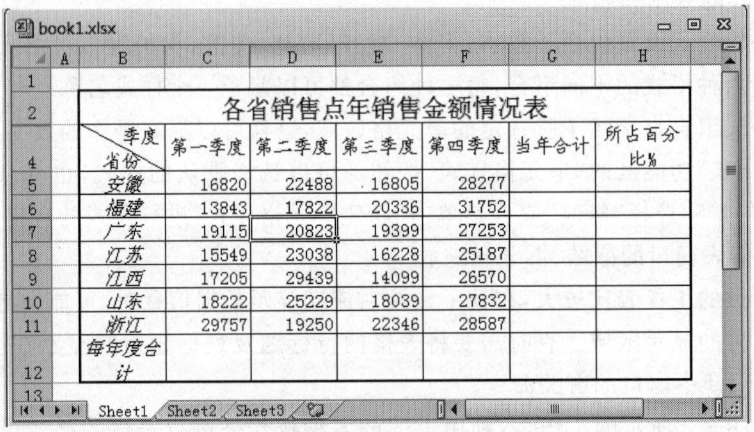

图 2-6 表格显示

四、工作簿的管理

打开 Excel 应用程序,默认创建三个工作表。实际上,在工作表标签处不仅可以看到工作表的名称,以后还能看到图表的名称。在 Excel 中还有一种表,称为宏表,但宏表的名称不在工作表标签显示。

图表是根据工作表中的数据生成的,而宏表则是用一段程序指令的执行来完成对工作表中数据的有关操作。把这些相关的工作表、图表、宏表合在一起作为一个文件存放在磁盘上,这个文件就是 Excel 中的一个工作簿。

1. 工作表操作

默认一个工作簿含有三张工作表,如果需要打开更多的工作表可以进行以下操作:打开"Excel 选项","常用"选项卡"新建工作簿时"中"包含的工作表数",更改数值即可。

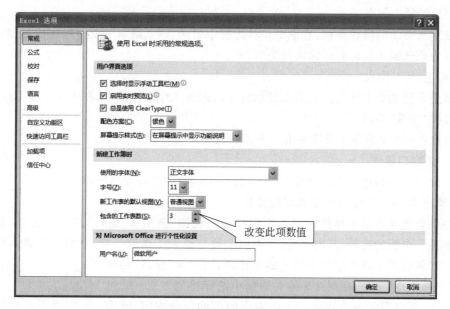

图 2-7　打开更多的工作表

(1) 工作表的命名

在工作表标签处双击,或是右键选择重命名都可以给工作表命名,但需要注意的是在同一个工作簿中,工作表的名称是不能相同的。

(2) 插入新的工作表

在"单元格"功能区单击"插入",选择"插入工作表",就可以为工作簿添加新的工作表,且该工作表为当前工作表。

(3) 删除工作表

在删除单个工作表时,首先选择要删除的工作表为当前工作表,在"开始"选项卡上的"单元格"功能区中,单击"删除"旁边的箭头,然后单击"删除工作表"或者是在工作表标签处右键,选择删除。如果要删除多个表,相邻的表按 Shift 键,不相邻的按 Ctrl 键,再用鼠标单击来选择工作表。

(4) 移动工作表

移动工作表就是将某个工作表的表名移至某一个位置上。选择要移动的工作表,例如 Sheet1,右键选择"移动或复制工作表",出现如图 2-8 的对话框,在"下列选定工作表之前"框中进行选择。如果要将 Sheet1 移至 Sheet3 的后面,则选择 Sheet3,再确定,

图 2-8　移动工作表

第二章　Excel 应用基础

Sheet1 就被移到了 Sheet3 的后面。

用鼠标操作时,当选定了当前工作表后,按住鼠标直接移动,可以看见有个小三角形在工作表标签上移动,指示当前位置。当移到所需要的位置后,放开鼠标按键即可完成工作表的移动。

(5) 复制工作表

复制与移动的操作类似,在图 2-8 对话框中勾选"建立副本",就可以完成复制,Excel 命名其为原选定工作表名后面再加上"(2)"。

(6) 隐藏工作表

如果要使某个工作表的表名在显示时不出现在工作表标签中,在选择了该工作表后,右键选择"隐藏"即可。

注意:一个工作簿里至少要有一个工作表是不能被隐藏的。

2. 多窗口操作

多窗口操作是针对工作簿而言,不是针对工作簿中工作表的操作。

(1) 在同一个工作簿中多窗口的操作

如果要建立当前工作簿的另一个窗口,在"视图"选项卡"窗口"功能区选择"新建窗口",出现一个新的窗口,其内容、工作表的个数与原来工作簿一样,只是工作簿名称稍有变化。如果打开了两个或两个以上的工作簿,则可用"窗口"功能区的"全部重排"命令,在图 2-9 的对话框中选择排列方式。通过这种方式,可以同时查看到同一工作表中的不同部分内容,或是查看同一工作簿中不同工作表的内容。

图 2-9 选择排列方式

(2) 在不同工作簿的多窗口操作

一个 Excel 的文件就是一个工作簿,在"窗口"功能区的"切换窗口"命令处,可以查看打开的工作簿名称,并进行窗口切换。按下"Ctrl+Tab"也可以在窗口之间进行切换。

(3) 窗口的隐藏

选择"窗口"功能区的"隐藏"命令,可以将当前工作簿的窗口隐藏。一旦有窗口被隐藏,"取消隐藏"命令显示,点击,可以选择取消隐藏的工作簿。

五、单元格的引用与计算

因为 Excel 是电子表格处理软件,所以每个单元格中不仅可以输入文字、数值,也可以输入有关的计算表达式。不仅可以使用本工作表中已经有的数据进行处理,还可以跨工作表,甚至可以跨工作簿对有关数据进行处理。

1. 表达式中的运算符

在单元格中输入计算的表达式,在激活该单元格后,先要键入"="。这是 Excel 区分单元格中输入的是字符还是计算表达式的标志。在计算表达式中,需要用有关的运算符号:

(1) 算术运算符。是进行基本的数学运算,如加法、减法和乘法以及连接数字和产生数字结果等的运算符。算术运算符有:加"+"(加号)、减"−"(减号)、乘"*"(星号)、除

"/"(斜杠)、百分比"％"(百分号)和乘方"^"(脱字符)等六种。

(2) 比较操作符：是用于比较两个值的操作符，其比较的结果是一个逻辑值，即比较结果是 TRUE 或 FALSE。比较运算符有：等于"＝"(等号)、大于"＞"(大于号)、小于"＜"(小于号)、大于等于"＞＝"(大于等于号)、小于等于"＜＝"(小于等于号)和不等于"＜＞"(不等号)等六种。

(3) 文本串联符。使用连字符(&)加入或连接一个或多个字符串而形成一个长的字符串。文本运算符"&"(连字符)。

(4) 引用操作符。引用操作符可以将单元格区域合并计算。引用运算符有：区域运算符"："(冒号)和联合运算符"，"(逗号)两种。区域运算符是对指定区域运算符之间，包括两个引用在内的所有单元格进行引用。联合操作符将多个引用合并为一个引用。

表达式中运算符的优先级与数学中运算符的优先级是相同的。利用括号可以改变表达式中运算符的优先级。

2. 表达式的输入

键入表达式格式为：＝数据项 1＜运算符号＞数据项 2

在一个公式中可以包含各种算术运算符、常量、变量、函数、单元格地址等。下面是几个输入公式的实例。

　　　　　　　　＝100＊22 常量运算
　　　　　　　　＝A3＊1200－B4 使用单元格地址(变量)
　　　　　　　　＝SQRT(A5＋C7) 使用函数

在单元格中输入公式的步骤如下：选择要输入公式的单元格。在编辑栏的输入框中输入一个等号"＝"，键入一个数值、单元格地址、函数或者名称(有关名称的内容将在后面介绍)，如果输入完毕，按下"Enter"键或者单击编辑栏上的"确认"按钮。如果没有输入完毕，则按照下列步骤继续输入公式，键入一个运算符号，重复输入过程。

(1) 计算表达式的输入

如果在键入的表达式中，需要用到某个单元格的内容，则需要进行单元格的引用。

① 键入法

例如在图 2-6 中，要完成安徽省当年的销售数据汇总，先激活单元格 G5，然后键入"＝C5＋D5＋E5＋F5"，按 Enter 键。

② 指引法

或者在激活 G5 后，键入"＝"，用鼠标单击 C5 单元格，键入"＋"，单击 D5，键入"＋"，单击 E5，键入"＋"，单击 F5，按 Enter 键。

③ 使用函数

在本例中，所要用到的求和函数是一个经常用到的函数，"自动求和"按钮。激活单元格 G5 后，单击该按钮，在 G5 中就会自动填入"＝SUM(C5：F5)"，同时区域 C5：F5 的边框闪烁，必要时可以利用鼠标重新选择其他的求和区域，然后按 Enter 键。

(2) 表达式与单元格地址的关系

在图 2-6 中，如果用填充或复制的方法完成表达式的键入，可以看到一旦单元格里有了计算表达式,很快就显示出了计算结果。如果用鼠标单击 G6 单元格,在编辑栏中可以发现它与 G5 中的表达式是一样的,只是单元格的引用地址不同。当用填充或复制来操作时,有关引用的单元格地址也会自动进行调整,发生相应的变化。这就是相对引用单元格的地址。

在图 2-6 中,为求百分比,需要在 H5 的单元格中键入"=G5/G12",利用上述的填充复制的操作方法时,从 H6 开始的各个单元格中,都会有一个错误。单击 H6 单元格,从编辑栏中可以看到其内容为"=G6/G13"。但在数据表中,H13 中并没键入过任何数据,可见在 Excel 中,当一个单元格中没有任何数据,但又被工作表中某些计算表达式所引用时,Excel 会默认该单元格中的数值为 0,所以才会出现错误。

在图 2-6 中,为了求得各省当年销售额所占的百分比,当用填充或复制 H6 单元格中计算表达式时,其分母的单元格引用是绝对不变的,即始终引用 G12 中的内容。将 H5 单元格中计算表达式改为"=G5/＄G＄12",再进行填充或复制操作,就能改正"除数为 0"的错误。

在 Excel 中,单元格的引用除了相对引用和绝对引用外,还有混合引用,即在行/列号的前面加上"＄"。如＄G12、G＄12 就是混合引用。有时在进行目标单元格的填充或复制时,要改变的可能只是行号或列标,这时就可以使用混合引用。

(3) 跨工作表及工作簿的单元格引用

在同一工作簿中,引用不同工作表之间的数据称为二维引用,其引用格式为:

工作表名!单元格地址

输入时可以按照其引用格式从键盘上键入,也可以用鼠标来完成。操作时,在当前工作表中的单元格中键入"=",然后用鼠标单击另一个要去引用单元格所在的工作表名,找到要引用的单元格后单击鼠标,再按 Enter 键或继续键入有关的运算符号。

在不同工作簿中,需要引用单元格中的内容称为三维引用。其引用格式为:

[工作簿名称]工作表名!单元格地址

其中工作簿名称必须是已经存过磁盘的 Excel 文件名。

一旦计算表达式被送入了单元格后,只要被引用的单元格里的内容发生变化,都会导致计算机重新计算一次。如果要使表达式的计算结果不随被引用单元格中的数值变化而变化,则可以在如图 2-10 中去掉"自动重算"。

六、Excel 函数

因为在 Excel 中可以进行统计分析、决策分析,所以程序中提供了许多计算和分析函数。在"公式"选项卡"函数库"功能区中单击"插入函数",出现如图 2-11 的对话框,可以根据函数分类,找到想要的函数。

在 Excel 中,许多函数需要多个参数,但在具体使用时不一定都需要。当参数多于一个时,必须用逗号将它们隔开。这些参数既可以是常量,也可以是单元格地址或区域,甚至可以是个函数。参数的类型可以是数值,也可以是文本。当是文本型时,必须用西文或半角的引号括起来。

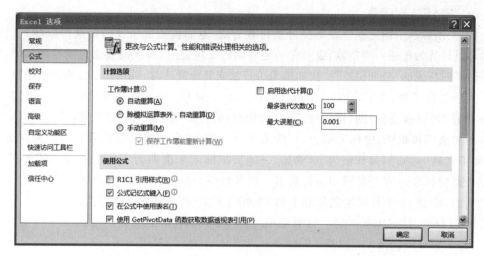

图 2-10　自动重算设置

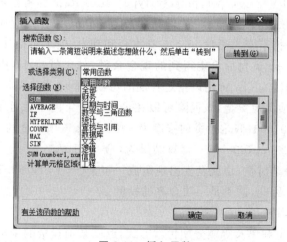

图 2-11　插入函数

1. 财务函数

财务函数可以分成投资计算的函数、固定资产折旧计算函数、债券分析函数等几大部分。这里仅列出部分投资计算函数。

财务函数可以进行一般的财务计算，如确定贷款的支付额、投资的未来值或净现值，以及债券或息票的价值。财务函数中常见的参数：

未来值(fv)——在所有付款发生后的投资或贷款的价值。

期间数(nper)——投资的总支付期间数。

付款(pmt)——对于一项投资或贷款的定期支付数额。

现值(pv)——在投资期初的投资或贷款的价值。例如，贷款的现值为所借入的本金数额。

利率(rate)——投资或贷款的利率或贴现率。

类型(type)——付款期间内进行支付的间隔，如在月初或月末。

第二章　Excel 应用基础

(1) PMT 支付函数

PMT 函数基于固定利率及等额分期付款方式,返回投资或贷款的每期付款额。PMT 函数可以计算为偿还一笔贷款,要求在一定周期内支付完时,每次需要支付的偿还额,也就是我们平时所说的"分期付款"。比如借购房贷款或其他贷款时,可以计算每期的偿还额。

其语法形式为:PMT(rate,nper,pv,fv,type) 其中,rate 为各期利率,是一固定值,nper 为总投资(或贷款)期,即该项投资(或贷款)的付款期总数,pv 为现值,或一系列未来付款当前值的累积和,也称为本金,fv 为未来值,或在最后一次付款后希望得到的现金余额,如果省略 fv,则假设其值为零(例如,一笔贷款的未来值即为零),type 为 0 或 1,用以指定各期的付款时间是在期初还是期末。如果省略 type,则假设其值为零。

例如,需要 10 个月付清的年利率为 8% 的 ¥10,000 贷款的月支额为:
PMT(8%/12,10,10000)   计算结果为:−¥1,037.03。

(2) PV 现值函数

PV 函数用来计算某项投资的现值。年金现值就是未来各期年金现在的价值的总和。

其语法形式为:PV(rate,nper,pmt,fv,type) 其中 Rate 为各期利率。Nper 为总投资(或贷款)期,即该项投资(或贷款)的付款期总数。Pmt 为各期所应支付的金额,其数值在整个年金期间保持不变。通常 pmt 包括本金和利息,但不包括其他费用及税款。Fv 为未来值,或在最后一次支付后希望得到的现金余额,如果省略 fv,则假设其值为零(一笔贷款的未来值即为零)。Type 用以指定各期的付款时间是在期初还是期末。

例如,要购买一项保险年金,该保险可以在今后二十年内于每月末回报 ¥600。此项年金的购买成本为 80,000,假定投资回报率为 8%。那么该项年金的现值为:
PV(0.08/12, 12 * 20,600,0)   计算结果为:¥−71,732.58。

负值表示这是一笔付款,也就是支出现金流。年金(−¥71,732.58)的现值小于实际支付的(¥80,000)。因此,这不是一项合算的投资。

(3) FV 将来值函数

FV 函数基于固定利率及等额分期付款方式,返回某项投资的未来值。

其语法形式为 FV(rate,nper,pmt,pv,type)。其中 rate 为各期利率,是一固定值,nper 为总投资(或贷款)期,即该项投资(或贷款)的付款期总数,pv 为各期所应付给(或得到)的金额,其数值在整个年金期间(或投资期内)保持不变,通常 Pv 包括本金和利息,但不包括其他费用及税款,pv 为现值,或一系列未来付款当前值的累积和,也称为本金,如果省略 pv,则假设其值为零,type 为数字 0 或 1,用以指定各期的付款时间是在期初还是期末,如果省略 t,则假设其值为零。

例如:假如某人两年后需要一笔比较大的学习费用支出,计划从现在起每月初存入 2000 元,如果按年利 2.25%,按月计息(月利为 2.25%/12),那么两年以后该账户的存款额会是多少呢?

公式写为:FV(2.25%/12, 24,−2000,0,1)   计算结果为:¥770,527.03

还有很多财务函数,这里就不一一列举了。

2. 逻辑函数

Excel 中的逻辑函数是用来对所罗列的各种条件进行判断,进而在两条不同的分支

之间进行选择。条件是由关系表达式来构成的,而关系表达式的形式为:

表达式 1 比较运算符 表达式 2

若是有两个或两个以上的关系表达式来构成复合条件,则在 Excel 中的表示形式为:

逻辑运算符(关系表达式 1,关系表达式 2)

逻辑运算符只有三个:NOT(逻辑非)、AND(逻辑与,逻辑乘)、OR(逻辑或,逻辑加)。条件判断的结果只会出现两种结果:TRUE(真)和 FALSE(假)。

(1) AND 函数

所有参数的逻辑值为真时返回 TRUE;只要一个参数的逻辑值为假即返回 FALSE。简言之,就是当 AND 的参数全部满足某一条件时,返回结果为 TRUE,否则为 FALSE。

语法为 AND(logical1,logical2,…),其中 Logical1,logical2,…表示待检测的 1~30 个条件值,各条件值可能为 TRUE,可能为 FALSE。参数必须是逻辑值,或者包含逻辑值的数组或引用。

举例说明:① 在 B2 单元格中输入数字 50,在 C2 中写公式=AND(B2>30,B2<60)。由于 B2 等于 50 的确大于 30、小于 60。所以两个条件值(logical)均为真,则返回结果为 TRUE,如图 2-12 所示。

② 如果 B2-B3 单元格中的值为 TRUE、FALSE、TRUE,显然三个参数并不都为真,所以 在 B4 单元格中的公式=AND(B1:B3)等于 FALSE,如图 2-13 所示。

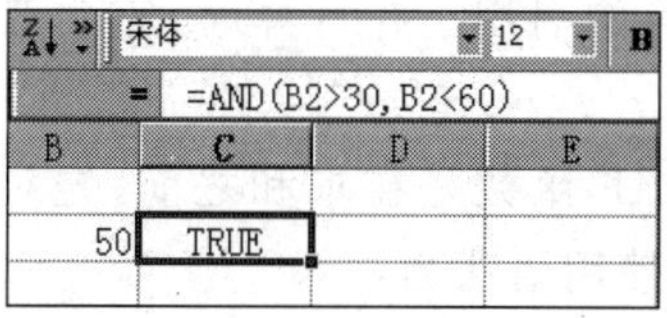

图 2-12　AND 函数

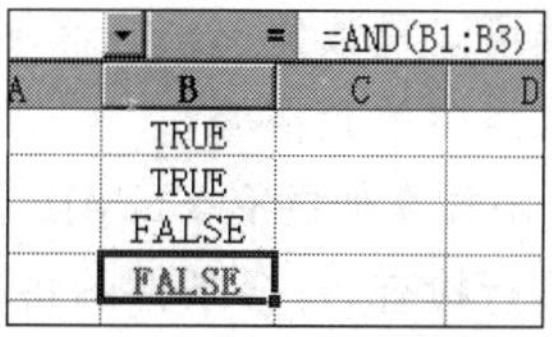

图 2-13　AND 函数

(2) OR 函数

OR 函数指在其参数组中,任何一个参数逻辑值为 TRUE,即返回 TRUE。它与 AND 函数的区别在于,AND 函数要求所有函数逻辑值均为真,结果方为真。而 OR 函数仅需其中任何一个为真即可为真。比如,上面的示例 2,如果在 B4 单元格中的公式写为=OR(B1:B3)则结果等于 TRUE,如图 2-14 所示。

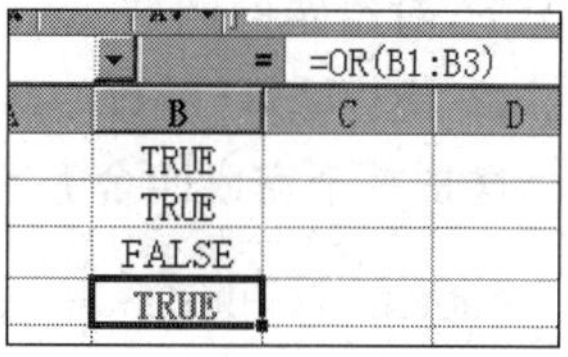

图 2-14　OR 函数

(3) NOT 函数

NOT 函数用于对参数值求反。当要确保一个值不等于某一特定值时,可以使用 NOT 函数。简言之,就是当参数值为 TRUE 时,NOT 函数返回的结果恰与之相反,结果为 FALSE。

比如 NOT(2+2=4),由于 2+2 的结果的确为 4,该参数结果为 TRUE,由于是 NOT 函数,因此返回函数结果与之相反,为 FALSE。

(4) IF 函数

IF 函数用于执行真假值判断后,根据逻辑测试的真假值返回不同的结果,因此 IF 函数也称之为条件函数。它的应用很广泛,可以使用函数 IF 对数值和公式进行条件检测。

其语法为 IF(logical_test,value_if_true,value_if_false)。其中 Logical_test 表示计算结果为 TRUE 或 FALSE 的任意值或表达式。本参数可使用任何比较运算符。Value_if_true 显示在 logical_test 为 TRUE 时返回的值,Value_if_true 也可以是其他公式。Value_if_false logical_test 为 FALSE 时返回的值。Value_if_false 也可以是其他公式。

简言之,如果第一个参数 logical_test 返回的结果为真的话,则执行第二个参数 Value_if_true 的结果,否则执行第三个参数 Value_if_false 的结果。IF 函数可以嵌套七层,用 value_if_false 及 value_if_true 参数可以构造复杂的检测条件。

Excel 还提供了可根据某一条件来分析数据的其他函数。例如,如果要计算单元格区域中某个文本串或数字出现的次数,则可使用 COUNTIF 工作表函数。如果要根据单元格区域中的某一文本串或数字求和,则可使用 SUMIF 工作表函数。

3. 数学计算函数

在 Excel 中提供了不少的有关数学方面的函数。下面是一些在经济管理中比较常用的计算函数。

(1) SUM 函数

这是用来计算一系列数据总和的函数。

其使用语法为:

=SUM(number1,number2,…,number30)

每个参数可以是数值、公式、区域或区域名等的引用。在计算时,它会忽略引用的文本值、逻辑值、空白单元格等。

与 SUM 函数类似的有 SUMIF 函数。SUMIF 函数是在求和之前,先对所选择的单元格或区域进行检查,符合条件的将被求和。其使用语法为:

=SUMIF(单元格区域 range,条件 criteria,实际求和区域 sum_range)

其中第三个参数可以省略,这时将前面单元格区域进行求和计算,否则在满足条件的情况下,对给定的区域 sum_range 进行求和。

(2) ROUND 函数

这是一个完成四舍五入到指定倍数的函数。其使用语法为:

=ROUND(number,num_digits)

参数 num_digits 可以取正数、负数或是零,但只有其整数有效。当大于零时,保留指定的小数位数;当小于零时,对整数部分进行四舍五入操作。

(3) SQRT 函数

求一个正数平方根函数的使用语法为:

=SQRT(number)

(4) INT 函数

取整函数的功能是求得不大于其本身的整数值。其使用语法为:

```
=INT(number)
```

(5) RAND 函数

该函数每次运行可以产生一个 0～1 之间的随机数。它的语法格式为：=RAND()。这是一个无参数函数。如果工作表处于自动重新计算时，则每输入一个工作表项，该函数值都会发生变化，利用这个函数可以产生不超过某个值的随机数，如要生成小于 25 的正整数，可以用表达式 INT(RAND() * 25)来实现。

如果要生成在某一个指定的区间内的随机数，可以利用 RANDBETWWEN 函数。语法为：

```
=RANDBETWEEN(bottom,top)
```

例如：若计算表达式"=RANDBETWEEN(100,200)"为 X，则计算结果为 100≤X≤200 中的某一个数值，这个函数经常用于统计分析中。

第二节　Excel 图表

在 Excel 中，有两种图表形式，一种是嵌入图表；另一种是独立图表。嵌入图表是将所做的图表建立在工作表中，与工作表中的数据一起作为工作表的内容保存在工作簿中。而独立图表所做的图表是以单独的一个"图表"形式存放在工作簿中，该图表中没有工作表的内容，仅仅使用其他工作表中的数据来绘制图形。

制作图表，先选中作图的数据，然后可以选择插入菜单中的图表命令，在"插入"选项卡中的"图表"功能区，可以选择插入图表的命令。

一、选定图表数据

以图 2-15 为例介绍常用的图表制作方法。要做图，首先要选定作图的数据区域，需要说明的是：所要选定的数据区域应该是矩形的，如图 2-15，而且如果选定区域不是连续区域，则不连续的区域必须与第一块区域所在的行数相同或是与第一块区域所在的列数相同。

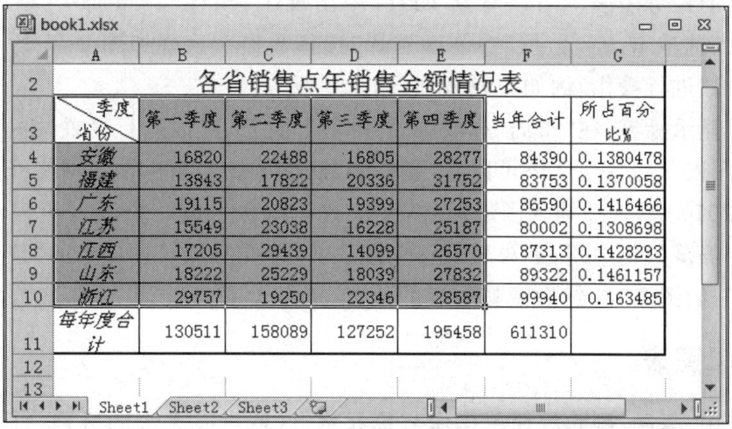

	A	B	C	D	E	F	G
2	各省销售点年销售金额情况表						
3	季度 / 省份	第一季度	第二季度	第三季度	第四季度	当年合计	所占百分比%
4	安徽	16820	22488	16805	28277	84390	0.1380478
5	福建	13843	17822	20336	31752	83753	0.1370058
6	广东	19115	20823	19399	27253	86590	0.1416466
7	江苏	15549	23038	16228	25187	80002	0.1308698
8	江西	17205	29439	14099	26570	87313	0.1428293
9	山东	18222	25229	18039	27832	89322	0.1461157
10	浙江	29757	19250	22346	28587	99940	0.163485
11	每年度合计	130511	158089	127252	195458	611310	
12							
13							

图 2-15　选定数据区域

二、利用图表向导创建图表

单击"图表"功能区右下角的小三角形,可以打开"插入图表"的对话框,Excel 提供的所有图表样式都可以在这里找到。表 2-1 列出了标准类型图表简要介绍。

表 2-1　标准类型图表简要介绍

名　称	简　要　说　明
柱形图	主要用于表示一段时间内数据的变化或者描述各个项目之间数据的比较
折线图	将一系列的数据点用直线连接起来,以等间隔显示数据的变化趋势
饼图	能够反映出统计数据中各项所占的百分比,或者某个单项占总体的比例。使用该类图表便于查看整体与个体之间的关系
条形图	使用条形图可以显示出各个分类项目之间数据的差异。条形图主要强调在特定的时间点上进行水平轴与垂直轴的比较
面积图	用于显示某个时间阶段总数与数据系列的关系
散点图	XY 散点图通过此用于显示两个变量之间的关系,可以利用散点图绘制函数曲线
圆环图	用来显示部分与整体的关系,但是圆环图可以含有多个数据系列。圆环图中的某个环代表一个数据系列
雷达图	在雷达图中,每个分类都拥有自己的数值坐标轴。这些坐标中点向外辐射,并由折纯净的同一系列中珠值连接起来。雷达图可以用来比较若干数据系列的总和值
曲面图	曲面图可以使用不同的颜色和图案来指示在同一取值范围内的区域。曲面图常用于寻找两组数据间的最佳组合,或反映大量数据间的关系
气泡图	气泡图是一种特殊类型的 XY 散点。它显示两个值的交点,气泡的大小表示数据组中第三个变量的值
股价图	股价图经常用来描绘股票价格的趋势和成交量。生成股价图时,必须是以正确的顺序来组织数据
圆锥图	三维图,显示效果比平面图好

如图 2-16,以"各省销售点年销售金额情况表"为数据源,选择"簇状柱形图"为模板作出一张二维的柱形图表。可以看到 Excel 中出现了"设计"、"布局"、"格式"三个选项卡,点击"设计"选项卡,在"数据"功能区选择"选择数据",出现如图 2-17 的对话框,可以对图表数据区域进行操作,例如交换行列,删减字段等。

如果需要显示标签,在"布局"选项卡的"标签"功能区可以进行设置,也可在"设计"选项卡中选择"图表布局";当然还可以在"坐标轴"功能区设置坐标轴和网格线。

在 Excel2010 中,选择插入图表以后,系统自动默认生成一个嵌入图表,且图表插入的位置大约为屏幕的正中间,如果想要移动图表,可以在"设计"选项卡的"位置"功能区选择"移动图表",如图 2-18,然后调整图表的位置。

三、编辑图表

图表的选中、复制、删除等简单操作与单元格、区域没有太大的区别。而且图表可以像区域一样,进行多种布局设置。

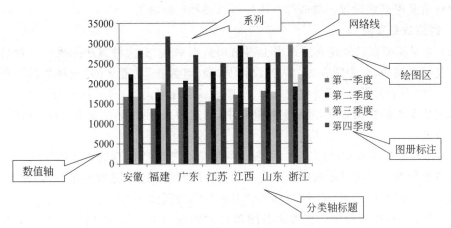

图 2-16　二维柱形图表

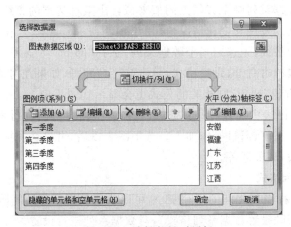

图 2-17　选择数据对话框

图 2-18　移动图表

1．图表选项的调整

在图表中，可以对标题、坐标轴、网格线、图例、数据标志和数据表等表项进行调整。

（1）选中图表，在"布局"选项卡的"标签"功能区，单击"图例"，出现子菜单，有多种图例的显示方法供选择，类似的方法可以设置其他的图表选项。

（2）有时候需要在柱形图、折线图等图表中添加一些网格线，这样可以更清楚地读取有关的数据，在"布局"选项卡的"坐标轴"功能区，单击"网格线"，可以选择网格线的格式，也可以自定义网格线设置。类似的方法还可以设置坐标轴选项。

2. 调整数据系列

(1) 如果需要在已经建立的图表上再增加数据系列,有多种方法完成。不管是嵌入图表还是独立图表,选中图表后,单击"设计"选项卡"数据"功能区的"选择数据",在弹出的对话框的"图表数据区域"处更改数据源,图表就会随之而变;另一种方法可以先在工作表中选定要添加的数据系列,复制到粘贴板中,选定图表,用粘贴命令来实现,这样图表也会发生改变。

(2) 由以上操作我们已经看出,图表中的数值会随着数据源的数值而变化。如果我们想要改变数据系列的显示顺序而不变更数据源的数据,则在"选择数据"对话框中,选择需要改变顺序的数据系列,选择"上移"或"下移",实现调整。

(3) 在 Excel 中不仅可以将数据以图形方式表示出来,而且可以对二维图中的条形图、柱形图、折线图、XY 散点图等图表添加趋势线和误差线。

趋势线是利用数据系列中个数据点的值来拟合出某种类型的直线或曲线。趋势线可以突出某些特殊数据的发展和变化情况,可用于预测研究。实际上就是对数据进行线性回归分析。要添加趋势线,先选定某个数据系列,选择"布局"功能区,"分析"选项卡中单击"趋势线"或是直接单击右键,设置格式,单击"确定"即可,如果在对话框中选定了"显示公式"和"显示 R 平方值"两项,则相关的公式也会显示在图表中。

(4) 有时需要在图表中加入一些其他的内容,这些内容在创建图表时不能自动生成,则在图表被激活的状态下,通过操作加入。选中图表以后,可以选择插入命令,插入文本,当然还可以插入箭头,调节器等。

3. 调整图表显示格式

(1) 如果要使数据系列之间的间隙变小,可以改变数据系列的间隔,任选一个数据列或数据点后,右键打开"设置数据系列格式",对数据系列进行设置。

(2) 由于每一种图表类型都有其自己特定的含义,所以在实际应用中可能经常需要对已经创建好的图表改变其类型。在"设计"选项卡"类型"功能区单击"图表类型",或是在图表任意区域单击右键选择更改的模型。如图 2-19 所示,已经更改为三维柱形图。

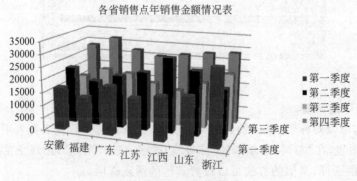

图 2-19 改变图表类型

与二维图形相同,三维图形也是可以设置格式的,如图 2-20 所示,更改"旋转"的内容,就可以调整三维图形显示的角度。

图 2-20　调整三维图形显示角度

第三节　外部数据的导入与分析

在 Excel 的实际应用中,企业的数据处理往往需要与专业的数据库相结合,以专业数据库中的数据为基本源,而 Excel 在这些数据的基础上进行分析和处理,并输出最终的分析结果以帮助决策,因此,为利用 Excel 高效的输入功能,需以便捷的方法将其他数据库系统或其他信息系统中的数据导入到 Excel 中,进而完成数据的处理。

一、Excel 与外部数据

由于 Excel 不具备大规模数据的管理功能,因此,大多数企业或部门选择使用专业的数据库管理系统开发适合自身数据存储和管理的管理信息系统。而相对于大型的数据库管理系统,Excel 对数据的分析具有更为直观的特点,可以进行数据处理、图表分析、财务运算、财务处理等方面的操作,具有较强的能力。因此,在企业数据处理的过程中经常会用到外部数据与 Excel 之间的相互交换,运用数据库系统进行数据的管理、组织和存储,运用 Excel 进行分析,从而大大提高工作效率。

1. 基本相关概念

在 Excel 连接外部数据库时,需要在 Excel 中安装数据库的 ODBC 驱动程序和 Microsoft Query(简称 MS Query),在此之前,应先了解有关的概念。

（1）ODBC。开放式数据互连(Open Database Connetivity, ODBC)，是数据库系统的一种接口技术，主要用于数据库系统与其他应用程序之间的通信，提供应用程序与数据系统之间进行通信的一些技术细节。

（2）ODBC驱动程序。数据库系统需要通过其驱动器实现数据库的管理并与外部程序通信。ODBC驱动程序提供了多种数据库管理系统的驱动程序，各种不同的应用程序通过驱动程序访问相关数据库系统中的数据，例如通过ODBC提供的Access驱动程序，可以不通过Access直接在Excel中访问Access数据库中的数据。

（3）数据源。数据源是待访问的数据信息，包含用于数据库连接的所必需的信息，用以指明数据的来源，包括数据库服务器的名称和位置、驱动程序的名称、用户登录信息等。

2. 访问外部数据库的条件

在Excel中，用户可以选择使用查询、MS Query、数据透视表和透视图、VBA宏或者创建Web查询等功能，将外部数据导入到Excel中，但是，这些功能的实现应首先具备以下条件。

（1）具有访问外部数据的权限。外部数据首先是应该可以访问的，即本地用户拥有访问的权限，在访问外部数据之前，用户应向外部数据的管理员索取密码、用户权限或者其他连接信息。

（2）安装MS Query。MS Query是Excel中数据源和查询功能的必要选项，包括查询向导等功能，否则用户将无法使用外部数据源获取功能。

（3）安装ODBC驱动程序或OLAP数据源驱动程序。Excel在安装MS Query的过程中，会自动安装一系列的ODBC驱动程序，但是，当用户有特殊需求时，MS Query将无法满足，此时应单独安装驱动程序。

在以上条件都具备的前提下，就可以用MS Query或SQL等查询工具从外部数据库中获取数据。

二、导入Web数据

现代信息技术使网络数据的获取越来越方便，Excel在分析数据和管理数据的过程中，通常需要将网页中的在线数据导入到Excel工作表中，进行进一步的操作。下面以导入新浪网中的股票数据为例，介绍在Excel表中导入Web数据的方法。

第一步，将计算机连接到网络上。

第二步，选择数据选项卡，单击"自网站"功能，如图2-21所示。

图2-21 选择自网站导入数据

第三步，弹出的"新建Web查询"对话框，在对话框的"地址"一栏中输入网址 http://finance.sina.com.cn/stock/，单击"转到"按钮，使对话框显示所要导入数据的网址，如图2-22所示。

第四步，在对话框中的Web网页中单击所需导入数据前面的 ![] 按钮，使该按钮变为 ![]。

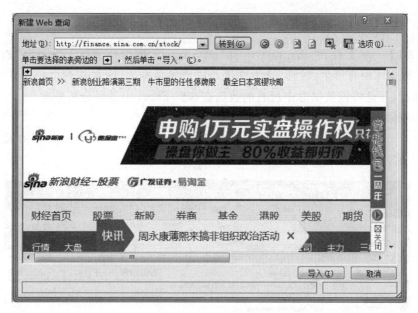

图 2-22　输入网站地址

第五步，单击“导入”按钮，弹出“导入数据”对话框，在现有工作表下选择 A1 单元格，如图 2-23 所示。

图 2-23　选择数据存放位置

第六步，单击“确定”按钮，Excel 会将网页中的数据导入到表格中，如图 2-24 所示。

第七步，由于 Web 导入数据是以互联网上的数据为基础的，而互联网上的数据是实时更新的，因此，当我们需要对 Excel 中的 Web 数据进行更新时，可单击“数据”选项卡，选择“全部更新”按钮，如图 2-25 所示，得到实时更新的数据。

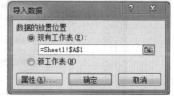

A	B	C	D
信质电机	2015/3/16	503,795.34	
亚太药业	2015/3/16	52,842.60	
中国医药	2015/3/16	157,467.07	
兴业矿业	2015/3/16	25,236.69	
盛达矿业	2015/3/16	3,036.00	
三六五网	2015/3/16	569,769.24	
博客-股吧			

图 2-24　数据导入结果

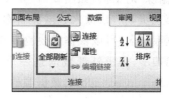

图 2-25　更新数据

第四节　MS Query 查询外部数据

在 Excel 的应用和分析中，常常要将多种外部数据查询到 Excel 表中，本小节将介绍用 MS Query 查询外部数据的方法和步骤。

一、MS Query 的数据源

【例 2-1】 在文件夹 chapter1 中有一个 Access 数据库系统,名字为"教学管理.mdb",该数据库中有学生、教师、学生选课及成绩等数据表,现要求建立一个访问该数据库的数据源,并且将该数据库中所有的数据查询到 Excel 中进行分析处理。

操作步骤如下。

第一步,选择"数据"选项卡,在"来自其他源"功能下选择"来自 Microsoft Query",如图 2-26 所示。

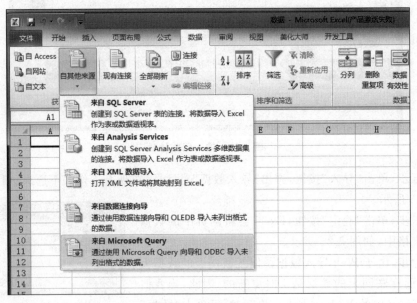

图 2-26 选择数据来源

第二步,在弹出的"选择数据源"对话框中选择"数据库"标签,双击"新数据源",弹出"新数据源"对话框,如图 2-27 所示。

第三步,在"请输入数据源名称"中填写新数据源名称"教学管理",这个名称不必与外部数据库同名,可以根据需要自行指定。

第四步,由于外部数据是一个 Access 数据库,因此,在"驱动程序"中选择"Microsoft Access Driver(﹡.mdb)",数据源的驱动程序要根据外部数据的类型选择,如表 2-2 所示。

表 2-2 数据源对应的驱动程序

外部数据库	驱动器类型
dBASE	Microsoft dBASE Driver(﹡.dbf)
Visual FoxPro	Microsoft FoxPro VFP Driver(﹡.dbf)
Access	Microsoft Access Driver(﹡.mdb)
Access 2007 及以上版本	Microsoft Access Driver(﹡.mdb,﹡.accdb)

单击"连接",完成数据源的连接,如图 2-28 所示。

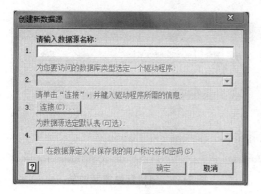

图 2-27 选择数据源

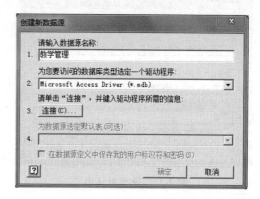

图 2-28 创建新数据源

第五步,在弹出的"ODBC Microsoft Access 安装"对话框中进行设置。单击"选择"按钮,弹出"选择数据库"对话框,然后在驱动器中选择数据源所在的位置,本例中数据源在驱动器"I:"中,选择"教学管理.mdb",如图 2-29 所示。

单击"确定",将数据库进行连接。

第六步,在图 2-28 中单击"高级"按钮,对数据库的安全性进行设置,如图 2-30 所示。

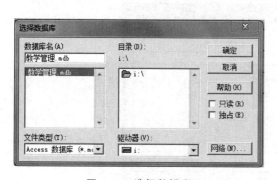

图 2-29 选择数据库

图 2-30 数据库安全性设置

设置登录名称和密码后,单击两次"确定"按钮,返回"创建新数据源"。

第七步,此时,"创建新数据源"对话框中的 4 变为可用状态,在 4 的下拉列表中选择"数据源的默认表"(可不选)。本例中选择"学生"表作为默认列表,即如果没有指定查询的数据表,则在"学生"表中查询,如图 2-31 所示。

第八步,单击"确定"按钮,返回"选择数据源"对话框,该对话框中会出现我们刚刚创建的新数据源"教学管理",如图 2-32 所示。

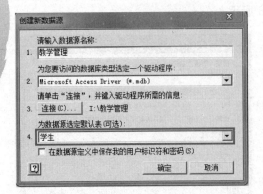
图 2-31 选择默认表

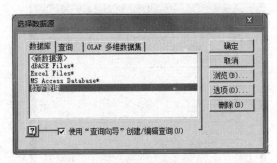
图 2-32 创建新数据源效果

二、操作 MS Query

MS Query 在数据查询中应用的频率非常高,且使用方便,无论是独立运行还是通过加载宏的方式在 Excel 中运行,操作方法都是相同的。

【例 2-2】 在上例建立数据源的基础上,从"教学管理.mdb"数据库中查询"学生"表,并将查询结果存入到 Excel 工作表中。

1. 应用查询向导进行查询

第一步,选择"数据"选项卡,在"自其他来源"中选择"来自 Microsoft Query",弹出"选择数据源"对话框,如图 2-27 所示。

第二步,在数据库选项中选择"教学管理"数据库,单击"确定"按钮,弹出"查询向导"对话框,如图 2-33 所示。

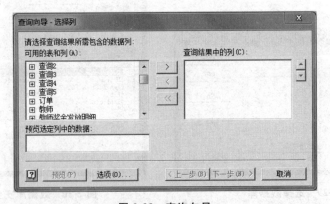
图 2-33 查询向导

第三步,选择"学生",单击中间向右的箭头按钮,将学生表中可用的列添加到查询结果中的列,如图 2-34 所示。

第四步,单击"下一步",直到将数据导入到 Excel 中,如图 2-35 所示。

2. 使用 MS Query 导入数据

(1) 启动 MS Query

第一步,选择"数据"选项卡,在"自其他来源"中选择"来自 Microsoft Query",弹出

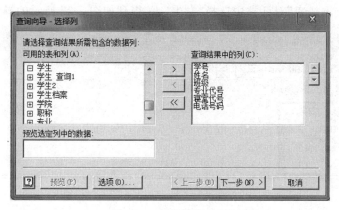

图 2-34 选择可用的列

	A	B	C	D	E	F
1	学号	姓名	班级	专业代号	寝室代号	电话号码
2	32001	张三	2301	C301	3-205	6240001
3	32002	李四	2301	C301	3-205	6240001
4	32003	五荣	2302	C301	3-203	6240003
5	32004	王尔健	2302	C301	3-203	6240003
6	32005	刘等一	2301	C301	3-205	6240001
7	32006	高德深	2301	C301	3-205	6240001
8	32007	李大海	2302	C301	3-203	6240003
9	32008	黄山	2303	C302	3-203	6240003
10	32009	王明	2302	C301	3-303	6240011
11	32010	刘民	2302	C301	3-305	6240001

图 2-35 数据导入结果

“选择数据源”对话框,如图 2-32 所示。

第二步,双击“数据管理”数据库,在弹出的“查询向导”中单击“取消”按钮,打开 MS Query 操作界面,如图 2-36 所示。

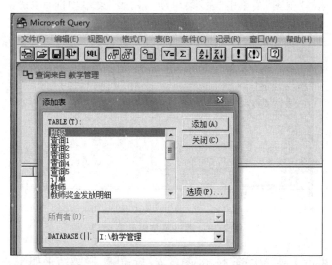

图 2-36 操作界面

第三步,在"添加表"对话框中选择"学生"表,得到如图 2-37 所示的操作界面。

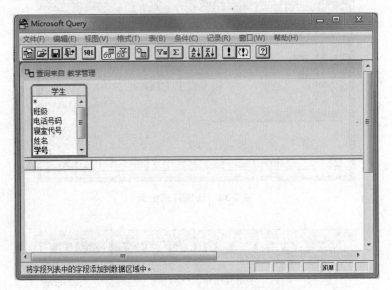

图 2-37 Microsoft Query 操作界面

该操作界面分为两个部分,上半部分称为"表窗口",用于显示外部数据库中的数据表,既可以是与当前数据源相连接的外部数据库中的所有数据表,也可以是其中的一部分;下半部分是数据窗口,显示从外部数据所获得的数据,操作方法与 Excel 大致相同。

(2) 表窗口操作

① 隐藏与显示窗口

为方便查看查询后数据窗口的数据,在表窗口处于显示状态时,可以通过以下两种方法隐藏表窗口。

【方法一】 选择"视图"菜单中"表"菜单项,将"表"菜单项前面的"√"取消,如图 2-38 所示。

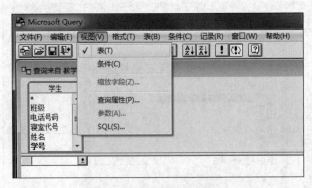

图 2-38 通过菜单隐藏表窗口

【方法二】 单击工具栏上的"显示/隐藏表"按钮,隐藏结果如图 2-39 所示。
同样用这两种方法可以重新显示隐藏的表窗口。

② 添加或删除表窗口中的表

第一步,选择"表"菜单中的"添加表"菜单项,或单击工具条中的添加表按钮,弹出添加表对话框,如图 2-40 所示。

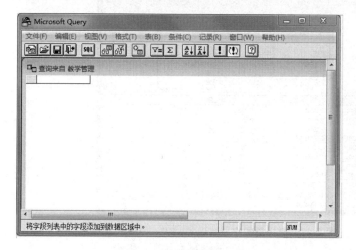

图 2-39 隐藏表窗口

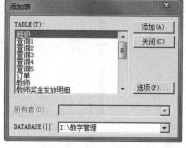

图 2-40 添加表对话框

第二步,选择要查询的表"选修"和"课程",添加到表窗口中,如图 2-41 所示。

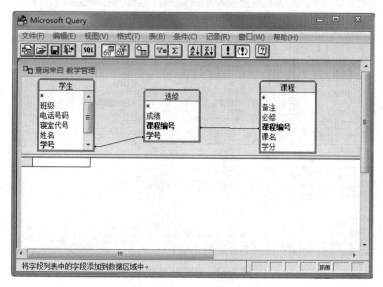

图 2-41 添加表结果

3. 通过 MS Query 将数据查询到 Excel 中

在前一环节的基础上,通过以下步骤,可将表窗口中数据表内所需要的字段拖放到 MS Query 数据表窗口中对应的字段位置,再执行查询命令即可。

第一步,鼠标左键按住所需要的字段,以拖曳的方式将字段拖曳到数据窗口中,然后根据需要对字段的先后顺序进行调整,如图 2-42 所示。

第二步,单击工具栏中的命令按钮,MS Query 会执行查询,通过数据源从外部数

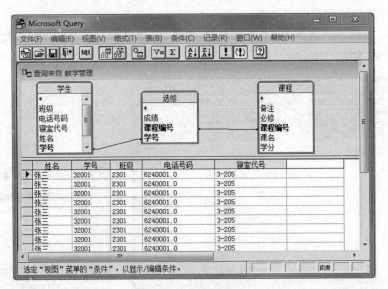

图 2-42　选择所需字段

据库中将数据提取到数据窗口中，如图 2-43 所示。

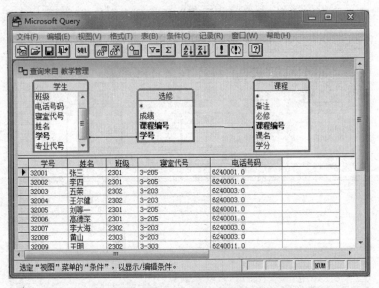

图 2-43　获取外部数据

第三步，选择"文件"→"将数据返回 Microsoft Excel"菜单命令，或单击工具栏中的命令按钮 ，即可将查询到的数据返回到 Excel 表中，如图 2-44 所示。

4. 添加、删除查询结果中的列字段

在实际操作中，要根据分析的需要，对查询结果中的字段进行修改，如对字段进行添加和删除等，还可以对列的次序进行调整。

（1）添加列

① 添加某个字段。在表窗口中，将鼠标指针指向表窗口中需要添加的字段，按住鼠

	A	B	C	D	E
1	学号	姓名	班级	寝室代号	电话号码
2	32001	张三	2301	3-205	6240001
3	32002	李四	2301	3-205	6240001
4	32003	五荣	2302	3-203	6240003
5	32004	王尔健	2302	3-203	6240003
6	32005	刘等一	2301	3-205	6240001
7	32006	高德深	2301	3-205	6240001
8	32007	李大海	2302	3-203	6240003
9	32008	黄山	2303	3-203	6240003
10	32009	王明	2302	3-303	6240011
11	32010	刘民	2302	3-305	6240001

图 2-44　查询数据返回结果

标左键并拖放到该列字段名到下面的数据窗口,即可添加字段。

② 添加全部字段。将表窗口中的"*"拖放到数据窗口中,即可添加数据表中所有字段。

③ 同时添加几个字段。按住 Ctrl 键逐一单击需要添加的字段,选中全部所需字段后,采用拖曳的方式将所选字段拖至数据窗口。

(2) 删除列

首先单击数据窗口中要删除的列标题,选中所要删除的列,按 Delete 键,即可删除所选中的列。

5. 修改列标题名以及调整列位置

(1) 修改列标题名

在设置列标题时,为了让列标题的意义更加明确,一目了然,可在 Excel 工作表或 MS Query 中修改列标题,步骤如下。

第一步,在数据窗口中双击所要修改的标题名,弹出"编辑列"对话框,如图 2-45 所示。

第二步,在"字段"下的下拉列表框中选择要修改的列标题名,然后在"列标"下的编辑框中输入列标题的名字,如图 2-46 所示,然后单击确定,列标题即被修改完成,如图 2-47 所示。

(2) 在实际操作中,根据分析的需要,可修改列标题,可以调整列位置。

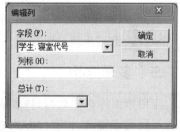

图 2-45　编辑列名称

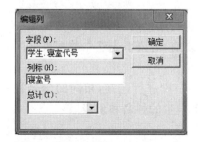

图 2-46　修改列名称

学号	姓名	班级	电话号码	寝室号
32001	张三	2301	6240001.0	3-205
32002	李四	2301	6240001.0	3-205
32003	五荣	2302	6240003.0	3-203
32004	王尔健	2302	6240003.0	3-203
32005	刘等一	2301	6240001.0	3-205
32006	高德深	2301	6240001.0	3-205
32007	李大海	2302	6240003.0	3-203
32008	黄山	2303	6240003.0	3-203
32009	王明	2302	6240011.0	3-303
32010	刘民	2302	6240001.0	3-305

图 2-47　列名称修改后结果

6. 在 MS Query 中建立查询文件

将 MS Query 中的查询结果导入到 Excel 后,往往需要对查询的数据重新修改,这时就需要将查询后的数据再次用 MS Query 打开,再次查询相同的数据。在 Excel 中可以将查询结果保存为扩展名是".dqy"的查询文件,操作步骤如下。

第一步,选择 MS Query 中"文件"→"保存"/"另存为"菜单项,或单击 ■,弹出保存文件对话框,如图 2-48 所示。

图 2-48 "保存文件"对话框

第二步,在板寸文件对话框中指定查询文件的存盘位置并输入文件名,单击"保存"按钮,Excel 查询结果就会保存为一个查询文件。

三、多表查询

应用数据库存储数据时,要讲究一定的数据规范,而这种规范可能导致所需的数据分散在不同的表中,这种存储方式能够避免重复存储造成的存储空间浪费,同时也能够保证数据的完整性。但是,如所需查询的数据在不同的表中,就需要将所在表组合起来才能够获得完整的信息,这就涉及了多表查询。

1. 建立多表之间的关联

在外部数据库中,多个数据表之间是通过相同的字段进行连接的,如果外部数据库中的数据表之间没有建立关联,在使用 MS Query 进行查询之前,需要事先建立数据表之间的关联,如图 2-49 所示。

在图 2-49 中,选修表和学生表通过"学号"这个共同的字段进行连接,相同的学号视为同一个学生的内容,通过对两个表之间的连接,找到某个学生的姓名和班级。

2. 从多表中选择需要的数据字段

【例 2-3】 在【例 2-2】的基础上,从学生、班级、选修、教师、课程等多个数据表中查出具有字段学校、姓名、课名、成绩、任课教师、职称的数据表。

选修

学号	课程编	成绩	单
32001	CN01	64	
32001	CN02	51	
32001	CN03	64	
32001	CN04	57	
32001	CN05	68	
32001	CN06	93	
32001	CN07	77	
32001	CN08	86	
32001	CN09	94	
32001	CN10	83	
32002	CN01	60	
32002	CN02	51	

学生

学号	姓名	班级	专业代
32001	张三	2301	C301
32002	李四	2301	C301
32003	五荣	2302	C301
32004	王尔健	2302	C301
32005	刘等一	2301	C301
32006	高德深	2301	C301
32007	李大海	2302	C301
32008	黄山	2303	C302
32009	王明	2302	C301
32010	刘民	2302	C301

成绩表

学号	姓名	班级	课程编号	成绩	
32001	张三	2301	CN01	64.0	
32001	张三	2301	CN02	51.0	
32001	张三	2301	CN03	64.0	
32001	张三	2301	CN04	57.0	
32001	张三	2301	CN05	68.0	
32001	张三	2301	CN06	93.0	
32001	张三	2301	CN07	77.0	
32001	张三	2301	CN08	86.0	

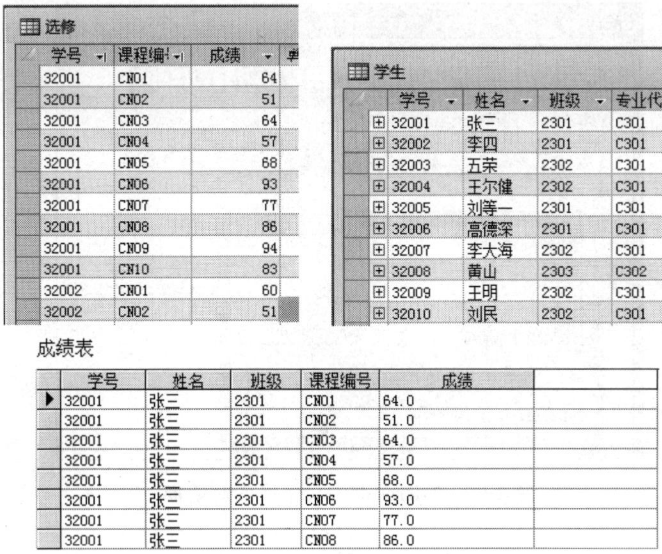

图 2-49 数据表中字段的连接

在所有需要查询的字段中，学号和姓名来源于学生表，课名来源于课程表，成绩来源于选修表，任课教师和职称来源于教师表，该查询的操作步骤如下。

第一步，在“数据”选项卡中的“自其他来源”功能下选择“来自 Microsoft Query”菜单启动 MS Query，如图 2-50 所示。

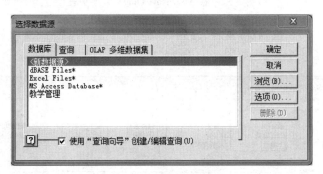

图 2-50 选择数据源

第二步，选择要查询的数据源为“教学管理”，单击“确定”，进入 MS Query 操作对话框，如图 2-51 所示。

第三步，在添加表对话框中选择学生、选修、课程、授课、教师、职称六个表格，如图 2-52 所示。

第四步，在表窗口中添加的表中，有的表之间已经有了关联，这些关联用表之间的连线表示，比如“学生”表和“选修”表之间是通过“学号”字段连接的，在两个表的“学号”字段之间有一个连线。

第五步，“教师”表和其他表之间并没有连线，也就是说，“教师”表和其他表之间没有建立关联，此时，要获得教师表中的字段，就要在教师表和其他表之间建立关联，建立的方

管理决策分析

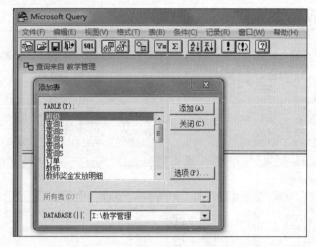

图 2-51　Microsoft Query 操作对话框

图 2-52　在 Microsoft Query 中添加表

法是将"授课"表中的字段"教师编号"拖到"教师"表中的"职工号"字段上释放,此时就在两个表之间建立了一个关联,如图 2-53 所示。

图 2-53　建立两个表之间的关联

第六步,所有关联建立好之后,可以直接将需要的字段从各表中拖放到数据窗口中,即将学生表中的学号、姓名,课程表中的课名,选修表中的成绩,教师表中的任课教师、职称字段拖放到数据窗口,然后点击运行按钮执行查询操作的结果,如图 2-54 所示。

四、条件查询

在实际应用中,用户并非对所有的数据都感兴趣,而如不加限制条件,MS Query 会把查询到的所有数据都显示在数据窗口中,用户在查询的时候非常不方便,因此,需要在 MS Query 中使用条件查询,实现对满足需求的数据进行查询。

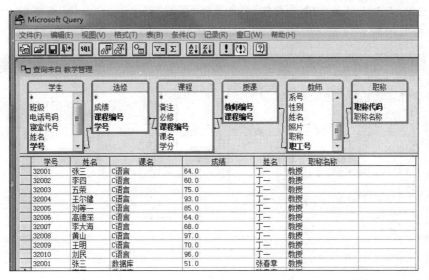

图 2-54 查询结果

1. 单条件查询

当需要查询的条件只有一个时,可采用单条件查询的方式,在查询之前定义好查询的条件,MS Query 根据指定的条件对外部数据库进行查询,最后只返回符合条件的查询记录。

【例 2-4】 从"教学管理"数据库中查询学生成绩,如图 2-55 所示,其中包括所有学生的各科成绩,但是这种查询方式不便于查看某个学生的成绩,或某个学科的成绩,现要求查看学号为"32002"的学生的成绩表。

操作步骤如下。

第一步,按照例 2-3 所讲的方法,选定要查询的数据表,并将所需的数据字段拖放到数据窗口,如图 2-55 所示。

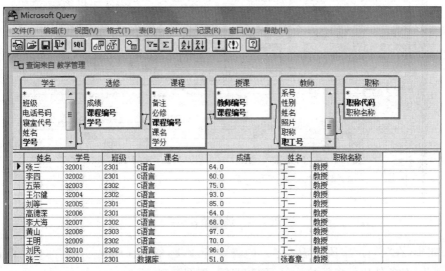

图 2-55 查询字段

第二步,点击工具条中的 按钮,或者选择"视图"菜单中的"条件"菜单项,就会显示"条件窗口",如图 2-56 所示。

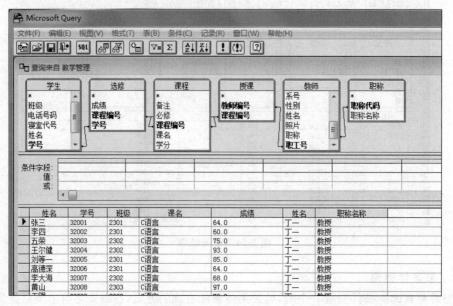

图 2-56 显示条件窗口

第三步,在条件窗口中的"条件字段"后的空白单元格中单击,在出现的下拉列表框中选择"学生.学号",如图 2-57 所示。

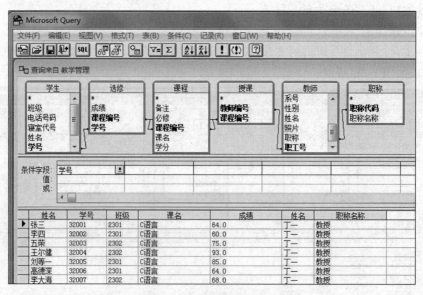

图 2-57 选择条件字段

第四步,在"学号"字段下输入学号的条件值,本题是要查询学号为"32002"的学生的成绩,因此,在条件值的单元格中填写"32002",如图 2-58 所示。

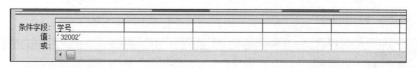

图 2-58　条件字段

或者双击"条件值"单元格,弹出"编辑条件"对话框,在"运算符"中选择"等于",在"指定值"后单击"值"按钮,在弹出的对话框中,选择"32002",如图 2-59 所示。

第五步,在条件字段和条件值都设置了以后,数据窗口中的数据结果就只显示符合条件的数据了,如图 2-60 所示。

图 2-59　编辑查询条件

2. 多条件查询

多条件查询是指在查询数据的时候需要设置多个查询条件,在 MS Query 中,通过条件窗口进行多个条件的设置,可以求得符合多个条件的查询结果。

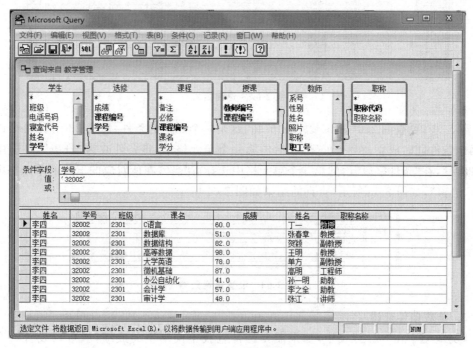

图 2-60　条件查询结果

【例 2-5】　在【例 2-4】的基础上,查询"C 语言"或"数据库"的所有成绩,以及 2301 班的 C 语言成绩。

操作步骤如下。

第一步,在"条件字段"后的第一个和第二个单元格中都选择"课名",在"值"后的第一个单元格中填写"C 语言",在"或"后的第一个单元格中填写"数据库",如图 2-61 所示,查询的结果如图 2-62 所示。

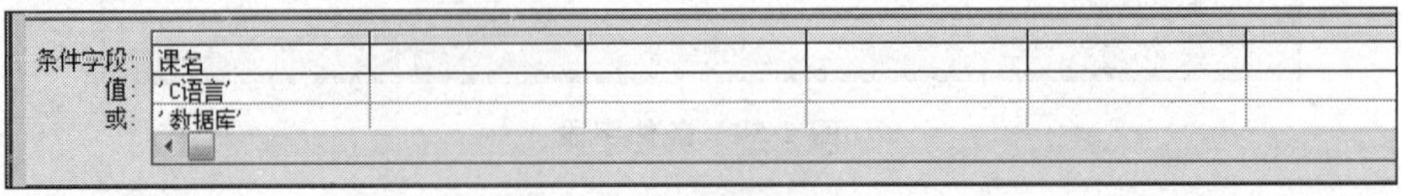

图 2-61 查询条件设置

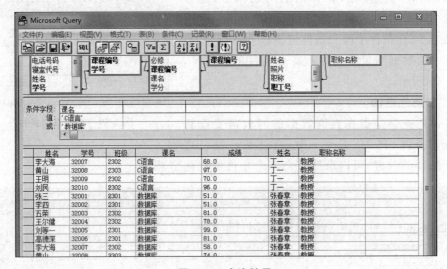

图 2-62 查询结果

第二步，要查询 2301 班 C 语言的成绩，这是一个"与"的条件，需要 2301 班和 C 语言这两个条件同时成立，在"条件字段"后的第一个单元格中，将条件改为"班级"，在值中填写"2301"，在"条件字段"后的第二个单元格中选择"课名"，在所对应的下面的单元格中填写"C 语言"，如图 2-63 所示，查询的结果如图 2-64 所示。

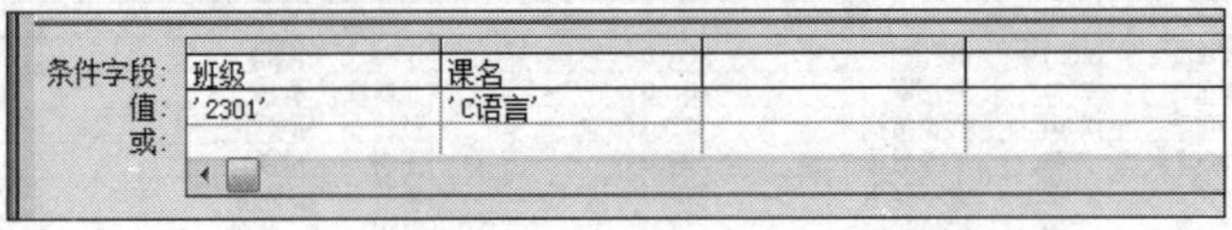

图 2-63 设置查询条件

3. 参数条件查询

【例 2-6】 在"成绩"表中，如果需要经常查找不同学生的成绩，就可以设置一个查询，每次运行的时候只要输入待查询的学生的名字，就可以查询该学生的所有记录。

操作步骤如下。

第一步，单击"条件字段"行后的第一个单元格，然后单击单元格中的箭头，选择"学生.姓名"作为查询参数的字段，如图 2-65 所示。

第二步，单击"值"后的第一个单元格，输入"["，然后输入运行时要显示的文本，在本例中要输入"请输入要查询的学生姓名"，再输入"]"，如图 2-66 所示。

第三步，按 Enter 键，弹出"输入参数值"对话框，如图 2-67 所示。

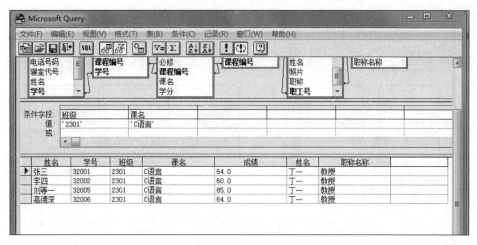

图 2-64 查询结果

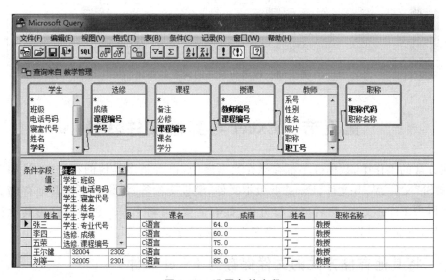

图 2-65 设置条件字段

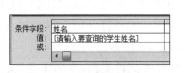

图 2-66 设置条件值

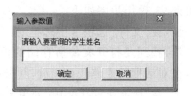

图 2-67 输入参数值对话框

第四步,输入要查询的学生姓名,然后单击"确定",得到要查询的学生的成绩,如图 2-68 所示。

若要查询其他同学的成绩,则单击工具条中的 ,会再次弹出"输入参数值"对话框,以此方法可查询其他同学的成绩。

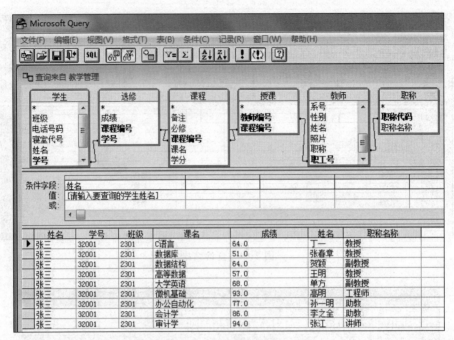

图 2-68　姓名为张三的学生的成绩

第五节　Excel 与其他文件转换

在日常的工作中，数据并不都存储在数据库中，也有很多其他的存储方式，如文本文件、dBASE 文件、Web 文件、Excel 低版本文件、模板文件等，我们需要把其他存储方式的文件转换为 Excel 文件，然后再进行分析，如有需要，可将 Excel 文件保存为其他存储方式的文件，进而可以发布到网上，或保存为 Lotus 2-2-3 文件等。

一、将其他存储方式的文件保存为 Excel 文件

将其他存储方式的文件转换成 Excel 文件的方法非常简单，下面就以文本文档为例，介绍转换方法，操作步骤如下。

第一步，在"文件"选项卡中选择"打开"功能，弹出"打开"对话框，如图 2-69 所示。

第二步，找到要打开文件所存储的位置，在本例中，所要打开的文本文档存放在 I 盘中，因此，在对话框的左侧找到 I 盘，点击选中，如图 2-70 所示。

第三步，在"所有 Excel 文件"处单击，选择要打开的文件类型，本例中是"文本文件"，如图 2-71 所示。

第四步，选择所要打开的文件"学生成绩单"，单击"打开"按钮，Excel 会弹出"文本导入向导"对话框，如图 2-72 所示。

第五步，选择合适的文件类型，在这里我们选择"分隔符号"，然后点击下一步，如图 2-73 所示。

图 2-69　打开文档

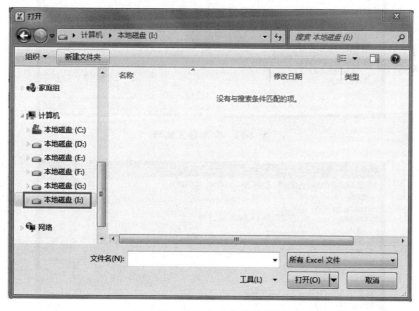

图 2-70　选择文件存储的位置

管理决策分析

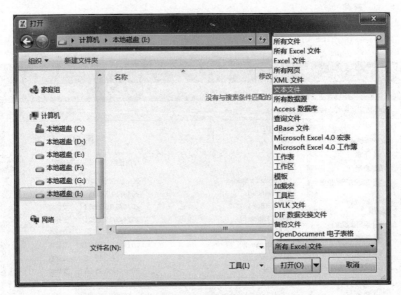

图 2-71 选择文件类型

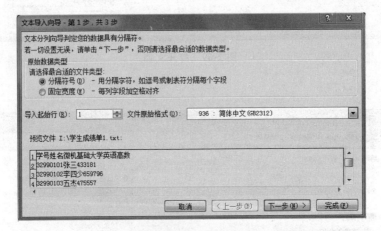

图 2-72 文本导入向导

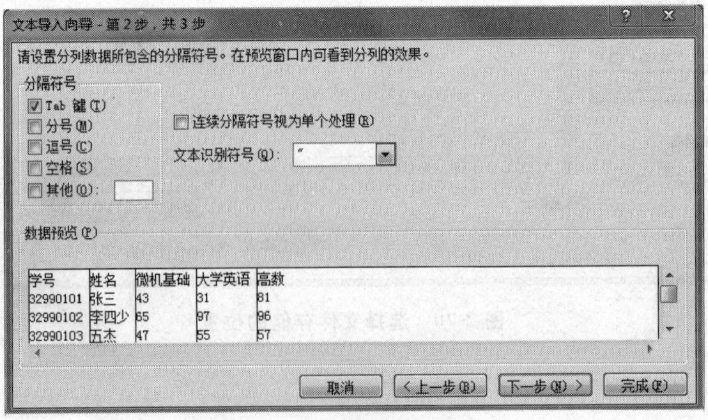

图 2-73 选择分隔符号

第六步，根据文本文件的情况，我们在这里选择 Tab 键，即制表符，如果文本文件中的记录是以“,”为分隔符的话，这里就要选择“,”，其他同理，单击“下一步”后如图 2-74 所示。

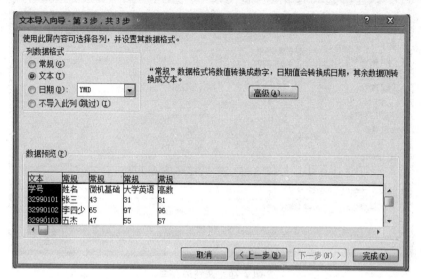

图 2-74 选择列数据格式

第七步，在“数据预览”中，我们可以看到导入的数据的效果，单击第一列，在“列数据格式”下选择文本，其他列做同样的操作，然后单击“完成”，结果如图 2-75 所示。

	A	B	C	D	E
1	学号	姓名	微机基础	大学英语	高数
2	32990101	张三	43	31	81
3	32990102	李四少	65	97	96
4	32990103	五杰	47	55	57
5	32990104	陈真	46	93	85
6	32990105	周研	99	51	87
7	32990106	皮源	34	35	85
8	32990107	刘海	81	71	51

图 2-75 打开文本文档

第八步，在“文件”选项卡中选择另存为，打开“另存为”对话框，如图 2-76 所示。

第九步，在“保存类型”里选择“Excel 工作簿”，单击“保存”按钮，将文本文件转换为 Excel 文件。

二、将 Excel 工作表保存为其他文件类型

Excel 可以将工作表或者工作簿转换为其他类型的文件，我们可以利用 Excel 高效的数据输入能力，简单快速地输入数据，再将它转换为其他应用程序，以提高工作效率。

1. 将 Excel 工作簿保存为其他文件类型

将 Excel 工作簿转换成其他文件类型的操作方法如 2.5.2 小节中第八步和第九步所示，选择“文件”→“另存为”，然后在“另存为”对话框中的“文件类型”列表中，选择要保存的文件类型即可。

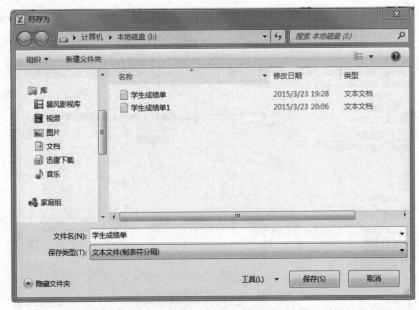

图 2-76 文件另存为

2. 将 Excel 工作簿发布到 Web 网页中

第一步,将工作簿保存为.xlsx 文件,当以后要修改 Web 网页时,可修改所保存的 Excel 文件。

第二步,选择"文件"选项卡下的"另存为"功能,弹出"另存为"对话框,在对话框中的"文件类型"列表中选择"网页",如图 2-77 所示。

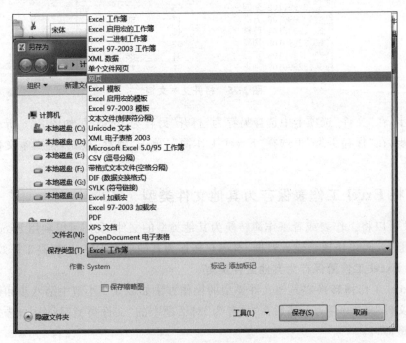

图 2-77 Excel 文件另存为

第三步,在"文件名"处输入 Web 网页文件名,系统会自动填上".htm",表示所保存的格式是网页。

第四步,如果要保存当前工作表,则选择"选择(E):工作表",如果要保存整个工作簿,则选择"整个工作簿"。

第五步,点击"发布",系统将弹出"发布为网页"对话框,如图 2-78 所示。

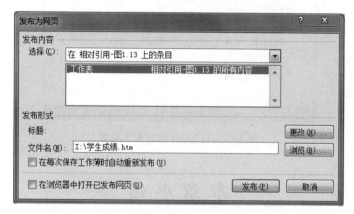

图 2-78　发布为网页对话框

第六步,单击"文件名"旁边的"浏览"按钮,选择网页保存的位置,如图 2-79 所示。

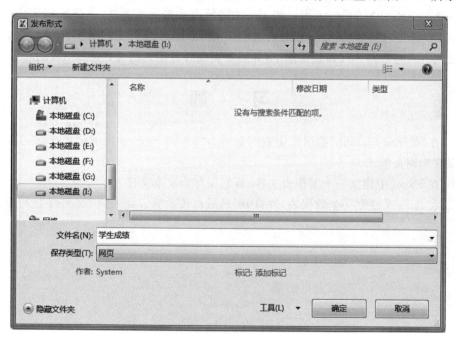

图 2-79　选择网页保存位置

第七步,勾选"在浏览器中打开已发布网页",单击"发布"按钮,则将 Excel 文档发布为网页形式,如图 2-80 所示。

图 2-80　将 Excel 表发布为网页

本 章 小 结

Excel 是日常工作中应用非常频繁的办公软件,并能够在数据分析中同数据库管理系统互补,在数据库中可以进行复杂的数据存储和组织,而在 Excel 中可以进行数据的分析。本章中介绍的 MS Query 可以将 Excel 同外部数据库相关联,并将数据库中的数据传递到 Excel 中,进行数据分析和图表制作。同时,Excel 相当于数据库的一个输入工具,以便捷的方式将数据导入到数据库中,并能够实现各种模式的文件同 Excel 的相互转换。

习　题

1. 在"教学管理.mdb"数据库中查询学号为"32003"这名学生的全部成绩,并将查询结果保存为网页形式。
2. 在 Excel 中建立一个工作表文件,将它保存为文本文件。
3. 在 Access 建立一个数据表,并打开,然后将该数据表导入到 Excel 中进行分析。

第三章 数据分析

　　数据分析是指用适当的统计分析方法对收集来的大量数据进行分析，提取有用信息和形成结论而对数据加以详细研究和概括总结的过程。数据分析的目的：一方面是发现问题，并且找到问题的根源，最终通过切实可行的办法解决存在的问题；另一方面，基于以往的数据分析，总结发展趋势，为管理决策提供支持。

　　企业在生产和经营活动中记录了大量反映生产和经营情况的数据，这些数据保存在数据库中。企业为了了解生产和经营情况，需要利用第二章所介绍的方法，从数据库中查询出满足特定条件的数据，这些数据往往是具体的、零散的，比如每笔销售业务的销售量和价格、某种产品的废品数。但企业也需要了解经过汇总的信息，比如某个地区过去一年每月的销售额、产生废品的各种原因的概率分布等。获得这样的汇总信息需要对数据进行分类汇总。利用分类汇总信息，企业能够掌握生产和经营活动规律、未来发展趋势，从而发现问题、抓住发展机遇。

　　本章从分类汇总的意义和作用入手，首先说明分类汇总能为管理人员提供哪些信息，重点介绍分类汇总中最为灵活、方便的方法：数据透视表。用户可以使用这些方法设计分类汇总，满足特定管理决策活动对汇总信息的需求。

第一节　数据分析的基础

　　数据分析在 20 世纪的早期就被提出，具备坚实的数学基础，但是，复杂的计算成为数据分析的一大障碍。直到计算机出现，数据分析才具备了实际操作的可能性，并使得数据分析得以推广，因此，数据分析是数学与计算机科学相结合的产物。

　　数据分析是指用适当的统计分析方法对收集来的大量一手数据、二手数据进行分析，提取出有用的信息，并形成结论而对数据加以详细研究和概括总结的过程。在企业的生产、管理、营销等多个方面起到重要的作用。数据分析可以帮助人们作出判断，以便采取适当的反应。

　　数据库是我们进行数据分析的必要工具，下面将对数据库的相关概念进行简单的介绍。

一、数据库概念

1. 数据库

　　所谓数据库就是存放在计算机中的、以一种合理的方法组织起来的、与公司或组织的业务活动和组织结构相对应的各种相关数据的集合，该集合中的数据可以为公司的各级经过授权的用户和信息系统所共享。

数据库的这个定义具有以下三方面的含义。

第一,数据库是存在于计算机中的、与公司或组织的业务活动和组织结构相对应的各种相关数据的一个集合。

第二,存放在数据库中的数据是按一定的方式组织起来的,而不是杂乱无章地存放的。

第三,数据库是一个共享的信息资源,它可以被企业或组织中的多个经过授权的用户使用,也可以被与企业有关的各种信息系统使用。

2. 数据仓库

随着数据的大量积累和应用,简单的数据库已经无法满足现实的需求,数据仓库的概念也便应运而生。著名的数据仓库专家 W. H. Lnmon 对数据仓库进行了如下的描述:数据仓库(data warehouse)是一个面向主题的(subject oriented)、集成的(integrate)、相对稳定的(non-volatile)、反映历史变化(time variant)的数据集合,用于支持管理决策。

数据仓库和数据库相比,具有以下的区别:

首先,数据仓库是面向主题的,而数据库是面向操作的;其次,数据仓库主要存储的是历史数据,而数据库主要存储的是当前应用的数据;再次,数据仓库在存储数据的时候会存在大量的冗余,而数据库则要尽可能避免这些冗余;最后,数据仓库是为分析数据而设计的,数据库是为了捕获数据而设计的。

二、数据库管理

1. 数据库管理系统

图书馆的书本需要经常管理,如整理书架上的书,修补一些被损坏的书,增加一些新书,去掉一些旧书,同时也需防止不法分子盗窃书本等。同样,存放在数据库中的数据也是需要管理的,这一任务是由数据库管理系统(Database Management System,DBMS)来完成的。

DBMS 是位于用户与操作系统之间的一层数据管理软件,主要负责数据库的建立、插入、查询、删除、修改及各种数据控制。

数据库的建立是指创建一个数据库以便用它来存放数据;数据插入是指将需要存放到数据库中的数据按照一定的结构要求存放到数据库中去;数据查询是指从数据库中取出用户想查看的数据;数据删除是指将不再需要的数据从数据库中删去;而数据修改则是指当数据的内容发生变化时将其改变。

数据库管理系统所提供的数据控制功能是指如下几个方面的内容。

- 数据安全性控制:保护数据,防止对数据库的非法操作所引起的数据的丢失、泄露和破坏。
- 数据完整性控制:保证数据库中的数据永远是正确的、有效的和相容的。
- 并发控制:避免多个用户同时存取、修改数据库时所引起的相互干扰,保证数据的正确性。
- 数据库的恢复:当数据库中的数据由于种种原因(如系统故障、介质故障、计算机病毒等)而变得不正确,或部分甚至全部丢失时,数据库管理系统有能力将数据库恢复到最近某时刻的一个正确状态。

本章 3.4 将介绍数据查询方面的内容。读者如果对数据库管理系统其他方面功能的详细内容感兴趣的话,可以参看数据库原理方面的书籍。

2. 数据模型

存放在数据库里的数据是某个公司、组织或部门的业务活动所涉及的各种数据,这些数据相互之间是有联系的,必须用一定的结构将其组织起来,在数据库中引入了数据模型来描述数据及它们之间的联系。针对不同的对象和应用目的可以采用不同的数据模型。常用的数据模型包括:层次模型、网状模型、关系模型和面向对象模型。其中,关系模型最容易理解,使用也较广泛。采用关系模型的数据库称为关系数据库,采用关系模型的数据库管理系统称为关系型数据库管理系统。例如,Oracle、DB2、SQL Server、Informix、Access 和 Visual Foxpro 等都是关系型数据库管理系统。

第二节　数据库中的关系

第二章介绍了从数据库中查询符合筛选条件记录的某些字段或全部字段值的方法。这种查询对企业而言是非常必要的,但对管理人员来说,更为重要的是从数据库的大量经营数据中提炼出有关企业各项业务的发展趋势和变化模式,帮助管理人员对业务活动进行管理。

对数据库中的数据进行分类汇总、产生分类汇总表格或者分类汇总图形可以为管理人员提供大量有价值的信息。下面将举例说明通过分类汇总可以获得的几类有价值的信息。

数据库中表之间的联系是一个很重要的概念,读者一定要理解透彻,这对于数据查询来说是非常关键的。3.4 节将介绍数据查询方面的内容,其中使用的数据库是 Microsoft Office2010 软件包的 Access 软件自带的 Northwind(罗斯文)示例数据库。在此有必要介绍一下该数据库及其表之间的各种关系。

第一步,打开 Access 2010,如图 3-1 所示。

图 3-1　Microsoft Access 2010 打开界面

第二步，单击样本模板，如图 3-2 所示。

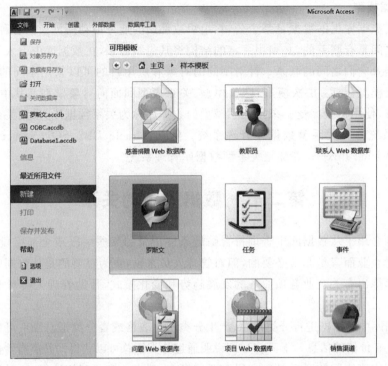

图 3-2　Microsoft Access 2010 模板

第三步，选择罗斯文数据库，单击右下角"创建"按钮，打开后如图 3-3 所示。

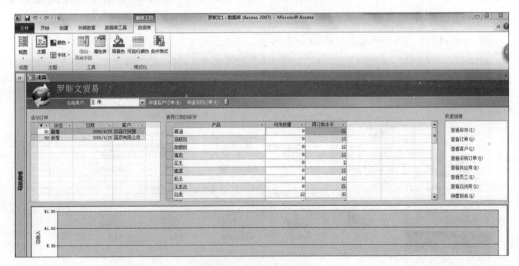

图 3-3　罗斯文数据库

第四步，选择"数据库工具"选项卡的"关系"功能，得到罗斯文数据库中各数据表中的关系。罗斯文数据库是罗斯文公司用于存放其贸易信息的一个数据库，其中存放了"客户"、"订单"、"订单明细"、"运货商"、"员工"、"产品"、"供应商"和"类别"等十八个表。各表具有的字段名及各表间的关系如图3-4所示。

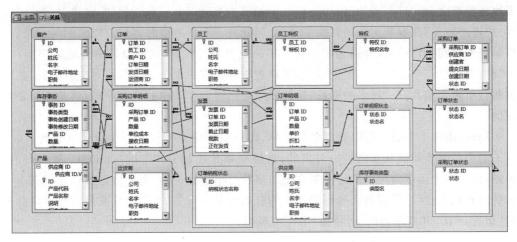

图 3-4　罗斯文数据库中各表具有的字段名及各表间的关系

下面将用一个实例来介绍 Northwind 数据库及其中表之间的各种联系。图3-5图给出了客户、员工、运货商和订单表中的若干记录,以及这几个表之间的联系。其中,客户表描述的是 Northwind 公司的部分客户的一般信息,包括客户 ID 和公司名称等字段;雇员表描述的是 Northwind 公司内部雇员的雇员 ID、姓氏、名字和头衔等信息;运货商表描述的是所有运货商的 ID、公司名称和电话,为 Northwind 公司运货的共有三个运货商:急速快递、统一包裹和联邦货运公司;订单表描述的是每份订单的 ID、订购日期、负责相应订单的雇员 ID、客户 ID 和运货商(该字段存放的是运货商的 ID,而不是运货商的公司名称)。

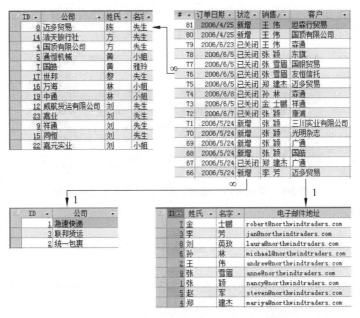

图 3-5　客户、员工、运货商和订单表间的联系

从图 3-5 可以看出,客户表和订单表之间具有一对多的联系,这是因为一个客户可能多次在罗斯文公司订购产品,而同一份订单的客户有且仅有一个。例如,客户 ID 为"8"的客户"迈多贸易"在罗斯文公司订购了 2 次,因此对于客户表中的客户 ID 为"8"的记录,在订单表中有两个订单 ID 分别为"75"和"66"的记录与其对应,这两份订单上的客户 ID 亦为"8";而对于订单表中的某个记录,在客户表中却只有一个记录与其相对应。可见,客户表和订单表之间具有一对多的联系,这种联系是通过两个表中的公共字段"客户 ID"来实现的。

同理,由于一个员工可以管理多份订单,而一份订单有且仅有一个员工来管理,因此员工表和订单表间的联系也是一对多的,这种联系是通过公共字段"员工 ID"来实现的。另外,由于一个运货商可以承运罗斯文公司多份订单上的产品,而一份订单有且仅有一个运货商来承运,所以运货商表和订单表间的联系也是一对多的,这种联系是通过运货商表的"运货商 ID"和订单表的"运货商"字段实现的。

第三节 数据查询统计值方法

数据分类汇总要对变量或字段进行汇总,比如销售额、销售数量、工作时间等,我们把这个字段称为被汇总字段。对数据进行汇总时,需要以某个变量或字段的不同值为参考来对被汇总字段进行汇总,这些作为参考的字段称为汇总参考字段。比如,我们要参考不同产品类别的值来汇总销售额,或者参考不同的生产人员姓名来汇总工作时间,这里产品类别和生产人员姓名就是汇总参考字段。本节重点对 Excel 中的数据查询统计值方法进行介绍。

【例 3-1】 现有"某公司销售数据表.xlsx",现要对该公司各省份不同类别的产品的销售额进行汇总,并最终创建如图 3-6 所示的汇总表。

	A	B	C	D	E	F
1		东北	东南	华东	华南	西北
2	办公用品	515100	379200	58100	251330	396930
3	书籍	345630	324080	339600	699890	373300
4	体育用品	1309840	559910	276030	789010	860510
5	艺术品	597860	511290	170070	852210	449410
6	装饰用品	348510	378920	95770	665460	114770

图 3-6 某公司不同地域、不同类别商品汇总销售额

【解】

第一步,使用 Excel 中的 Microsoft Query 获取"某公司销售数据表.xlsx"中"地域""类别"以及"净销售额"三个字段,步骤如下。

(1) 打开 Microsoft Excel 2010,选择"数据"选项卡,然后选择"自其他来源",随之选择"来自 Microsoft Query",如图 3-7 所示。

(2) 在弹出的"选择数据源"对话框中选择"Excel Files *",单击"确定"按钮,如图 3-8 所示。

图 3-7 选择"来自 Microsoft Query"

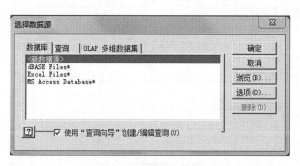

图 3-8 选择数据源

（3）在弹出的"选择工作簿"对话框中进行设置，首先在"驱动器"处选择数据表所在的驱动器，本例中为"F："，在目录中选择数据表所在的文件夹，本例为"示例数据"，最后在"数据库名"中选择"某公司销售数据表.xlsx"，单击"确定"按钮，如图 3-9 所示。

图 3-9 选择工作簿

（4）在弹出的"选择列"对话框中选择所需查询的列，分别为"地域""类别"和"净销售额"，单击"下一步"按钮，如图 3-10 所示。

第三章 数据分析

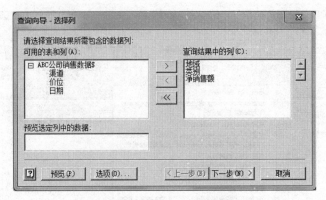

图 3-10　查询向导—选择列

（5）在"排序顺序"对话框中"主要关键字"下选择"地域"，在"次要关键字"下选择"类别"，单击"下一步"按钮，如图 3-11 所示。

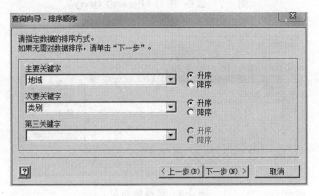

图 3-11　查询向导—排序顺序

（6）在"完成"对话框中选择"在 Microsoft Query 中查看数据或编辑查询"，如图 3-12 所示。

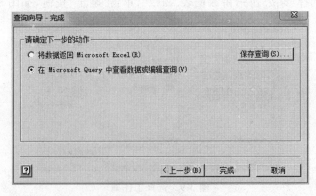

图 3-12　查询向导—完成

此时，数据就被查询到"Microsoft Query"中了，如图 3-13 所示。

第二步，按照地域，根据类别汇总净销售额。

图 3-13 查询结果

（1）将鼠标置于"净销售额"列标签上，单击选中净销售额一列，并双击弹出"编辑列"对话框。

（2）在字段中选择"净销售额"，列标处填写"汇总销售额"，总计处选择"求和"，如图 3-14 所示。

（3）单击"确定"按钮，得到汇总的结果，如图 3-15 所示。

图 3-14 编辑"净销售额"列

图 3-15 部分分类汇总的结果

第三步，将"Microsoft Query"中的数据导出，并经过重新编辑，得到最终的汇总结果。

（1）单击"将数据返回到 Excel"按钮，弹出"导出数据"对话框，如图 3-16 所示。

（2）单击"确定"按钮，得到导出数据的结果，如图 3-17 所示。

第三章 数据分析

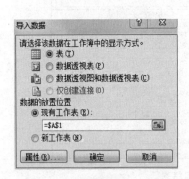

图 3-16　导出数据对话框　　　图 3-17　导出数据到 Excel 的结果

第四节　数据清单方法

在 Excel 中数据清单被定义为"包含相关数据的一系列工作表数据行"。数据清单的首行为字段名,首行下的各行是各个记录,数据清单中不能出现空行。数据清单可以像数据库一样使用,行代表记录,列代表字段。

Excel 中有很多较为简单的数据汇总方法,主要包括"筛选""排序"和"分类汇总",我们继续利用【例 3-1】来介绍 Excel 中的各个数据清单功能。

一、数据列表的建立与编辑

在 Excel 中数据区域的数据列表具备以下特征。

(1) 区域中的同一列的单元格包含类型相同的数据。

(2) 每一列的第一个数据是列标题,且必须是字符串。

1. 数据列表的建立

Excel 中的数据列表可看成一个数据库文件,建立数据列表,应注意以下几点。

(1) 数据列表中不能有任何空行和空列。

(2) 数据列表与其他数据列表和数据之间至少应有一个空行或空列。

(3) 单元格的内容之间不要添加空格。

(4) 每个数据列表最好在一个工作表中。

如图 3-18 即为一个数据列表。

Excel 与关系型数据库模型相似,都是二维表,数据库管理系统对数据的组织和检索等功能很强,Excel 在数据管理方面有数据库的一般功能,还可以利用数据绘制表格,而且提供了强大的数据分析功能。

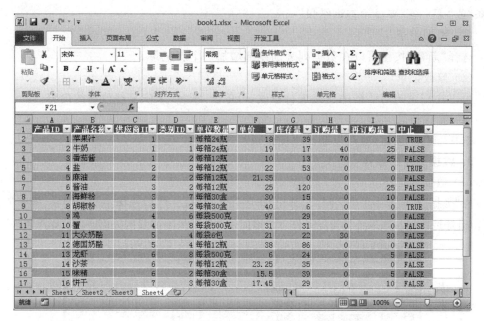

图 3-18　数据列表

2. 数据列表的编辑

对数据的编辑就是对数据进行增加、修改、删除等操作,这些操作,在"记录单"中进行。

点按钮中"Excel 选项","自定义功能区","从下列位置选择命令"——"所有命令"是按拼音列出所有的命令,找到"记录单",点"添加>>","确定";"记录单"就出现在"快速访问工具栏"上了。单击"记录单"选项卡,就出现了记录单。

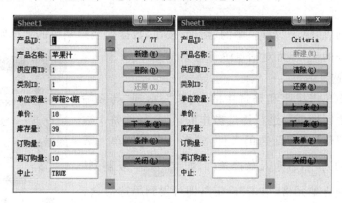

图 3-19　记录单

（1）显示记录

打开窗口就显示了一条记录,可单击"上一条"或"下一条"来显示别的记录。

（2）检索记录

单击"条件"按钮,将相应的筛选条件键入相应的文本框,单击"表单"然后可单击"上一条"或"下一条"来显示查询结果。

（3）增加记录

选择"新建"按钮可以在数据列表的尾部增加一个新记录。

（4）修改记录

可以在记录的对话框中直接进行修改，可单击"恢复"来恢复修改前的内容。

（5）删除记录

选择"删除"按钮，就可以删除当前记录。

3. 数据列表的操作

（1）数据的排序

在"数据"选项卡中单击"排序"，弹出"排序"的对话框。然后选择主要关键字、排序依据、次序（升序或降序），如果还有排序条件，就"添加条件"，如果不需要次关键字，就"删除条件"。

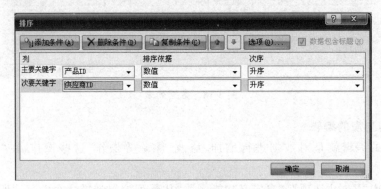

图 3-20　数据排序

（2）数据的筛选

1）自动筛选

全选数据列表，单击"数据"中的"筛选"按钮，数据列表第一行的列标题，出现▼，单击要进行检索的列的▼，即可对信息进行检索。

2）高级筛选

在"数据"中单击排序和筛选中的"高级"，出现"高级筛选"对话框，列表区域即要进行筛选操作的区域，如选整个数据列表，条件区域是选择筛选的条件，先在一个空的单元表格中输入筛选的列，然后输入筛选条件，如 中止 TRUE，"复制到"点击一个空的独立单元格，单击"确定"，即可得到筛选信息。

图 3-21　数据高级筛选

例如：选择单价大于20，库存量大于100的产品。选择一个区域键入条件，然后单击"高级"，选择筛选区域为全部数据，单击确定。

4. 排序功能

为了对数据清单中所有的记录按照某个字段升序或者降序排列，在 Excel 中可以使用排序功能。在 Excel 排序中，对于数值类型的字段，"升序"指数据按照数值的大小进行排列，小的排在前面；对于日期类型的字段，"升序"指数据按照日期的先后次序进行排列，

产品ID	产品名称	供应商ID	类别ID	单位数量	单价	库存量	订购量	再订购量	中止
1	苹果汁	1	1	每箱24瓶	18	39	0	10	TRUE
5	麻油	2	2	每箱12瓶	21.35	0	0	0	TRUE
9	鸡	4	6	每袋500克	97	29	0	0	TRUE
17	猪肉	7	6	每袋500克	39	0	0	0	TRUE
24	汽水	10	1	每箱12瓶	4.5	20	0	0	TRUE
28	烤肉酱	12	7	每箱12瓶	45.6	26	0	0	TRUE
29	鸭肉	12	6	每袋3公斤	123.79	0	0	0	TRUE
42	糙米	20	5	每袋3公斤	14	26	0	0	TRUE
53	盐水鸭	24	6	每袋3公斤	32.8	0	0	0	TRUE

图 3-22 筛选信息

图 3-23 筛选信息

产品ID	产品名称	供应商ID	类别ID	单位数量	单价	库存量	订购量	再订购量	中止
6	酱油	3	2	每箱12瓶	25	120	0	25	FALSE
22	糯米	9	5	每袋3公斤	21	104	0	25	FALSE
55	鸭肉	25	6	每袋3公斤	24	115	0	20	FALSE
61	海鲜酱	29	2	每箱24瓶	28.5	113	0	25	FALSE

图 3-24 筛选结果

较早的日期排在前面；对于字符类型的字段，英文字符和英文符号，"升序"指数据按照英文字符在 ASCII 码表中的排列次序排序，即按照英文字母的前后次序，小写字母排在所有的大写字母后面；中文字符和中文符号，"升序"指数据按照国标码的排列次序排序，即对于常见汉字是按照拼音字母顺序排列，空格排在所有符号和英文字母及汉字之前，非常见汉字按照在国标码排列表中的先后次序排列。需要注意的是，空值排在数据清单的最后。空值指该单元格没有输入任何内容，如果该单元格里输入了空格，则该单元格不为空值。

下面我们使用 Excel 中的排序功能，按照产品的地域和类别，为数据表"某公司销售数据表.xlsx"中的记录排序。

【方法一】 标准的排序方式

第一步，将 Excel 的光标放在待排序的数据清单中的任意一个单元格。

第二步，选择"数据"选项卡，然后选择"排序"功能，如图 3-25 所示。

第三步，单击"排序"按钮后，弹出"排序"对话框，如图 3-26 所示。

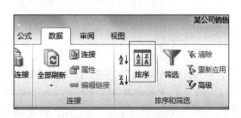

图 3-25 选择排序功能

第三章 数据分析　89

图 3-26 "排序"对话框

第四步,主要关键字处选择"地域",排序的依据默认为"数值",次序选为"升序",如图 3-27 所示。

图 3-27 选择主要关键字

第五步,我们要增加排序的条件,所以选择"添加条件"按钮,得到"次要关键字",在"次要关键字"中选择"类别",排序依据依然默认为"数值",次序选择"升序",如图 3-28 所示。

图 3-28 选择次要关键字

第六步,在对话框中的右上角,有个"数据包含标题"选项,如果该选项没有被勾选,那要将这个选项勾选,然后单击"确定"按钮,将数据排序完成,部分表格如图 3-29 所示。

【方法二】 简便的排序方式

在 Excel 中,一种更方便的排序方式是将光标停留在数据清单中待排序字段的某个单元格,然后单击"标准工具栏"的"升序 A↓"按钮(或者"降序 Z↓按钮),就可以将数据清单中的记录按照升序或降序排列了。另外也可以选中该字段所在列的列标题,然后按"升序"按钮(或者"降序"按钮)。但是这种方法只能按照一个字段对各记录进行排序。

5. 筛选功能

筛选就是在 Excel 中通过设定条件,把满足条件的记录挑选出来。与排序不同,"筛选"并不重排数据清单,只是暂时隐藏不必显示的行。Excel 的筛选分为自动筛选和高级筛选。

图 3-29 排序后的部分表格

下面我们筛选"某公司销售数据表.xlsx"中所有东北区域的办公用品的销售记录。

(1) 自动筛选

第一步,将 Excel 的光标放在数据清单中的任意一个单元格。

第二步,选择"数据"选项卡中的"筛选"按钮,如图 3-30 所示。

第三步,选择"筛选"功能以后,所得到的数据清单的列标题变为如图 3-31 所示的状态。

图 3-30 选择"筛选"功能

图 3-31 自动筛选的状态

第四步,单击"地域"列标题上的向下箭头按钮,在弹出的下拉列表中仅勾选"东北",如图 3-32 所示。

单击"确定"按钮,选择所有地域为东北的记录。

第五步,按照第四步的方式,在"类别"一列中选择"办公用品",所得的最终筛选结果部分表格如图 3-33 所示。可以看到,被筛选的列标题右侧的按钮变为一个漏斗的形状,代表已经经过筛选。

(2) 高级筛选

同样是筛选数据清单中地域为东北,类别为办公用品的记录,高级筛选的步骤如下。

第三章 数据分析

管理决策分析

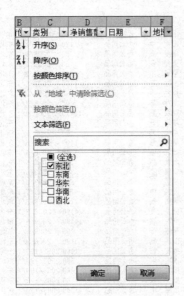

图3-32 在下拉列表中勾选东北

	A	B	C	D	E	F
1	渠道	价位	类别	净销售	日期	地域
20	批发	高	办公用品	60	2008/1/1	东北
22	批发	中	办公用品	120	2008/1/1	东北
29	批发	低	办公用品	60	2008/2/1	东北
38	批发	高	办公用品	1560	2008/2/1	东北
44	零售	中	办公用品	60	2008/2/1	东北
45	批发	高	办公用品	1190	2008/2/1	东北
59	批发	高	办公用品	2190	2008/3/1	东北
69	零售	低	办公用品	15190	2008/4/1	东北
78	批发	高	办公用品	11190	2008/4/1	东北
92	零售	高	办公用品	60	2008/5/1	东北
93	零售	低	办公用品	1190	2008/5/1	东北
101	批发	高	办公用品	190	2008/5/1	东北
102	零售	高	办公用品	360	2008/5/1	东北
103	零售	高	办公用品	660	2008/5/1	东北
113	批发	中	办公用品	1190	2008/5/1	东北
174	批发	高	办公用品	190	2008/7/1	东北
190	批发	低	办公用品	190	2008/8/1	东北
205	批发	高	办公用品	4190	2008/8/1	东北
234	零售	低	办公用品	190	2008/9/1	东北
235	批发	低	办公用品	3190	2008/9/1	东北
256	零售	高	办公用品	120	2008/9/1	东北
293	批发	高	办公用品	190	2008/11/1	东北
294	批发	高	办公用品	560	2008/11/1	东北
315	零售	中	办公用品	60	2008/11/1	东北
330	批发	低	办公用品	8190	2008/12/1	东北
331	零售	低	办公用品	360	2008/12/1	东北
332	零售	低	办公用品	120	2008/12/1	东北
373	批发	中	办公用品	360	2008/12/1	东北

图3-33 自动筛选的最终结果部分表格

第一步,建立筛选条件,在数据表中没有记录的位置建立筛选条件,如图3-34所示。

	A	B	C	D	E	F	G	H	I	J
1	渠道	价位	类别	净销售额	日期	地域				
2	批发	低	书籍	360	2008/1/1	东北				
3	零售	低	体育用品	13190	2008/1/1	东北			地域	类别
4	批发	高	办公用品	190	2009/8/1	西北			东北	办公用品
5	批发	高	书籍	60	2009/8/1	西北				
6	零售	高	体育用品	12190	2009/8/1	西北				
7	批发	低	书籍	120	2008/6/1	华南				
8	批发	低	体育用品	360	2008/6/1	华南				
9	批发	低	体育用品	1190	2008/6/1	华南				

图3-34 建立筛选条件

这里要注意的是,在建立筛选条件时,"地域"和"类别"这两个列标题最好采用"复制+粘贴"的方式,从原来的数据表中复制得来,以免出现匹配的失误。

第二步,在"数据"选项卡中选择"排序和筛选"组中的"高级",如图3-35所示。

第三步,在弹出的"高级筛选"对话框中,列表区域部分选择"＄A＄1:＄F＄3301"区域,条件区域选择"＄I＄3:＄J＄4",如果要在原有区域显示筛选的结果,则将"在原有区域显示筛选结果"选中,如果选择"将筛选结果复制到其他位置",则要将该项选中,并在"复制到"的后面填写即将要复制到的区域,例如,如果我们想要把筛选出的结果从单元格K1开始存放,则该文本框中应该选择＄K＄1,在这里我们将筛选的结果显示在原有区域,如果想要得到的筛选结果中不包含重复的记录,则要勾选"选择不重复的记录",对话框设置的结果如图3-36所示。

第四步,单击"确定"按钮,同样得到如图3-33所示的筛选结果。

6. 分类汇总

Excel可通过分类总计对数据清单的被汇总字段数据自动求其总计值。使用分类总计功能的数据清单中必须包含带有标题的列(即分类汇总参考字段),且数据清单必须

图 3-35 选择"高级筛选"功能

图 3-36 高级筛选对话框

按此列排序。插入分类总计时,Excel 将把细节记录行与这些细节记录对应的分类总计行组合在一起,这样就能对数据清单进行分级显示。通过选择要查看数据清单总计的不同级别,可以看到数据的细节记录或者总计数据。对被汇总字段进行汇总可以求总计值、平均值、极大值、极小值和计数。Excel 也允许按不同的参考字段对同一数据清单做多层的分类总计。

现要求对"某公司销售数据表.xlsx",按照地域汇总办公用品的净销售额。

【解】

第一步,打开"某公司销售数据表.xlsx"。

第二步,筛选,选择上一小节介绍的两种筛选方法中的一种,在数据清单中选择所有的"办公用品"记录,由于是对单一列进行筛选,所以选择"自动筛选",按照上一小节介绍的方法,在类别一列选择"办公用品",得到的部分筛选结果如图 3-37 所示。

第三步,排序,由于我们是要按照地域进行汇总,因此,我们要按照地域进行排序,根据我们上一小节所介绍的排序方法,对地域一列进行排序,得到的排序结果如图 3-38 所示。

图 3-37 筛选结果部分表格

图 3-38 排序结果部分表格

第四步，将光标置于数据清单中的任一单元格中，选择“数据”选项卡中，“分级显示”一组中“分类汇总”功能，如图 3-39 所示。

第五步，在弹出的“分类汇总”对话框中，“分类字段”表示要对哪一个字段进行汇总，在这里我们选择“地域”，“汇总方式”表示要以哪一种方式汇总，包括“计数”、“求和”、“求平均值”“最大值”和“最小值”等，在这里我们选择“求和”，“汇总项”表示要对哪一项进行汇总，这里我们选择“净销售额”，然后根据需求勾选下面的设置，设置的结果如图 3-40 所示。

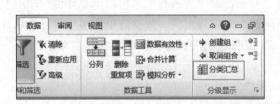

图 3-39 选择分类汇总功能

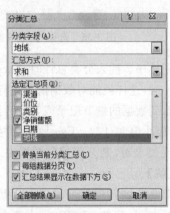

图 3-40 分类汇总设置

第六步，单击“确定”按钮，得到的分类汇总结果如图 3-41 所示。

通过上面的例子，我们可以发现，利用 Excel 的数据清单处理功能，需要经过多个步骤，比较烦琐，但是最后形成的分类汇总分级显示数据对管理人员是非常有帮助的，管理人员既可以向上汇总，看到越来越汇总（概括）的数据，也可以反向汇总（向下挖掘），根据汇总（概括）数据反映的问题，进一步查看构成该数据的详细数据，追踪问题产生的原因。

1 2 3		A	B	C	D	E	F
	1	渠道	价位	类别	净销售额	日期	地域
+	132				515100		东北 汇总
+	219				379200		东南 汇总
+	263				58100		华东 汇总
+	410				251330		华南 汇总
+	485				396930		西北 汇总

图 3-41 分类汇总的结果

第五节 数据透视表功能

利用 Excel 的数据透视表功能，我们可以很方便地汇总不同类别和不同省份净销售额总计值，创建数据透视表不仅方便，而且还可以按照数据透视表中的汇总参考字段进行旋转、变换汇总角度，也可以对被汇总字段汇总形式进行选择——求和、计数、求平均值、查找最大值、查找最小值计算乘积。数据透视表使用方便、具有强大的汇总能力，是分类汇总分析的有力工具。

一、数据透视表和数据透视图的形成

下面我们依然用数据表“某公司销售数据. xlsx”来介绍数据透视表的操作和功能。

【方法一】 在数据清单上利用数据透视表进行汇总。

第一步，打开"某公司销售数据.xlsx"数据表，在该工作簿中新建一个工作表，命名为"某公司销售数据透视表"，如图 3-42 所示。

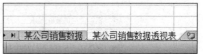

第二步，将光标置于数据清单的任意一个单元格中，选择"插入"选项卡中的"数据透视表"功能，并选择该功能下的"数据透视表"选项，如图 3-43 所示。

图 3-42　新建工作表

第三步，在弹出的"创建数据透视表"对话框中，在"选择一个表或区域"下选择＄A＄1：＄F＄3301 区域，在"选择放置数据透视表的位置"下选中"现有工作表"，位置为我们刚建立的"某公司销售数据透视表"中的 A1 单元格，设置结果如图 3-44 所示。

图 3-43　选择数据透视表功能　　　　　　　图 3-44　创建数据透视表设置

第四步，单击"确定"按钮，得到数据透视表的框架，先设置数据透视表的行列标签以及数值，将图 3-45 中所示的字段"类别"拖动到"行标签"下，将字段"地域"拖动到"列标签"下，将字段"净销售额"拖动到"数值"下，并单击"数值"下的"净销售额"，选择"值字段设置"，然后选择"求和"，设置的结果如图 3-46 所示。

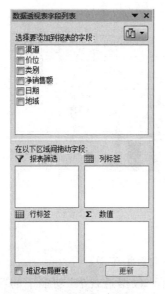

图 3-45　数据透视表字段列表　　　　　　　图 3-46　数据透视表字段列表

第三章　数据分析

最终得到的数据透视表如图 3-47 所示。

	A	B	C	D	E	F	G
1	求和项:净销售额	地域					
2	类别	东北	东南	华东	华南	西北	总计
3	办公用品	515100	379200	58100	251330	396930	1600660
4	书籍	345630	324080	339600	699890	373300	2082500
5	体育用品	1309840	559910	276030	789010	860510	3795300
6	艺术品	597860	511290	170070	852210	449410	2580840
7	装饰用品	348510	378920	95770	665460	114770	1603430
8	总计	3116940	2153400	939570	3257900	2194920	11662730

图 3-47 数据透视表

第五步，将光标置于数据透视表中，选择“插入”选项卡，在“图表”组选择“柱形图”下的第一个柱形图，如图 3-48 所示。

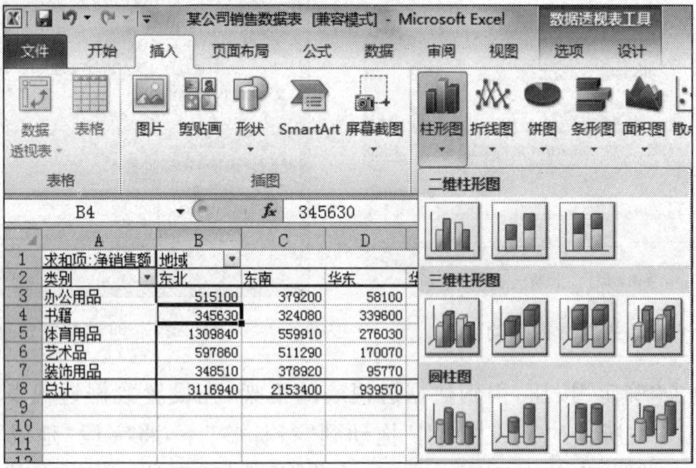

图 3-48 选择数据透视图的类型

选择图表类型后，所得到的数据透视图如图 3-49 所示。

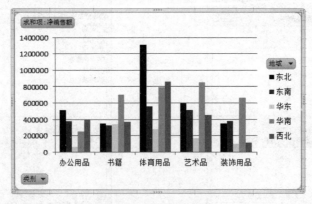

图 3-49 数据透视表

【方法二】 利用数据透视表直接从数据库中查询数据汇总。

第一步，仿照【方法一】，在“插入”选项卡中选择“数据透视表”功能下的“数据透视表”，弹出“创建数据透视表”对话框。

第二步，在弹出的"创建数据透视表"对话框中，在选择要分析的数据时，选择"使用外部数据源"，然后单击"选择连接…"按钮。

第三步，在弹出的"现有连接…"下选择所要操作的数据表，如连接的文件中没有所要操作的数据表，则单击"浏览更多…"，在弹出的对话框中找到"某公司销售数据表.xlsx"，点击"打开"即可，如图 3-50 所示。

图 3-50　选取数据表对话框

第四步，单击"确定"按钮，得到数据透视表的框架，然后按照【方法一】的第四步和第五步进行操作，得到最终的数据透视表和数据透视图。

二、数据透视表的灵活性

利用数据透视表不仅能够方便地对数据进行分类汇总，而且它还提供很多其他功能，可以根据需要方便灵活地进行调整，数据透视表的灵活性具体体现在以下方面。

1. 改变数据透视表的行列结构

在上例中，如果希望得到的汇总结果是以"地域"为行，以"类别"为列，则需要在图 3-47 所示的表格中，鼠标选中单元格 A2，即"类别"，将其拖动至单元格 C1 处，再用鼠标选中单元格 B1，即"地域"，将其拖动至 B2 处，这样就可以将数据透视表中的行和列互换了，结果如图 3-51 所示。同样也可以将"地域"和"类别"拖动至数据透视表之外，重新将"地域"拖动至"行标签"，"类别"拖动至"列标签"，同样可以得到如图 3-52 所示的结果。注意，在利用鼠标拖动字段名时，可以看到鼠标旁边出现了一个代表数据透视表的小图标，该小图标可以帮助判断字段是否到达了预期的位置，如果位置到了，松开鼠标即可。

2. 利用页域对数据进行分类汇总

在 Excel 的分类汇总中，我们可以通过页域进行分类汇总，操作方法如下。

管理决策分析

	A	B	C	D	E	F	G
1	求和项:净销售额	类别					
2	地域	办公用品	书籍	体育用品	艺术品	装饰用品	总计
3	东北	515100	345630	1309840	597860	348510	3116940
4	东南	379200	324080	559910	511290	378920	2153400
5	华东	58100	339600	276030	170070	95770	939570
6	华南	251330	699890	789010	852210	665460	3257900
7	西北	396930	373300	860510	449410	114770	2194920
8	总计	1600660	2082500	3795300	2580840	1603430	11662730

图 3-51 数据透视表行列互换

（1）将 B1 单元格拖动至 A1 单元格的上方，即可得到所有类别在各个区域的总销售额，如图 3-52 所示。

（2）将 A2 单元格拖动至 A1 单元格的上方，即可得到所有地域在各个类别的总销售额，如图 3-53 所示。

	A	B
1	地域	(全部)
2		
3	求和项:净销售额	
4	类别	汇总
5	办公用品	1600660
6	书籍	2082500
7	体育用品	3795300
8	艺术品	2580840
9	装饰用品	1603430
10	总计	11662730

图 3-52 所有类别在各个区域的总销售额

	A	B
1	类别	(全部)
2		
3	求和项:净销售额	
4	地域	汇总
5	东北	3116940
6	东南	2153400
7	华东	939570
8	华南	3257900
9	西北	2194920
10	总计	11662730

图 3-53 所有地域在各个类别的总销售额

3．新增、删除和修改行域、列域或页域字段

直接从数据透视表浮动菜单条上把所需增加的汇总参考字段拖至对应的行域、列域或页域就可以增加行、列或页汇总参考字段。

（1）新增汇总字段

当我们的汇总字段增加时，我们需要在数据透视表中体现出来，比如，我们要向数据透视表中添加行标签时，我们要将需要增加的字段拖入到行标签的区域，例如，我们要将"日期"加入到分类汇总中，则只需要将"日期"字段拖入到行标签中即可，如图 3-54 所示。

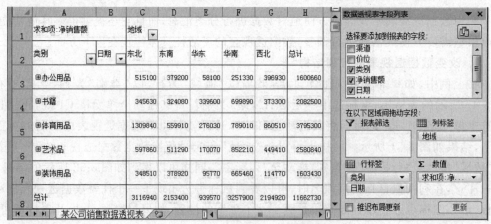

图 3-54 将日期添加进行标签

此时会在"类别"字段的右侧出现"日期"字段,并在每个类别前出现一个"＋",当我们单击这个"＋"时,就会出现该类别按照日期分类汇总的结果,以办公用品为例,当我们单击办公用品前的"＋",就会出现办公用品按日期分类汇总的结果,如图 3-55 所示。

图 3-55　办公用品按照日期分类汇总的结果

如果要得到某个日期各地域范围内各类别产品的销售额,则需要将日期字段拖动到第一行的上方,此时得到的是所有日期的汇总,如果我们想得到某一个日期的汇总结果,只需要点击 B1 单元格右下角的按钮,选择所需汇总的日期即可。图 3-56 所示的是各区域范围内各类别 2009 年 12 月 1 日的汇总结果。

图 3-56　各地域范围内各类别产品 2009 年 12 月 1 日的净销售额

同样的,我们如果想要添加列标签,也可按照上述方法,将所要汇总的字段拖入列标签即可。

第三章　数据分析

(2) 删除汇总字段

在数据分析的时候,我们有时需要删除不必要的字段,这时我们要将这些字段从数据透视表中删除,此时,我们只需要将我们要删除的字段从行标签或者列标签中拖出即可。例如,我们要将上一步骤增加的"日期"字段删除,那么我们只需要将"日期"字段拖出即可。

(3) 修改汇总字段

我们在实际应用时,通常需要根据分析的需求修改汇总的字段,例如,我们要将"地域"字段修改为"出售地域",需要按照以下的步骤操作。

第一步,选择"类别"右侧的倒三角按钮,在弹出的下拉列表框里选择"字段设置",如图3-57所示。

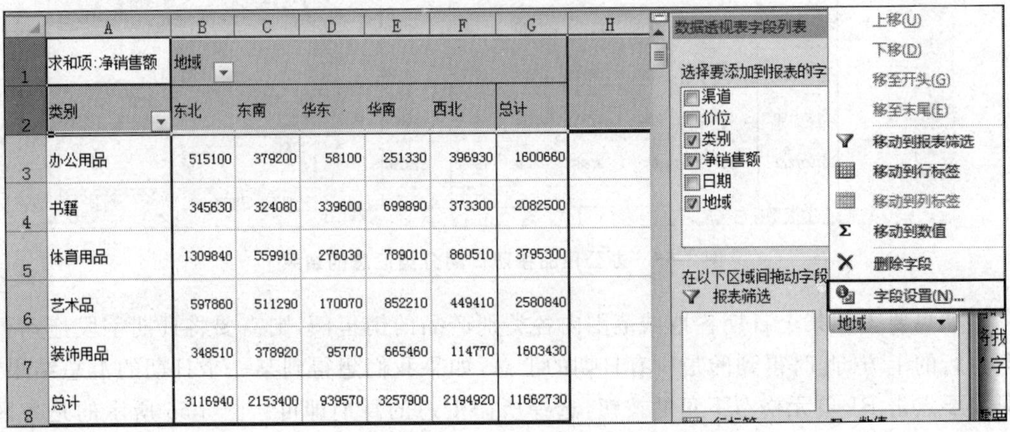

图 3-57 选择字段设置

第二步,在弹出的字段设置对话框中"自定义名称"文本框中输入所要修改的字段名"出售地域",如图3-58所示。

图 3-58 字段设置

第三步,单击"确定"按钮,得到更改后的字段名,如图 3-59 所示。

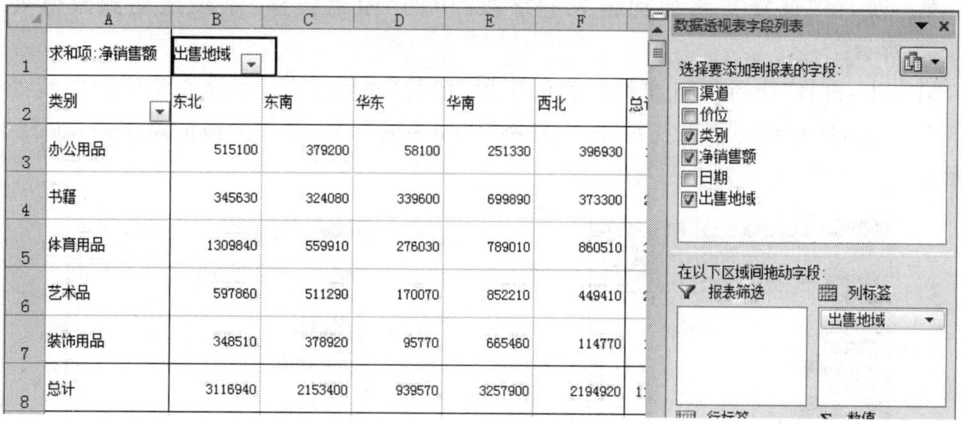

图 3-59　修改字段名称结果

4. 改变被汇总字段的汇总方式

数据透视表对被汇总字段提供了多种汇总方式,如"求和""计数""平均值""最大值""最小值"等,我们需要根据需求选择我们所需要的汇总方式。比如我们要将汇总方式改为"平均值",步骤如下。

第一步,在数据透视表的字段列表中,单击"数值"中的"求和项:净销售额",选择"值字段设置"。

第二步,在弹出的对话框中,计算类型处选择"平均值",如图 3-60 所示。

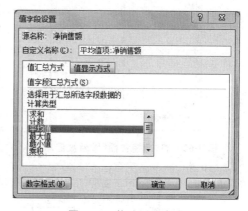

图 3-60　修改汇总方式

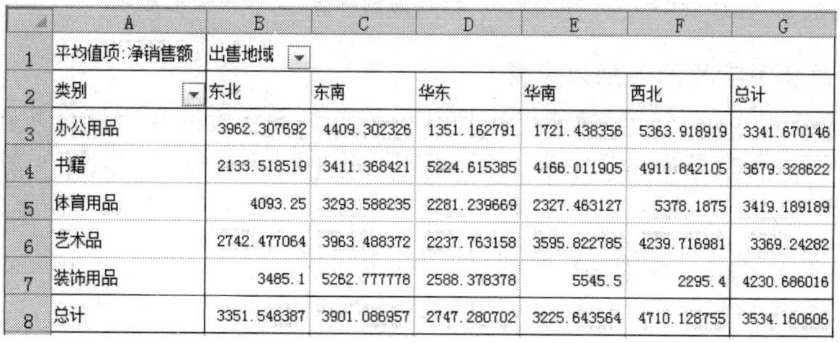

第三步,单击"确定"按钮,得到各地区各类别净销售额的平均值,如图 3-61 所示。

图 3-61　各地域各类别净销售额的平均值汇总结果

5. 同一个字段既可作为总参考字段又可作为被汇总字段

如果我们想让"净销售额"既作为总参考字段(列标签),又作为被汇总字段,步骤如下。

第一步,将"选择要添加到报表的字段"中的"净销售额"字段拖动到数值处,如图 3-62 所示。

第二步,再将"选择要添加到报表的字段"中的"净销售额"字段拖动到列标签处,如图 3-63 所示,所得到的结果就是"净销售额"既作为列标签,又作为被汇总字段,如图 3-64 所示。

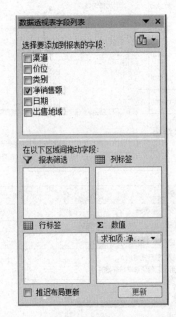

图 3-62 将"净销售额"作为被汇总项

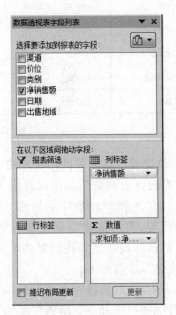

图 3-63 将"净销售额"作为列标签

	A	B	C	D	E	F
1	求和项:净销售额	净销售额				
2		60	120	190	360	460
3	汇总	32940	35880	72960	117380	40480

图 3-64 将"净销售额"既作为列标签,又作为被汇总项

6. 对汇总参考字段的值加以合并

通过数据透视表的"分组"功能可以把某个汇总参考字段的几个值合并在一起。在如图 3-47 的分类汇总结果中,我们可以将相邻的"东北"和"东南"合并,作为整个东部的数据,步骤如下。

第一步,选中"东北"和"东南"两列,如图 3-65 所示。

第二步,右键单击所选中的区域,然后选择"创建组",如图 3-66 所示。

第三步,选择"创建组"后,所汇总的结果如图 3-67 所示。

第四步,单击"数据组 1",将此单元格的值改为"东部",如图 3-68 所示。

第五步,单击"东部"前的"—",将两列合并,如图 3-69 所示。

第六步,将"地域"从列标签中拖出,得到合并后的结果,如图 3-70 所示。

	A	B	C	D	E	F	G
1	求和项:净销售额	地域					
2	类别	东北	东南	华东	华南	西北	总计
3	办公用品	515100	379200	58100	251330	396930	1600660
4	书籍	345630	324080	339600	699890	373300	2082500
5	体育用品	1309840	559910	276030	789010	860510	3795300
6	艺术品	597860	511290	170070	852210	449410	2580840
7	装饰用品	348510	378920	95770	665460	114770	1603430
8	总计	3116940	2153400	939570	3257900	2194920	11662730

图 3-65　选中待合并的列

图 3-66　选择创建组

	A	B	C	D	E	F	G
1	求和项:净销售额	地域2		地域			
2		数据组1		华东	华南	西北	总计
3	类别	东北	东南	华东	华南	西北	
4	办公用品	515100	379200	58100	251330	396930	1600660
5	书籍	345630	324080	339600	699890	373300	2082500
6	体育用品	1309840	559910	276030	789010	860510	3795300
7	艺术品	597860	511290	170070	852210	449410	2580840
8	装饰用品	348510	378920	95770	665460	114770	1603430
9	总计	3116940	2153400	939570	3257900	2194920	11662730

图 3-67　创建组后的结果

	A	B	C	D	E	F	G
1	求和项:净销售额	地域2	地域				
2		⊟东部		华东	华南	西北	总计
3	类别	东北	东南	华东	华南	西北	
4	办公用品	515100	379200	58100	251330	396930	1600660
5	书籍	345630	324080	339600	699890	373300	2082500
6	体育用品	1309840	559910	276030	789010	860510	3795300
7	艺术品	597860	511290	170070	852210	449410	2580840
8	装饰用品	348510	378920	95770	665460	114770	1603430
9	总计	3116940	2153400	939570	3257900	2194920	11662730

图 3-68　更改数据组的名称

	A	B	C	D	E	F
1	求和项:净销售额	地域2	地域			
2		⊟东部	⊟华东	⊟华南	⊟西北	总计
3	类别		华东	华南	西北	
4	办公用品	894300	58100	251330	396930	1600660
5	书籍	669710	339600	699890	373300	2082500
6	体育用品	1869750	276030	789010	860510	3795300
7	艺术品	1109150	170070	852210	449410	2580840
8	装饰用品	727430	95770	665460	114770	1603430
9	总计	5270340	939570	3257900	2194920	11662730

图 3-69　将"东北"和"东南"两列合并

	A	B	C	D	E	F
1	求和项:净销售额	地域2				
2	类别	东部	华东	华南	西北	总计
3	办公用品	894300	58100	251330	396930	1600660
4	书籍	669710	339600	699890	373300	2082500
5	体育用品	1869750	276030	789010	860510	3795300
6	艺术品	1109150	170070	852210	449410	2580840
7	装饰用品	727430	95770	665460	114770	1603430
8	总计	5270340	939570	3257900	2194920	11662730

图 3-70　合并后的结果

7. 隐藏行标签和列标签的字段值

在图 3-46 所示的数据透视表中,如果我们只需要查看办公用品、体育用品和装饰用品三个类别的销售额,则需要点击类别右侧的按钮,在弹出的下拉列表框中勾选"办公用品""体育用品"和"装饰用品",如图 3-71 所示,所得到的结果如图 3-72 所示。

也可以选中要隐藏的字段值,右击鼠标,选择弹出菜单的"隐藏",将某个字段值和对应汇总数据加以隐藏。

如果要对已经隐藏起来的数据加以恢复,可以点击字段名"类别"右面的向下箭头,将已经隐藏起来的字段值前面的复选框勾选,就可以取消隐藏。

8. 展开汇总值以了解详细数据

可以对位于数据域的一个总计值加以展开。在图 3-47 中,如果希望了解"东北"的"办公用品"类的销售额 515100 元是由哪些销售业务构成的,选中"东北"的"办公用品"的净销售额的总计值,右击鼠标,在弹出的菜单中选择"显示详细信息",Excel 就会在当前

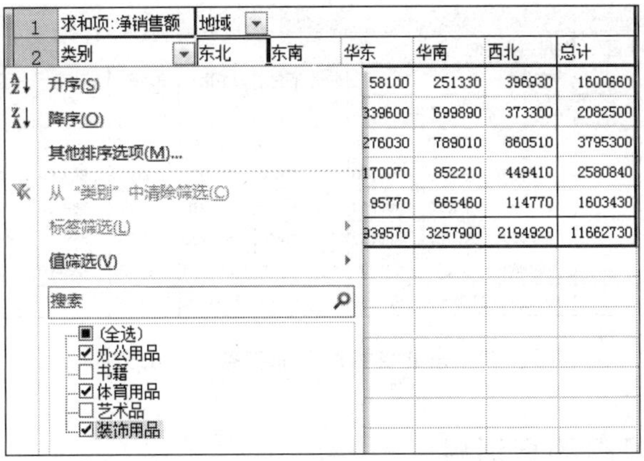

图 3-71 选择需要汇总的类别

图 3-72 筛选后的结果

工作簿新增加一张新工作表,该工作表显示构成"东北"的"办公用品"的净销售额总计值的所有131条详细数据,部分结果如图3-73所示。

也可以以某个汇总参考字段的值为基础来展开详细数据。如果我们要看到"东北"不同类别的净销售额在各个价位的分布,根据图3-47,选择"东北",右击鼠标,在弹出的菜单中选择"展开/折叠"→"展开",弹出如图3-74所示的对话框,选中"价位",然后单击"确定",结果如图3-75所示。此时在原数据透视表的基础上,新增一列"价位",另外新增三列,这三列分别显示了不同类别"东北"的销售额在各个价位上的分布情况,这三列下面仍然显示了这三个价位的净销售额合计值。如果要取消前面所设定的显示明细数据,只要选中字段值"东北"或者"东北"所在行对应的日期值,右击鼠标,在弹出的对话框中,选择"折叠"→"折叠到地域",就可以把明细的数据隐藏,只显示汇总数据。如果要回到图3-47的结果,可以利用前面所介绍的删除列域的方法,将"价位"字段拖出数据透视表。

图 3-73 显示详细信息的部分结果   图 3-74 显示明细数据对话框

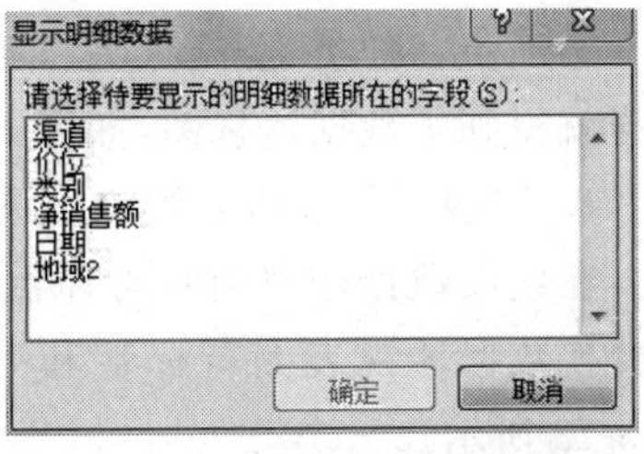

第三章 数据分析

求和项:净销售额	地域	价位							
	⊟东北			东北 汇总	⊞东南	⊞华东	⊞华南	⊞西北	总计
类别	低	高	中						
办公用品	322810	132130	60160	515100	379200	58100	251330	396930	1600660
书籍	130870	157410	57350	345630	324080	339600	699890	373300	2082500
体育用品	214090	612810	482940	1309840	559910	276030	789010	860510	3795300
艺术品	329360	182150	86350	597860	511290	170070	852210	449410	2580840
装饰用品	64960	41560	241990	348510	378920	95770	685460	114770	1603430
总计	1062090	1126060	928790	3116940	2153400	939570	3257900	2194920	11662730

图 3-75 东北各类别产品在各价位的分布

三、数据透视图的灵活性

在 3.5.1 节中的第五步介绍了制作数据透视图的一种方法：首先利用数据透视表功能生成分类汇总数据，选择插入图表向导，或者通过右击鼠标，选择弹出菜单中的"数据透视图"就可以生成如图 3-49 所示的柱形图。

还有一种方法可以直接建立数据透视图，步骤如下。

第一步，在工作簿中新建一个工作表，命名为"某公司销售数据透视图"，并将光标置于 A1 单元格。

第二步，选择"插入"选项卡中"数据透视表"下的"数据透视图"，弹出"创建数据透视表及数据透视图对话框"，在"请选择要分析的数据"下选择"某公司销售数据!＄A＄1：＄F＄3301"如图 3-76 所示。

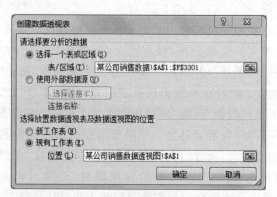

图 3-76 设置数据透视图对话框

第三步，将"类别"拖入到"轴字段"，将"地域"拖入"图例"，将"净销售额"拖入"数值"，这样就得到了数据透视图，如图 3-77 所示。

1．变换汇总参考字段的位置

在生成数据透视图的同时会生成一个数据透视表，我们按照 3.5.2 中交换行列的方法交换数据透视表的行标签和列标签，则可以同时交换数据透视图中的字段位置，如图 3-78 所示。

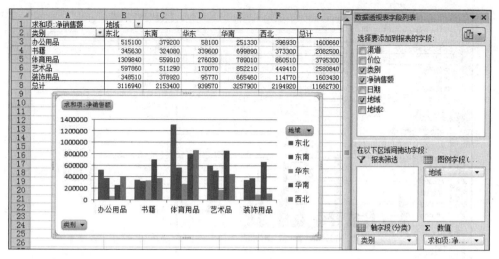

图 3-77　构建数据透视图

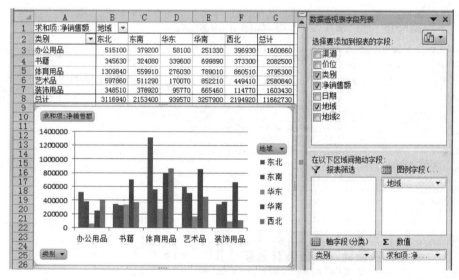

图 3-78　交换字段位置后的数据透视图

2．将行、列汇总参考字段换成报表筛选字段

将放在行域或列域的参考汇总字段拖到页域,或从数据透视表的浮动菜单条拖一个汇总参考字段到页域,此时该参考字段的按钮相当于一个选择器,可以选择不同的值,柱形图显示的就是该值的汇总结果。在图 3-79 的基础上,将字段名"价位"拖到报表筛选,并选择"高"价位,结果如图 3-74 所示。

3．新增、删除汇总参考字段

（1）新增汇总参考字段

将所要增加到数据透视图中的字段拖入到相应的"轴字段"或"图例字段",即可向数据透视图中添加相应的字段,如在图 3-77 的基础上,增加"价位"为"轴字段",则只需要将

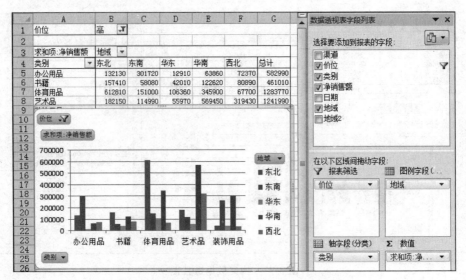

图 3-79 将"价位"作为报表筛选字段

"价位"字段拖动进入到"轴字段"即可,如图 3-80 所示。

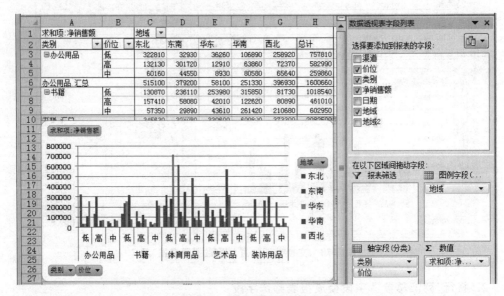

图 3-80 将价位新增为轴字段

(2)删除汇总参考字段

同样,将"价位"字段从"轴字段"中拖出,即可将"价位"字段在参考字段中删除,将图 3-80 所示的数据透视图恢复为图 3-77 所示的数据透视图。

4. 显示汇总参考字段的部分值

在图 3-83 的基础上,单击"类别"按钮,在弹出的列表框里,将"书籍"和"艺术品"前的复选框取消勾选,此时的数据透视图将只显示"办公用品"、"体育用品"和"装饰用品"三个类别的净销售额的总计值,如图 3-81 所示。

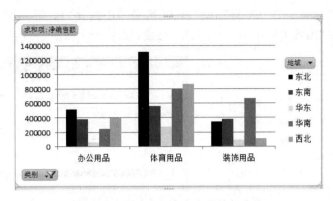

图 3-81　显示汇总参考字段的部分值

第六节　D　函　数

D 函数又称为数据库函数，在 Excel 中共有十二个数据库函数，其中常用的数据库函数包括 DSUM()、DAVERAGE()、DCOUNT()和 DCOUNTA()，D 函数的格式为：D 函数名称(数据清单，统计字段，条件范围)，其中：

- 数据清单包含相关数据的工作表中的一系列数据行；
- 统计字段又称为汇总字段，可以使用字段名、字段名所在的单元格或者字段在数据清单中所在列的序号；
- 条件范围规定函数的匹配条件的一个工作表区域，D 函数只对满足该条件范围所规定条件的记录进行汇总。

【例 3-2】 利用“某公司的销售数据. xlsx”，应用 DSUM()函数，生成一个与图 3-6 相同的数据分类汇总表，列出某公司不同地域不同类别净销售额总计值。

【解】 以东北地区为例，建立汇总表格，步骤如下。

第一步，新建一个数据表，作为最终汇总表格的位置。

第二步，建立条件区域，我们要汇总地域和类别，所以，应将条件区域设置成如图 3-82 所示。

	A	B	C	D	E	F	G	H	I
1	渠道	价位	类别	净销售额	日期	地域		地域	类别
2	批发	低	书籍	360	2008/1/1	东北		东北	书籍
3	零售	低	体育用品	13190	2008/1/1	东北			
4	批发	高	办公用品	190	2009/8/1	西北		地域	类别
5	批发	高	书籍	60	2009/8/1	西北		东北	办公用品
6	零售	高	体育用品	12190	2009/8/1	西北			
7	批发	低	书籍	120	2008/6/1	华南		地域	类别
8	批发	低	体育用品	360	2008/6/1	华南		东北	体育用品
9	批发	低	体育用品	1190	2008/6/1	华南			
10	零售	高	体育用品	360	2009/8/1	西北		地域	类别
11	批发	高	体育用品	190	2009/8/1	西北		东北	艺术品
12	零售	高	体育用品	3120	2009/8/1	西北			
13	零售	低	体育用品	60	2008/6/1	华南		地域	类别
14	零售	高	体育用品	120	2008/1/1	东北		东北	装饰用品

图 3-82　设置条件区域

第三步，将光标置于B2单元格，在"公式"选项卡下选择"插入"函数，在弹出的对话框中选择"数据库"函数类别中的"DSUM()"公式，如图3-83和图3-84所示。

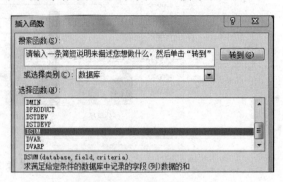

图3-83　选择插入函数功能　　　　　图3-84　选择DSUM()函数

第四步，首先我们汇总东北地区所有办公用品的销售额，在弹出的DSUM()公式编辑器中，Database出选择"某公司销售数据!A1:F3301"，Field处选择"某公司销售数据!D1"，Criteria处选择"某公司销售数据!H4:I5"，设置结果如图3-85所示。

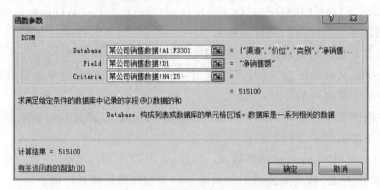

图3-85　DSUM()函数的参数设置

按照此方法，依次汇总东北区域各类别产品的销售额，得到的结果如图3-86所示。

	A	B	C	D	E	F
1		东北	东南	华东	华南	西北
2	办公用品	515100				
3	书籍	345630				
4	体育用品	1309840				
5	艺术品	597860				
6	装饰用品	348510				

图3-86　东北区域各类商品的销售额汇总

第五步，按照此方法汇总其他地域各类产品的销售额，得到如图3-6所示的汇总表。

第七节　数据分类汇总方法比较

我们已经使用了四种不同的方法来生成ABC公司销售数据不同省份不同类别净销售额的分类汇总表，这四种方法分别是：

- 查询的统计值功能
- Excel 的数据清单功能
- 数据透视表功能
- DSUM()函数

利用查询的统计值功能,可以方便地将数据在 Microsoft Query 中进行汇总,并将结果返回 Excel,然后再进行格式的调整。该方法使用方便,效率高,但没有进一步操作和控制的灵活性。

利用 Excel 的数据清单功能方法,步骤最多、最烦琐,但是 Excel 的"数据"→"分类汇总"功能在很多场合还是可以应用的。

数据透视表使用最方便,汇总后可以进行控制,如合并数据、展开详细数据或者选择部分数据加以查看。

DSUM()函数也能够汇总出分类汇总表,并对汇总数据加以控制。虽然使用起来不如数据透视表方便,但是它汇总出来的时间序列的结果是正确的,而数据透视图汇总的结果是不能直接拿来进行预测的。

另外,数据透视表还保持着与原始数据库中数据之间的联系,在数据库的数据更新之后,只要选择数据透视表的浮动菜单条中的菜单项"数据透视表"→"更新数据"就可以对数据进行更新。DSUM()函数也可以保持同原有数据库的联系。选择菜单"数据"→"更新数据"就可以将获得的数据清单加以更新,分类汇总表也随之更新。利用查询的统计值功能也可以更新数据以反映最新的销售情况。而 Excel 的数据清单功能虽然可以将获得的原始数据更新,但是更新的数据还要重新进行筛选、排序、分类汇总,这些活动 Excel 无法自动完成。

本 章 小 结

企业既希望了解具体详细的业务数据,也希望了解反映企业总体经营状况、代表经营活动规律和未来发展趋势的经过汇总的数据。汇总数据可以提供销售额分类统计、各类销售额排行榜、销售额时间序列、各经济量之间的相关性、获得各种产品需求量的概率分布等信息。

实现分类汇总的四种方法包括:数据查询的统计值功能、Excel 的数据清单功能、数据透视表功能、D 函数和模拟运算表。

数据透视表使用最方便,可以把汇总表"旋转",从不同的"角度"查看数据,还可以筛选数据、合并数据、展开详细数据或者选择部分数据加以查看。数据透视表可以直接表现为数据透视图的形式,数据透视图以图形形式显示汇总结果,图形类型可选择"柱形"、"折线"等。数据透视表可方便地生成时间序列以及概率分布汇总数据,这些数据往往是企业管理决策中经常使用的。

数据透视表保持着与原始数据库中数据之间的联系,在数据库的数据更新之后,可方便地对数据透视表进行更新,随时反映企业的业务情况。

习 题

1. 利用 Northwind.mdb 数据库中的数据,完成下列要求。

(1) 利用 DSUM() 函数进行数据汇总,制作一个如下图所示的"不同货主国家不同订购年度的销售额"柱形图。

(2) 在该图表中叠放一个以各货主国家(德国、美国和加拿大)为选项的列表框,当其中一个货主国家被选中时,该图表将显示与之对应的不同年度的产品总销售额。

(3) 制作一个如下图所示的数据透视表,与可选式图形显示的结果进行相互验证。

	A	B	C
1	货主国家	德国	
2			
3	求和项:销售额		
4	订购日期	汇总	
5	1994年	33416.94496	
6	1995年	103989.2874	
7	1996年	89076.60092	
8			

2. 利用 NorthWind 数据库中的数据,汇总 Northwind 不同年份、各种类别产品销售中的员工业绩,具体要求如下。

(1) 在名为"可选式图形1"的工作表中制作一个如下图所示的可选式图形,图中的柱形显示不同年份和不同产品更新换代类别、不同头衔员工经销的销售额总计值,年份和产品类别分别用两个列表框控制。

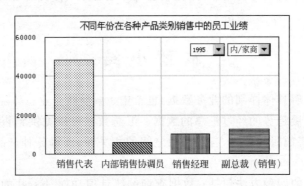

(2) 在名为"可选式图形2"的工作表中制作一个如下图所示的可选式图形,当操作者在控制面板上的年份列表框与员工头衔列表框中任意选中一对值时,图中将显示出给定年份中由该种员工经手发生的各种产品类别的销售额总计值。

(3) 将制作这两个可选式图形所设置的控制机制布置在一个名为"控制"的工作表中。将保存制作上述可选式图形所使用的、从数据库导入的数据列表所在的工作表取名为"原始数据",在其中不要保留无关的字段。

(4) 制作一个数据透视表,与可选式图形显示的结果相互进行验证。

3. 利用 Northwind 数据库中的数据,分析 Northwind 前十大客户各个季度销售额变动情况。具体要求如下。

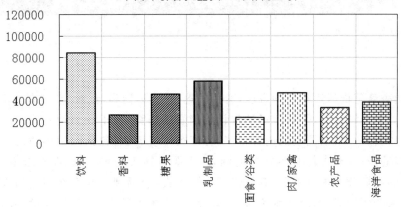

(1) 在名为"确定各客户按总销售额降序的排名"的工作表中生成一个按照三年内总销售额从大到小排名的客户公司总销售额列表。

(2) 将保存着制作图形所依据的、从数据库中导入的数据列表所在的工作表命名为"原始数据",无关字段不要列入。

(3) 将生成该图形的数据与控制机制布置在名为"前十大客户季度销售额数据"的工作表中。

(4) 在一个名为"透视表"的工作表中制作一个如下图所示的透视表,与可选式图形显示的数据进行相互验证。

第四章 市场调查和分析

市场调查就是指运用科学的方法,有目的地、系统地搜集、记录、整理有关市场营销信息和资料,分析市场情况,了解市场的现状及其发展趋势,为市场预测和营销决策提供客观的、正确的资料。市场调查的内容很多,有市场环境调查,包括政策环境、经济环境、社会文化环境的调查;有市场基本状况的调查,主要包括市场规范、总体需求量、市场的动向、同行业的市场分布占有率等;有销售可能性调查,包括现有和潜在用户的人数及需求量、市场需求变化趋势、本企业竞争对手的产品在市场上的占有率、扩大销售的可能性和具体途径等;还可对消费者及消费需求、企业产品、产品价格、影响销售的社会和自然因素、销售渠道等开展调查。

第一节 市场调查数据的整理

通过市场调查获得的数据,需要通过分组整理成合适的统计图表,才能进一步进行分析并获得尽可能多的信息,市场调查数据的整理主要包括对调查数据的审核、检验和分类和录入工作。

一、调查数据的审核

对调查数据进行审核,主要是对收集到的数据进行总体检验,检查数据的完整性、正确性,以确定是否采用收集的数据。

1. 调查数据完整性的审核

对完整性的审核主要包括:①对调查对象的审核,审核是否有遗漏的调查对象,如事先确定要调查 300 位大学生的就业状况,调查数据只有 280 位大学生,这样就缺少了 20 位大学生的数据使得调查数据不完整。②调查的项目是否完整,主要审核被调查者是否完整地回答了问卷上的每一个问题,是否存在漏回答的问题。③调查资料的详细程度是否符合要求,例如,对某品牌的笔记本电脑的销售额进行调查,若要收集该品牌的型号、配置、重量等的分类销售额的数据资料,但在问卷上只设计了一个销售额总值,这就说明调查资料设计的详细程度不符合要求。

2. 调查数据正确性的审核

对调查数据正确性的审核主要包括:①对被调查者是否属于规定的样本范围内的审核。如要调查大学生的就业状况,但调查的数据却是大学生在校的获奖情况,这样的数据明显不符合要求,收集到的数据也就无法使用。②调查资料是否存在明显的错误,是否真实可靠。如被调查者在年龄一栏填写的是 200 岁,显然不符合实际情况,这样的数据也不能使用。③调查资料的途径、计算方法、计量单位等是否统一。

二、调查数据的分类

对调查数据进行分类,是指根据市场调查的目的、要求,按照市场现象的一定标志,把调查的有关数据分为不同类型或性质的组。通过对调查数据的分组,可以把不同类型、不同性质的事物和现象区分开,把相同类型、相同性质的事物和现象归纳在一起,从而有效地揭示事物、现象的本质和特征。在对调查数据进行分组时可以按照事物的品质、数量或地区进行分组,对数据进行分组反映事物的内部结构及比例关系,可以研究不同市场现象之间的依存关系等作用。

三、调查数据的录入

市场调查获得的大量原始数据,大部分是以个体的、分散的表单形式存在,数据整理的首要任务就是将这些数据整理并录入 Excel 工作表中。

在第二章中已经介绍了 Excel 的使用方法,这里不再赘述,但是在 Excel 中录入数据时应注意如下几点。

(1) 录入数据前要对每张问卷进行编号,编号的主要目的是为了对录入后问卷答案的备案,也有利于在对数据进行了一些简单的操作后可以很方便地回到初始状态。

(2) 录入时可以将问题的字母或文本答案转换为数字,这样可以充分利用小键盘,提高录入速度,但要注意转换时不要出错。

(3) 如果录入的问卷比较多,可以利用窗口冻结技术将第一行冻结起来,这样无论录入到哪一行都可以看到字段的名字。

(4) 数据录入有两种方法:一是在单元格中直接输入,左手方向键,右手小键盘。因为问卷的答案统一为数字,所以直接输入也有较快的速度。二是如果数据是通过其他的非 Excel 文件获得的,只需通过在 Excel 中获取外部数据的方式即可转换成 Excel 文档的数据,下面重点介绍几种在 Excel 中获取外部数据的方式。

在 Excel 中选中"数据"菜单,在"获取外部数据"功能区可以看到有五种方式获取外部数据,分别为"自 Access""自网站""自文本""自其他来源",此外还有"现有连接",如图 4-1 所示,我们主要介绍前四种方式。

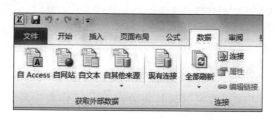

图 4-1　Excel 的"获取外部数据"功能区

1. "自 Access"获取外部数据

【例 4-1】　利用"自 Access"获取 Northwind 数据库中关于产品的所有数据。

【解】　具体操作步骤如下。

第一步,单击图 4-1 中的"自 Access",会打开"选取数据源"对话框,如图 4-2 所示,选中需要转换的文件,如 Northwind,双击"Northwind",将会打开如图 4-3 所示的"选取表格"对话框。

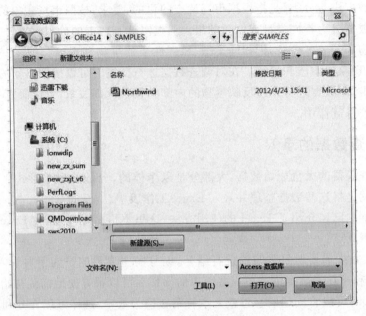

图 4-2 "选取数据源"对话框

第二步,在图 4-3 中,我们选取"产品"表格,单击"确定"按钮,将会打开如图 4-4 所示的"导入数据"对话框,并在"数据的放置位置"选择"现有工作表",同时选中当前工作表的 A1 单元格作为存放数据的起始单元格。

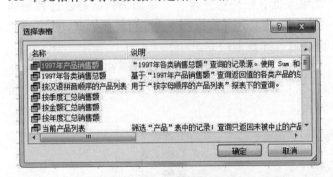

图 4-3 "选取表格"对话框

图 4-4 "导入数据"对话框

第三步,单击图 4-4 中的"确定"按钮,将会在当前工作表中看到关于产品的所有明细数据,如图 4-5 所示。

需要注意的是,在图 4-5 中隐藏了第 6 行至第 73 行的数据,这一点从图 4-5 中的行的标号可以看出来,以后涉及关于隐藏行标号或列标号不再说明,此外,从图 4-5 中也可以看出产品表中共有 77 条记录,在 Excel 中显示为 78 行,第 1 行是字段名。

通过"自 Access",我们就利用 Excel 获取了由 Access 软件创建的数据库中的数据,但是这种方法一次只能获取一张表中的数据,如果要想获取来自多张表中的数据,这个方

	A	B	C	D	E	F	G	H	I	J
1	产品ID	产品名称	供应商II	类别II	单位数量	单价	库存量	订购量	再订购量	中止
2	1	苹果汁	1	1	每箱24瓶	18	39	0	10	TRUE
3	2	牛奶	1	1	每箱24瓶	19	17	40	25	FALSE
4	3	蕃茄酱	1	2	每箱12瓶	10	13	70	25	FALSE
5	4	盐	2	2	每箱12瓶	22	53	0	0	FALSE
74	73	海哲皮	17	8	每袋3公斤	15	101	0	5	FALSE
75	74	鸡精	4	7	每盒24个	10	4	20	5	FALSE
76	75	浓缩咖啡	12	1	每箱24瓶	7.75	125	0	25	FALSE
77	76	柠檬汁	23	1	每箱24瓶	18	57	0	20	FALSE
78	77	辣椒粉	12	2	每袋3公斤	13	32	0	15	FALSE

图 4-5 "产品"数据

法就不能用了。

2. "自网站"获取外部数据

利用"自网站"获取外部数据，首先确保当前所使用的电脑能够上网，才可以使用此功能获取数据。

第一步，单击图 4-1 中的"自网站"，会打开如图 4-6 所示的"新建 Web 查询"对话框。

图 4-6 "新建 Web 查询"对话框

在图 4-6 中的"地址(D:)"中输入需要的网址，也可以如图 4-6 中利用"百度"去搜索相应的网址。

第二步，如果在打开的网页中有 Excel 的"导出"功能，就直接单击"导出"就可以了，数据就可以 Excel 的方式存取下来，如果没有就只能利用"复制"和"粘贴"功能将数据复制到 Excel 中。

这种方法因为受到网站设置的影响，需要按照实际情况进行相应的操作，不再赘述。

3. "自文本"获取外部数据

利用"自文本"获取外部数据，文本数据即可转换为 Excel 文档。

【例 4-2】 利用"自文本"功能将文件"销售额.txt"中的数据转换为 Excel 文档中的数据。

第四章 市场调查和分析

第一步，单击图 4-1 中的"自文本"，打开"导入文本文件"对话框，在文件名一栏找到需要打开的文本文件"销售额.txt"，单击"打开"按钮，会打开如图 4-7 所示的"文本导入向导"对话框。

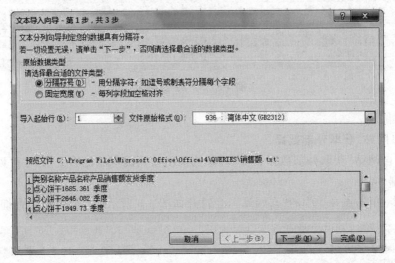

图 4-7 "文本导入向导"第一步

第二步，确定在文本文件中分隔的标志，选择"分隔符号"或"固定宽度"，这里根据"销售额"文件的实际情况选择"分隔符号"，单击"下一步"，打开如图 4-8 所示的对话框。

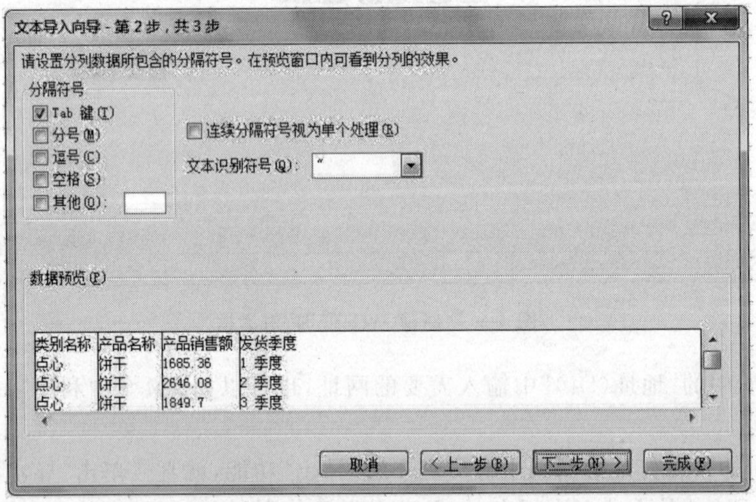

图 4-8 "文本导入向导"第二步

第三步，在图 4-8 中，分隔符号选择"Tab 键"，这里是多选项，如果在文本文件中还有其他的分隔符号可以一起选中，如分号、空格等，此处根据"销售额"文件的数据特点，只需选中"Tab 键"即可，单击"下一步"按钮，会打开如图 4-9 所示的对话框。

第四步，在图 4-9 中的"列数据格式"中选择"常规"即可，单击"完成"按钮，会打开如图 4-10 所示的"导入数据"对话框，并单击"确定"按钮，就会打开如图 4-11 所示的数据清单。

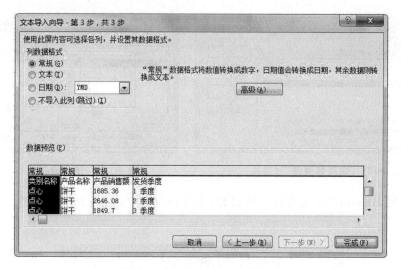

图 4-9 "文本导入向导"第三步

图 4-10 "导入数据"　　　　图 4-11 "销售额"数据

到这里,就利用"自文本"功能在 Excel 中导入了文本文件中的数据。

4. "自其他来源"获取外部数据

利用"自其他来源"获取外部数据,不仅可以将单表中的数据转换为 Excel 文档中,还可以有选择地从多个表中按需选择数据生成一张新的表转换为 Excel 文档中的数据。

【例 4-3】 利用"自其他来源"功能在 Excel 中获取 Northwind 数据库中的所有运货商的详细数据。

【解】 具体操作步骤如下。

第一步,单击图 4-1 中的"自其他来源",会有下拉菜单出现,选择其中的"来自 Microsoft Query",打开如图 4-12 所示的"选择数据源"对话框。

因为 Northwind 数据库是用 Access 创建的,因此在图 4-12 中选择"MS Access Database * ",在使用"查询向导"创建/编辑查询(U)前有一个复选框,如果该复选框是选中状态,表示是用"查询向导"进行数据查询,否则表示利用"编辑查询"进行数据的查询工作。

第二步,保持图 4-12 中的设置,单击"确定"按钮,会打开如图 4-13 所示的对话框。

第四章　市场调查和分析

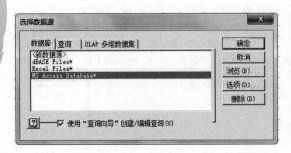
图 4-12 "选择数据源"对话框

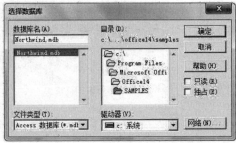
图 4-13 "选择数据库"对话框

找到"Northwind"数据库所在的路径,并单击"确定"按钮,会打开如图 4-14 所示的对话框。

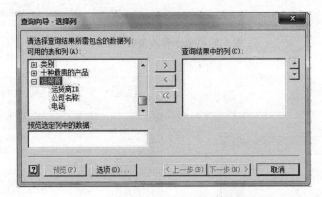
图 4-14 "查询向导—选择列"对话框

第三步,在图 4-14 中找到"供应商"表,单击前面的"+"号,会将供应商表中所有的字段显示出来,通过鼠标左键双击或单击">",将供应商表中的所有字段移到图 4-14 中的"查询结果中的列"下方显示,如图 4-15 所示。

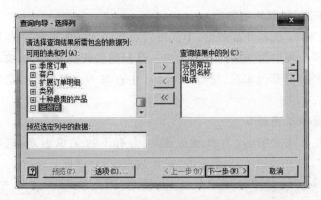
图 4-15 选择字段后的"查询向导—选择列"对话框

第四步,单击图 4-15 中的"下一步"按钮,打开如图 4-16 所示的对话框。
第五步,单击图 4-16 中的"下一步"按钮,会打开如图 4-17 所示的对话框。

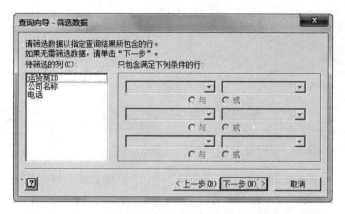

图 4-16 "查询向导—筛选数据"对话框

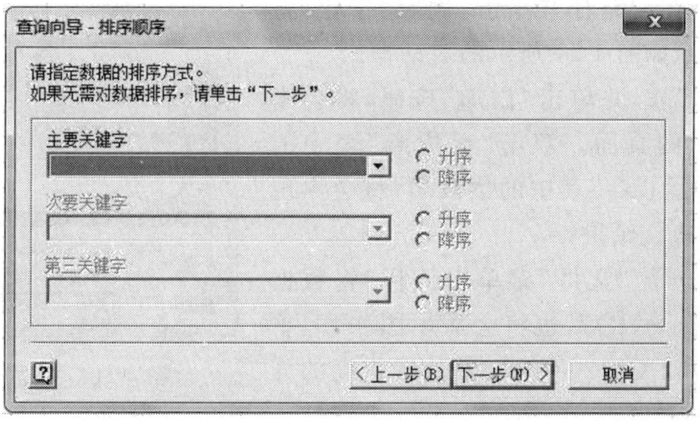

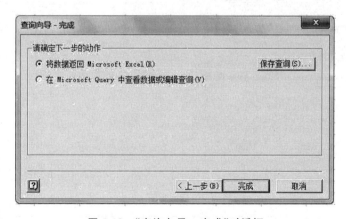

图 4-17 "查询向导—排序顺序"对话框

第六步,单击图 4-17 中的"下一步"按钮,会打开如图 4-18 所示的对话框。

图 4-18 "查询向导—完成"对话框

第七步,单击图 4-18 中的"完成"按钮,会打开如图 4-19 所示的对话框,并单击"确定"按钮,会打开如图 4-20 所示的运货商的数据。

第四章 市场调查和分析

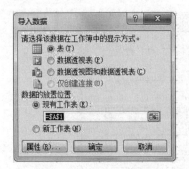

图 4-19 “导入数据”对话框

	A	B	C
1	运货商ID	公司名称	电话
2	1	急速快递	(010) 65559831
3	2	统一包裹	(010) 65553199
4	3	联邦货运	(010) 65559931

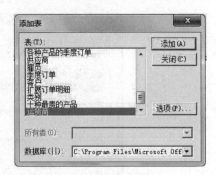

图 4-20 “运货商”数据

这样，就通过“自其他来源”获取到了 Northwind 数据库中“运货商”的详细数据。在图 4-12 中，如果复选框不是选中状态，单击“确定”按钮，也会出现如图 4-13 所示的对话框，找到数据库所在的路径并单击“确定”按钮，将会在 Query 中打开如图 4-21 所示的对话框。

图 4-21 “添加表”对话框

选中“运货商”表，并单击“添加”按钮，将会出现如图 4-22 所示的页面。双击“运货商”表中的“＊”或依次双击“运货商”表中的字段名，将会出现如图 4-23 所示的查询结果。

最后，在 query 的“文件”菜单中选择“将数据返回 Microsoft Excel(R)”，也将会显示图 4-19，单击“确定”按钮，就如图 4-20 所示，显示运货商的详细数据。

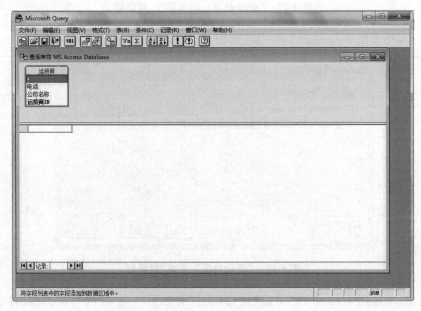

图 4-22 “Query”页面

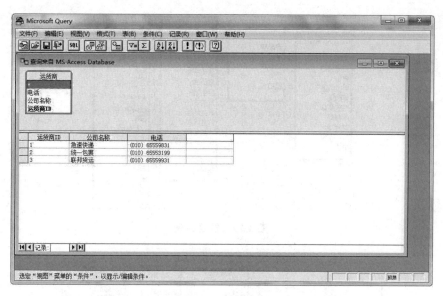

图 4-23 "查询结果"图

【例 4-4】 利用"自其他来源"功能在 Excel 中获取 Northwind 数据库中的所有每份订单的订单 ID 号,订单上所订购产品的产品 ID、产品名称以及雇员的雇员 ID、雇员的姓氏的详细信息。

【解】 具体操作步骤如下。

第一步,单击图 4-1 中的"自其他来源"的下拉菜单中的"来自 Microsoft Query",打开如图 4-24 所示的"选择数据源"对话框。

第二步,单击图 4-24 中的"确定"按钮,打开如图 4-13 所示的对话框,找到 Northwind 数据库后单击"确定"按钮,打开如图 4-25 所示的对话框。

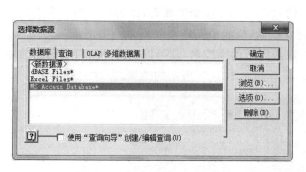

图 4-24 "选择数据源"对话框

图 4-25 "添加表"对话框

第三步,选中图 4-25 中的订单表、订单明细表、产品表和雇员表,并确保表和表之间有线相连,以保证不存在独立的表而影响查询结果,如果表和表之间没有连线,可以通过添加中间表的方法以保证需要的表之间有连线或如果不能通过添加中间表的方法建立联系,但是两个表之间又确实存在着联系,可以通过手工添加连线的方式建立联系,本例中需要的表如图 4-26 所示。Northwind 数据库中表和表之间的联系如图 4-27 所示。

图 4-26 需要的表

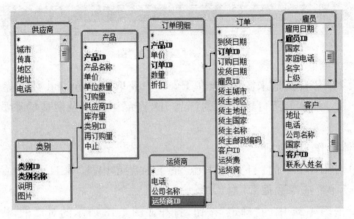

图 4-27 Northwind 数据库的关系图

图 4-27 中运货商表和订单表之间的联系是手工添加的联系,因为建立两个联系的表之间的字段名不一样,因而不能自动建立联系,只能手工建立联系。

第四步,利用图 4-26 中添加的表,双击需要的字段名,就可以在结果窗口看到所需查询的数据,并将查询结果返回到 Excel,将看到如图 4-28 所示的结果。

	A	B	C	D	E
1	订单ID	产品ID	产品名称	雇员ID	姓氏
2	10405	3	番茄酱	1	张
3	10653	16	饼干	1	张
4	10653	60	花奶酪	1	张
5	10981	38	绿茶	1	张
6	10396	72	酸奶酪	1	张
2152	10538	72	酸奶酪	9	张
2153	10538	70	苏打水	9	张
2154	10566	76	柠檬汁	9	张
2155	10566	11	大众奶酪	9	张
2156	10566	18	墨鱼	9	张
2157	10501	54	鸡肉	9	张
2158	10905	1	苹果汁	9	张

图 4-28 查询结果

这里主要介绍了如何从 Excel 中获取非 Excel 文档的建立方法，需要注意的是通过多表查询获得结果时一定要确保表之间有联系，否则会产生冗余的数据。

第二节　市场调查数据的图示

在获得市场调查数据并整理录入 Excel 后，可以将数据以不同方式展示出来，在 Excel 中主要有两种方式展示，一是表的方式，就是录入 Excel 中整理形成的各种表；二是以图形的方式展示，Excel 提供了多种不同的图形可以让数据以不同的图形方式展示，这里重点介绍 Excel 中以图形的方式展示数据。

一、柱形图

柱形图用于显示一段时间内的数据变化或显示各项之间的比较情况。选中“插入”菜单，单击“图表”功能区的柱形图下方的向下箭头，可以看到 Excel 中柱形图的种类，这里通过【例 4-5】重点介绍二维柱形图的簇状柱形图的用法，其余的用法类似。

【例 4-5】 某商场将 2014 年的各类商品的销售额整理在表 4-1 中，将表中的数据在 Excel 以柱形图的形式展示出来，并且通过使用 Excel 中的列表框功能，实现在列表框中选择任意一类商品都可以将其所对应的销售额显示出来。

表 4-1　商品销售额

商品类别	销售额/万元	商品类别	销售额/万元
服装	8500	体育用品	6500
鞋	8000	化妆品	8800
箱包	6800		

【解】 具体操作步骤如下。

第一步，整理数据。将数据整理在 Excel 表格中，如图 4-29 所示。

第二步，制作二维簇状柱形图。选中单元格 A2:B6，单击“插入”菜单，在“图表”功能区选中柱形图中的二维柱形图的“簇状柱形图”，并通过“图表工具”的“布局”添加图表标题“销售额图”，将数据系列的分类间距设置为“无间距”，将显示如图 4-30 所示的柱形图。

	A	B
1	商品类别	销售额（万元）
2	服装	8500
3	鞋	8000
4	箱包	6800
5	体育用品	6500
6	化妆品	8800

图 4-29　商品销售额数据

第三步，添加“开发工具”到菜单栏。单击“文件”菜单中的选项，在打开的“Excel”选项的“自定义功能区”的右侧“自定义功能区”中，将下方的“开发工具”前的复选框设为选中状态，单击“确定”按钮，将会在 Excel 的菜单栏看到“开发工具”菜单。

第四步，添加“列表框”。单击“开发工具”菜单，选中“控件”功能区的“插入”的向下箭头，选中“表单控件”中的列表框，并在当前工作表中画一个列表框，并对该列表框做如

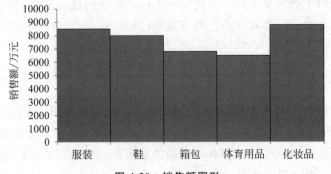

图 4-30 销售额图形

图 4-31 中的设置。单击图 4-31 中的"确定"按钮,并选中列表框中的任意一个商品,比如选中"鞋",将会在 D2 单元格看到数字"2",表示"鞋"是列表框中的商品类别的第二个商品。

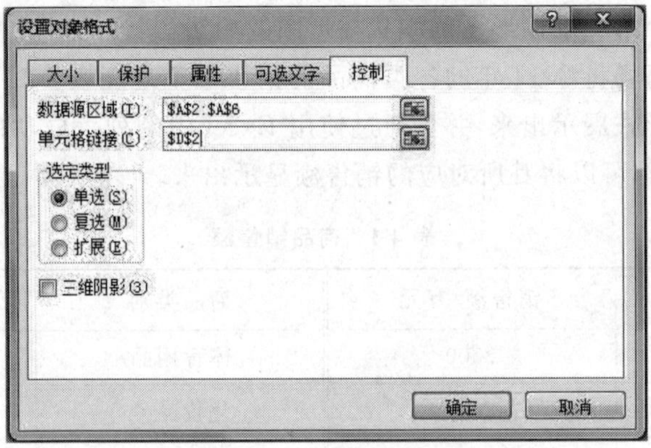

图 4-31 列表框的设置

第五步,设置"鞋"的相关数据。在 C1 单元格中输入公式"=INDEX(A2:A6,D2)",以显示列表框中选中的商品类别,在 C2 单元格中输入公式"=IF(A2=$C$1,B2,0)",并将该公式复制到 C3:C6 单元格,从而可以将鞋的数据提取出来,并生成所需要的对应柱形图的数据系列。

第六步,制作可调图形。单击"销售额图形"图,并在"图表工具"的"设计"选项中选择"选择数据",在打开的"选择数据源"对话框中单击"添加"按钮,会出现如图 4-32 所示的"编辑数据系列"对话框,并按图 4-32 进行设置,单击"确定"按钮,将会看到如图 4-30 中会多出一个"鞋"的柱子,并且原先的柱子之间有了间隔,将"鞋"的数据系列格式中的"系列选项"的"分隔"设置为 100%的重叠即可消去这些间隔。将列表框拖到图上,并将图形和列表框进行组合,将看到如图 4-33 所示的可调图形。

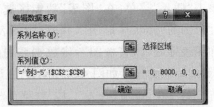

图 4-32 设置"编辑数据系列"对话框

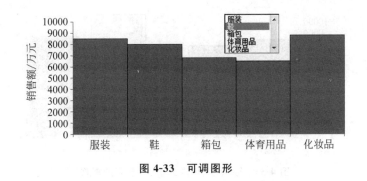

图 4-33 可调图形

在图 4-33 中选择列表框中的不同的商品类别,会看到红色的柱子会与一个蓝色柱子重叠。

二、柱形图与折线图的组合

折线图的性质与柱形图相似,是数据在 Excel 中以不同形状的图形表示出来的一种方式,而且在 Excel 中,同一个图中可以包含不同的图表类型。

【例 4-6】 在图 4-33 中添加显示不同类别商品的平均销售额的系列,并以折线图的方式显示出来。具体操作步骤如下。

第一步,产生平均销售额数据。选中 D 列并单击鼠标右键,在弹出菜单中选择"插入",这样列表框链接的单元格 D2 会自动变成单元格 E2,在单元格 D1 中输入文字"平均销售额",在单元格 D2 中输入公式"=AVERAGE($B$2:$B$6)"以计算平均销售额,并将此公式复制到单元格 D3:D6 中,如图 4-34 所示。

第二步,添加"平均销售额"数据系列。单击"销售额图形"图,并在"图表工具"的"设计"选项中选择"选择数据",在打开的"选择数据源"对话框中单击"添加"按钮,会出现如图 4-35 所示的"编辑数据系列"对话框,并按图 4-35 进行设置,单击"确定"按钮,会看到图 4-33 中会多出"平均销售额"的数据系列柱形图。

	A	B	C	D	E
1	商品类别	销售额(万元)	鞋	平均销售额	
2	服装	8500	0	7720	2
3	鞋	8000	8000	7720	
4	箱包	6800	0	7720	
5	体育用品	6500	0	7720	
6	化妆品	8800	0	7720	

图 4-34 平均销售额数据

图 4-35 设置"编辑数据系列"对话框

第三步,更改"平均销售额数据"系列的图表类型。在销售额图形中选中"平均销售额"数据系列,在"图表工具"的类型功能区中选择"更改图表类型",并在弹出的对话框中选择"折线"图,最终结果如图 4-36 所示。

在图 4-36 中将柱形图、折线图以及列表框有机组合起来,可以产生可调图形。在 Excel 中可以实现将不同类型的图形合理地组织在一个图表中,从而产生符合我们要求的不同图形。

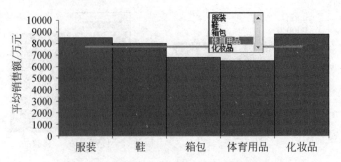

图 4-36　添加了"平均销售额"系列的图形

第三节　市场调查数据的描述

市场调查数据经过整理后输入 Excel,可以为以后的决策提供满足不同要求的数据,为了进一步了解这些数据的特点,还可以采用一些统计指标对数据加以描述,从而更好地揭示数据的内部固有的特性或分布特征。通常可以采用的指标主要有算术平均数、众数、中位数、平均差、标准差、方差、偏度、峰度和区域等指标。

一、算术平均数

算术平均数,也称为均值,是统计学中最基本、最常用的一种平均指标,用 $\bar{x}$ 符号表示。算术平均数分为简单算术平均数与加权算术平均数,主要适用于数值型数据。根据表现形式的不同,算术平均数有不同的计算形式和计算公式。

算术平均数是加权平均数的一种特殊形式(特殊在各项的权重相等)。在实际问题中,当各项权重不相等时,计算平均数时就要采用加权平均数;当各项权重相等时,计算平均数就要采用算数平均数,对应的计算公式为

$$\bar{x} = \frac{\sum x_i}{n}$$

算术平均数的特点是计算简单、反应灵敏,但也容易受到极端数据的影响。

二、众数

众数:是一组数据中出现次数最多的数值,有时众数在一组数中有好几个,用 M_o 符号表示。众数的计算方法有两种,即上限公式和下限公式:

上限公式:

$$M_o = U - \frac{f - f_{+1}}{(f - f_{-1}) + (f - f_{+1})} i$$

下限公式:

$$M_o = L + \frac{f - f_0}{(f - f_{-1}) + (f - f_{+1})} i$$

其中:f 表示众数所在组次数;

$f-1$ 表示众数所在组前一组的次数；

$f+1$ 表示众数所在组后一组的次数；

L 表示众数所在组组距的下限；

U 表示众数所在组组距的上限；

i 表示组距。

用众数代表一组数据，可靠性较差，不过，众数不受极端数据的影响，并且求法简便。

三、中位数

中位数代表一个样本、种群或概率分布中的一个数值，其可将数值集合划分为相等的上下两部分，用 M_e 符号表示。对于有限的数集，可以把所有观察值高低排序后找出正中间的一个作为中位数。如果观察值有偶数个，通常取最中间的两个数值的平均数作为中位数，有两种计算公式。

上限公式：

$$M_e = U - \frac{\sum \frac{f}{2} - S_{m+1}}{f_m} d$$

下限公式：

$$M_e = L + \frac{\sum \frac{f}{2} - S_{m-1}}{f_m} d$$

其中：L 表示中位数所在组下限；

U 表示中位数所在组上限；

fm 表示为中位数所在组的次数；

$\sum f$ 表示总次数；

D 表示中位数所在组的组距；

s_{m-1} 表示中位数所在组以下的累计次数；

s_{m+1} 表示中位数所在组以上的累计次数。

四、平均差

平均差是总体所有单位与其算术平均数的离差绝对值的算术平均数，用 AD 表示。平均差是反映各标志值与算术平均数之间的平均差异。平均差越大，表明各标志值与算术平均数的差异程度越大，该算术平均数的代表性就越小；平均差越小，表明各标志值与算术平均数的差异程度越小，该算术平均数的代表性就越大，对应的计算公式为

$$AD = \frac{\sum |x_i - \bar{x}|}{n}$$

五、标准差

标准差又常称均方差，是离均差平方和平均后的方根，用 σ 表示。标准差是方差的算

术平方根。标准差能反映一个数据集的离散程度。平均数相同的,标准差未必相同,对应的计算公式为

$$\sigma = \sqrt{\frac{\sum (x_i - \bar{x})^2}{n}}$$

标准差是表示一组数据平均值分散程度的一种度量。一个较大的标准差,代表大部分数值和其平均值之间差异较大;一个较小的标准差,代表这些数值较接近平均值。

六、方差

方差是各个数据与其算术平均数的离差平方和的平均数,用σ^2符号表示。方差的计量单位和量纲不便于从经济意义上进行解释,所以实际统计工作中多用方差的算术平方根——标准差来测度统计数据的差异程度。对应的计算公式为

$$\sigma^2 = \frac{\sum (x_i - \bar{x})^2}{n}$$

方差和标准差是测度数据变异程度的最重要、最常用的指标。

七、偏度

偏度(Skewness)是描述某变量取值分布对称性的统计量。偏度为0表示分布形态与正态分布偏度相同,偏度大于0表示为正偏或右偏。长尾巴拖在右边。偏度小于0表示为负偏或左偏。长尾巴拖在左边。对应的计算公式为

$$\alpha = \frac{n}{(n-1)(n-2)} \sum \left(\frac{x_i - \bar{x}}{\sigma}\right)^3$$

其中σ为标准差。α取值范围一般在0与± 3之间。α为0表示对称分布,α为$+3$与-3分别表示极右偏态和极左偏态。

八、峰度

峰度是指次数分布曲线顶峰的尖平程度,是次数分布的又一重要特征,用β符号表示。

$$\beta = \left\{ \frac{n(n+1)}{(n-1)(n-2)(n-3)} \sum \left(\frac{x_i - \bar{x}}{s}\right)^4 \right\} - \frac{3(n-1)^2}{(n-2)(n-3)}$$

峰度是和正态分布相比较的。峰度为0表示与正态分布的陡缓程度相同;峰度大于0表示比正态分布的高峰更加陡峭,即尖顶峰;峰度小于0表示比正态分布的高峰来得平缓,即平顶峰。

九、区域

区域也称极差,是指一组测量值内最大值与最小值之差,又称范围误差或全距,用R符号表示,对应的计算公式为

$$R = x_{\max} - x_{\min}$$

极差没有充分利用数据的信息,但计算十分简单,一般用于样本容量较小($n<10$)的情况。

将这些指标的计算公式以及意义总结在表4-2中。

表 4-2 指标的计算公式及意义

指标名称	计算公式	意义	Excel 中对应的函数
算术平均数	$\bar{x} = \dfrac{\sum x_i}{n}$	返回样本数据的平均值	Average()
众数	$M_o = U - \dfrac{f - f_{+1}}{(f - f_{-1}) + (f - f_{+1})} i$ $M_o = L + \dfrac{f - f_0}{(f - f_{-1}) + (f - f_{+1})} i$	返回在某一数组或数据区域中出现频次最多的数值	Mode()
中位数	$M_e = L + \dfrac{\sum \dfrac{f}{2} - S_{m-1}}{f_m} d$	是在一组数据中居于中间的数	Median()
平均差	$AD = \dfrac{\sum |x_i - \bar{x}|}{n}$	返回一组数据与其均值的绝对偏差的平均值,用于评测这组数据的离散度	
标准差	$\sigma = \sqrt{\dfrac{\sum (x_i - \bar{x})^2}{n}}$	返回以参数形式给出的整个样本总体的标准偏差。标准偏差反映相对于平均值的离散程度	Stdev()
方差	$\sigma^2 = \dfrac{\sum (x_i - \bar{x})^2}{n}$	标准差的平方	Var()
偏度	$\alpha = \dfrac{n}{(n-1)(n-2)} \sum \left(\dfrac{x_i - \bar{x}}{\sigma} \right)^3$	返回分布的偏度。偏度反映以平均值为中心的不对称程度。正偏度表示不对称部分的分布更趋向正值,负偏度表示不对称部分的分布更趋向负值。σ 为样本标准差	Skew()
峰度	$\beta = \left\{ \dfrac{n(n+1)}{(n-1)(n-2)(n-3)} \sum \left(\dfrac{x_i - \bar{x}}{s} \right)^4 \right\}$ $- \dfrac{3(n-1)^2}{(n-2)(n-3)}$	返回数据集的峰值。峰值反映与正态分布相比某一部分的尖锐度或平坦度。正峰值表示相对尖锐的分布,负峰值表示相对平坦的分布	Kurt()
区域	$R = x_{max} - x_{min}$	总体数据的全局,也称极差	

【例 4-7】 表 4-3 中是某工厂 100 个工人生产的日均产量数据,要求在 Excel 中计算其所对应的各项指标值。

表 4-3 100 个工人的日均产量数据

859	967	949	834	921	1017	1065	847	920	806
1024	896	988	827	977	997	1038	852	855	875
973	1041	1033	1040	1050	912	1089	984	1058	850
885	952	1061	860	998	900	949	890	1004	1022
804	1073	891	1034	802	1026	1004	979	805	1071

第四章 市场调查和分析

1039	809	890	1051	911	819	974	1090	976	870
872	875	1084	1069	859	945	913	962	965	823
968	1093	904	897	1024	810	881	923	1038	981
915	957	1048	1036	1017	844	801	1049	814	898
894	856	922	939	1025	990	841	1026	1068	868

【解】 具体操作步骤如下。

第一步,将数据整理在 Excel 表格中。

第二步,在单元格 L2:L10 中分别将指标名称列出,并将相应计算结果放在单元格 D2:D10 中。在 Excel 中对于表 4-3 中每一个指标都对应有相应的函数,省去了我们输入计算公式的麻烦,而且减少了由输入引起的人为错误。

在单元格 D2:D10 中分别输入表 4-4 中的计算公式,即可得到相应的指标值。

表 4-4　计 算 结 果

单元格名称	输入的公式名称
D2	=AVERAGE(A1:J10)
D3	=MODE(A1:J10)
D4	=MEDIAN(A1:J10)
D5	{=SUM(ABS(A1:J10−M2))/100}
D6	=STDEV(A1:J10)
D7	=VAR(A1:J10)
D8	=SKEW(A1:J10)
D9	=KURT(A1:J10)
D10	=MAX(A1:J10)−MIN(A1:J10)

其中单元格 D5 中的输入公式为数组公式,需要在按住"Ctrl"和"Shift"键的同时按下"Enter"键方可实现。最终计算结果如图 4-37 所示。

859	967	949	834	921	1017	1065	847	920	806	指标名称	计算结果
1024	896	988	827	977	997	1038	852	855	875	算术平均数	946.77
973	1041	1033	1040	1050	912	1089	984	1058	850	众数	859
885	952	1061	860	998	900	949	890	1004	1022	中位数	950.5
804	1073	891	1034	802	1026	1004	979	805	1071	平均差	75.2192
1039	809	890	1051	911	819	974	1090	976	870	标准差	86.01278
872	875	1084	1069	859	945	913	962	965	823	方差	7398.199
968	1093	904	897	1024	810	881	923	1038	981	偏度	−0.05705
915	957	1048	1036	1017	844	801	1049	814	898	峰度	−1.23624
894	856	922	939	1025	990	841	1026	1068	868	区域	292

图 4-37　计算结果

此外，在 Excel 中如果将数据输入在一列上，也可以利用"数据分析"中的"描述统计"进行一些简单的指标值的运算，如图 4-38 中所示，关于"数据分析"的使用方法我们将在第五章中进行介绍。

图 4-38 "描述统计"对话框

第四节 利用 Excel 数据分析功能实现随机抽样

获得的数据量比较大，面对庞大、复杂的总体，往往不可能全面分析每一个个体来获得总体信息，这时只能从中抽取部分个体进行分析，然后再由部分个体的数据推断总体的信息。数据的抽样就是在离散的时间间隔中取得相应数据，在 Excel 中可以按照固定的时间间隔或随机的方式两种方法实现数据的抽样。

下面通过一个例子说明在 Excel 中实现抽样的具体操作步骤。

【例 4-8】 某企业将过去 20 年的固定设备折旧额整理在 Excel 工作表中，如表 4-5 所示，现要求对这些数据实现每隔 4 年进行抽样检测。

表 4-5 固定资产折旧额数据

年 份	折旧额/万元	年 份	折旧额/万元
1990	4169	2000	12550
1991	14512	2001	1351
1992	8497	2002	514
1993	16878	2003	19546
1994	14278	2004	12749
1995	218	2005	12609
1996	5961	2006	18240
1997	6814	2007	7191
1998	4627	2008	17968
1999	7342	2009	12166

【解】具体步骤如下。

按照固定的时间间隔进行抽样。

第一步,将数据整理在 Excel 工作表中,如图 4-39 所示。

第二步,加载"数据分析"工具库。在"文件"选项卡中选择"选项",将打开"Excel 选项"对话框,在该对话框的左边一栏里选择"加载项",右边一栏的最下方点"转到(G)…"按钮,Excel 将显示如图 4-40 所示的"加载宏"对话框。在"加载宏"对话框中选择"分析工具库",单击"确定"按钮,将会在"数据"选项卡下方出现"分析"组,其中包含"数据分析"选项。

	A	B
1	年份	折旧额/万元
2	1990	4169
3	1991	14512
4	1992	8497
5	1993	16878
6	1994	14278
7	1995	218
8	1996	5961
9	1997	6814
10	1998	4627
11	1999	7342
12	2000	12550
13	2001	1351
14	2002	514
15	2003	19546
16	2004	12749
17	2005	12609
18	2006	18240
19	2007	7191
20	2008	17968
21	2009	12166

图 4-39 固定资产折旧额数据

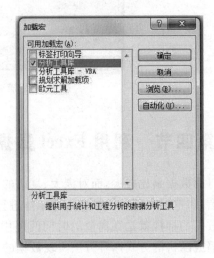

图 4-40 "加载宏"对话框

第三步,从这 20 个数据中按照 4 年一个间隔的周期抽取出其中的 5 个数据,先在"数据"选项卡,单击"分析"功能区中的"数据分析",在打开的"数据分析"对话框中选择"抽样"选项,会打开如图 4-41 所示的"抽样"对话框。

第四步,在输入区域选中单元格 B1:B21,将"标志"前面的复选框设为选中状态,周期设为"4",输出区域设为 D2 单元格,如图 4-42 所示。

第五步,单击图 4-42 中的"确定"按钮,结果将显示在单元格 D1:D5 中。

按照随机的方式进行抽样。

要想按照随机的方式实现抽样,只需在图 4-42 中的"抽样方法"中选择"随机",并设定需要的样本数,如本例中需要 5 个样本数据,可以按照图 4-43 进行设置。

单击确定按钮,结果如图 4-44 所示。

图 4-41 "抽样"对话框

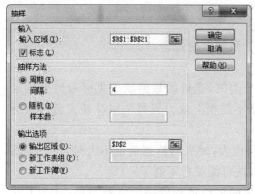
图 4-42 "抽样"对话框的设置

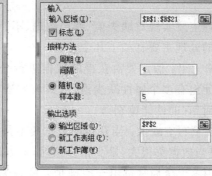
图 4-43 随机抽样的设置

	A	B	C	D	E	F
1	年份	折旧额/万元		固定间隔抽样		随机抽样结果
2	1990	4169		16878		12550
3	1991	14512		6814		218
4	1992	8497		1351		18240
5	1993	16878		12609		218
6	1994	14278		12166		12609
7	1995	218				
8	1996	5961				
9	1997	6814				
10	1998	4627				
11	1999	7342				
12	2000	12550				
13	2001	1351				
14	2002	514				
15	2003	19546				
16	2004	12749				
17	2005	12609				
18	2006	18240				
19	2007	7191				
20	2008	17968				
21	2009	12166				

图 4-44 抽样结果

从例 4-8 中可以看到在 Excel 中利用数据分析的抽样功能可以方便快捷地获取我们所需要的数据。

第五节　常用数据预处理方法

从市场调查获得的数据往往是杂乱无章的，我们需要对数据集进行一些必要的预处理才能使用，数据预处理主要对前一阶段获得的数据进行再加工，检查数据的完整性及数据的一致性。包括消除噪声、推导计算缺值数据、消除重复记录、完成数据类型转换等。通常情况，数据的预处理主要包括数据清理、数据集成、数据变换、数据归约四部分的内容：

一、数据清理

数据清理主要实现对缺失值、噪声数据、不一致数据的处理。

缺失值的处理主要有如下几个方法。

(1) 忽略元组：假定要对获得的数据进行分类时，获得的数据缺少类标号时通常这样做。除非元组有多个属性缺少值，否则该方法不是很有效。当每个属性缺失值的百分比变化很大时，它的性能特别差。

(2) 人工填写空缺值：当获得的数据集不是很大，缺失的数据量也不大时，可以采用该方法，但是当数据集很大，缺少很多值时，该方法可能就行不通了。

(3) 使用一个全局常量填充空缺值：将缺失的属性值用同一个常数替换，这个方法比较简单但是它并不十分可靠。

(4) 使用属性的平均值填充空缺值：例如，获得的数据客户的平均年龄为 38 岁，则对数据集中缺失年龄的记录都用 38 来填充。

(5) 使用与给定元组属于同一类的所有样本的平均值：例如，获得的数据集中男性的平均年龄为 45，女性的平均年龄为 35，则对缺失的男性记录的年龄缺失值用 45 填充，女性记录的年龄缺失值用 35 填充。

(6) 使用最可能的值填充空缺值：可以用回归、使用贝叶斯形式化的基于推理的工具或决策树归纳确定。例如，利用数据集中其他顾客的属性，可以构造一棵决策树来预测 income 的缺失值。这些方法本课程中不做介绍。

噪声数据的处理主要有如下几个方法：

分箱方法通过考察数据的"近邻"（即周围的值）来光滑有序数据的值。有序值分布到一些"桶"或箱中。由于分箱方法考察近邻的值，因此进行局部光滑。用箱均值光滑，箱中每一个值都被箱的均值替换。用箱边界光滑，箱中的最大和最小值同样被视为箱边界。箱中的每一个值都被最近的边界值替换。一般来说，宽度越大光滑效果越大。箱也可以是等宽的，每个箱值的区间范围是个常量。

例：5,9,16,23,23,26,26,32,35，分成 3 个箱：

箱 1：5,9,16
箱 2：23,23,26
箱 3：26,32,35

如果采用箱均值进行光滑，则三个箱中的数据分别为：

箱 1：10,10,10
箱 2：24,24,24
箱 3：31,31,31

如果采用箱边界进行光滑，则三个箱中的数据分别为：

箱 1：5,5,16
箱 2：23,23,26
箱 3：26,35,35

聚类：可以通过聚类检测离群点，将类似的值组织成群或"簇"。直观的，落在簇集合之外的值视为离群点或孤立点。

对于不一致数据,如果数据量较小,可以采用人工直接更改,也可采用知识检测工具进行更改,如果数据量较大,则可采用二者相结合的方法进行修改。

二、数据集成

数据集成是把不同来源、格式、特点性质的数据在逻辑上或物理上有机地集中在一起,从而为企业提供全面的数据共享。目前常用的数据集成方法主要有联邦式、基于中间件模型和数据仓库等方法。

联邦数据库系统(FDBS)基本思想是,在构建集成系统时将各数据源的数据视图集成为全局模式,用户能够按照全局模式透明地访问各数据源的数据。全局模式描述了数据源共享数据的结构、语义及操作等。用户直接在全局模式的基础上提交请求,由数据集成系统处理这些请求,转换成各个数据源在本地数据视图基础上能够执行的请求。模式集成方法的特点是直接为用户提供透明的数据访问方法。

中间件模式通过统一的全局数据模型来访问异构的数据库、遗留系统、Web 资源等。中间件位于异构数据源系统(数据层)和应用程序(应用层)之间,向下协调各数据源系统,向上为访问集成数据的应用提供统一数据模式和数据访问的通用接口。各数据源的应用仍然完成它们的任务,中间件系统则主要集中为异构数据源提供一个高层次检索服务。

中间件模式是通过在中间层提供一个统一的数据逻辑视图来隐藏底层的数据细节,使得用户可以把集成数据源看成一个统一的整体。这种模型下的关键问题是如何构造这个逻辑视图并使得不同数据源之间能映射到这个中间层。

数据仓库方法是一种典型的数据复制方法。该方法将各个数据源的数据复制到同一处,即数据仓库。数据仓库是在数据库已经大量存在的情况下,为了进一步挖掘数据资源和决策需要而产生的。目前,大部分数据仓库还是用关系数据库管理系统来管理的,但它绝不是所谓的"大型数据库"。数据仓库方案建设的目的,是将前端查询和分析作为基础,由于有较大的冗余,所以需要的存储容量也较大。数据仓库是一个环境,而不是一件产品,提供用户用于决策支持的当前和历史数据,这些数据在传统的操作型数据库中很难或不能得到。

数据仓库技术是为了有效地把操作型数据集成到统一的环境中以提供决策型数据访问的各种技术和模块的总称。所做的一切都是为了让用户更快、更方便地查询所需要的信息,提供决策支持。

三、数据变换

当要分析处理的数据不满足所要求的格式时需要将数据转换成满足要求的格式,可以采用平滑、聚集、数据概化、规范化等方式将数据转换成所要的形式。

平滑:去掉数据中的噪声。这种技术包括分箱、回归和聚类。

聚集:对数据进行汇总或聚集。例如,可以聚集日销售数据,计算月和年销售量。通常,这一步用来为多粒度数据分析构造数据立方体。

数据概化：使用概念分层，用高层概念替换低层或"原始"数据。例如，分类的属性，如街道，可以泛化为较高层的概念，如城市或国家。类似的，数值属性如年龄，可以映射到较高层概念如青年、中年和老年。

规范化：将属性数据按比例缩放，使之落入一个小的特定区间，如－1.0～1.0 或 0.0～1.0。规范化一般主要有三种方法：最小最大规范化、z-score 规范化、小数定标规范化。

最小最大规范化是对原始数据进行线性变换。假定 minA 和 maxA 分别为属性 A 的最小值和最大值。最小最大规范化后的数据值可以通过如下公式计算得到：

$$v' = \frac{v - min_A}{max_A - min_A}(new\_max_A - new\_min_A) + new\_min_A$$

这样就可以将 A 的值 v 映射到区间[new_minA, new_maxA]中的 v'。

z-score 规范化（或零均值规范化）中，属性 A 的值基于 A 的均值和标准差规范化。A 的值 v 规范化为 v'，可以由下式计算：

$$v' = \frac{v - \overline{A}}{\sigma_A}$$

其中，$\overline{A}$ 和 σ_A 分别为属性 A 的均值和标准差。当属性 A 的实际最大和最小值未知，或离群点左右了最大最小规范化时，该方法是有用的。

小数定标规范化：通过移动属性 A 的小数点位置进行规范化。小数点的移动位数依赖于 A 的最大绝对值。A 的值 v 规范化为 v'，可以由下式计算：

$$v' = \frac{v}{10^j}$$

其中，j 是使得 max(|v'|)<1 的最小整数。

属性构造：可以构造新的属性并添加到属性集中，以利于分析过程。

四、数据归约

数据归约技术可以用来得到数据集的归约表示，它小得多，但仍然接近于保持原数据的完整性，并且结果与归约前结果相同或几乎相同。常用数据归约的策略如下。

（1）数据立方体聚集：聚集操作用于数据立方体结构中的数据。

（2）维归约：可以检测并删除不相关、弱相关或冗余的属性或维。属性子集选择通过删除不相关或冗余的属性（或维）减小数据集。属性子集选择的目标是找出最小属性集，使得数据类的概率分布尽可能地接近使用所有属性得到的原分布。对减小的属性集挖掘还有其他优点。它减少了出现在发现模式的属性数目，使得模式更易于理解。

（3）数据压缩：使用数据编码或变换，以便得到原数据的归约或"压缩"表示。如果原数据可以由压缩数据重新构造而不丢失任何信息，则该数据归约是无损的。如果我们只能重新构造原数据的近似表示，则该数据归约是有损的。有一些很好的串压缩算法。尽管它们通常是无损的，但是只允许有限的数据操作。

（4）数值压缩：用替代的、较小的数据表示替换或估计数据，如参数模型（只需要存放模型参数，而不是实际数据）或非参数方法，如聚类、抽样和使用直方图。

（5）离散化和概念分层产生：属性的原始数据值用区间值或较高层的概念替换。数据离散化是一种数据归约形式,对于概念分层的自动产生是有用的。

本 章 小 结

本章主要介绍了市场调查数据的分析与处理,涉及如何进行市场调查数据的整理;在 Excel 中如何用图形的方式将所获得的数据用图形的方式展示出来,并可结合 Excel 中的控件制作可调图形;如何利用一些常用的统计指标合理地描述市场数据并在 Excel 中实现;如何利用图形的方式将所获得的数据用图形展示出来;最后介绍了常用的数据分析方法。

习 题

1. 某书城连续 5 年的图书销量如表 4-6 中所示,将表中的数据在 Excel 以折线图的方式显示出来,并添加组合框控件可以实现任意选择组合框中相应的年份都可以将其对应的销量以柱形图的方式显示出来,最终所得图形如图 4-45 所示。

表 4-6　某书城图书销量数据

年　　份	销量/万册	年　　份	销量/万册
2008	50	2011	60
2009	55	2012	65
2010	52	2013	66

效果图:

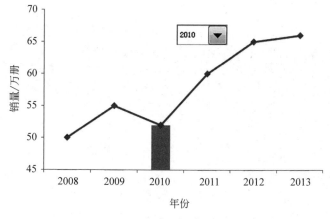

图 4-45　某书城图书销量数据

2. 某市举行中学生数学竞赛,共计有 1000 名同学参加,成绩如表 4-7 所示,对这 1000 名同学的竞赛成绩,分析其对应的最大值、最小值、算术平均数、众数、中位数、平均差、标准差、方差、偏度、峰度和区域等指标。

表 4-7 1000 名同学的数学竞赛成绩

	1	2	3	4	5	6	7	8	9	10
1	60	65	64	75	76	58	60	79	47	69
2	59	83	60	61	66	55	69	69	67	52
3	69	81	66	78	64	74	75	74	58	72
4	50	59	67	57	53	54	70	84	69	48
5	74	66	68	65	63	79	68	90	70	72
6	55	65	49	51	76	68	69	72	60	68
7	59	76	76	78	63	53	46	54	74	70
8	73	55	75	63	72	62	70	67	65	72
9	66	76	81	56	69	67	68	60	49	70
10	53	48	42	60	49	64	74	60	73	69

3. 要对表 4-7 中的竞赛成绩所对应的试卷进行抽样分析，如果是按照每 10 个同学抽取一份试卷进行分析，应该抽取哪些竞赛成绩对应的试卷？如果随机抽取 100 份试卷进行分析，可以是哪些试卷？

第五章 经济管理预测模型

预测模型是用尽可能简单、抽象的方式来描述预测对象,是预测分析中的一个过程,用于为将来的行为建立一个统计模型。预测分析是数据分析的一个分支,用于预测可能性和趋势,它能说明预测对象与其相关因素之间的关系。在预测模型中,需要收集数据、制定统计模型、作出预测,而且当得到另外的数据时,模型需要验证。预测主要是为决策服务,目标是为了提高管理的科学水平,减少决策的盲目性,我们需要通过预测来把握经济发展或者未来市场变化的有关动态,减少未来的不确定性,降低决策可能遇到的风险,从而使决策目标得以顺利实现。本章主要针对具有不同特征的数据采用不同的预测模型进行预测。预测的首要任务是获得数据,前面的章节已经介绍了如何获取市场数据,本章主要介绍几种常见的预测模型。

第一节 预 测 技 术

预测技术指人们运用现代科学技术手段,事先依据一定方法,对自己的活动可能产生的后果及客观事物的发展趋势作出科学分析。预测技术主要可以分为两大类,即定性预测技术与定量预测技术。

定量分析预测技术包括时间序列预测法(也称外推法)和因果预测法。定性预测技术主要在没有较充分的数据可利用时,只能凭借直观材料,依靠个人经验知识和分析能力,进行逻辑判断,对未来作出预测,这类方法主要有推算预测法、集合意见法、专家调查预测法。

对于定量预测技术主要包括如下几个步骤。

第一步,明确目标,制订预测计划。

明确目标就是从市场分析入手,结合市场营销决策,紧密联系实际,确定需要解决的问题,制订合适可行的方案。

第二步,收集整理数据资料。

在明确预测目标后,组织人员进行市场调查,收集与预测相关的资料和数据,这些数据可以来自于企业内部,也可以来自于企业外部。内部资料有反映当前和过去的统计资料、财务资料、销售资料等,外部资料来自于政府公布的统计资料、信息资讯公司等。但无论是企业内部资料还是企业外部资料都要进行筛选以选出与预测目标紧密相关的、可靠的、最新的数据资料。

第三步,选择预测方法并建立预测模型。

在获得的数据资料的基础上,对数据资料进行分析,研究数据的特点以及相关变量之间的关系,以选择合适的模型。这一步比较关键也比较困难。建立的模型不一样预测的结果也可能不一样。

第四步,用建立的预测模型进行预测。

利用第三步建立的模型进行预测,在定量预测时,根据自变量及预测模型得到估计值,并根据可信度及误差,进行区间估计。

第五步,对预测结果进行分析评价。

对预测结果进行评估,主要是结合市场的实际情况进行分析,评价预测结果是否可行,并且可以将各种不同的预测模型所得的结果进行比较,分析预测误差的大小,从不同的预测结果中找出最优的那个值。

第六步,改进预测方法,修正预测模型,提高预测质量。

在预测过程中,随着时间的推移,数据的增加以及发生的条件的改变,模型需要修正以提高预测质量。

第二节　时间序列预测法

时间序列预测法认为,一个时间序列在过去观测值中表现出来的变化规律或趋势将会延续到未来。这种方法致力于找出时间序列观测值中的变化规律与趋势,然后通过对这些规律或趋势的外推来确定未来的预测值。主要有移动平均预测模型、指数平滑预测模型、线性趋势预测模型与季节指数预测模型。

一、移动平均预测模型

移动平均法的基本原理,是通过移动平均消除时间序列中的不规则变动和其他变动,从而揭示出时间序列的长期趋势。时间序列受到周期变动或偶然变动的影响,起伏较大时,不容易显示动态序列的长期趋势,通过移动平均可以消除这些因素的影响,分析预测动态序列的长期趋势。预测模型可以表示为

$$F_{t+1} = \frac{1}{N} \sum_{i=1}^{N} Y_{t-i+1} \tag{5-1}$$

其中:$Y_t(t=1,2,\cdots,N)$为时间序列的观测值,F_{t+1}为$t+1$时刻的预测值,N为参与平均的数据的个数,也称为移动平均跨度。

从式(5-1)中可以看出,随着N的增大计算量会越来越小,并且利用这个模型只能预测出时间序列最后一个时期的下一个时期的预测值,而且N选择的不同预测的结果也可能会不同,如何选择最优的N也是该模型的重点与难点,我们这里移动平均跨度的选择应该使均方误差(MSE)尽可能小。在 Excel 中,我们可以使用函数 SUMXMY2()与函数 COUNT()计算出每组预测数据的 MSE,SUMXMY2()函数的功能是返回两数组中对应数值之差的平方和。它需要两个参数,一个参数是第一个数组或数值区域;另一个参数是第二个数组或数值区域。COUNT()函数的功能是计算某一范围内包含数字的单元格的个数。下面我们将通过一个例子来说明在 Excel 中,如何选择最好的 N 来进行预测下一个时期的预测值。

【例 5-1】　某品牌服装批发商在过去 12 个月内服装的销售数量如下。

试在 Excel 中建立一个移动平均模型以便预测第 13 个月的销售量。

表 5-1　服装销售数量

月	销量观测值	月	销量观测值
1	27	7	32
2	31	8	28
3	29	9	32
4	33	10	30
5	28	11	27
6	30	12	32

【解】　具体步骤如下。

第一步，将表 5-1 的数据输入到一个 Excel 工作表的单元格 A2：B14 中（见图 5-1）。

第二步，利用"移动平均"分析工具生成服装销量预测值。

在"文件"选项卡中选择"选项"，将打开"Excel 选项"对话框，在该对话框的左边一栏里选择"加载项"，右边一栏的最下方点"转到(G)…"按钮，Excel 将显示如图 5-2 所示的"加载宏"对话框。

	A	B
1		
2	月	销量观测值
3	1	27
4	2	31
5	3	29
6	4	33
7	5	28
8	6	30
9	7	32
10	8	28
11	9	32
12	10	30
13	11	27
14	12	32

图 5-1　服装销售数量

图 5-2　"加载宏"对话框

第三步，在"加载宏"对话框中选择"分析工具库"，单击"确定"按钮，将会在"数据"选项卡下方出现"分析"组，其中包含"数据分析"选项。选中"数据分析"，在出现的"数据分析"对话框中选择"移动平均"，将打开如图 5-3 所示的"移动平均"平均对话框。

第四步，在"移动平均"对话框中，在"输入区域"输入"B2：B14"单元格，在"间

图 5-3　"移动平均"对话框

第五章　经济管理预测模型

隔"输入"3",这就意味着移动平均跨度为"3"。在"输出区域"输入"C4"单元格,单击"确定"按钮,将会看到图 5-4 中单元格 C6:C15 中的输出结果。移动平均跨度等于 3,意味着从第 4 个月开始有预测值,而这个预测值在图 5-5 中的单元格 C15 中。相应的第 13 个月的预测值在单元格 C15 中给出。

	A	B	C	D	E	F	G
1			移动平均跨度				
2	月	销量观测值	3	4	5	6	7
3	1	27					
4	2	31	#N/A	#N/A	#N/A	#N/A	#N/A
5	3	29	#N/A	#N/A	#N/A	#N/A	#N/A
6	4	33	29	#N/A	#N/A	#N/A	#N/A
7	5	28	31	30	#N/A	#N/A	#N/A
8	6	30	30	30.25	29.6	#N/A	#N/A
9	7	32	30.33333333	30	30.2	29.666667	#N/A
10	8	28	30	30.75	30.4	30.5	30
11	9	32	30	29.5	30.2	30	30.14285714
12	10	30	30.66666667	30.5	30	30.5	30.28571429
13	11	27	30	30.5	30.4	30	30.42857143
14	12	32	29.66666667	29.25	29.8	29.833333	29.57142857
15	13		29.66666667	30.25	29.8	30.166667	30.14285714

图 5-4 预测结果

第五步,重复上述步骤,分别计算出移动平均跨度为 4,5,6,7 时的预测值。并将结果保存在如图 5-5 所示的图中。

	A	B	C	D	E	F	G
1			移动平均跨度				
2	月	销量观测值	3	4	5	6	7
3	1	27					
4	2	31					
5	3	29					
6	4	33	29				
7	5	28	31	30			
8	6	30	30	30.25	29.6		
9	7	32	30.33333333	30	30.2	29.666667	
10	8	28	30	30.75	30.4	30.5	30
11	9	32	30	29.5	30.2	30	30.14285714
12	10	30	30.66666667	30.5	30	30.5	30.28571429
13	11	27	30	30.5	30.4	30	30.42857143
14	12	32	29.66666667	29.25	29.8	29.833333	29.57142857
15	13		29.66666667	30.25	29.8	30.166667	30.14285714
16							
17		对应的MSE	5.62962963	5.2421875	4.1142857	4.9398148	5.036734694

图 5-5 计算结果

图 5-4 中的 #N/A 表示该时刻没有预测值,如 C4 与 C5 单元格中的 #N/A 表示在第 2 个月与第 3 个月没有预测值,因为当移动平均跨度为 3 时,需要利用前 3 个时刻的观测值来预测第 4 个时刻的预测值,这样第 2 个月与第 3 个月就没有预测值,因此在利用

"移动平均分析"工具进行预测时,就会在 C4 与 C5 单元格中出现♯N/A。

第六步,并利用函数 SUMXMY2()与 COUNT()计算出当移动平均跨度为 3,4,5,6,7 时的均方误差,以找出最佳的预测结果。但是因为在用"移动平均分析"工具进行预测时,出现了♯N/A,为了计算出正确的结果,首先需删除♯N/A,才能使用函数计算 MSE,且将计算结果放置在单元格 C17:G17 中。结果如图 5-5 所示。

第七步,从单元格 C17:G17 中挑选最小的均方误差为单元格 E17 中的均方误差,且找到对应的移动平均跨度为 5,即当移动平均跨度在 3~4 时,最优的移动平均跨度为 5,则将移动平均跨度为 5 时作为最终的移动平均模型,并计算出第 13 个月的销量预测值为 29.8,如图 5-6 中单元格 E15 所示。

二、指数平滑预测模型

指数平滑预测模型也称为改进的移动平均预测模型,在计算平均值时对于不同时期观测值的权数设置得不同:近期的权数较大,远期的权数较小,使用的预测模型如下:

$$F_{t+1} = \alpha Y_t + \alpha(1-\alpha)Y_{t-1} + \alpha(1-\alpha)^2 Y_{t-2} + \cdots \tag{5-2}$$

式中:F_{t+1} 是 $t+1$ 时刻的预测值,Y_t 是 t 时刻的观测值,α 是平滑常数。

上述模型可以改进成如下的两种形式:

$$F_{t+1} = \alpha Y_t + \alpha(1-\alpha)F_t \tag{5-3}$$

$$F_{t+1} = F_t + \alpha(Y_t - F_t) \tag{5-4}$$

指数平滑预测模型也可以像例 5-1 中那样使用"分析工具库"进行预测,也可以使用公式(5-3)与公式(5-4)中的模型进行预测。在例 5-2 中,我们将采用两种方法来进行预测。

【例 5-2】 利用例 5-1 中的数据,使用指数平滑预测模型,通过 MSE 极小的原则,选择最优的平滑常数,并预测第 13 个月的预测值。

【解】 具体步骤如下。

【方法一】 使用"分析工具库"进行预测。

第一步,将表 5-1 的数据输入到一个 Excel 工作表的单元格 A2:B14 中(见图 5-6)。

第二步,利用"指数平滑"分析工具生成服装销量预测值。

在"文件"选项卡中选择"选项",将打开"Excel 选项"对话框,在该对话框的左边一栏里选择"加载项",右边一栏的最下方点"转到(G)…"按钮,Excel 将显示如图 5-7 所示的"加载宏"对话框。

第三步,在"加载宏"对话框中选择"分析工具库",单击"确定"按钮,将会在"数据"选项卡下方出现"分析"组,其中包含"数据分析"选项。选中"数据分析",在出现的"数据分析"对话框中选择"指数平滑",将打开如图 5-8 所示的指数平滑对话框,并按图 5-8 中的设置进行设置。

	A	B
1		
2	月	销量观测值
3	1	27
4	2	31
5	3	29
6	4	33
7	5	28
8	6	30
9	7	32
10	8	28
11	9	32
12	10	30
13	11	27
14	12	32

图 5-6 服装销售数量

图 5-7 "加载宏"对话框

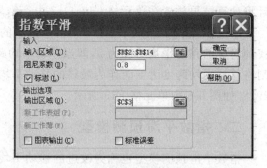

图 5-8 "指数平滑"对话框

在"指数平滑"对话框中,在"输入区域"输入单元格"B2:B14","阻尼系数"输入"0.8",这就意味着平滑常数为"0.2"。在"输出区域"输入单元格"C3",单击"确定"按钮,将会看到如图 5-9 中单元格 C4:C14 中的输出结果,将单元格 C14 的公式复制到单元格 C15,即得到第 13 个月的预测值。

第三步,重复第二步,分别计算出平滑常数为 0.3,0.4,0.5,0.6 时的预测值。删除单元格中的♯N/A,并利用函数 SUMXMY2() 与 COUNT() 函数计算出当平滑常数为 0.2,0.3,0.4,0.5,0.6 时的均方误差,且将计算结果放置在单元格 C17 至 G17 中,结果如图 5-9 所示。

	A	B	C	D	E	F	G
1			平滑常数				
2	月	销量观测值	0.2	0.3	0.4	0.5	0.6
3	1	27					
4	2	31	27	27	27	27	27
5	3	29	27.8	28.2	28.6	29	29.4
6	4	33	28.04	28.44	28.76	29	29.16
7	5	28	29.032	29.808	30.456	31	31.464
8	6	30	28.8256	29.2656	29.4736	29.5	29.3856
9	7	32	29.06048	29.48592	29.68416	29.75	29.75424
10	8	28	29.648384	30.240144	30.610496	30.875	31.101696
11	9	32	29.3187072	29.5681008	29.5662976	29.4375	29.2406784
12	10	30	29.8549658	30.2976706	30.5397786	30.71875	30.8962714
13	11	27	29.8839726	30.2083694	30.3238671	30.359375	30.3585085
14	12	32	29.3071781	29.2458586	28.9943203	28.6796875	28.3434034
15	13		29.8457425	30.072101	30.1965922	30.3398438	30.5373614
16							
17		对应的MSE	7.1475219	6.95112013	7.17462807	7.63372803	8.27397961

图 5-9 计算结果

第四步,从单元格 C17:G17 中挑选最小的均方误差为单元格 D17 中的均方误差,且找到对应的平滑常数为 0.3,即当平滑常数在 0.2 至 0.6 时,最优的平滑常数为 0.3,则将平滑常数为 0.3 时作为最终的指数平滑预测模型,并计算出第 13 个月的服装销量预测值为 30.072101,如图 5-9 中单元格 D15 所示。

【**方法二**】 利用模型(5-3)进行预测。模型(5-4)的预测方法类似。

第一步,将表 5-1 的数据输入到一个 Excel 工作表的单元格 A1:B13 中(见图 5-10)。

第二步,给出任意的一个平滑常数并计算均方误差。在单元格 F1 中输入一个任意的平滑常数(如 0.5)。在单元格 C2 中输入公式"=B1",作为第 2 个月的预测值(F2)。在单元格 C3 中输入指数平滑模型预测公式"=\$F\$1*B3+(1-\$F\$1)*C3",并将公式复制到单元格 C4:C13 中。在单元格 F2 中输入公式"=SUMXMY2(C2:C13,B2:B13)/COUNT(C2:C13)",计算出均方误差,结果如图 5-11 所示。

	A	B
1	月	销量观测值
2	1	27
3	2	31
4	3	29
5	4	33
6	5	28
7	6	30
8	7	32
9	8	28
10	9	32
11	10	30
12	11	27
13	12	32

图 5-10 服装销量数据

	A	B	C	D	E	F
1	月	销量观测值	预测值		平滑常数	0.5
2	1	27			MSE	7.63372803
3	2	31	27			
4	3	29	29			
5	4	33	29			
6	5	28	31			
7	6	30	29.5			
8	7	32	29.75			
9	8	28	30.875			
10	9	32	29.4375			
11	10	30	30.71875			
12	11	27	30.359375			
13	12	32	28.6796875			

图 5-11 初始计算结果

第三步,确定最优平滑常数。在方法二中,我们将通过模拟运算表的方法来找出最小的 MSE,并通过 INDEX()函数与 MATCH()函数找出最小 MSE 所对应的最优平滑常数。

在单元格 E8:E12 中分别输入平滑常数 0.2 至 0.6,在单元格 F7 中输入公式"=F2",然后用模拟运算表计算出当平滑常数为 0.2 至 0.6 时对应的 MSE。计算方法为:选中单元格 E7:F12,然后选中"数据"菜单,点击其下方的"模拟分析"选项卡,在弹出菜单中选择"模拟运算表",在出现的"模拟运算表"对话框中的"输入引用列的单元格"后面选中单元格 F1,最后单击"确定"按钮,得到如图 5-13 中单元格 F8:F12 所示的计算结果。

在单元格 F4 中输入公式"=MIN(F8:F12)",找到平滑常数 0.2 至 0.6 时对应的最小的 MSE。接下来我们介绍一下 MATCH()函数的使用方法。

MATCH()函数的功能是查找指定数在指定范围内的位置。它需要三个参数:第一个参数是要查找的指定数(或其所在的单元格),第二个参数是查找的指定范围,第三个参数是匹配类型(0、1、−1)。第三个参数为 0 表示精确匹配,即要查找的指定数必须出现在指定范围内,此时 MATCH()函数返回的是指定数在指定范围内的序号;第三个参数为 1 表示要查找的指定数可能不在指定范围内,同时指定范围内的数字是递增序列,此时

MATCH()函数返回的是小于等于指定数的最大值在指定范围内的序号;第三个参数为 −1 表示要查找的指定数可能不在指定范围内,同时指定范围内的数字是递减序列,此时 MATCH()函数返回的是大于等于指定数的最小值在指定范围内的序号。

接下来在单元格 F5 中输入公式"=INDEX(E8:E12,MATCH(F4,F8:F12,0))",即可找到对应的最优平滑常数为 0.3。

第四步,预测第 13 个月的服装销售数量。将单元格 F1 的值设置为 0.3,则单元格 C14 可得到第 13 个月的服装销售数量的预测值,如图 5-12 所示。

	A	B	C	D	E	F
1	月	销量观测值	预测值		平滑常数	0.5
2	1	27			MSE	7.63372803
3	2	31	27			
4	3	29	29		最小的MSE	6.95112013
5	4	33	29		最优的平滑常数	0.3
6	5	28	31			
7	6	30	29.5			7.63372803
8	7	32	29.75		0.2	7.1475219
9	8	28	30.875		0.3	6.95112013
10	9	32	29.4375		0.4	7.17462807
11	10	30	30.71875		0.5	7.63372803
12	11	27	30.359375		0.6	8.27397961
13	12	32	28.6796875			
14	13		30.3398438			

图 5-12 最终计算结果

值得注意的是,如果第二步在单元格 F1 中任意输入的平滑常数与单元格 F5 中计算出的最优平滑常数不一致时,需要将单元格 F1 中任意输入的平滑常数修改成与单元格 F5 中的数值一致,单元格 C14 中得到的预测值才是最准确的。

第五步,画出服装销售数量的预测值与指数平滑预测图形,如图 5-13 所示。

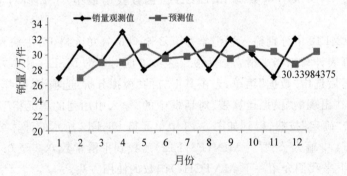

图 5-13 服装销售数量观测值与预测值图

三、趋势预测模型

趋势预测法适用于那些带有明显的趋势成分的数据序列,根据历史数据的特点,主要有线性趋势预测模型与非线性趋势预测模型两大类型。

1. 线性趋势预测模型

对于含有线性趋势成分的时间序列,预测变量随时间的推移递增或递减,可以将预测变量在每一个时期的值 Y_i 和其对应时期 X_i 之间的线性依赖关系表示为

$$Y_i = a + bX_i + \varepsilon_i \tag{5-5}$$

ε_i 代表随机因素。由于 ε_i 不可预测,因此线性趋势方程可表示为

$$F_i = a + bX_i \tag{5-6}$$

只要能确定截距 a 和斜率 b,对于每一个 X_i,就能求出其对应的预测值 F_i。截距 a 和斜率 b 的确定仍应遵循使均方误差(MSE)极小的原则。

【例 5-3】 某公司过去 12 年间的销售额如表 5-2 所示,根据表中数据预测一下 2014 年的销售额预测值。

表 5-2 销售额数据

年份	销售额/万元	年份	销售额/万元
2002	1000	2008	3700
2003	1200	2009	4150
2004	1750	2010	4900
2005	2350	2011	5450
2006	2850	2012	5600
2007	3300	2013	5900

【解】 具体操作步骤如下。

第一步,输入销售额数据,绘制趋势图。将月销售额数据输入到一个 Excel 工作表的单元格 A1:B13 中,如图 5-14 所示,然后利用这些数据绘制出磁带销量变化散点图。在图中添加一条趋势线得到图 5-15。

	A	B
1	年份	销售额/万元
2	2002	1000
3	2003	1200
4	2004	1750
5	2005	2350
6	2006	2850
7	2007	3300
8	2008	3700
9	2009	4150
10	2010	4900
11	2011	5450
12	2012	5600
13	2013	5900

图 5-14 销售额数据

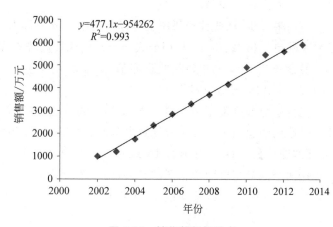

图 5-15 销售额数据散点

添加趋势线的步骤如下。

选中图表中的数据系列,点击鼠标右键,在弹出菜单中选择"添加趋势线(R)…"命令

项,将打开"设置趋势线格式"对话框,并在该对话框中选中"显示公式"、"显示 R 平方值"两个复选框,单击"关闭"按钮,如图 5-16 所示。

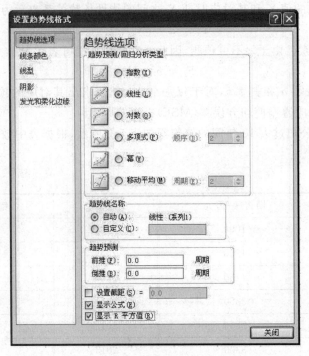

图 5-16 趋势线设置

从图 5-15 可以看出,该公司的销售额数据呈线性递增的趋势。图中的公式就是销量的线性趋势方程。R^2 近似等于 0.993,说明该趋势方程较好地表示了销售额和时间之间的线性依赖关系,因此可以用此线性趋势方程进行预测。如果 R^2 小于 0.5,则不宜用这个线性趋势方程做预测。

第二步,从线性趋势图上可以看出参数 a、b 和 R^2 的值。将 a、b 的值输入 Excel 工作表的单元格 I2:I3 中,利用公式(5-6)的线性趋势方程做预测。

要预测 2014 年的销售额的预测值,只需利用模型(5-6)在单元格 B14 中输入公式:"=477.1*A15-954262"即可。

获得趋势预测模型(5-6)中参数 a 和 b 的方法,除了可以使用添加趋势线的方法外,还可以使用内建函数的方法或规划求解的方法获得,运用内建函数又有两种方法。

【方法一】 利用内建函数 INTERCEPT()与 SLOPE()组合使用的方法。

这两个函数需要两个相同的参数,第一个参数是一组已知的 Y,即预测变量观测值集合,第二个参数是一组已知的 X,即时间点的集合。在单元格 F2:F3 中分别输入如下公式:

"=INTERCEPT(B2:B13,A2:A13)"

"=SLOPE(B2:B13,A2:A13)"

这样,可以分别计算出截距 a 与斜率 b。

【方法二】 利用内建函数 LINEST() 计算截距与斜率。

选中单元格 F6:G6，在编辑栏中输入公式"=LINEST(B2:B13,A2:A13)"，按组合键 Ctrl+Shift+Enter，在单元格 F6:G6 中生成数组公式"{=LINEST(B2:B13,A2:A13)}"，分别得到斜率和截距。用这个方法的时候必须选中左右相邻的单元格来输入公式。

运用规划求解法获得参数 a 和 b 的值如下。

这种方法直接利用均方误差极小化的原理。首先假定回归系数的值，用假定系数的回归直线方程对自变量的各观测值求出相应的因变量估计值，并计算出因变量估计值与观测值之间的均方误差。最后利用 Excel 的规划求解工具找到均方误差极小值所对应的回归系数的取值。具体过程如下。

将回归系数的两个假定值（例如两个1）键入到单元格 F8 和 F9 中，分别作为回归直线方程中的 a 和 b，在单元格 C2 中输入公式："=\$F\$8+\$F\$9*A2"，并将这个公式复制到单元格 C3:C13 内求出趋势预测值。然后在单元格 F10 中输入计算 MSE 的公式"=SUMXMY2(C2:C13,B2:B13)/COUNT(C2:C13)"。

在"加载宏"对话框中选择"规划求解加载项"，单击"确定"按钮，将会在"数据"选项卡下方出现"规划求解"组，选中"规划求解"，在出现的"规划求解"做如图 5-17 所示的设置，单击"求解"按钮，在随后出现的对话框中单击"确定"按钮，经过三次启用"规划求解"后，在单元格 F8:F9 中就会显示出使 MSE 极小的截距和斜率。此处启用三次"规划求解"的原因在于：规划求解方法不一定一次就可以求出最优解，这样就需要多次启用该方法，直到最后两次求解的结果一致或达到要求的精度。

图 5-17 规划求解参数对话框

此外,求解预测值也有多种方法。

【方法一】 利用线性趋势方程做预测。

利用模型(5-6)进行预测,直接将单元格 C13 中的公式复制到单元格 C14 中,如图 5-18 中的单元格 C14 所示。

【方法二】 利用 Excel 内建函数 FORECAST() 计算预测值。

它需要三个参数:第一个参数是一组已知的预测变量观测值,第二个参数是对应时间点的集合,第三个参数是一个新的时间点。在单元格 E13 中输入公式"＝FORECAST(A14,B2:B13,A2:A13)",即可得到 2014 年的预测值。

【方法三】 利用 Excel 内建函数 TREND() 做预测。

它需要三个参数:第一个参数是一个新的时间点,第二个参数是一组已知的预测变量观测值,第三个参数是对应时间点的集合。在单元格 E14 中输入公式"＝TREND(B2:B13,A2:A13,A14)",即可得到 2014 年的预测值。

利用这些方法,我们将最终计算结果汇总在图 5-18 中。

	A	B	C	D	E	F
1	年份	销售额/万元	预测值/万元			
2	2002	1000	891.6573		截距:	-954262
3	2003	1200	1368.158		斜率:	477.0979
4	2004	1750	1844.66			
5	2005	2350	2321.161		斜率:	截距:
6	2006	2850	2797.662		477.0979021	-954262
7	2007	3300	3274.163			
8	2008	3700	3750.664		a:	-953064
9	2009	4150	4227.166		b:	476.5012
10	2010	4900	4703.667		MSE:	19222.64
11	2011	5450	5180.168			
12	2012	5600	5656.669		内建函数法预测:	
13	2013	5900	6133.17		6613.636364	
14	2014	6617.4	6609.671		6613.636364	

图 5-18 计算结果

最后,利用单元格 A2:C14 中的数据可以绘制出如图 5-19 所示的线性趋势预测图形。

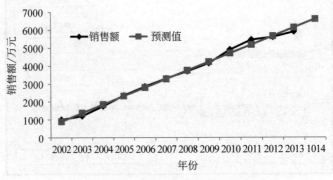

图 5-19 销售额观测值与线性趋势预测值

2. 非线性趋势预测模型

非线性趋势预测可以采用添加趋势线的方法。根据观测值的特点,趋势线可以选择指数曲线、对数曲线、幂曲线以及多项式曲线等。如果数据不含有最适合的趋势线曲线,也可以通过函数的方法获得,在本教材中不介绍这种方法。下面通过一个例子来介绍添加趋势线的方法来获得参数值。

【例 5-4】 某水泥制品厂每年销售水泥的数量如表 5-3 所示,利用表中数据建立一个合适的模型,并预测 2014 年的销量。

表 5-3 水 泥 销 量

年份	销量/万吨	年份	销量/万吨
2005	55	2010	71.7
2006	60	2011	72.5
2007	65.5	2012	73.8
2008	66	2013	75.5
2009	71		

【解】 具体步骤如下。

第一步,将数据在 Excel 中整理好,如图 5-20 中单元格 A1:B10 所示。

第二步,根据图 5-20 中的数据,制作散点图,并添加趋势线,同时选中"显示公式"与"显示 R 平方",如图 5-21 所示。

	A	B
1	年份	销量/万吨
2	2005	55
3	2006	60
4	2007	65.5
5	2008	66
6	2009	71
7	2010	71.7
8	2011	72.5
9	2012	73.8
10	2013	75.5
11	2014	

图 5-20 数据整理

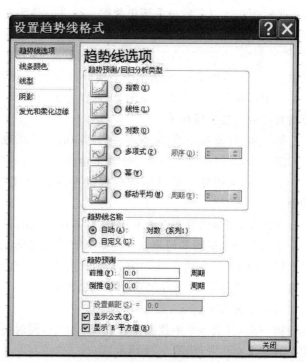

图 5-21 趋势线格式的设置

第三步,单击图 5-22 中的"关闭"按钮,即可得到图 5-23 中所示的趋势线模型及参数值。

第四步,根据图 5-22 中的模型及参数值,在单元格 B11 中输入公式:"＝4792.2 * LN(A11)－36379",即可得到 2014 年的销量预测值,如图 5-23 所示。

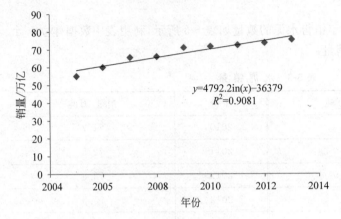

图 5-22　趋势线的方程及 R 平方值　　　　图 5-23　预测结果

四、季节指数预测模型

季节指数是一种以相对数表示的季节变动衡量指标。因为只根据一年或两年的历史数据计算而得的季节变动指标往往含有很大的随机波动因素,故在实际预测中通常需要掌握和运用三年以上的分季历史数据。在进行预测时要对历史数据进行分解,一般选用下面的模型进行分解:

$$Y_t = T_s \times S_t \times I_t \tag{5-7}$$

式中:T_s 表示趋势成分,S_t 表示季节成分,I_t 表示不规则成分。

由于不规则成分的不可预测,因此预测值可表示为趋势成分和季节成分的乘积。季节指数法的一般步骤如下:

第一步,计算每一季(每季度、每月等)的季节指数 S_t。

第二步,用时间序列的每一个观测值除以适当的季节指数,消除季节影响。

第三步,为消除了季节影响的时间序列建立适当的趋势模型,并用这个模型进行预测。

第四步,用预测值乘以季节指数,计算出最终的带季节影响的预测值。

下面举例来说明如何建立和使用季节指数模型。

【例 5-5】　某空调厂 2010 年至 2012 年各个季度空调的销售量如表 5-4 所示,选择一个合适的模型预测 2013 年的各个季度销售数量。

具体步骤如下。

第一步,将表 5-4 中数据整理在 Excel 中,同时将要预测的 2013 年的各个季度数据也整理在 Excel 中,如图 5-24 所示。

第二步,将各个季度的数据制作成折线图,以观察数据的变化情况,如图 5-25 所示。

表 5-4 空调销量数据

年份	季度	销量/万台	年份	季度	销量/万台
2010	1	5.7	2011	3	35.2
	2	22.6		4	10.9
	3	28	2012	1	14.5
	4	6.2		2	32.1
2011	1	11		3	39
	2	27.2		4	15

	A	B	C	D	E	F	G	H	I	J	K	L	M
1	序号	年份	季度	销量(万台)	一次移动平均	中心化的移动平均	季节不规则值	消除季节影响的销量值	趋势预测值	季度预测值		季度	季节指数
2	1	2010	1	5.7								1	
3	2		2	22.6								2	
4	3		3	28								3	
5	4		4	6.2								4	
6	5	2011	1	11									
7	6		2	27.2									
8	7		3	35.2									
9	8		4	10.9									
10	9	2012	1	14.5									
11	10		2	32.1									
12	11		3	39									
13	12		4	15									
14	13	2013	1										
15	14		2										
16	15		3										
17	16		4										

图 5-24 初始数据

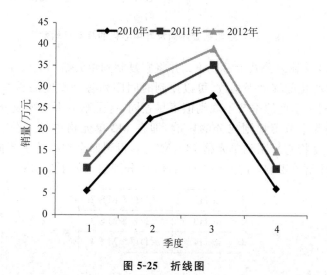

图 5-25 折线图

第五章 经济管理预测模型

从图 5-25 中可以看出,该组数据既有循环成分又有季节成分,因此适合用季节指数模型进行预测。

第三步,计算季节指数值。

将第一个四季度移动平均数放在单元格 E4 中,即在单元格 E4 中输入公式"=AVERAGE(D2:D5)"并将它复制到单元格 E5:E12 内。事实上,每一个移动平均数应该对应在每四个季度的中间位置。由于移动平均跨度是 4,没有中间季度,为了便于表示,将它放在第三个季度对应的单元格里,但它实际上对应的是四个季度的中间位置,而不是时间序列的一个季度。移动平均的目的是消除不规则成分,而计算出来的移动平均数不能直接对应在时间序列的季度上,因此用它们的中间值来解决这个困难,即用第一和第二个移动平均数的均值作为第一年第三季度的移动平均数,第二个和第三个移动平均数的均值作为第一年第四季度的移动平均数,以此类推。这个过程被称为中心化,所得到的结果称为中心化的移动平均数。因此在单元格 F4 中输入公式"=AVERAGE(E4:E5)"并将它复制到单元格 F5:F11 内。

利用单元格 D2:D13、F2:F13 内的数据可以绘制出图 5-26。从图中可以清楚地看到,中心化的移动平均数体现了空调销量的稳定水平,即在一定程度上消除了空调销量时间序列的季节不规则成分。

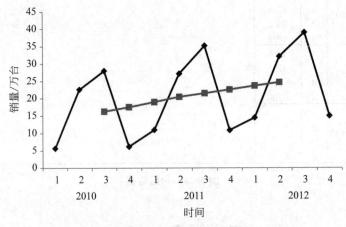

图 5-26　空调销量序列及其中心化的移动平均数

在单元格 G4 中输入公式"=D4/F4"并将它复制到单元格 G5:G11 内,即用每个季度的销售额除以中心化的移动平均数,可以得到时间序列各个季度的季节不规则值。可以看出,不同年份同一季度的季节不规则值不尽相同,这是季节不规则成分引起的。可以计算其平均数来消除季节不规则成分的影响,即在 M2 单元格中输入公式"=AVERAGE(G2,G6,G10)"并将它复制到单元格 M3:M5 内,得到四个季度的季节指数。

第四步,消除季节影响,在单元格 H2:H5 中分别输入如下公式:

in H2	=D2/$M$2
in H3	=D3/$M$3
in H4	=D4/$M$4

| in H5 | =D5/$M$5 |

然后选中单元格 H2:H5,将它们复制到单元格 H6:H13,就可以得到消除季节影响的空调销量序列。

第五步,计算预测值。在单元格 I2 中输入公式"=FORECAST(A2,$H$2:$H$13,$A$2:$A$13)"并将它复制到单元格 I3:I17 内,计算出线性趋势预测值。在单元格 J2:J5 中分别输入如下公式:

in J2	=I2*$M$2
in J3	=I3*$M$3
in J4	=I4*$M$4
in J5	=I5*$M$5

选中单元格 J2:J5 并将它们复制到单元格 J6:J17 内,在线性趋势预测值的基础上乘上季节指数得到最终的预测值。

利用单元格 D2:D13、J2:J17 内的数据可以绘制出图 5-27。可以看出,预测值都落在观测值附近,说明预测很准确。但这可能是因为数据比较规则造成的,并不能说明这个模型本身非常准确。

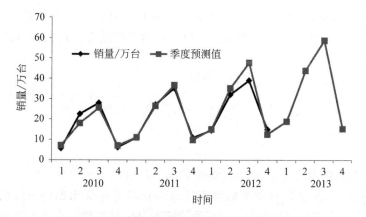

图 5-27 季节指数模型空调销量观测值及预测值

第三节 回归分析法预测

因果预测法注重于寻找时间序列因变量观测值与自变量观测值之间的函数依赖关系,然后利用这种函数关系和自变量的预计值来确定因变量的预测值。常用的回归预测法主要有两大类:线性回归预测法与非线性回归预测法。线性回归预测法主要包括一元线性回归和多元线性,非线性预测比较复杂,选择一个合适的非线性预测模型有时会涉及不少学科与相关的经验知识,这里主要介绍一元非线性预测方法。

一、线性回归分析法

线性回归分析法是指因变量与自变量之间呈现出线性相关的特点。主要有一元线性回归分析与多元线性回归分析两种预测模型。

1. 一元线性回归分析

一元线性回归分析是分析一个因变量与一个自变量之间的线性关系的预测方法。即成对的两个变量数据的散点图呈现出直线趋势时,采用最小二乘法,找到两者之间的经验公式,即一元线性回归预测模型。根据自变量的变化,来估计因变量变化。常用的一元线性回归分析模型为

$$Y = a + bX \tag{5-8}$$

用回归直线方程(5-8)可以针对自变量 X 的任何一个观测值 X_i 计算出对应的因变量预测值 F_i:

$$F_i = a + bX_i$$

这个预测值 F_i 通常与原来的观测值 Y_i 不一样。a、b 的取值要使 Y_i 与 F_i 两者之间的均方误差

$$\text{MSE} = \frac{1}{n}\sum_{i=1}^{n}(F_i - Y_i)^2 = \frac{1}{n}\sum_{i=1}^{n}(a + bX_i - Y_i)^2$$

达到极小。

由于均方误差是 a、b 的函数,所以要使它达到极小,即要使 MSE 对于 a 和 b 的偏导数分别等于零。把这样获得的两个以 a、b 为变量的方程联立求解,就可以求出 a 和 b 的取值,它们分别为

$$a = M_y - bM_x \tag{5-9}$$

$$b = \frac{\sum_{i=1}^{n}(Y_i - M_y)(X_i - M_x)}{\sum_{i=1}^{n}(X_i - M_x)^2} \tag{5-10}$$

式中:M_x 和 M_y 分别为自变量 X_i 和因变量 Y_i 的平均值。

利用公式(5-9)和(5-10),就可以很容易地由观测值计算出回归直线的系数 a 和 b。不过,在应用 Excel 进行回归分析时,因为我们的目标是要使均方误差极小,所以原则上不需代入公式计算,而对于任意的回归拟合曲线,我们可以利用 Excel 的规划求解工具来确定系数值。此外,Excel 还通过一些内建函数和规划求解等分析工具提供了其他一些计算 a 和 b 的方法。这些方法与线性趋势预测模型中介绍的方法相同,这里不再介绍,这里通过一个例题主要介绍用回归分析报告的方法来求解参数 a 和 b。

【例 5-6】 根据统计年鉴的数据,获得城镇单位就业人员工资总额数据如表 5-5 所示。根据表中数据建立国有单位总额与合计总额之间的一元线性回归模型。

【解】 具体操作步骤如下。

第一步,输入数据,将数据整理在工作表的单元格 A1:C21 中,如图 5-28 所示。

第二步,用回归分析报告完成一元线性回归分析。选择"数据"菜单中"数据分析"选项板,然后在出现的数据分析对话框中选中"回归",单击"确定",如图 5-29 所示。

表 5-5 城镇单位就业人员工资总额数据

年份	工资总额/亿元		年份	工资总额/亿元	
	国有单位	合计		国有单位	合计
1995	6172.6	8055.8	2004	11038.2	17615.0
1996	6893.3	8964.4	2005	12291.7	20627.1
1997	7323.9	9602.4	2006	13920.6	24262.3
1998	6934.6	9540.2	2007	16689.1	29471.5
1999	7289.9	10155.9	2008	19487.9	35289.5
2000	7744.9	10954.7	2009	21862.7	40288.2
2001	8515.2	12205.4	2010	24886.4	47269.9
2002	9138.0	13638.1	2011	28954.8	59954.7
2003	9911.9	15329.6	2012	32950.0	70914.2

城镇单位就业人员工资总额		
年份	工资总额/亿元	
	国有单位	合计
1995	6172.6	8055.8
1996	6893.3	8964.4
1997	7323.9	9602.4
1998	6934.6	9540.2
1999	7289.9	10155.9
2000	7744.9	10954.7
2001	8515.2	12205.4
2002	9138.0	13638.1
2003	9911.9	15329.6
2004	11038.2	17615.0
2005	12291.7	20627.1
2006	13920.6	24262.3
2007	16689.1	29471.5
2008	19487.9	35289.5
2009	21862.7	40288.2
2010	24886.4	47269.9
2011	28954.8	59954.7
2012	32950.0	70914.2

图 5-28 城镇单位就业人员工资总额数据

图 5-29 "数据分析"对话框

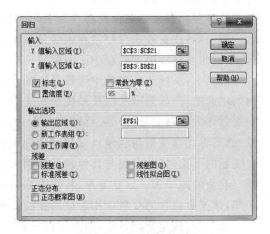

图 5-30 "回归"对话框

在接着弹出的"回归"对话框中按照图 5-30 进行设置,点击"确定"按钮,得到如图 5-31 所示的回归分析结果。

从图 5-31 的单元格 G17:G18 中可以看到参数 a 和 b 的值分别为 -7126.83 与 2.271464,同时从单元格 G5 中可以看到相应的 R 平方值为 0.995067。因此对应的一元线性回归模型为:$Y=-7126.83+2.271464X$。有了一元线性回归模型,可以对任意给

第五章 经济管理预测模型

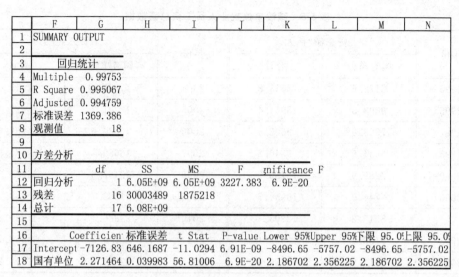

图 5-31 "回归分析"结果

定的 X 值预测出对应的 Y 值。

2. 多元线性回归分析

多元线性回归主要研究一个因变量与多个自变量之间的线性相关关系,多元线性回归模型是最基本的,它的一般形式是:

$$Y = a + b_1 X_1 + b_2 X_2 + \cdots + b_m X_m \tag{5-11}$$

式中:$X_1, X_2, \cdots, X_m$ 是多元回归问题的 m 个自变量;$b_1, b_2, \cdots, b_m$ 是回归方程对应于各自变量的系数,又称偏回归系数。

进行多元线性回归预测涉及如下几个基本步骤。

第一步,获得候选自变量和因变量的观测值。获得观测值的方法在第三章已经介绍过了,因此本章解决的问题中一般假定已经获得了自变量和因变量的观测值。

第二步,从候选自变量中选择合适的自变量。有几种常用的方法,包括逐步回归法、向前增选法、向后删减法以及最优子集法等。本书采用向前增选法,其步骤是:先以候选自变量作为单自变量分别进行回归分析,以 R^2 的值作为评价标准,找到 R^2 最大的自变量,然后将此自变量与其他自变量组合分别进行二元回归分析,找到调整后 R^2 最大的双自变量的子集,将此子集与其他自变量组合分别进行三元回归分析,找到调整后 R^2 最大的三自变量的子集。以此类推,将所进行的回归分析报告做比较,找到调整后 R^2 最大的子集,该子集包含的变量就作为该多元线性回归分析的变量。

第三步,确定回归系数,判断回归方程的拟合优度。根据调整后 R^2 最大的回归分析报告,可以得到回归方程的最优参数和拟合优度。

第四步,根据回归方程进行预测。如果自变量的取值分别为 $X_{1i}, X_{2i}, \cdots, X_{mi}$,那么因变量 Y 的预测值为

$$F_i = a + b_1 X_{1i} + b_2 X_{2i} + \cdots + b_m X_{mi}$$

下面我们通过例子来说明如何进行多元线性回归的预测。

【例 5-7】 根据统计年鉴的数据,获得 1995 年至 2012 年城镇不同性质的单位就业人

员工资总额数据如表 5-6 所示。根据表中数据建立国有单位总额与合计总额之间的多元线性回归模型。

表 5-6 城镇不同性质的单位就业人员工资总额数据

城镇单位就业人员工资总额

年 份	工资总额/亿元			
	国有单位	城镇集体单位	其他单位	合 计
1995	6172.6	1210.6	672.6	8055.8
1996	6893.3	1269.4	801.7	8964.4
1997	7323.9	1283.9	994.5	9602.4
1998	6934.6	1054.9	1550.7	9540.2
1999	7289.9	995.8	1870.1	10155.9
2000	7744.9	950.7	2259.1	10954.7
2001	8515.2	898.5	2791.7	12205.4
2002	9138.0	863.9	2636.2	13638.1
2003	9911.9	867.1	4550.6	15329.6
2004	11038.2	876.2	5700.6	17615.0
2005	12291.7	906.4	7429.0	20627.1
2006	13920.6	983.8	9357.9	24262.3
2007	16689.1	1108.1	11674.3	29471.5
2008	19487.9	1203.2	14598.4	35289.5
2009	21862.7	1273.3	17152.1	40288.2
2010	24886.4	1433.7	20949.7	47269.9
2011	28954.8	1737.4	29262.4	59954.7
2012	32950.0	1990.4	35973.8	70914.2

【解】 具体操作步骤如下。

第一步,整理数据,将数据整理在如图 5-32 所示的 Excel 单元格中。

第二步,分别绘制三个自变量与因变量之间的关系图,如图 5-33 至图 5-34 所示。

第三步,针对每一个候选自变量子集生成回归分析报告。分别进行国有单位、城镇集体单位、其他单位与合计之间的回归分析,再分别进行自变量为{国有单位、城镇集体单位},{国有单位、其他单位},{城镇集体单位、其他单位}与因变量合计之间的回归分析,最后进行所有自变量集与因变量之间的回归分析,所得到的回归分析报告分别见图 5-36 至图 5-42。

第四步,将图 5-36 至图 5-42 中的 R 平方与调整后的 R 平方集中在一起,如图 5-43 所示。

从图 5-43 中找到最大的调整后的 R 平方,且找到与其对应的自变量集合为{国有单位、城镇集体单位、其他单位},因此该数据集对应的三元线性回归模型为

$$Y = -0.05191 + 1.000001X_1 + 1.000069X_2 + 0.999997X_3$$

其中 X_1 代表"国有单位",X_2 代表"城镇集体单位",X_3 代表"其他单位"。

城镇单位就业人员工资总额			
年 份	工资总额/亿元			
	国 有	城镇集体	其 他	合 计
1995	6172.6	1210.6	672.6	8055.8
1996	6893.3	1269.4	801.7	8964.4
1997	7323.9	1283.9	994.5	9602.4
1998	6934.6	1054.9	1550.7	9540.2
1999	7289.9	995.8	1870.1	10155.9
2000	7744.9	950.7	2259.1	10954.7
2001	8515.2	898.5	2791.7	12205.4
2002	9138.0	863.9	3636.2	13638.1
2003	9911.9	867.1	4550.6	15329.6
2004	11038.2	876.2	5700.6	17615.0
2005	12291.7	906.4	7429.0	20627.1
2006	13920.6	983.8	9357.9	24262.3
2007	16689.1	1108.1	11674.3	29471.5
2008	19487.9	1203.2	14598.4	35289.5
2009	21862.7	1273.3	17152.1	40288.2
2010	24886.4	1433.7	20949.7	47269.9
2011	28954.8	1737.4	29262.4	59954.7
2012	32950.0	1990.4	35973.8	70914.2

图 5-32 城镇不同性质的单位就业人员工资总额数据

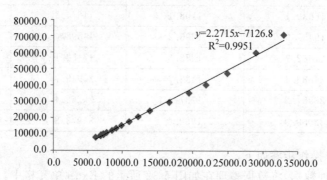

图 5-33 国有单位与合计之间的散点

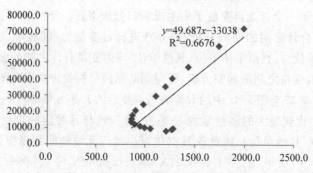

图 5-34 城镇集体单位与合计之间的散点

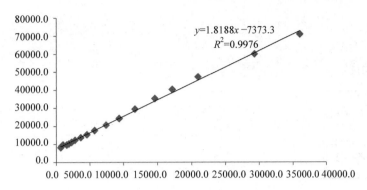

图 5-35　其他单位与合计之间的散点

SUMMARY OUTPUT								
回归统计								
Multiple R	0.99753							
R Square	0.995067							
Adjusted R	0.994759							
标准误差	1369.386							
观测值	18							
方差分析								
	df	SS	MS	F	gnificance F			
回归分析	1	6.05E+09	6.05E+09	3227.383	6.9E-20			
残差	16	30003489	1875218					
总计	17	6.08E+09						
	Coefficien	标准误差	t Stat	P-value	Lower 95%	Upper 95%	下限 95.0%	上限 95.0%
Intercept	-7126.83	646.1687	-11.0294	6.91E-09	-8496.65	-5757.02	-8496.65	-5757.02
国有单位	2.271464	0.039983	56.81006	6.9E-20	2.186702	2.356225	2.186702	2.356225

图 5-36　以"国有单位"为自变量的回归分析报告

SUMMARY OUTPUT								
回归统计								
Multiple R	0.817078							
R Square	0.667616							
Adjusted R	0.646842							
标准误差	11240.49							
观测值	18							
方差分析								
	df	SS	MS	F	gnificance F			
回归分析	1	4.06E+09	4.06E+09	32.13709	3.49E-05			
残差	16	2.02E+09	1.26E+08					
总计	17	6.08E+09						
	Coefficien	标准误差	t Stat	P-value	Lower 95%	Upper 95%	下限 95.0%	上限 95.0%
Intercept	-33038	10519.51	-3.14064	0.006318	-55338.3	-10737.6	-55338.3	-10737.6
城镇集体单位	49.68669	8.764694	5.668959	3.49E-05	31.10637	68.26701	31.10637	68.26701

图 5-37　以"城镇集体单位"为自变量的回归分析报告

第五章　经济管理预测模型

SUMMARY OUTPUT								
回归统计								
Multiple	0.99879							
R Square	0.997581							
Adjusted	0.997429							
标准误差	959.0145							
观测值	18							
方差分析								
	df	SS	MS	F	gnificance F			
回归分析	1	6.07E+09	6.07E+09	6597.018	2.31E-22			
残差	16	14715340	919708.7					
总计	17	6.08E+09						
	Coefficien	标准误差	t Stat	P-value	Lower 95%	Upper 95%	下限 95.0%	上限 95.0%
Intercept	7373.257	310.5935	23.73925	6.71E-14	6714.828	8031.685	6714.828	8031.685
其他单位	1.818773	0.022393	81.22203	2.31E-22	1.771303	1.866243	1.771303	1.866243

图 5-38　以"其他单位"为自变量的回归分析报告

SUMMARY OUTPUT								
回归统计								
Multiple	0.998414							
R Square	0.99683							
Adjusted	0.996407							
标准误差	1133.748							
观测值	18							
方差分析								
	df	SS	MS	F	gnificance F			
回归分析	2	6.06E+09	3.03E+09	2358.347	1.81E-19			
残差	15	19280783	1285386					
总计	17	6.08E+09						
	Coefficien	标准误差	t Stat	P-value	Lower 95%	Upper 95%	下限 95.0%	上限 95.0%
Intercept	-10254.7	1207.894	-8.48974	4.11E-07	-12829.3	-7680.14	-12829.3	-7680.14
国有单位	2.146806	0.054393	39.46821	1.43E-16	2.030869	2.262742	2.030869	2.262742
城镇集体	4.195444	1.452588	2.888255	0.01126	1.099326	7.291562	1.099326	7.291562

图 5-39　以"国有单位、城镇集体单位"为自变量的回归分析报告

SUMMARY OUTPUT								
回归统计								
Multiple	0.999962							
R Square	0.999924							
Adjusted	0.999914							
标准误差	175.2444							
观测值	18							
方差分析								
	df	SS	MS	F	gnificance F			
回归分析	2	6.08E+09	3.04E+09	99014.54	1.24E-31			
残差	15	460658.8	30710.59					
总计	17	6.08E+09						
	Coefficien	标准误差	t Stat	P-value	Lower 95%	Upper 95%	下限 95.0%	上限 95.0%
Intercept	1346.508	285.4356	4.717378	0.000275	738.1161	1954.899	738.1161	1954.899
国有单位	0.934922	0.043395	21.54441	1.07E-12	0.842428	1.027416	0.842428	1.027416
其他单位	1.076335	0.034703	31.01573	5.08E-15	1.002368	1.150303	1.002368	1.150303

图 5-40 以"国有单位、其他单位"为自变量的回归分析报告

SUMMARY OUTPUT								
回归统计								
Multiple	0.998833							
R Square	0.997668							
Adjusted	0.997357							
标准误差	972.3466							
观测值	18							
方差分析								
	df	SS	MS	F	gnificance F			
回归分析	2	6.07E+09	3.03E+09	3208.957	1.81E-20			
残差	15	14181868	945457.9					
总计	17	6.08E+09						
	Coefficien	标准误差	t Stat	P-value	Lower 95%	Upper 95%	下限 95.0%	上限 95.0%
Intercept	8303.569	1277.904	6.497805	1.01E-05	5579.782	11027.36	5579.782	11027.36
城镇集体	-1.0036	1.336055	-0.75116	0.464177	-3.85133	1.844138	-3.85133	1.844138
其他单位	1.843518	0.040008	46.07817	1.42E-17	1.758242	1.928794	1.758242	1.928794

图 5-41 以"城镇集体单位、其他单位"为自变量的回归分析报告

SUMMARY OUTPUT

回归统计	
Multiple R	1
R Square	1
Adjusted R S	1
标准误差	0.031572
观测值	18

方差分析

	df	SS	MS	F	gnificance F
回归分析	3	6.08E+09	2.03E+09	2.03E+12	1.05E-81
残差	14	0.013955	0.000997		
总计	17	6.08E+09			

	Coefficien	标准误差	t Stat	P-value	Lower 95%	Upper 95%	下限 95.0%	上限 95.0%
Intercept	-0.05191	0.081044	-0.64048	0.532202	-0.22573	0.121915	-0.22573	0.121915
国有单位	1.000001	8.38E-06	119277.6	1.87E-64	0.999983	1.000019	0.999983	1.000019
城镇集体单位	1.000069	4.65E-05	21497.19	4.91E-54	0.99997	1.000169	0.99997	1.000169
其他单位	0.999997	7.19E-06	139076.7	2.18E-65	0.999981	1.000012	0.999981	1.000012

图 5-42　以"国有单位、城镇集体单位、其他单位"为自变量的回归分析报告

自变量	R 平方	调整后的R平方
国有单位	0.995067	0.994758559
城镇集体单位	0.667616	0.646841972
其他单位	0.997581	0.997429313
国有单位、城镇集体单位	0.99683	0.996407206
国有单位、其他单位	0.999924	0.999914161
城镇集体单位、其他单位	0.997668	0.997357341
国有单位、城镇集体单位、其他单位	1	1

图 5-43　所有回归分析报告中的 R 平方与调整后的 R 平方

二、一元非线性回归分析法

在一些实际问题中，变量之间的关系大部分并不是呈现出线性关系，而是非线性关系，此时线性回归分析模型就解决不了相应的问题，我们需要去寻找合适的非线性回归分析模型，在 Excel 中自带着几个一元非线性回归分析模型，如果所获得的数据集正好符合这几个模型中的某一个模型的特点，就可以直接使用添加趋势线的方法进行预测，否则需要寻找合适的模型，再通过规划求解法求得最优参数（这个方法在前面的内容中已多次介绍，此处不再赘述），也可以通过变量替换法将其转换成线性模型后再进行预测。本小节通过一个例子分别介绍一元非线性回归分析模型在 Excel 中的添加趋势线的方法和变量替换法的应用。

【例 5-8】　为了分析零售店的销售额与流通率（指每元商品流转额所摊的流通费用）之间的关系，收集了 10 个零售店的相关数据，并整理在表 5-7 中，请根据表 5-7 中的数据，建立合适的模型，并预测一下当销售额为 20 万元时对应的流通率。

表 5-7　销售额与流通率数据

序号	销售额/万元	流通率/%	序号	销售额/万元	流通率/%
1	1.2	6.1	6	15.2	2.4
2	3.3	4.7	7	18.4	2.3
3	7.5	3.8	8	20.8	2.2
4	8.5	3.4	9	22.1	2.1
5	13.1	2.5	10	24.5	1.9

【解】【方法一】　添加趋势线的方法,具体操作步骤如下。

第一步,整理数据,将数据整理在如图 5-44 所示的 Excel 单元格中,并利用这些数据绘制散点图,如图 5-45 所示,从图 5-45 中可以看出,这些数据呈现出幂函数的特点,通过添加趋势线,并选择显示公示,可以看到对应的模型为 $y=7.2335x^{-0.393}$。

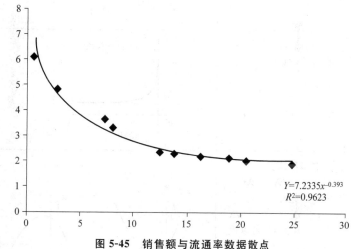

图 5-44　销售额与流通率数据图　　图 5-45　销售额与流通率数据散点

第二步,将 x 的值 20 带入模型 $y=7.2335x^{-0.393}$,即可得到预测值为 2.228659。

【方法二】　变量替换法。

变量替换法的主要目的是将非线性模型转换成一元线性或多元线性模型,再结合多元线性模型的预测方法,就可以预测出所要的结果,常见的几种一元非线性回归模型可以通过表 5-8 中的变化转换成一元或多元线性回归模型。

表 5-8　常用拟合曲线及变量替换方法

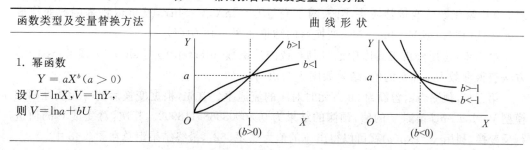

第五章　经济管理预测模型

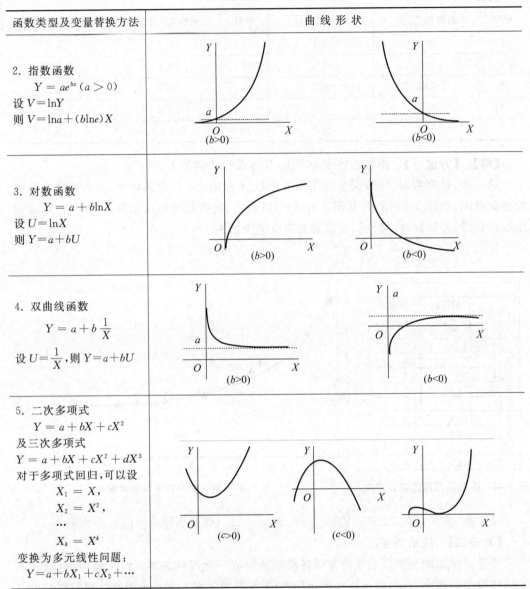

函数类型及变量替换方法	曲线形状	
2. 指数函数 $Y=ae^{bx}(a>0)$ 设 $V=\ln Y$ 则 $V=\ln a+(b\ln e)X$	(b>0)	(b<0)
3. 对数函数 $Y=a+b\ln X$ 设 $U=\ln X$ 则 $Y=a+bU$	(b>0)	(b<0)
4. 双曲线函数 $Y=a+b\dfrac{1}{X}$ 设 $U=\dfrac{1}{X}$,则 $Y=a+bU$	(b>0)	(b<0)
5. 二次多项式 $Y=a+bX+cX^2$ 及三次多项式 $Y=a+bX+cX^2+dX^3$ 对于多项式回归,可以设 $X_1=X$, $X_2=X^2$, … $X_k=X^k$ 变换为多元线性问题: $Y=a+bX_1+cX_2+\cdots$	(c>0) (c<0)	

针对【例 5-8】,运用变量替换法的具体操作过程如下。

第一步,已在方法一中通过添加趋势线得知该数据集满足幂函数的特点,再结合表 5-9 中幂函数的变量替换法,引入两个变量 $U=\ln X$,$V=\ln Y$,就可以将幂函数变换成一元线性回归模型 $V=\ln a+bU$,变换后的结果如图 5-46 中所示。

第二步,运用分析工具库中的"回归"或内建函数 intercept() 与 slope() 或 linest() 等方法获得参数 $\ln a$ 和 b 的值,结果如图 5-47 所示。

第三步,预测当销售额为 20 万元时对应的流通率。首先,根据变换后的一元线性回归模型 $V=\ln a+bU$ 预测 V 的值,预测的结果为 0.800038885118902。其次,对变量 V 的值进行反变换,利用 $y=\exp(v)$ 就可以得出 y 的值为 2.225627,最终结果汇总在图 5-48 中。

	A	B	C	D	E
1	序号	销售额（万元）	$U=\ln X$	流通率（%）	$V=\ln Y$
2	1	1.2	0.1823	6.1	1.8083
3	2	3.3	1.1939	4.7	1.5476
4	3	7.5	2.0149	3.8	1.335
5	4	8.5	2.1401	3.4	1.2238
6	5	13.1	2.5726	2.5	0.9163
7	6	15.2	2.7213	2.4	0.8755
8	7	18.4	2.9124	2.3	0.8329
9	8	20.8	3.035	2.2	0.7885
10	9	22.1	3.0956	2.1	0.7419
11	10	24.5	3.1987	1.9	0.6419

图 5-46　变换的数据集

	G	H
2	$\ln(a)$	1.978723
3	b	-0.39345

图 5-47　$\ln a$ 和 b 的值

	G	H
6	销售额/万元	20
7	v的预测值	0.800039
8	y的预测值	2.225627

图 5-48　预测结果

由图 5-48 中的预测结果可以看到，变量替换法的预测值与方法一中的预测值接近，其实运用变量替换法预测的精度更高些。

第四节　定性预测方法

定性预测方法主要依靠预测人员的经验、知识以及综合分析能力，对预测对象的未来发展前景作出性质和程度上的判断和估计，预测人员的经验越丰富、知识面越广、综合分析能力越强，预测出的结果可信度越高。目前，定性预测方法主要有：推算预测法、集合意见法以及专家调查预测法。

一、推算预测法

推算预测法主要是利用已知数据推算未知数据的一种推算方式。常用的有平衡关系法与类比法。

1. 平衡关系法

平衡关系法是我国计划统计中广泛运用的一种统计方法，主要分析事物之间相互关系。它分析事物之间发展是否平衡，揭示出事物间出现的不平衡状态、性质和原因，指引人们去研究积极平衡的方法，促进事物的发展。根据这个思想可以将社会经济现象数量上的增减变化表现为对等的关系，把影响一事物变动的各个因素指标列举出来，并以数量上的等式关系表示出来，也称平衡关系式。

平衡关系式是用等式表示各相关指标间平衡关系的式子。如，期初库存＋本期入库＝本期出库＋期末库存，资产＝负债＋所有者权益，增加值＝总产出－中间投入。

平衡预测法就是根据在未来平衡关系中已知的量去预测推算未知的量。

平衡预测法主要有如下几个作用：

（1）进行平衡分析，可以反映国民经济运动的总过程，以便及时发现薄弱环节，挖掘经济潜力。

（2）进行平衡分析，可以用来研究国民经济的主要比例关系和宏观经济效果，并对国民经济的发展前景进行预测。

(3) 进行平衡分析,有利于加强企业的经营管理。

(4) 进行平衡分析,可以利用指标间的数量对等关系,根据矛盾对立统一的规律,用来推算数字。

2. 类比法

许多事物尤其是同类事物的变化发展过程中带有某种相似性,类比法也称为对比类推法,就是利用事物之间的这种相似性,把先行事物的发展过程类推到后继事物上去,从而可以对后继事物的前景作出预测的一种方法。类比法的特点是"先比后推"。"比"是类比的基础,既要"比"共同点也要"比"不同点。对象之间的共同点是类比法是否能够施行的前提条件,没有共同点的对象之间是无法进行类比推理的。类比法根据类比目标的不同可以分为产品类比法、地区类比法、行业类比法和局部总体类比法。

(1) 产品类比法。产品类比法是指对产品之间的相似性进行类比的一种方法,很多产品在材质、构造技术、功能等之间都具有相似性,那么这类产品的市场发展规律往往也具有相似性。例如普通空调与变频空调的功能类似,都具有制冷或制热等相似的功能,可以利用普通空调的发展过程来推算变频空调的发展变化趋势。同样的黑白电视机与彩色电视机等。

(2) 地区类比法。地区类比法是根据其他国家或地区曾经发生过的事件进行类比。类似的产品在不同国家或地区发展有先后,可以根据发达国家或领先地区的市场情况来推测落后国家或滞后的市场发展情况。例如,家用汽车,可以根据其在发达国家的家庭普及情况推测我国的发展趋势。

(3) 行业类比法。行业类比法是根据同一产品在不同行业中使用的先后顺序,利用该产品在先使用行业中所呈现出的特性,类推该产品在后使用行业的规律。许多产品的发展是从某一行业市场开始的,然后逐步向其他行业推广。例如计算机的使用和发展,首先是从科研和教育领域开始使用,然后向家用和民用推广。

(4) 局部总体类比法。局部总体类比法是通过典型调查或其他方式进行一些具有代表性的调查,分析市场变化动态及其变化规律,预测和类推全局或全范围的市场变化。例如,要预测电冰箱在农村的发展情况,可以先在某一个代表性地区的农村进行调查分析,了解了该地区的发展情况以后,再以此类推全国的农村发展趋势。

在利用类比法进行推测时,不能简单地进行比较,要注意以下几点:

(1) 要使用同类对象进行类比。世界上具有某些相同属性或相似属性的事物是无穷多的,有的根本是风马牛不相及的,对它们进行类比,会缺少说服力。

(2) 避免单独运用一种类比方法进行论证。最好是与其他的论证方式配合使用,使之起到一种补充和丰富的作用。

(3) 要注意结论的可靠程度。结论只是一种可能,不要绝对化,除非特别有把握的情况。

二、集合意见法

集合意见法是由调查人员召集企业内部或企业外部的相关人员,根据个人对事件的接触、认识、市场信息、资料及经验,对未来市场作出判断预测,并加以综合分析的一种方法。

该方法特别适合于企业预测,适用内容有市场开发、市场容量、产品销售量、市场占有率预测。

使用集合意见法进行预测时,一般包括以下几个步骤:

① 预测组织者根据企业经营管理的要求,向参加预测的有关人员提出预测项目和预测期限的要求,并尽可能提供有关背景资料。

② 参加预测的有关人员根据预测要求及所掌握的背景资料,凭个人经验和分析判断能力,提出各自的预测方案。在此过程中,预测人员应进行必要的定性分析和定量分析。定性分析主要分析历史上生产销售资料,目前市场状态,产品适销对路的情况,商品资源、流通渠道的情况及变化,消费心理变化,顾客流动态势等。定量分析主要确定未来市场需求的几种可能状态(如市场销路好或市场销路差状态),估计各种可能状态出现的主观概率及每种可能状态下的具体销售值。

③ 预测组织者计算有关人员的预测方案的方案期望值。方案期望值等于各种可能状态主观概率与状态值乘积之和。

④ 将参与预测的有关人员分类,如厂长(经理)类、管理职能科室类、业务人员类等,计算各类综合期望值。综合方法一般是采用平均数、加权平均数统计法或中位数统计法。

⑤ 确定最后的预测值。预测组织者将各类人员的综合期望值通过加权平均法等计算出最后的预测值。

【例 5-9】 某企业召开了由销售经理、销售部长、企划部长参与的对下一年度销售情况的会议,预测下一年的销售额。他们的预测估计如表 5-9 所示。

运用集合意见法进行预测,具体步骤如下:

第一步,给出销售经理、销售部长、企划部长的预测估计值,如表 5-9 所示。

表 5-9 销售额预测估计值

预测人员	销售额估计值						权数
	最高销售额/万元	概率/%	最可能销售额/万元	概率/%	最低销售额/万元	概率/%	
销售经理	5000	30	4900	45	4000	25	0.4
销售部长	4500	35	4300	50	3800	25	0.3
企划部长	4800	30	4500	40	4200	20	0.2

第二步,计算各预测人员的方案期望值。

方案期望值等于各种可能状态的销售值与对应的概率乘积之和。

销售经理的预测期望值:
$$5000\times30\%+4900\times45\%+4000\times25\%=4705(万元)$$

销售部长的预测期望值:
$$4500\times35\%+4300\times50\%+3800\times25\%=4675(万元)$$

企划部长的预测期望值：
$$4800\times30\%+4500\times40\%+4200\times20\%=4080(万元)$$

第三步，计算各类人员综合预测值。

根据各自的权重，求出销售经理、销售部长、企划部长的综合预测值。
$$\frac{4705\times0.4+4675\times0.3+4080\times0.2}{0.4+0.3+0.2}=4556.111(万元)$$

第四步，确定最后预测值。

根据第三步的计算结果，可知下一年的销售额预测值为4556.111万元。

集合意见法的主要优点是可以避免个人分析的片面性，但也存在一些不足之处，比如，参与预测的销售部人员可能会考虑到是否利于完成销售任务，在预测时可能会尽量压低预测值以利于销售部门在实际销售过程中完成销售任务。

3. 专家调查预测法

专家调查预测法即德尔菲方法，这种方法是按一定的程序，采用背对背的反复函询的方式，征询专家小组成员的意见，经过几轮的征询与反馈，使各种不同的意见渐趋一致，经汇总和用数理统计方法进行收敛，得出一个比较合理的预测结果供决策者参考。

运用德尔菲方法进行预测，通常包括以下几个步骤。

第一步，确定预测题目，选定专家小组。

确定预测题目也就是明确预测目的和对象，选定专家小组是根据调查的要求，确定调查所要的有关专家，所确定的专家既要包括理论方面的专家，又要包括具有丰富实际工作经验的专家，这样形成的专家小组才能对预测对象提出可信的预测值。专家小组的人数要适度，人数太少没有代表性；人数太多成本高而且组织困难，一般以10~20人为宜。

第二步，制定征询表，准备有关材料。

收集有关此次调查的背景资料，并把这些资料绘制成征询表向有关专家发送，准备的资料应尽量完备，同时还应将填写要求、说明一并设计好，使得专家能够按照统一要求作出预测值。

第三步，将所有专家的修改意见收集起来，汇总，再次分发给各位专家，以便做第二次修改。逐轮收集意见并为专家反馈信息是德尔菲法的主要环节。收集意见和信息反馈一般要经过三四轮。在向专家进行反馈的时候，只给出各种意见，但并不说明发表各种意见的专家的具体姓名。这一过程重复进行，直到每一个专家不再改变自己的意见为止。

第四步，对专家的意见进行综合处理。就是将最后一轮各位专家的预测结果进行归纳处理，得出代表各位专家意见的预测值，然后对预测结果作出评价分析，评定预测方案。常见的预测方法主要有中位数法、算术平均数法和主观概率综合法。

专家调查预测法的特点。①匿名信：由于各位预测者之间不相互见面，因此各位专家的意见独立性较强，较少受到其他专家的影响；②反馈性：该方法需要经过多轮的信息反馈，在每次反馈中使调查组和专家组都可以进行深入研究，使得最终结果基本能够反映专家的基本想法和对信息的认识，所以结果较为客观、可信。小组成员的交流是通过回答组织者的问题来实现的，一般要经过若干轮反馈才能完成预测；③趋同性：这种方法预测的结果在初始阶段比较分散，但是随着一轮又一轮征询的展开，预测结果越来越集中,趋向一致。优点:①能充分发挥各位专家的作用,集思广益,准确性高。②能把各位专家意见的分歧点表达出来,取各家之长,避各家之短。

本 章 小 结

本章主要介绍了几种不同的预测模型,主要包括时间序列预测模型和回归预测模型,时间序列预测模型又主要包括移动平均预测模型、指数平滑预测模型和趋势预测模型;回归预测模型主要包括一元线性回归预测模型、一元非线性回归预测模型和多元线性回归预测模型;最后介绍了定性预测的几种方法。

习 题

1. 某品牌的空调专卖店在2014年的各个月份的销量如表5-10中所示,用表中数据构建移动平均预测模型与指数平滑预测模型预测2015年1月份的销量,并给出这两种模型的最优预测值分别是多少。

表 5-10 空调销量数据

月份	1	2	3	4	5	6	7	8	9	10	11	12
销量/万元	154	146	153	149	152	146	152	148	152	145	154	147

2. 在表5-11中的数据是某省自2008年以来商品的进出口总额情况,根据表中数据选择一个合适的模型预测2015年的进出口总额。

表 5-11 某省进出口总额

年份	2008	2009	2010	2011	2012	2013	2014
进出口总额/亿美元	4100	3659	4987	5013	5520	5635	5840

3. 根据中国统计年鉴,收集1995年至2006年间人口自然增长率(%)、人均GDP(元)、国民总收入(亿元)与居民消费价格指数增长率的数据,整理在表5-12中,根据表中数据选用合适的模型预测下一年的居民消费价格指数增长率。

表 5-12 统 计 数 据

年份	人口自然增长率/%	人均GDP/元	国民总收入/亿元	居民消费价格指数增长率/%
1995	10.55	5046	59811	17.1
1996	10.42	5846	70142	8.3
1997	10.06	6420	78061	2.8
1998	9.14	6796	83024	−0.8
1999	8.18	7159	88479	−1.4

续表

年份	人口自然增长率/%	人均 GDP/元	国民总收入/亿元	居民消费价格指数增长率/%
2000	7.58	7858	98000	0.4
2001	6.95	8622	108068	0.7
2002	6.45	9398	119096	−0.8
2003	6.01	10542	135174	1.2
2004	5.87	12336	159587	3.9
2005	5.89	14040	184089	1.8
2006	5.38	16024	213132	1.5

第六章 优化决策方法

在经济管理过程中,一般通过两种途径提高经济效益:一是技术方面的改进,例如改善生产工艺,使用新设备和新型原材料。二是生产组织与计划的改进,如在资源有限的条件下,如何安排生产计划能获利最大,如何安排运输路线使运营成本最小等,即最优化决策问题。最优化问题是运筹学的一个重要分支,根据其形式又分为数学规划、动态规划和网络规划等。据统计,全球 500 强企业中 85% 都使用规划求解工具。

第一节　最优化问题概述

最优化问题就是在给定条件下寻找最佳方案的问题。最佳的含义有各种各样:成本最小、收益最大、利润最多、距离最短、时间最少、空间最小等,即在资源给定时寻找最好的目标,或在目标确定下使用最少的资源。生产、经营和管理中的几乎所有问题都可以认为是最优化问题,比如产品原材料组合问题、人员安排问题、运输问题、选址问题、资金管理问题、最优定价问题、经济订货量问题、预测模型中的最佳参数确定问题等。

一、最优化问题及其分类

最优化问题的最优化含义有各种各样:成本最小、收益最大、利润最多、距离最短、时间最少、空间最小等,即在资源给定时寻找最好的目标,或在目标确定下使用最少的资源。生产、经营和管理中的几乎所有问题都可以认为是最优化问题,比如产品原材料组合问题、人员指派问题、运输问题、选址问题、经济订货量问题等。

最优化问题根据决策变量在目标函数与约束条件中出现的形式可分为线性规划问题和非线性规划问题。如果决策变量在目标函数与约束条件中只出现 1 次方的形式,即目标函数和约束条件函数都是线性的,则称该规划问题为线性规划问题。如果决策变量在目标函数或者约束条件中出现了 1 次方以外(2 次方、3 次方、指数、对数、三角函数等)的形式,即目标函数或者约束条件函数是非线性的,则称该规划问题为非线性规划问题。线性规划问题是最简单的规划问题,也是最常用的规划问题,可以找到全局最优解。非线性规划问题形式多样,求解复杂,不能保证找到全局最优解,大部分情况下只能找到局部最优解。线性规划问题是非线性规划问题的一种特例。

最优化问题根据决策变量是否要求取整数可分整数规划问题和任意规划问题。整数规划问题中决策变量只能取整数,任意规划问题中决策变量可以取任意值,所以整数规划问题是任意规划问题的一种特殊形式。整数规划问题中如果决策变量只能取 0 或者 1,则称这种特殊的整数规划问题为 0-1 规划问题。

二、最优化问题的数学模型

最优化问题可以用规范的数学形式来表示。假设问题中的决策变量为 x_1、x_2、$\cdots$、x_n，目标变量为 y，目标变量与决策变量之间有函数关系 $y=f(x_1,x_2,\cdots,x_n)$。约束条件可以表示为一组等式或不等式：$s_1(x_1,x_2,\cdots,x_n)\geqslant 0, s_2(x_1,x_2,\cdots,x_n)\geqslant 0,\cdots,s_m(x_1,x_2,\cdots,x_n)\geqslant 0$。则最优化问题可表示为如下的数学形式：

$$\max: y = f(x_1, x_2, \cdots, x_n)$$
$$\text{St}: s_1(x_1, x_2, \cdots, x_n) \geqslant 0$$
$$s_2(x_1, x_2, \cdots, x_n) \geqslant 0 \tag{6-1}$$
$$\cdots$$
$$s_m(x_1, x_2, \cdots, x_n) \geqslant 0$$

对于最小值问题，可以转化为等价的最大值问题。如果约束条件是"$\leqslant$"形式，可以对该约束条件左右两边都乘上"-1"，转化为等价的"$\geqslant$"形式。约束条件也可以是"$=$"运算符形式。在上面的公式中令 $X=(x_1,x_2,\cdots,x_n)$，则最优化问题数学形式可以写成下面的向量形式：

$$\max: y = f(X)$$
$$\text{St}: s_1(X) \geqslant 0$$
$$s_2(X) \geqslant 0 \tag{6-2}$$
$$\cdots$$
$$s_m(X) \geqslant 0$$

决策变量 x_1、x_2、$\cdots$、x_n 的每一个取值组合都称为目标变量 y 的一个解，满足约束条件的解称为可行解，使目标函数达到最大值的解称为最优解。有些问题可以找到真正的最优解，即全局最优解，有些问题只能找到局部范围的最优解，称为局部最优解。

三、最优化问题的求解方法

对于最优化问题，一般可以利用一些专门的数学方法进行求解，比如线性规划问题的单纯形法等。然而这些数学方法如果用手工计算，则步骤烦琐，计算量大，易出错。这时可以借助于计算机的强大运算功能来求解最优化问题。在 Excel 中，对最优化问题可以用规划求解工具和查表法进行求解。这两种解法都要求先在 Excel 中建立问题的决策模型，即用一些单元格代表决策变量，用一个单元格代表目标变量。在目标变量单元格中用公式表示目标函数，用另外一些单元格代表约束条件的左边部分。总的来说，最优化问题可以使用如下的三种方法来求解。

【方法一】 公式法。

分析问题，推导出计算最优解的公式。

【方法二】 用规划求解工具求解。

启动规划求解工具，在规划求解参数对话框中设置目标单元格（目标变量）和可变单元格(决策变量)的地址,设置目标单元格的目标值(最大、最小或者某一特定值),添加约束条件,另外也可以设置一些附加参数。按"求解"按钮,规划求解工具就根据参数设置寻求最优解。

用规划求解工具求解规划问题,有以下特点:

- 规划求解工具使用方便,操作简单;
- 规划求解工具可以求解最多 200 个决策变量的规划问题;
- 规划求解工具可以达到很高的精度;
- 规划求解工具对于线性规划问题可以找到全局最优解,对于非线性规划问题则不能保证;
- 当模型中其他参数发生变化时,规划求解工具不能自动计算出新的最优解,必须重新启动规划求解工具再求解一次。

【方法三】 用查表法求解。

查表法就是利用模拟运算表工具制作决策变量与目标变量的对照表,在该对照表中用 Max 或 Min 函数找出最优目标值,然后用 Index 和 Match 函数可以找出该最优目标值对应的决策变量值,即最优解。

公式法一般适用于可以直接推导出公式的最优解问题,而后两种方法则在公式较难推导或在自己的知识范围内无法获得计算最优解的公式时使用。其中规划求解工具是最有效和最方便的求解工具,应优先考虑使用。当需要动态观察参数变化对最优解的影响时,可以考虑使用查表法。

第二节 线性规划方法

线性规划是合理利用、调配资源的一种应用数学方法。它的基本思路就是在满足一定的约束条件下,使预定的目标达到最优。它的研究内容可归纳为两个方面:一是系统的任务已定,如何合理筹划,精细安排,用最少的资源(人力、物力和财力)去实现这个任务;二是资源的数量已定,如何合理利用、调配,使任务完成得最多。前者是求极小,后者是求极大。线性规划就是要以尽少的资源输入来实现更多的社会需要的产品的产出,它在辅助企业经营决策、计划优化等方面具有重要的作用。

决策变量、约束条件、目标函数是线性规划的三要素。

一、线性规划问题的计算机求解

线性规划是运筹学中的一种数学方法,可以解决实践中的管理问题,注重学以致用。然而很多实际问题利用人工计算要经过长时间的艰苦工作才能完成,甚至根本无法求解,而使用 Excel 则可以方便、简单地解决此类问题。Excel 为展示和分析许多运筹学问题提供了一个功能强大而直观的工具,现已经被广泛应用于管理实践中。

规划求解是 Excel 中的一个加载宏,默认不显示在主选项卡中。Excel 2010 对该宏的加载方法为:单击"文件"选项卡→"选项"→"Excel 选项"→"加载项"→右侧"管理:

Excel 加载项"处的"转到"按钮,如图 6-1 所示,会打开"加载宏"对话框,选中"规划求解加载项",单击"确定"完成加载,如图 6-2 所示。

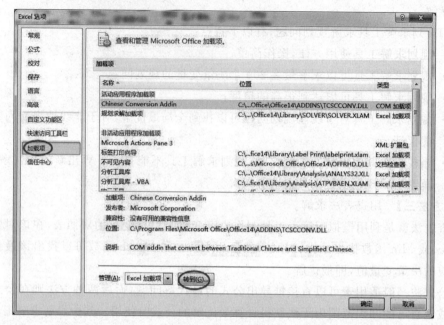

图 6-1　打开加载项

此时,在"数据"选项卡下面会多出一个"分析"组,"分析"组中就包含了"规划求解"工具,如图 6-3 所示。

使用规划求解工具的一般步骤如下。

(1) 选择"数据"→"分析"→"规划求解"命令,打开"规划求解参数"对话框,如图 6-4 所示。

(2) 根据对线性规划问题的分析,在"设置目标"以及它的取值(最大值,或最小值,或目标值)中设置目标值所在的单元格和它的取值,在"通过更改可变单元格"中设置决策变量所在的单元格。

(3) 在"约束条件"中设置约束条件。单击"添加"按钮,打开"添加约束"对话框,如图 6-5 所示。其运算符包括:>=(大于等于)、=(等于)、<=(小于等于)、int(只取整数)和 bin(只取二进制数 0 或 1)五种。

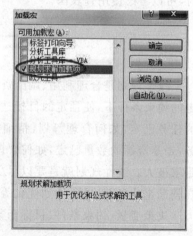

图 6-2　加载规划求解

可以通过反复单击"添加"按钮来设置多个约束条件,单击"确定"按钮返回"规划求解参数"对话框。

(4) 设置好相关数据后,在"规划求解参数"对话框中单击"求解"按钮开始规划求解。

(5) 求解成功后弹出"规划求解结果"对话框,选择"保留规划求解的解",单击"确定"完成规划求解,如图 6-6 所示。

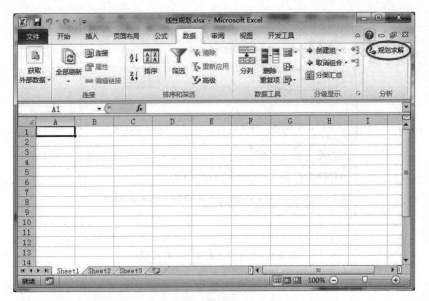

图 6-3 规划求解工具

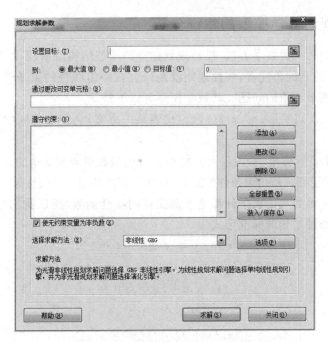

图 6-4 "规划求解参数"对话框

图 6-5 "添加约束"对话框

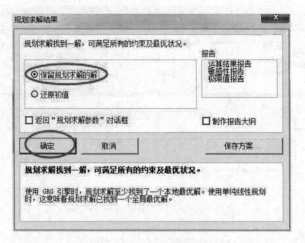

图 6-6 "规划求解结果"对话框

注意：有些约束条件必须在正确设置决策变量（通过更改可变单元格）后才可以正确添加，否则软件会报错。

二、线性规划数学模型的特征分析

作为运筹学中的一种数学方法，线性规划建立的模型结构简单，不需要很深的数学基础，容易掌握。从数学的角度看，线性规划就是研究在一组线性约束条件下，求解一个线性函数的极大值或极小值的问题。其数学模型有以下特征。

(1) 都有一组未知变量 $(x_1,x_2,\cdots,x_n)$ 代表某一方案，它们取不同的非负值，代表不同的具体方案。

(2) 都有一个目标要求，实现极大或极小。目标函数用未知变量的线性函数表示。

(3) 未知变量受到一组约束条件的限制，这些约束条件用一组线性等式或不等式表示。

正是由于目标函数和约束条件都是未知变量的线性函数，所以我们把这类问题称为线性规划问题。线性规划的标准形式为

$$
\begin{aligned}
\max/\min: & \ y = f(x_1,x_2,\cdots,x_n) \\
St: & \ s_1(x_1,x_2,\cdots,x_n) \geqslant 0 \\
& \ s_2(x_1,x_2,\cdots,x_n) \geqslant 0 \\
& \ \cdots \\
& \ s_m(x_1,x_2,\cdots,x_n) \geqslant 0
\end{aligned}
\tag{6-3}
$$

其中，y 为目标变量，$x_1,x_2,\cdots,x_n$ 为决策变量，St 为约束条件。目标函数 $y=f(x_1,x_2,\cdots,x_n)$ 及约束条件 St 都是线性的。如果其中某一项为非线性关系，就称为非线性规划。

第三节 线性规划模型应用

线性规划简单、实用等特点，使得它在现实生活中得以广泛应用。常见的规划问题有生产计划问题、运输问题、人员指派问题、投资问题等。

一、生产计划问题

在企业生产过程中,生产计划安排直接影响到企业的经济效益,而生产计划本质就是在目标一定时,对于人力、时间和物质资源的优化配置问题。生产型企业如何进行计划安排,如何使用现有资源,要考虑到企业的生产能力,资源的拥有量以及拟生产产品的单件利润等因素。

生产计划问题是经济和管理中经常遇到的问题,例如在保证满足产品不同成分含量需求的情况下,安排不同原材料的配置,使得总成本最小;或者在原材料、工时等总量有限的情况下,安排不同产品不同产能,使得总利润最大。

1. 问题描述

【例 6-1】 在现代化的大型畜牧业中,经常使用工业生产的饲料。设某种饲料由四种原料 B1,B2,B3,B4 混合而成,要求它含有三种成分(如维生素、抗生素等)A1,A2,A3 的数量分别不少于 25、36、40 个单位(这些单位可以互不相同),各种原料的每百公斤中含三种成分的数量及各种原料的单价如表 6-1 所示。应如何配料,使合成饲料(产品)既含有足够的所需成分,又使成本最低。

表 6-1 原料及单价表

成 分	B1	B2	B3	B4	产品含成分需要量
A1	2	1	3	4	25
A2	3	2	4	5	36
A3	1	3	5	7	40
单价(元/百公斤)	12	13	14	11	

2. 建模步骤

【分析】 设总成本为 y,每百公斤中原材料 B1 的含量为 x_1,B2 的含量为 x_2,B3 的含量为 x_3,B4 的含量为 x_4,则上述配料问题的数学模型为

$$\begin{aligned} \min: y &= 12x_1 + 13x_2 + 14x_3 + 11x_4 \\ \text{St}: 2x_1 + x_2 + 3x_3 + 4x_4 &\geq 25 \\ 3x_1 + 2x_2 + 4x_3 + 5x_4 &\geq 36 \\ x_1 + 3x_2 + 5x_3 + 7x_4 &\geq 40 \\ x_1, x_2, x_3, x_4 &\geq 0 \end{aligned} \quad (6\text{-}4)$$

由以上的数学模型可以看出,这是一个线性规划问题,可以用 Excel 2010 的规划求解工具求解。过程如下。

【解】 (1)建立 4 种原料混合安排的规划模型,如图 6-7 所示,使之适合于用规划求解工具求解。搭建模型,输入标签和已知的数据,空白单元格为需要计算数据的单元格。"需要量"列可以放于任意位置,此处放在 H 列,是为了方便后面的计算。I4:I6 为 3 种成分的最低需要量。

(2)规划求解的过程是一个迭代的过程,所以可以假设初始时每百公斤饲料中 4 种原料的配置为 1 个单位(可以假设为任意值,为了方便计算和检验,一般假设均为 1 个单位),因此分别在 D8:G8 中输入 1,如图 6-8 所示。

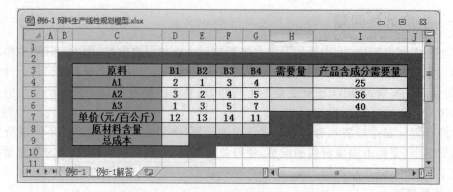

图 6-7 计算模型构建(1)

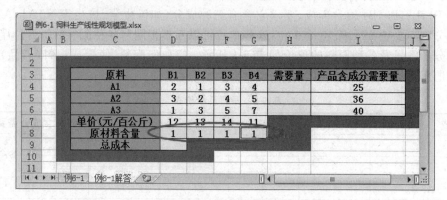

图 6-8 计算模型构建(2)

(3) 使用公式或函数,计算 3 种成分对应的需要量和总成本的值。成分 A1 的需要量单元格 H4=SUMPRODUCT(D4:G4,$D$8:$G$8),A2 的需要量单元格 H5=SUMPRODUCT(D5:G5,$D$8:$G$8),A3 的需要量单元格 H6=SUMPRODUCT(D6:G6,$D$8:$G$8),总成本单元格 D9=SUMPRODUCT(D7:G7,D8:G8),如图 6-9 所示。

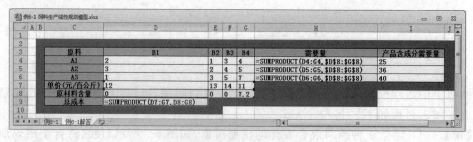

图 6-9 计算模型构建(3)

得到如图 6-10 所示的整个模型的初始值。

(4) 单击"数据"→"分析"→"规划求解",打开如图 6-4 所示的"规划求解参数"对话框。

根据题意,需要求解总成本的最小值,因此目标变量为总成本(即 $D$9 单元格),设置为最小值,决策变量为 4 种原料的配量(即 $D$8:$G$8 单元格)。并且要受到 A1、

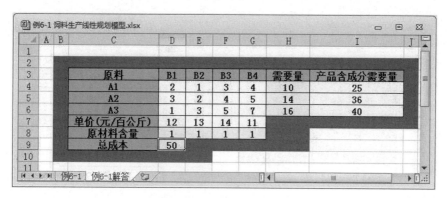

图 6-10 计算模型构建（4）

A2、A3 三种成分的需要量的约束,三种成分的需要量不能少于最低需要量（即 \$H\$4：\$H\$6>=\$I\$4：\$I\$6),以及 4 种原料的配量为非负数（即 \$D\$8：\$G\$8>=0）。同时,由于本题是线性规划问题,所以在"选择求解法"组合框中选"单纯线性规划"。上述的参数设置如图 6-11 所示。

图 6-11 参数设置

(5) 单击"求解"按钮,规划求解工具开始进行计算,计算完成后会弹出如图 6-6 所示的"规划求解结果"对话框,单击"确定"按钮,求解完毕。此时原料 B1,B2,B3,B4 分别为 0,0,0,7.2,最小总成本为 79.2,如图 6-12 所示。

注意：规划求解工具只能保持最近一次使用时所设置的参数,而在求解最优化问题

第六章 优化决策方法

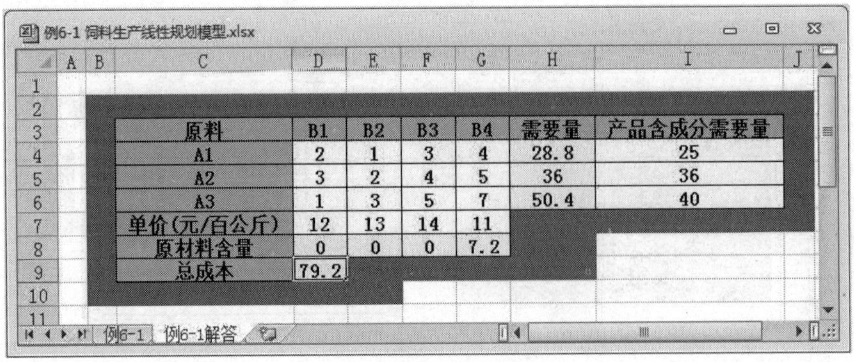

图 6-12 规划求解结果

的过程中可能要多次使用它来求解不同的问题。为了能把每次使用时所设置的参数保存下来，可以在"规划求解参数"对话框中单击"装入/保存"按钮，在弹出的"装入/保存模型"中填入要保存模型的起始位置。如图 6-13 表示要将参数保存在从单元格 C13 开始的区域中，按"保存"按钮即可。以后要使用已保存好的参数模型求解，只要单击"装入"按钮，就能获取所保存的参数。

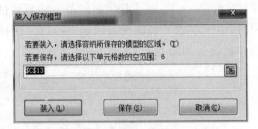

图 6-13 装入/保存模型对话框

最后的结果如图 6-14 所示。

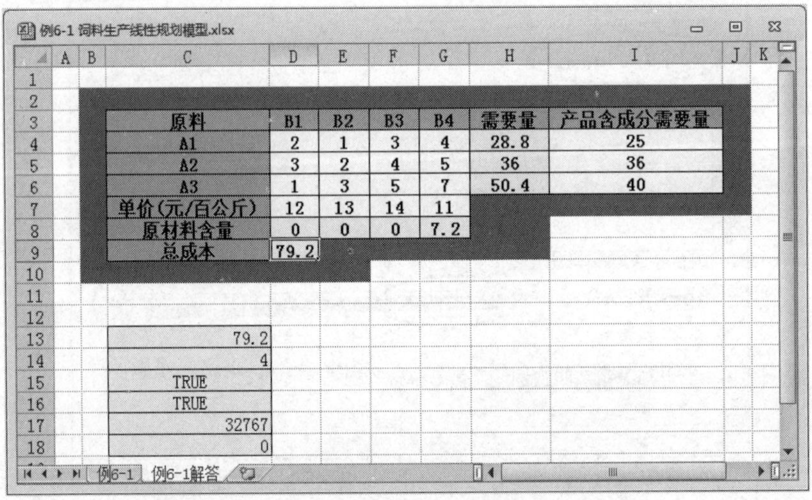

图 6-14 保存参数结果

其中，C13 表示目标单元格为 $D$9，取最小值，其结果为 79.2；C14 表示可变单元格为 $D$8:$G$8 这 4 个单元格；C15、C16 分别表示所设置的约束条件，如 $H$4：$H$6>=$I$4:$I$6 表示 3 种成分的含量必须大于等于最低含量，TURE 表示该条件在求解过程中得到满足；C17、C18 为求解过程中所使用的一些参数，如数字 32767 表示迭代了 32767 次后得到了最优解。

单击"公式"→"公式审核"→"显示公式",可以看见 C13～C18 对应的公式如图 6-15 所示。

79.2	=MIN($D$9)
4	=COUNT($D$8:$G$8)
TRUE	=$D$8:$G$8>=0
TRUE	=$H$4:$H$6>=$I$4:$I$6
32767	={32767, 32767, 0.000001, 0.01, TRUE, FALSE, TRUE, 1, 1, 1, 0.0001, FALSE}
0	={0, 0, 2, 100, 0, FALSE, TRUE, 0.075, 0, 0, FALSE, 30}

图 6-15 保存模型及其参数的表达式

【例 6-2】 某中药厂用当归做原料制成当归丸和当归膏。生产一盒当归丸需要 5 个工时和 2 千克当归原料,获利 5 元;生产一瓶当归膏需要 2 个工时和 5 千克当归原料,获利 3 元。工程可供的总工时为 4000 个,当归原料为 5800 千克。为避免当归原料存放时间长而变质,要求把这 5800 千克的当归原料都用掉。问工厂应如何安排生产,使得总获利最大?

【解】 (1) 根据题意,这是一个线性规划问题。在 Excel 中建立 2 种产品产量安排的规划模型,初始时假设 2 种产品的产量各为 1 个单位,如图 6-16 所示。

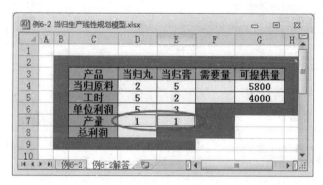

图 6-16 计算模型

(2) 分别计算出此时当归原料的实际需求量、工时的实际需求量以及总利润值。其中当归原料的需求量单元格 F4=SUMPRODUCT(D4:E4,$D$7:$E$7),工时的需求量单元格 F5=SUMPRODUCT(D5:E5,$D$7:$E$7),总利润单元格 D8=SUMPRODUCT(D6:E6,D7:E7)。对应的表达式如图 6-17 所示。

图 6-17 计算模型的表达式

(3) 打开规划求解工具,设置目标单元格为 $D$8,其值设为最大值;决策变量对应的可变单元格为 $D$7:$E$7;约束条件为当归原料和工时的需求量不能超过可提供的量

($F$4:$F$5<=$G$4:$G$5),2种产品的产量不能小于0($D$7:$E$7>=0),而且必须为整数($D$7:$E$7=整数),设置方法如图6-18所示。

图 6-18 整数约束设置

规划求解参数设置如图6-19所示。

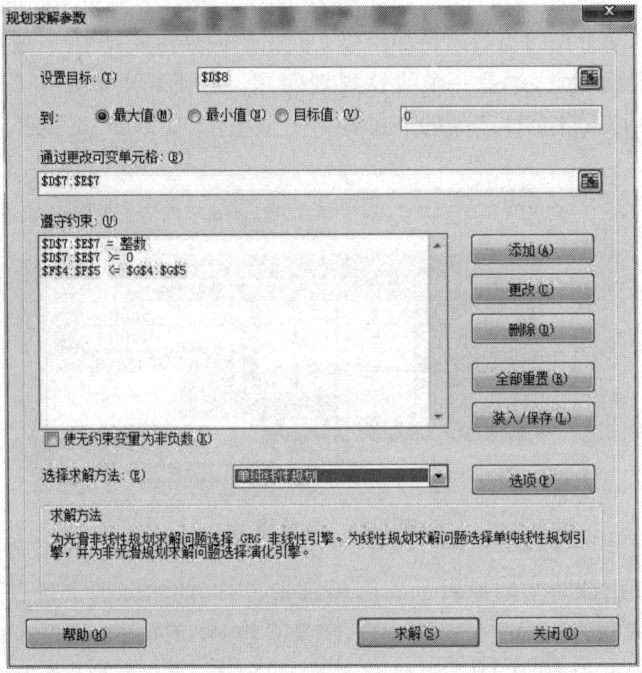

图 6-19 参数设置

(4) 求解结果如图6-20所示,此时当归丸和当归膏的产量分别为400千克和1000千克,最大利润为5000元。并把参数保存在从单元格C12开始的区域中。

注意：本例与例6-1同样是生产计划的线性规划问题,但两者之间的最根本的区别在于本题的约束条件中包含有整数约束,即本题的2种产品的产量(决策变量)必须是整数,因此这是一个整数规划问题。而例6-1中则没有整数约束,是任意规划问题。

整数规划问题是规划问题的一种特殊形式。为了得到问题的整数解,对得到的任意解进行四舍五入化整是不可取的。化整后的解可能根本不是问题的解,或者不是问题的最优解。所以必须在建立模型进行计算的过程中就加入整数约束条件,这样得到的解才是整数形式的最优解。

判断一个问题是任意规划问题,还是整数规划问题(添加整数约束),还是0-1规划

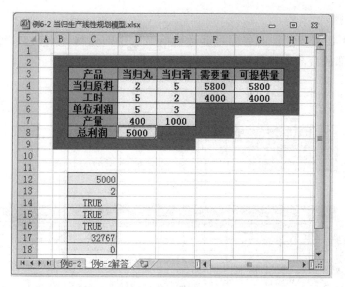

图 6-20 规划求解结果

问题(添加二进制约束),需要自己根据题意进行分析,根据实际情况得出结论。如机器的台数、完成工作的人数、计价计量时必须以整箱(整包)为单位的物品、建筑物的个数等,都要求解答必须是整数。

二、运输问题

运输问题,解决的是已知产地的供应量、销地的需求量及运输单价,如何寻找总配送成本最低的方案。

运输问题的条件包括需求假设和成本假设。需求假设指每一个产地都有一个固定的供应量,所有的供应量都必须配送到目的地。与之类似,每一个目的地都有一个固定的需求量,整个需求量都必须由出发地满足;成本假设指从任何一个产地到任何一个销地的货物配送成本和所配送的数量成线性比例关系。

1. 问题描述

【例 6-3】 某电器公司有 3 个工厂(工厂 1、工厂 2、工厂 3),生产同一种液晶电视机,供应该公司的 4 个销售门市部。各工厂的生产能力分别为 50 台、60 台、50 台,4 个门市部(门市部 A、门市部 B、门市部 C、门市部 D)的日销量分别为 40 台、40 台、60 台、20 台。从各工厂运往各个门市部的费用如表 6-2 所示,该公司怎样安排生产和运输,能使得总运费最小?要求各工厂的实际供给量不能超过其产能,同时又要满足各门市部的需求。

表 6-2 运输费用表

每台运费	门市部 A	门市部 B	门市部 C	门市部 D
工厂 1	9	12	9	6
工厂 2	7	3	7	7
工厂 3	6	5	9	11

2. 建模步骤

【解】(1) 建立各工厂向各门市部运输液晶电视的运输规划模型,初始时假设各工厂运往各门市部的液晶电视都为 1 台,如图 6-21 所示。

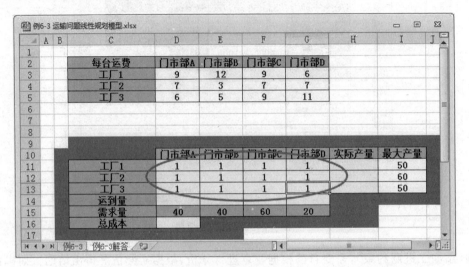

图 6-21 计算模型构建

(2) 分别计算出各工厂的实际运出量(实际产量)、各门市部的运到量以及总的运输费用。其中总运输费等于每条路径的单位运费乘以通过该路径运输的液晶电视的台数的总和,对应的单元格 D16＝SUMPRODUCT(D3:G5,D11:G13)。各相关单元格的计算表达式如图 6-22 所示。

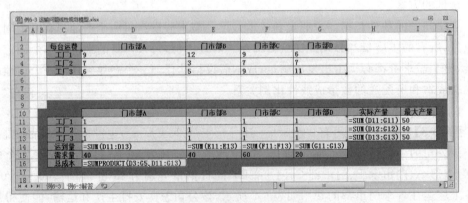

图 6-22 计算模型的表达式

(3) 打开规划求解工具,设置目标单元格为 \$D\$16,其值设为最小值;决策变量对应的可变单元格为 \$D\$11:\$G\$13;约束条件为各工厂的实际产量小于等于它的最大产量(\$H\$11:\$H\$13＜＝\$I\$11:\$I\$13);各门市部的运到量等于它的需求量(\$D\$14:\$G\$14＝\$D\$15:\$G\$15);由于运输的是液晶电视,按台计费,所以运输量要大于等于 0(\$D\$11:\$G\$13＞＝0),而且必须为整数(\$D\$11:\$G\$13＝整数),设置方法参考例 6-2。

规划求解参数设置如图 6-23 所示。

图 6-23 参数设置

（4）求解结果如图 6-24 所示，此时的最低总运费为 980 元。并把参数保存在从单元格 C20 开始的区域中。

	A	B	C	D	E	F	G	H	I	J
1										
2			每台运费	门市部A	门市部B	门市部C	门市部D			
3			工厂1	9	12	9	6			
4			工厂2	7	3	7	7			
5			工厂3	6	5	9	11			
6										
7										
8										
9										
10				门市部A	门市部B	门市部C	门市部D	实际产量	最大产量	
11			工厂1	0	0	30	20	50	50	
12			工厂2	0	40	20	0	60	60	
13			工厂3	40	0	10	0	50	50	
14			运到量	40	40	60	20			
15			需求量	40	40	60	20			
16			总成本	980						
17										
18										
19										
20				980						
21				12						
22				TRUE						
23				TRUE						
24				TRUE						
25				TRUE						
26				32767						
27				0						

图 6-24 规划求解结果

三、选址问题

1. 问题描述

【例6-4】 某移动通信公司准备在某一城市建立发射塔,该城有4个地区,现有4个建塔位置,每个位置对各地区的覆盖情况和费用如表6-3所示;该公司怎样选择建塔位置,既能覆盖所有地区,又使总费用最小。

表6-3 覆盖情况和费用

覆盖	位置1	位置2	位置3	位置4
地区A	1		1	1
地区B		1		
地区C				1
地区D	1	1		
费用	350	400	300	380

2. 建模步骤

【解】 (1) 建立4个地区4个位置的建立发射塔的规划模型,初始时假设每个位置点都建立发射塔,如图6-25所示。

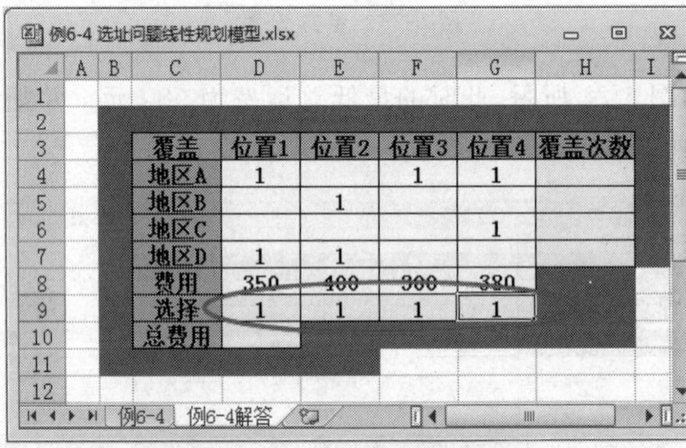

图6-25 计算模型构建

(2) 分别计算出每个地区的覆盖次数以及总费用。其中每个地区的覆盖次数分别为:地区A单元格H4=SUMPRODUCT(D4:G4,$D$9:$G$9),地区B单元格H5=SUMPRODUCT(D5:G5,$D$9:$G$9),地区C单元格H6=SUMPRODUCT(D6:G6,$D$9:$G$9),地区D单元格H7=SUMPRODUCT(D7:G7,$D$9:$G$9),总费用等于每个位置点的基本费用乘以每个位置点的发射塔建立次数的总和,对应的单元格D10=SUMPRODUCT(D8:G8,D9:G9)。各相关单元格的计算表达式如图6-26所示。

(3) 打开规划求解工具,设置目标单元格为$D$10,其值设为最小值;决策变量对应的可变单元格为$D$9:$G$9;约束条件为每个地区都要覆盖($H$4:$H$7>=1);每个位置只能选择建立1个发射塔或不建立发射塔,建立用1表示,不建立用0表示($D$9:$G$9=二进制),设置方法如图6-27所示。

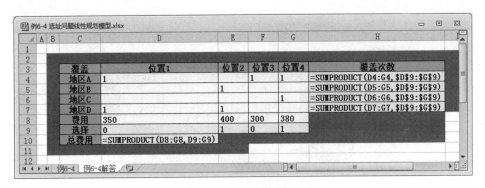

图 6-26 计算模型的表达式

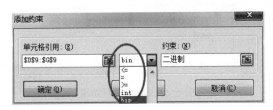

图 6-27 二进制约束设置

规划求解参数设置如图 6-28 所示。

图 6-28 参数设置

(4) 求解结果如图 6-29 所示,此时的最小费用为 780。并把参数保存在从单元格 C14 开始的区域中。

管理决策分析

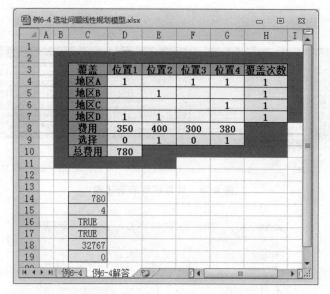

图 6-29 规划求解结果

注意：本例关键是用 0 和 1 表示各位置是否被选中，把问题转化成 0—1 规划问题，并在约束条件中把决策变量限制为二进制，即 0 或 1。

本题是整数规划中的 0—1 规划，因此不能生成运算结果报告、敏感性报告和极限值报告。

四、人员指派问题

人员指派问题，解决的是已知不同的工作人员对不同的任务，有不同的执行效率，如何寻找总的效率最高的方案。

因为工作性质和个人专长的差异，每个人完成各项工作的时间就有所不同，工作效率就不同，于是就会经常遇到这样的问题：指派哪个人完成哪一项工作，可使得总的工作时间最短？

1. 问题描述

【例 6-5】 某项目需要完成 4 项技术检查工作（A、B、C、D），由 4 名技术人员（甲、乙、丙、丁）完成。其中，不同技术人员完成不同检查工作所消耗的时间如表 6-4 所示。该如何安排技术人员担当不同的技术检查工作，使得所消耗的总的时间最小？

表 6-4 时间消耗表

消耗时间/分钟	A	B	C	D
甲	37	43	33	29
乙	33	33	29	26
丙	34	42	40	30
丁	37	35	30	29

2．建模步骤

【解】（1）建立4名技术人员担当4项不同的技术检查工作的规划模型，初始时假设每个技术人员都担任了4项技术检查工作，如图6-30所示。

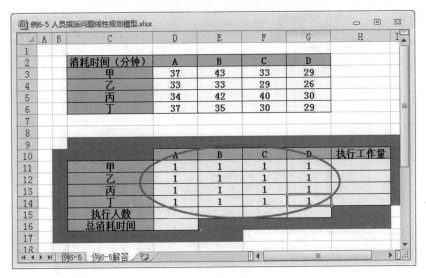

图6-30　计算模型构建

（2）分别计算出每个人的实际执行工作量以及总的消耗时间。其中总消耗时间等于每个人执行每个任务所花费的时间乘以每个人所执行的任务数的总和，对应的单元格C14＝SUMPRODUCT(C3:F6,C10:F13)。各相关单元格的计算表达式如图6-31所示。

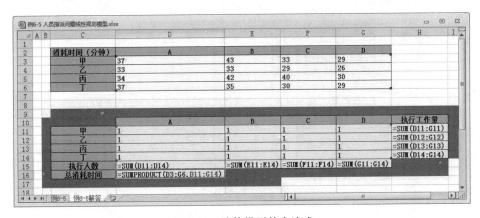

图6-31　计算模型的表达式

（3）打开规划求解工具，设置目标单元格为＄D＄16，其值设为最小值；决策变量对应的可变单元格为＄D＄11:＄G＄14；约束条件为每个技术人员只能执行1项检查工作（＄H＄11:＄H＄14=1）；每项检查工作只能由1个技术人员执行（＄D＄15:＄G＄15＝1）；每个技术员对于某个任务只能选择执行或不执行，执行用1表示，不执行用0表示（＄D＄11:＄G＄14＝二进制）。

规划求解参数设置如图6-32所示。

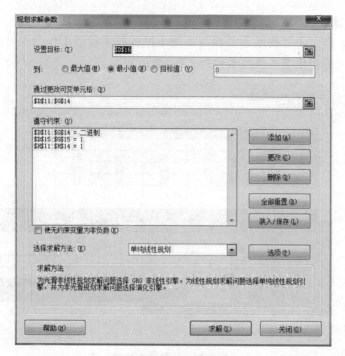

图 6-32 参数设置

(4) 求解结果如图 6-33 所示,此时的最小消耗时间为 126 分钟。并把参数保存在从单元格 C20 开始的区域中。

	C	D	E	F	G	H
2	消耗时间（分钟）	A	B	C	D	
3	甲	37	43	33	29	
4	乙	33	33	29	26	
5	丙	34	42	40	30	
6	丁	37	35	30	29	
10		A	B	C	D	执行工作量
11	甲	0	0	0	1	1
12	乙	0	1	0	0	1
13	丙	1	0	0	0	1
14	丁	0	0	1	0	1
15	执行人数	1	1	1	1	
16	总消耗时间	126				
20	126					
21	16					
22	TRUE					
23	TRUE					
24	TRUE					
25	32767					
26	0					

图 6-33 规划求解结果

注意：在本例中,技术人员对于某项检查工作,只能选择执行或不执行,不存在其他选项,因此这是一个 0-1 规划问题,在约束条件中需要加入二进制约束。

第四节　非线性规划问题

非线性规划就是一般的规划，只要线性规划问题中的目标函数或约束条件函数不是线性形式，问题就变为非线性规划问题。

用规划求解工具求解非线性规划问题，只需在“规划求解参数”对话框的“选择求解法”组合框中选“非线性 GRG”，其他数据、限制条件的输入和计算方法同线性规划求解。

本章重点讲述线性规划问题的求解，此处只用一个例子说明非线性规划问题的求解过程，即产品混合问题。

【例 6-6】 某公司生产和销售两种产品，两种产品各生产一个单位需要工时 3 小时和 7 小时，用电量 4 千瓦和 5 千瓦，需要原材料 9 公斤和 4 公斤。公司可提供的工时为 300 小时，可提供的用电量为 250 千瓦，可提供的原材料为 420 公斤。两种产品的单价与销量之间存在负的线性关系，分别为 $p_1=3000-50q_1$，$p_2=3250-80q_2$。工时、用电量和原材料的单位成本分别为 10、12 和 50，总固定成本为 10000。假设生产的产品都能销售出去，问该公司怎样安排两种产品的生产量，使所获得的利润最大。

【解】 (1) 假设两种产品各生产 1 各单位，在 Excel 中建立计算工时、用电量、原材料和利润的计算模型，如图 6-34 所示。

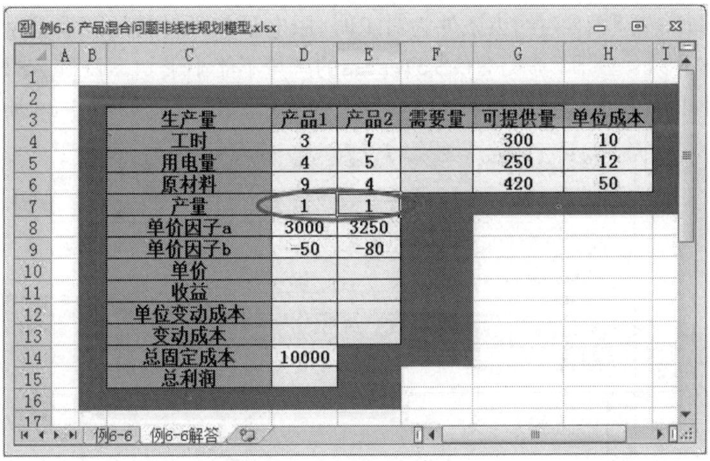

生产量	产品1	产品2	需要量	可提供量	单位成本
工时	3	7		300	10
用电量	4	5		250	12
原材料	9	4		420	50
产量	1	1			
单价因子a	3000	3250			
单价因子b	-50	-80			
单价					
收益					
单位变动成本					
变动成本					
总固定成本	10000				
总利润					

图 6-34　计算模型构建

(2) 分别计算出两种产品的收益和成本，以及总利润。在计算利润时，牵涉到固定成本和变动成本。以生产 1 个单位的产品 1 为例，其变动成本为工时成本 3 * 10，用电量成本 4 * 12，原材料成本 9 * 50，即产品 1 的单位变动成本为 3 * 10＋4 * 12＋9 * 50＝528，对应的单元格 D12＝SUMPRODUCT(D4:D6，$H$4:$H$6)。同样的，D11＝SUMPRODUCT(ER:E6，$H$4:$H$6)。总利润 D15＝D11＋E11－D13－E13－E14，其他各相关单元格的计算表达式如图 6-35 所示。

根据题意，设产品 1、产品 2 的产量分别为 x_1 和 x_2，总利润为 y，则此产品混合问题的数学模型为

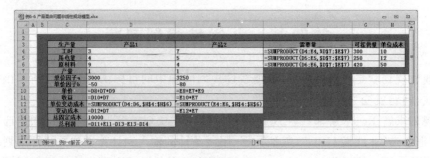

图 6-35 计算模型的表达式

$$\begin{aligned}\max: y &= R - C \\ &= (3000-50x_1)x_1 + (3250-80x_2)x_2 - 528x_1 - 330x_2 - 10000 \\ &= 2472x_1 - 50x_1^2 + 2920x_2 - 80x_2^2 - 10000\end{aligned}$$

$$\text{St}: 3x_1 + 7x_2 \leqslant 300$$
$$4x_1 + 5x_2 \leqslant 250$$
$$9x_1 + 4x_2 \leqslant 420$$
$$x_1, x_2 \geqslant 0$$

由于目标函数为二次函数,因此这个产品混合问题是非线性规划问题。

(3) 打开规划求解工具,设置目标单元格为＄D＄15,其值设为最大值;决策变量对应的可变单元格为＄D＄7:＄E＄7;约束条件为对工时、用电量和原材料的总需求量不能超过可提供量(＄F＄4:＄F＄6<=＄G＄4:＄G＄6);产品的产量不能小于0(＄D＄7:＄E＄7>=0)。

设置"选择求解方位"为"非线性GRG",规划求解参数设置如图6-36所示。

图 6-36 参数设置

(4) 求解结果如图6-37所示,当产品1的产量为24.72、产品2的产量为18.25时,获得最大利润 47199。并把参数保存在从单元格 C19 开始的区域中。

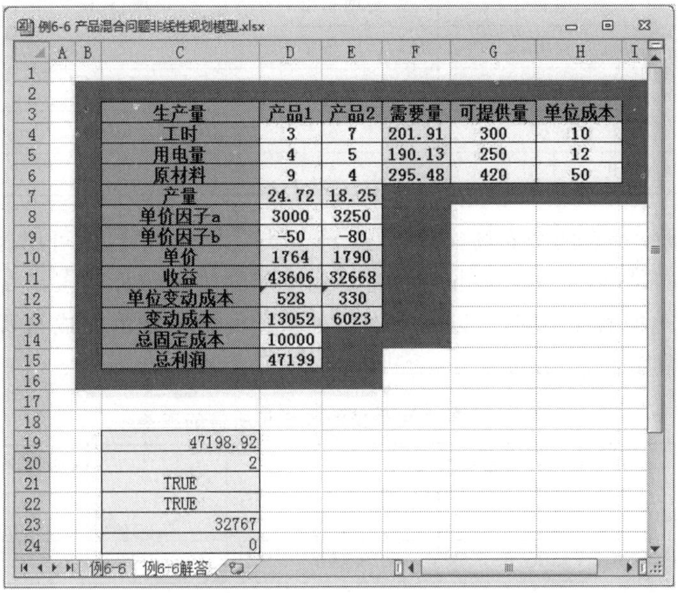
例6-6 产品混合问题非线性规划模型.xlsx

生产量	产品1	产品2	需要量	可提供量	单位成本
工时	3	7	201.91	300	10
用电量	4	5	190.13	250	12
原材料	9	4	295.48	420	50
产量	24.72	18.25			
单价因子a	3000	3250			
单价因子b	-50	-80			
单价	1764	1790			
收益	43606	32668			
单位变动成本	528	330			
变动成本	13052	6023			
总固定成本	10000				
总利润	47199				

47198.92
2
TRUE
TRUE
32767
0

图 6-37　规划求解结果

需要注意的是，对于非线性规划问题，如果有解，其解可能不唯一，即可能存在多解。通过设置不同的初始值，观察每次得到的解是否相同，可以判断这个非线性规划问题是单解问题还是多解问题。

本章小结

最优化决策在各行各业都有着广泛的应用。最优化问题主要有生产计划问题、运输问题、人员指派问题、产品混合问题等。从决策变量的取值分类，有一半规划、整数规划、0—1 规划等；按目标函数或约束条件是否为线性函数分类，可分为线性规划和非线性规划。

本章主要介绍最优化问题的概念和求解方法，重点说明使用 Excel 的规划求解工具对线性规划问题、非线性规划问题、整数规划问题和 0—1 规划问题进行求解的方法。求解时，需要正确设置目标单元格及其目标值、可变单元格、约束条件三个要素。构造一个合适的求解模型，可以有助于方便、高效地用规划求解工具进行求解。

用规划求解工具还能求解非线性规划问题和多目标规划问题。

习　　题

1. 现有四个工程项目正在招标，有四个承包商来投标，他们对于各个工程项目提出的承包费用分别如表 6-5 所示。

试在每个承包商至多可以承包一项工程的前提下确定使总承包费用最省的最优承包方案，再在每个承包商至多可以承包两项工程的前提下确定新的最优承包方案。

表 6-5　承包商提出的承包费用　　　　　　　　　　　　单位：万元

承包商	项目1	项目2	项目3	项目4
承包商1	4	5	6	7
承包商2	2	4	6	8
承包商3	6	6	6	1
承包商4	5	3	4	7

2. 一个农场主拥有两个农场，分别具有 80 亩与 100 亩耕地，他可用这两个农场的全部耕地来种植玉米与小麦。根据市场的需要他今年的生产指标是玉米 20000 斤和小麦 50000 斤。因为土壤条件不同，所以两个农场种植这两种作物的收成与所需要的成本均不相同，具体数据如表 6-6 所示。

表 6-6　玉米和小麦的收成与所需的成本

农场	每亩收成/斤		每亩成本/元	
	玉米	小麦	玉米	小麦
农场1	500	400	100	90
农场2	650	350	120	80

该农场主希望在两个农场中合理安排两项作物的耕种面积（亩数）以便在实现生产指标的前提下使总成本达到极小（但两个农场中两种作物的耕种面积都应为整数）。

3. 某公司要针对一种产品制订三个月生产计划，公司能以正常班生产、加班生产与外加工三种方式来生产该产品，三种方式的每箱成本各为 30 元、40 元与 45 元，三种方式的月生产能力分别为 450 箱、50 箱与 100 箱。在各月需求量不平衡的情况下公司可以将后面月份需要的产品提前安排在前面月份生产并将制成品保存在仓库中，每箱产品每月的存储费用为 0.5 元。一月初该产品尚有库存量 100 箱。现知该产品三个月的需求量分别为 500 箱、650 箱与 700 箱。试确定使总成本最小的最优生产计划（指每个月不同生产方式的生产数量）。

4. 某公司生产 3 种产品（产品 A、产品 B 和产品 C），由部件 1、部件 2、部件 3、部件 4 和部件 5 组成，各产品需要的部件数如表 6-7 所示。

表 6-7　各产品需要的部件数　　　　　　　　　　　　　　　　单位：件

部件	产品A	产品B	产品C
部件1	1	1	0
部件2	1	0	0
部件3	2	2	1
部件4	1	1	0
部件5	2	1	1

各部件的供用量分别为 450、250、800、450 和 600，3 种产品的单位利润分别为 60 元、50 元和 40 元，问该公司怎样安排各产品的生产量，使获得的总利润最大？

第七章 生产管理决策模型

　　生产管理是指相关人员通过对生产活动的计划、组织、指挥、协调与控制，为市场提供合格的产品，并实现企业的运营目标。作为企业经营活动的重要环节，生产管理具有重要的地位，与企业的生存价值具有高度的相关性。网络计划技术以系统论为基础对生产项目进行计划安排，主要的工具为网络图，是一种比较先进的科学管理方法。

　　本章主要介绍 Excel 在生产管理中的应用，包括盈亏平衡分析、生产管理实务中的规划求解问题、生产计划决策、随机需求状态下的资源合理配置以及项目管理中的网络计划技术。

第一节　盈亏平衡点分析

　　盈亏平衡分析法是通过对产品业务量、成本、利润之间相互制约关系的分析，以预测利润，控制成本，进而判断经营状况的一种数学分析方法。该方法通过对盈亏平衡点的推导和计算，实现对项目不确定性的承受能力进行判断，从而为决策提供科学的依据。

　　盈亏平衡分析的出发点在于找出企业销售收入及成本之间处于平衡状态的一个标志，即盈亏平衡点。当销售收入和成本恰好相等时，企业无利润；而当销售收入大于成本时，企业将获得利润。反之则亏损。

一、线性盈亏平衡分析法

　　线性盈亏平衡分析的主要思想在于将企业的总成本和总收益做线性分析，从而确定企业的盈亏平衡点以及各产销水平上的盈亏数额，以支持企业决策，帮助企业获得最大的经济效益。

1. 线性盈亏平衡分析的条件

　　线性盈亏平衡分析是比较理想的状态，模型中的收入、成本和利润均呈线性关系，在一般情况下，线性盈亏平衡分析需要满足五个基本条件。

　　（1）产品的固定成本与单位售价在销售期间保持不变。

　　（2）产品的变动成本是产销量的正线性函数。

　　（3）产品的产量与销售量相等，即生产的所有产品均能够销售出去。

　　（4）产品销售总收入和生产总成本是产品产量的线性函数。

　　（5）计算所使用的各种数据是正常生产年度的数据。

2. 线性盈亏平衡分析的数学模型

　　在线性盈亏平衡分析中，成本被划分为固定成本和变动成本，其中，固定成本是短期内不发生变化的成本，如厂房、设备、固定资产折旧等；而变动成本是随产量的增加而实时变动的成本,如原材料成本、能源费用以及计件工资等。线性盈亏平衡分析中各符号所代表的含义如表 7-1 所示。

表 7-1 线性盈亏平衡分析各符号含义

符号	含 义	符号	含 义
R	总收益	C_1	单位产品的变动成本
S	销售收入	Q	销售量
C	总成本	P	单位产品价格
C_0	固定成本		

(1) 线性盈亏平衡分析图

在同一坐标图中表示线性盈亏平衡关系,用纵坐标表示销售收入与产品成本,横坐标表示产品产量,销售收入线 S 与总成本线 C 的交点即为盈亏平衡点,也就是产品盈利与亏损的临界点,如图 7-1 所示。

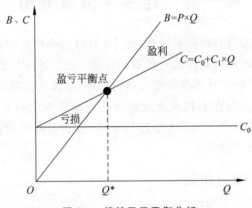

图 7-1 线性盈亏平衡分析

在盈亏平衡点的左边,总成本大于销售收入,产品的销售会亏损,在盈亏平衡点的右边,销售收入大于总成本,产品的销售会盈利。

(2) 线性盈亏平衡分析数学表达式

盈亏关系用数学定量公式表示为

企业利润＝销售收入－总成本费用＝单价×销售量－(固定成本＋单位变动成本×销售量)

即

$$R(Q) = S(Q) - C(Q) = P \times Q - (C_0 + C_1 \times Q) \tag{7-1}$$

当产品单价和单位变动成本为固定数值的时候,上式即线性盈亏平衡分析模型,由上式可得,达到目标利润 R 时的销售量:

$$Q = \frac{C_0 + R}{P - C_1} \tag{7-2}$$

当 $R=0$ 时,得盈亏平衡点:

$$Q^* = \frac{C_0}{P - C_1} \tag{7-3}$$

等式两边乘上产品单价 P，得盈亏平衡时的销售收入：

$$S^* = \frac{C_0}{1 - \frac{C_1}{P}} \tag{7-4}$$

3. 线性盈亏平衡分析的应用

【例 7-1】 某公司拟生产一批产品，生产后产品售价为 50 元/件，在成本方面，固定成本为 54000 元，单位产品变动成本为 23 元，计算线性盈亏平衡点。

在本例中，应用到盈亏平衡点公式，即公式 7-3 和公式 7-4，其中，$C_0 = 54000$，$C_1 = 23$，$P = 50$，设目标利润为 18000，则根据公式，利用 Excel 计算盈亏平衡点的步骤如下。

第一步：在单元格 A2：A6 中分别输入已知条件和需要求解的参数。

第二步：根据盈亏平衡点的公式 7-3，在单元格 B2 中输入公式"＝54000/(50－23)"。

第三步：根据销售收入的公式 7-4，在单元格 B3 中输入公式"＝54000/(1－23/50)"。

第四步：计算目标利润，在 B4 单元格中输入目标利润 18000。

第五步：根据公式 7-3，在 B5 单元格中输入公式"＝(54000＋B4)/(50－23)"。

第六步：用单位售价乘以目标销售量，得到目标销售额，即在 B6 单元格中输入"＝50＊B5"。

第七步：将 B2：B6 单元格选中，用 Ctrl＋C 进行复制，然后选中 C2：C6 单元格，在粘贴选项中选择粘贴值，得到计算结果，如图 7-2 所示。

	A	B	C
1		线性盈亏平衡点的计算	
2	盈亏平衡点 Q^*	=54000/(50-23)	=2000
3	保本点销售额	=54000/(1-23/50)	=100000
4	目标利润	18000	
5	目标销售量	=(54000+B4)/(50-23)	=2666.67
6	目标销售额	=50*B5	=133333.33

图 7-2 线性盈亏平衡分析的操作

二、非线性盈亏平衡分析法

线性盈亏平衡分析法是以数量作为起点，通过本、量、利之间的数量关系来计算目标利润，要求相关范围内的售价、单位变动成本、固定成本总额不变，利润随着销量增加而增加，并呈线性关系。而在现实中，当销量超出相关范围时，单位变动成本会呈现出一定的下降趋势，此时成本与销量之间的线性关系就会被打破。此外，在企业销量不断增加时，原有的价、量平衡关系也不再存在，企业为扩大销量必然采取降价或扩大宣传的措施，因此，销售收入与产量就呈非线性关系。

1. 非线性盈亏平衡分析图

在非线性盈亏平衡分析法中，产品成本结构中的变动成本将呈非线性变化，市场售价也是波动的，因此，利润也会随销售量呈现非线性变化，如图 7-3 所示。

2. 非线性盈亏平衡分析数学模型

在非线性盈亏平衡分析中，有两个盈亏平衡点，$Q^*_{下}$ 和 $Q^*_{上}$，盈利区位于二者之间，即当产量大于 $Q^*_{下}$ 并小于 $Q^*_{上}$ 时，企业所生产的产品是盈利的，而当产量小于 $Q^*_{下}$ 或大于 $Q^*_{上}$ 时，企业则亏损。但是，从图 7-3 可以看出，在盈利区范围内，不同的产量所获得的利润是不同的，因此，应确定一个企业的最大利润产量，使企业能够获得最大的利润。

由利润函数可知，$R(Q) = S(Q) - C(Q)$，要得到利润最大的产量，只要对利润函数中

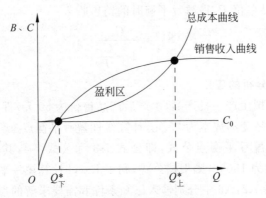

图 7-3 非线性盈亏平衡分析

的自变量 Q 求导数,并令其为零,求出自变量即可。即

令 $R'(Q)=S'(Q)-C'(Q)=0$,得 $S'(Q)=C'(Q)$,据此所求得的 Q 值即为产品的盈亏平衡点。这种计算方法符合最大利润原则,即当边际收益同编辑成本相等时的产量可获得最大利润。

3. 单变量求解与规划求解

(1) 单变量求解与规划求解的步骤

单变量求解在假定公式取值的前提下,求得变量所引用的单元格取值的方法,结合规划求解,可以求得盈亏平衡点的取值,其步骤如下。

① 确定总成本函数和销售收入函数,并确定利润函数。

② 求盈亏平衡点,即当利润额为零时的产销量 Q。

③ 在 Excel 中进入"工具"中"单变量求解"对话框,键入目标单元格、目标值和可变单元格,点击确定即可求解。

④ 利用 Excel 中的"规划求解"功能,在不计算盈利函数导数的前提下即可求得利润最大的产量。

(2) 单变量求解与规划求解的应用

【例 7-2】某公司拟生产一批产品,产品售价 60 元/件,固定成本 60000 元,单位产品变动成本 25 元,由于产量扩大,原材料采购成本降低,劳动工时下降,随产量的增加,变动成本递减 0.0005 元/件,单位产品的价格随产量增加而递减 0.0025 元/件,计算最优的产量。

根据题意,应用 Excel 进行单变量求解的步骤如下。

第一步,输入待求解的两个盈亏平衡点。在 A1 单元格中输入"盈亏平衡点 $Q_下^*$",在 A2 单元格中输入"盈亏平衡点 $Q_上^*$"。

第二步,输入总成本函数。在 A3 单元格中输入"总成本 $C(x)$",在单元格 B3 中输入总成本公式"=60000+(27-0.001*B1)*B1"。

第三步,输入销售收入函数。在 A5 单元格中输入"销售收入 $S(x)$",在单元格 B5 中输入公式"=60*B1-0.0025*B1^2"。

第四步,输入盈利函数。在 A6 单元格中输入"盈利函数 $R(x)$",在单元格 B6 中输入公式"B4-B3"。

第五步，根据一元二次方程解的关系，在 B2 单元格中输入盈亏平衡点 $Q_{上}^{*}$ 的公式“=60000/0.002/B1”。第一步至第五步的设置结果如图 7-4 所示。

	A	B
1	盈亏平衡点 $Q_{下}^{*}$	
2	盈亏平衡点 $Q_{上}^{*}$	=60000/0.0015/B1
3	总成本 $C(x)$:	=60000+(25-0.0005*B1)*B1
4	销售收入 $S(x)$:	=60*B1-0.0025*B1^2
5	盈利函数 $R(x)$:	=B4-B3

图 7-4　单变量求解的变量设置

第六步，单变量求解。选择“数据”→“模拟分析”→“单变量求解”(如图 7-5 所示)，在对话框的目标单元格中选择 B5 单元格，然后按键盘上的 F4，将单元格的引用变为绝对引用，目标值中键入 0，可变单元格中选择 B1 单元格，并进行绝对引用，参数设置的结果如图 7-6 所示。

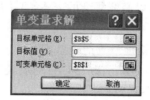

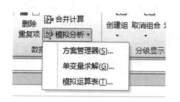

图 7-5　单变量求解工具

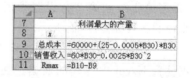

图 7-6　单变量求解参数设置

第七步，单击“确定”，得到两个盈亏平衡点的单变量求解结果，如图 7-7 所示。

从 Excel 的计算结果可以看出，盈亏平衡点 $Q_{下}^{*}$ 为 1926.33 件，$Q_{上}^{*}$ 为 15573.67 件，区间($Q_{下}^{*}$，$Q_{上}^{*}$)为盈利范围。

第八步，根据题意求解利润最大时的产量，首先，在 A8 单元格输入 x，并将 B8 单元格设置为利润最大时的产量。然后，在 A9：A10 单元格输入总成本和销售收入，在 B9 单元格中输入公式“=60000+(27-0.0005 * B8) * B8”，在 B10 单元格中输入公式“=60 * B8-0.0025 * B8^2”，最后将 B11 单元格设置为利润，输入公式“=B10-B9”，如图 7-8 所示。

	A	B
1	盈亏平衡点 $Q_{下}^{*}$	1926.327968
2	盈亏平衡点 $Q_{上}^{*}$	15573.67203
3	总成本 $C(x)$:	106303
4	销售收入 $S(x)$:	106303
5	盈利函数 $R(x)$:	0

图 7-7　单变量求解结果

	A	B
7	利润最大的产量	
8	x	
9	总成本	=60000+(25-0.0005*B30)*B30
10	销售收入	=60*B30-0.0025*B30^2
11	Rmax	=B10-B9

图 7-8　求解利润最大时的产量变量设置

第九步，规划求解。在数据选项卡中选择规划求解功能，在弹出的规划求解对话框中输入各项参数。在“设置目标”中选择 B11 单元格，在“通过更改可变单元格”中选择 B8 单元格，参数设置如图 7-9 所示。

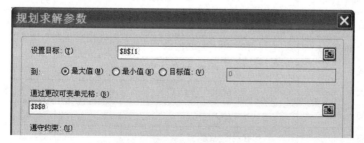

图 7-9　规划求解参数设置

7		利润最大的产量
8	x	8749.99992727808
9	总成本	=60000+(25-0.0005*B8)*B8
10	销售收入	=60*B8-0.0025*B8^2
11	Rmax	=B10-B9

图 7-10 规划求解结果

规划求解的结果如图 7-10 所示。

根据 Excel 的"规划求解"功能求解的结果来看,当该公司的产品产量为 8750 件时,企业可以获得最大的利润。单击公式选项卡中的显示公式功能,可得最大的利润为 93125 元。

4. 非线性盈亏平衡点的图解法

(1) 非线性盈亏平衡点的图解法的步骤

Excel 为复杂的规划提供图形分析法,用于解决现实应用中难以用规则的数学模型求解的问题,以避开复杂的公式,直接用图形进行分析。非线性盈亏平衡分析图解法的步骤如下。

① 等间距地设置产销量 Q。

② 用"自定义函数"和"自动填表"的方法建立其余各列数据。

③ 自动填充表格,得到按照一定规律变化的各列数值。

④ 做非线性盈亏平衡点图形分析。

(2) 非线性盈亏平衡点图解法的应用

如例 7-2 中的数据,利用非线性盈亏平衡点图解法求解最优产量,步骤如下。

第一步,设置产销量。在 A3 单元格中输入 1000,在 A4 单元格中输入 2000,选中 A3:A4 单元格,然后点右下角的填充柄向下拖曳,再将第 1 行和第 2 行设置为表头,填充和设置的结果如图 7-11 所示。

	A	B	C	D	E	F
1	产销量Q	售价 P	单位成本c	总成本C	销售额 PQ	利润 R
2	(件)	(元/件)	(元/件)	(元)	(元)	(元)
3	1000					
4	2000					
5	3000					
6	4000					
7	5000					
8	6000					
9	7000					
10	8000					
11	9000					
12	10000					
13	11000					
14	12000					
15	13000					
16	14000					
17	15000					
18	16000					
19	17000					
20	18000					
21	19000					
22	20000					
23	21000					
24	22000					

图 7-11 图解法的表格设置

第二步,设置各列数据。按照表 7-2 所示的公式设置 Excel 中各列的数据。在 B3 单元格中输入公式"=60−0.0025*A3",在 C3 单元格中输入公式"=27−0.0005*A3",在 D3 单元格中输入公式"=60000+C3*A3",在 E3 单元格中输入公式"=B3*A3",在 F3 单元格中输入公式"=E3−D3"。

表 7-2 各列数据公式

项目	公　　式	Excel 公式
销售价格	$P=60-0.0025Q$	=60−0.0025*A3
单位成本	$C_1=25-0.0005Q$	=25−0.0005*A3
总成本	$C=60000+C_1Q$	=60000+C3*A3
销售额	$S=PQ$	=B3*A3
利润额	$R=S-C$	=E3−D3

设置效果如图 7-12 所示。

	A	B	C	D	E	F
1	产销量Q	售价 P	单位成本C	总成本 C	销售额 PQ	利润 R
2	(件)	(元/件)	(元/件)	(元)	(元)	(元)
3	1000	=60-0.0025*A3	=25-0.0005*A3	=60000+C3*A3	=B3*A3	=E3-D3
4	2000					
5	3000					
6	4000					
7	5000					

图 7-12　各列数据设置效果

第三步,填充数据。选择 B3:F3 后,以向下拖曳的方式自动填表,效果如图 7-13 所示。

	A	B	C	D	E	F
1	产销量Q	售价 P	单位成本C	总成本 C	销售额 PQ	利润 R
2	(件)	(元/件)	(元/件)	(元)	(元)	(元)
3	1000	57.5	24.5	84500	57500	-27000
4	2000	55	24	108000	110000	2000
5	3000	52.5	23.5	130500	157500	27000
6	4000	50	23	152000	200000	48000
7	5000	47.5	22.5	172500	237500	65000
8	6000	45	22	192000	270000	78000
9	7000	42.5	21.5	210500	297500	87000
10	8000	40	21	228000	320000	92000
11	9000	37.5	20.5	244500	337500	93000
12	10000	35	20	260000	350000	90000
13	11000	32.5	19.5	274500	357500	83000
14	12000	30	19	288000	360000	72000
15	13000	27.5	18.5	300500	357500	57000
16	14000	25	18	312000	350000	38000
17	15000	22.5	17.5	322500	337500	15000
18	16000	20	17	332000	320000	-12000
19	17000	17.5	16.5	340500	297500	-43000
20	18000	15	16	348000	270000	-78000
21	19000	12.5	15.5	354500	237500	-117000
22	20000	10	15	360000	200000	-160000
23	21000	7.5	14.5	364500	157500	-207000
24	22000	5	14	368000	110000	-258000

图 7-13　自动填表效果

第四步,做非线性盈亏平衡点图形分析。选中"＄D＄1:＄F＄24",选择"插入"选项卡,在图表组中选择"折线图"工具,选择第一个折线图进行插入,得到所需的图形,如图 7-14 所示。

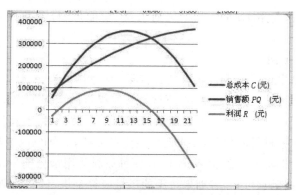

图 7-14　非线性盈亏平衡点分析图

从所得折线图中可以看出，销售额（红色虚线）高于总成本（蓝色实线）的区域就是产品获得利润的范围，而当产量处于红色虚线与蓝色实线交点左右两边时，产品是亏损的。利润（绿色实线）是两条曲线的差值，其与横坐标相交的点就是盈亏平衡点，大概为1900件和15500件。绿色曲线达到最高点时的产量大概为8800件，利润大致为93000元。

图解法能够实现非线性盈亏平衡分析的需求，通过图形可以直观地获得具体数值，满足预测和规划的要求。

第二节　生产管理实务问题

获取最大的经济利益是企业管理的重要目标，企业的一切活动都是为企业能够获得经济利益提供最大的可能性。生产管理是企业运营管理的重要组成部分，而生产管理领域的各类问题都可以通过线性规划的方式解决，可以说，线性规划在企业生产管理乃至其他各领域得到了广泛的应用。

以往的线性规划求解问题通常采用单纯形法进行笔算求解，这种方法最大的弊端就在于计算量大的问题。应用Excel提供的数学运算和统计分析功能求解线性规划问题，快速、高效、准确，且应用范围较广，可以解决指派问题、运输问题、机器分配、人事安排等诸多问题，为企业的决策提供有力的保障。

一、配料问题

原材料配料生产过程中的重要环节，不仅涉及产品的生产，还关系到原材料的采购，如何在有限条件下合理进行配料，使总成本最小，从而获得最大利润，是企业需要解决的重要问题。

1. Excel解决配料问题的步骤

（1）建立数学模型。根据实际问题的描述，建立线性规划数学模型，包括目标函数和约束条件。数学模型是解决实际问题的基础，是实际问题的数学表达，建立合理的数学模型是获得准确规划结果的基础。

（2）建立求解框架。在Excel工作表中建立求解数学模型的模板，用以进行规划求解。

（3）规划求解。应用Excel中的"规划求解"功能，进行参数设置后得出最佳配料方案。

2. 配料问题的应用

【例7-3】某糖果厂生产甲、乙、丙三种糖果，原材料分为A、B、C、D四种，原材料价格分别为5元、6元、7元、8元。每公斤原材料所能提供的糖果如表7-3所示。糖果厂要求每天生产糖果甲至少100千克、糖果乙至少530千克、糖果丙不超过160千克，运用合理的规划，求出各种原材料的数量，要求既满足生产需要，又使总成本最小。

第一步，建立数学模型。假设A、B、C、D四种原料的用量分别为x_1公斤、x_2公斤、x_3公斤、x_4公斤，则根据题意可知，各糖果每天的产量应符合规定产量，则使总成本最少的线性规划数学模型如下所示：

表 7-3　不同原材料所提供的各类糖果数

糖果	原 料			
	A	B	C	D
甲（千克）	2	1	2	1
乙（千克）	3	4	3	5
丙（千克）	2	1	4	2

目标函数：
$$\min Z = 2x_1 + 3x_2 + 4x_3 + 5x_4$$

约束条件：

$$\text{s.t.} \begin{cases} 2x_1 + x_2 + 2x_3 + x_4 \geqslant 100 \\ 3x_1 + 4x_2 + 3x_3 + 5x_4 \geqslant 530 \\ 2x_1 + x_2 + 4x_3 + 2x_4 \leqslant 200 \\ x_1, x_2, x_3, x_4 \geqslant 0 \end{cases}$$

第二步，建立求解框架。在 Excel 表中建立规划求解模板，首先，将第一行和第一列作为表头，在 B2:E5 区域内按表 7-3 输入数据，在 B5:E5 单元格中一次输入各原材料的成本，然后，在 F2 单元格中输入公式"=SUMPRODUCT(B2:E2,$B$6:$E$6)"，向下拖曳填充至 F5，在 G2:G4 单元格中输入约束符号，最后在 H2:H5 单元格中输入规定的产量，设置结果如图 7-15 所示。

	A	B	C	D	E	F	G	H
1	原料\糖果	A	B	C	D	实际产量	约束要求	产量限制
2	甲	2	1	2	1	=SUMPRODUCT(B2:E2,$B$6:$E$6)	≥	100
3	乙	3	4	3	5	=SUMPRODUCT(B3:E3,$B$6:$E$6)	≥	530
4	丙	2	1	4	2	=SUMPRODUCT(B4:E4,$B$6:$E$6)	≤	200
5	成本	2	3	4	5	=SUMPRODUCT(B5:E5,$B$6:$E$6)		
6	变量 x							

图 7-15　规划求解框架

第三步，规划求解。选择"数据"选项卡中的规划求解工具，并进行如下设置。

① 在设置目标中选择 F5 单元格。

② 设置目标下选择最小值，表示求题目中所求的成本的最小值。

③ 可变单元格选择 B6:E6 单元格，即各原料所采购的数量。

④ 添加约束条件。单击添加按钮，在单元格引用中选择 B6:E6 单元格，条件选择≥，约束中填写 0，然后单击添加，将约束条件添加到规划求解参数中。按照上面的方法依次添加所有的约束条件。

⑤ 单击求解按钮，得到规划求解的结果。

规划求解参数的设置以及规划求解的结果如图 7-16 及图 7-17 所示。

如图 7-18 的规划求解结果所示，当生产糖果甲 200 公斤、乙 530 公斤、丙 200 公斤时，达到的成本最小，而此时应采购原材料 A 54 公斤，B 92 公斤，不采购原材料 C 和 D，最

图 7-16 规划求解参数设置

	A	B	C	D	E	F	G	H
1	原料／糖果	A	B	C	D	实际产量	约束要求	产量限制
2	甲	2	1	2	1	200	≥	100
3	乙	3	4	3	5	530	≥	530
4	丙	2	1	4	2	200	≤	200
5	成本	2	3	4	5	384		
6	变量 x	54	92	0	0			

图 7-17 规划求解结果

小成本为 384 元。

由操作过程可以看出,利用 Excel 进行规划求解问题的计算,操作过程简单,且结果准确度高,只需设置相关的参数即可得到正确结果。

二、工作指派问题

工作指派问题是企业管理中不可或缺的部分,是指在满足特定工作指派要求的条件下,设计工作指派方案,使整个方案的整体效果最佳。例如哪些部门负责哪些工作,哪些投标者承包哪些项目合同,或者哪些班级在哪些教室上课等。

1. 工作指派问题的求解步骤

(1) 建立数学模型。

(2) 在 Excel 中设置决策变量、目标函数,并填充其他数据。

(3) 利用 Excel 进行规划求解。

2. *n* 个资源和 *n* 个需求

工作指派问题可以用于解决企业有 n 个资源和 n 个需求的情况，解决问题的目标满足企业将某些效率指标极大化或者极小化。Excel 的“规划求解”功能能够快速地求解出问题的结果，如按照任务分配工作人员等。

【例 7-4】 某公司拟完成一项工程，分成 6 项任务，并分配 6 项任务给 6 工厂，每个工厂一项任务，每个工厂完成任务的时间如表 7-4 所示。求解应如何分配任务，使消耗的总时间最少？

表 7-4　工作人员完成工作时间表

人/时间/事项	A	B	C	D	E	F
1	40	60	30	50	20	45
2	25	35	45	68	70	50
3	30	35	56	45	30	40
4	44	50	32	46	40	48
5	25	40	36	60	36	34
6	70	52	44	58	50	34

第一步，建立线性规划模型。

设 x_{ij} 为 0－1 决策变量，表示第 i 个工厂是否做 j 任务，即

$$\begin{cases} x_{ij}=1, & \text{表示第 } i \text{ 工厂被指派做 } j \text{ 任务} \\ x_{ij}=0, & \text{表示第 } i \text{ 工厂不被指派做 } j \text{ 任务} \end{cases}$$

目标函数：

$$\min Z=\sum_{i=1}^{6}\sum_{j=1}^{6}a_{ij}x_{ij}$$

约束条件：

$$\text{s. t.}\begin{cases} \sum_{j=1}^{6}x_{ij}=1 & (i=1,2,3,4,5,6) \\ \sum_{i=1}^{6}x_{ij}=1 & (j=1,2,3,4,5,6) \end{cases}$$

第二步，设置基本数据。

在 B1:G1 单元格内输入 A～F 代表 6 项任务，在 A2: A7 单元格中输入 1～6 代表 6 个工厂，在 B2: G7 区域内输入每个工厂完成每项任务所需要的时间，设置结果如图 7-18 所示。

	A	B	C	D	E	F	G
1	人\时间\事项	A	B	C	D	E	F
2	1	40	60	30	50	20	45
3	2	25	35	45	68	70	50
4	3	30	35	56	45	30	40
5	4	44	50	32	46	40	48
6	5	25	40	36	60	36	34
7	6	70	52	44	58	50	34

图 7-18　各工厂完成各项任务所需时间设置

第三步，设置变量。

① 设置 B9:G14 为 0－1 决策变量 x_{ij}，各单元格最初均设为空白。

② 在 B17 中设置目标函数，公式为“＝SUMPRODUCT(B2: G7,B9: G14)”。

③ 设置 H9:H14 为决策变量的"行和",在 H9 单元格中输入公式"=SUM(B9:G9)",并向下拖曳至 H14,进行填充。

④ 设置 B15:G15 为决策变量的"列和",在 B15 单元格中输入公式"=SUM(B9:B14)",并向右拖曳至 G15,进行填充。

⑤ 将 I9:I14,B16:G16 填充为 1,作为约束条件,设置结果如图 7-19 所示。

	A	B	C	D	E	F	G	H	I
1	人\时间\事项	A	B	C	D	E	F		
2	1	40	60	30	50	20	45		
3	2	25	35	45	68	70	50		
4	3	30	35	56	45	30	40		
5	4	44	50	32	46	40	48		
6	5	25	40	36	60	36	34		
7	6	70	52	44	58	50	34		
8					决策变量				(一人做一事)
9	1							=SUM(B9:G9)	1
10	2							=SUM(B10:G10)	1
11	3							=SUM(B11:G11)	1
12	4							=SUM(B12:G12)	1
13	5							=SUM(B13:G13)	1
14	6							=SUM(B14:G14)	1
15		=SUM(B9:B14)	=SUM(C9:C14)	=SUM(D9:D14)	=SUM(E9:E14)	=SUM(F9:F14)	=SUM(G9:G14)		
16	(一事被一人做)	1	1	1	1	1	1		
17	目标函数(总时间)	=SUMPRODUCT(B2:G7,B9:G14)							

图 7-19 变量设置效果

第四步,规划求解。在 Excel 的"规划求解"功能中设置参数,步骤如下。

① 在设置目标单元格中选择 B17 单元格。

② 在目标单元格下选择等于最小值,代表所付出的时间是最少的。

③ 在可变单元格中选择 B9:G14 区域。

④ 添加约束条件,单击"添加"按钮,在单元格引用中选择 B15:G15 单元格,符号选择"=",约束中选择 B16:G16 单元格,如图 7-20 所示。按照如下方法依次添加约束条件。添加后的参数设置效果如图 7-21 所示。

图 7-20 添加约束条件的参数设置

第五步,单击规划求解对话框中的求解按钮,得到规划求解结果,如图 7-22 所示。

从求解结果中可以看出,应安排 1 号工厂做 5 号任务,安排 2 号工厂做 2 号任务,安排 3 号工厂做 4 号任务,安排 4 号工厂做 3 号任务,安排 5 号工厂做 1 号任务,最后安排 6 号工厂做 6 号任务,此时所花费的总工时最小,最小工时为 191。

3. 资源和产出不符合比例性的情况

资源和产出不符合比例的问题是工作指派问题中较为复杂的情况,不同的资源分配到不同的单位所产出的产品是不同的,且产量同资源数不成比例,在决策的过程中需要分析。

【例 7-5】 某公司新进 6 台相同的产品生产设备,需要分配到下属的 4 个厂房。由于

图 7-21 规划求解参数设置

图 7-22 规划求解结果

技术、场地、工人素质的差别,各厂房得到新设备后,所增加的净产值是不同的,而且净产值和新增设备数量不成比例,如表 7-5 所示。问该公司应如何分配,才能得到最大的净产量。

第七章 生产管理决策模型

表 7-5 各厂房分配到的设备数可以获得的产值

净产值 a_{ij}（万元）	厂　房			
设备数	A	B	C	D
1	5	2	5	5
2	8	5	10	8
3	10	8	11	11
4	13	10	11	12
5	16	14	11	12
6	20	17	11	12

第一步，建立线性规划模型。

设 x_{ij} 为 0－1 决策变量，表示 i 台设备分配给第 j 厂房，即

$$\begin{cases} x_{ij}=1, & \text{表示 } i \text{ 台设备分配给 } j \text{ 厂房} \\ x_{ij}=0, & \text{表示 } j \text{ 厂房未分配到设备} \end{cases}$$

a_{ij} 为 i 台设备分配给 j 厂房的净产值。b_i 为 i 台设备分配给各厂房时，ix_{ij}"行和"的逻辑最大值，分别为(3,4,3,4,5,6)。

目标函数：

$$\max Z=\sum_{i=1}^{6}\sum_{j=1}^{4}a_{ij}x_{ij}$$

约束条件：

$$\text{s. t. }\begin{cases} \sum_{j=1}^{4} ix_{ij}\leqslant b_i & (i=1,2,3,4,5) \\ \sum_{i=1}^{6}\sum_{j=1}^{4} ix_{ij}=6 & \text{（总分配设备数为 6 台）} \\ \sum_{i=1}^{6} x_{ij}\leqslant 1 & (j=1,2,3,4)\text{（各厂房最多实现一个方案）} \end{cases}$$

第二步，设置变量。

① 将第 1 行、第 2 行以及第 1 列作为表头，在 B2:E2 单元格内输入 A～D 代表 4 个厂房，在 A3:A8 单元格输入 1～6，代表 6 个设备，在 B3:E8 区域内输入各厂房分到不同台数的设备所能创造的净产值，设置结果如图 7-23 所示。

	A	B	C	D	E
1	净产值 a_{ij}（万元）	厂房			
2	设备数	A	B	C	D
3	1	5	2	5	5
4	2	8	5	10	8
5	3	10	8	11	11
6	4	13	10	11	12
7	5	16	14	11	12
8	6	20	17	11	12

图 7-23 基本数据设置结果

② 设置 B10:E15 为 0－1 决策变量 x_{ij}，初始设为空白单元格。

③ 在单元格 B16 中输入公式"＝SUM(B10:B15)"，为 B10:B15 的列和，并用鼠标拖曳的方式填写 C16、D16 及 E16。

④ 在单元格 B17 中输入公式"＝B10＊＄A10"，计算 A 厂房分到设备的数量，用拖曳的方式填充 B18:B22，接着对 C、D、E 列也做同样的操作。

⑤ 在单元格 F17 中输入公式"＝SUM(B17:E17)",为 B17:E17 的行和,并用鼠标拖曳的方式填写 F18:F22。

⑥ 在 F23 中输入公式"＝SUM(F17:F22)",用于表示所有厂房所分配到的设备数。

⑦ 在 G17:G23 单元格中填写各厂房的逻辑最大值,分别为 3,6,6,4,5,6,6。

⑧ 在 B13 单元格中输入公式"＝SUMPRODUCT(B3:E8,B10:E15)",设置的结果如图 7-24 所示。

	A	B	C	D	E	F	G
1	净产值a_{ij}(万元)		厂房				
2	设备数	A	B	C	D		
3	1	5	2	5	5		
4	2	8	5	10	8		
5	3	10	8	11	11		
6	4	13	10	11	12		
7	5	16	14	11	12		
8	6	20	17	11	12		
9	决策变量：x_{ij}						
10	1						
11	2						
12	3						
13	4						
14	5						
15	6						
16	实际分到设备数：	=SUM(B10:B15)	=SUM(C10:C15)	=SUM(D10:D15)	=SUM(E10:E15)	逻辑最大值	
17	1	=B10*$A10	=C10*$A10	=D10*$A10	=E10*$A10	=SUM(B17:E17)	3
18	2	=B11*$A11	=C11*$A11	=D11*$A11	=E11*$A11	=SUM(B18:E18)	6
19	3	=B12*$A12	=C12*$A12	=D12*$A12	=E12*$A12	=SUM(B19:E19)	6
20	4	=B13*$A13	=C13*$A13	=D13*$A13	=E13*$A13	=SUM(B20:E20)	4
21	5	=B14*$A14	=C14*$A14	=D14*$A14	=E14*$A14	=SUM(B21:E21)	5
22	6	=B15*$A15	=C15*$A15	=D15*$A15	=E15*$A15	=SUM(B22:E22)	6
23	目标函数：最大产值	=SUMPRODUCT(B3:E8,B10:E15)				=SUM(F17:F22)	6

图 7-24　变量设置结果

第三步,规划求解。

选择"数据"选项卡中的"规划求解"功能,并进行如下参数设置。

① 在设置目标单元格中选择 B23 单元格。

② 在设置目标单元格下选择等于最大值。

③ 在可变单元格中选择 B10:E15 区域。

④ 在约束条件中选择"添加"按钮,在弹出的添加约束对话框中编辑约束条件,首先在单元格引用中选择 B16:E16,符号中选择"＜＝",约束中填写"1",如图 7-25 所示。

图 7-25　约束条件设置

⑤ 按照此方法依次填写其他约束条件,规划求解的参数设置结果如图 7-26 所示。

⑥ 单击求解按钮,求得规划求解的结果,如图 7-27 所示。

从规划结果中可以看出,该公司可以分配给 A 厂房 2 台设备、C 厂房 2 台设备、D 厂房 2 台设备,可获得最大的净产值——26 万元。

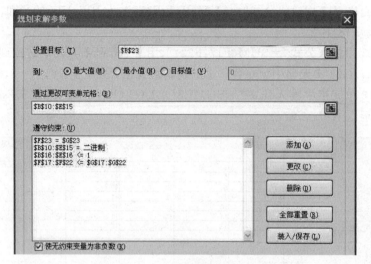

图 7-26　规划求解参数设置结果

图 7-27　规划求解结果

第三节　生产计划决策

生产计划是企业生产运作系统的总体计划,是企业为达到计划中的产品的品种、质量、产量和产值等指标,对生产任务和生产进度的安排,是指导企业生产的纲领性方案。尤其对于生产多种产品的企业,如何根据企业现有的生产条件、原材料限制、人力、物力、财力等,规划各产品的产量,是企业应该考虑的重要问题。正确合理的生产计划能够提高企业生产的效率,进一步提升企业效益。

在生产计划决策中,很多的问题能够抽象成线性规划问题,建立线性规划的数学模型，进而选用适当的方法，求解出最优的生产方案。在实际应用中，企业的生产计划问题往往非常复杂，应用常用的单纯形法求解线性规划问题十分困难，因此，Excel 的规划求解功能在生产计划问题的解决上得到了广泛的应用。

一、资源限制下的生产计划决策

企业在生产中主要受到原材料和生产工时限制，企业应能够在这些限制条件下，求得生产的总利润最大化，以满足企业盈利的需求。因此，生产计划的资源限制问题是企业必须面对的问题。下面通过一个例子介绍使用 Excel 的“规划求解”功能解决资源限制条件下的生产决策问题。

【例 7-6】 某制造厂商通过对市场的预测，计划生产 A、B、C 三种产品，各产品消耗原材料的数量、工时定额、所获得的单位利润以及原材料和工时的最高限制如表 7-6 所示。要求根据这些限制，求使利润最大化的三种产品的产量。

表 7-6　产品资源限制表

项　　目	A 产品 x_1	B 产品 x_2	C 产品 x_3	资源限制
铝合金(公斤/件)	1	3	5	400 公斤
铜(公斤/件)	4	9	7	1200 公斤
硬塑(公斤/件)	3	6	5	589 公斤
加工能力(工时/件)	3	1	2	500 工时
单位利润(元/件)	50	117	119	

第一步，建立线性规划模型。

假设三种产品 A，B，C 的产量分别为 x_1, x_2, x_3，则目标函数和约束条件为

目标函数：

$$\max Z = 50x_1 + 117x_2 + 80x_3$$

约束条件：

$$\text{s.t.}\begin{cases} x_1 + 3x_2 + 5x_3 \leqslant 400 \\ 4x_1 + 8x_2 + 6x_3 \leqslant 1200 \\ 3x_1 + 6x_2 + 5x_3 \leqslant 589 \\ 3x_1 + x_2 + 2x_3 \leqslant 500 \end{cases} \quad x_1、x_2、x_3 \geqslant 0$$

第二步，设置变量。

① 将表格的第 1 行和第 1 列作为表头，在 B2:E5 区域内输入产品资源表中的数据，输入的结果如图 7-28 所示。

	A	B	C	D	E	F
1	项目	A产品 x_1	B产品 x_2	C产品 x_3	资源限制	
2	铝合金/(公斤/件)	1	3	5	400	公斤
3	铜/(公斤/件)	4	9	7	1200	公斤
4	硬塑/(公斤/件)	3	6	5	589	公斤
5	加工能力/(工时/件)	3	1	2	500	工时

图 7-28　产品资源表设置

② 设置单元格 B8:D8 为决策变量。

③ 设置资源限制条件,在 B9 单元格中输入公式"=B2*B$8",并向下拖曳填充到 B13 单元格,在 C9 单元格中输入公式"=C2*C$8",并向下拖曳填充到 C13,在 D9 单元格中输入公式"=D2*D$8",并向下拖曳至 D13。

④ 在 E9 单元格输入公式"=SUM(B9:D9)",用以表示各产品中铝合金的使用总量,然后向下拖曳,填充至 E13,变量设置的结果如图 7-29 所示。

	A	B	C	D	E	F
1	项目	A产品x_1	B产品x_2	C产品x_3	资源限制	
2	铝合金/(公斤/件)	1	3	5	400	公斤
3	铜/(公斤/件)	4	9	7	1200	公斤
4	硬塑/(公斤/件)	3	6	5	589	公斤
5	加工能力/(工时/件)	3	1	2	500	工时
6	单位利润/(元/件)	50	117	119		
7		x_1	x_2	x_3		
8	决策变量					
9	约束条件: 铝合金	=B2*B$8	=C2*C$8	=D2*D$8	=SUM(B9:D9)	
10	铜	=B3*B$8	=C3*C$8	=D3*D$8	=SUM(B10:D10)	
11	硬塑	=B4*B$8	=C4*C$8	=D4*D$8	=SUM(B11:D11)	
12	加工能力	=B5*B$8	=C5*C$8	=D5*D$8	=SUM(B12:D12)	
13	目标函数:总利润	=B6*B$8	=C6*C$8	=D6*D$8	=SUM(B13:D13)	

图 7-29 变量设置结果

第三步,规划求解。

选择"数据"选项卡中的"规划求解"功能,在弹出的规划求解对话框中的参数进行如下设置。

① 在设置目标单元格中选择 E13 单元格。

② 在设置目标单元格下选择最大值,表示求总利润的最大值。

③ 在可变单元格中选择 B8:D8 单元格。

④ 单击"添加"按钮,弹出添加约束对话框,在单元格引用中选择 B8:D8 单元格,在符号中选择"<=",在约束中填写 0,如图 7-30 所示,按照此方法依次添加约束条件,设置好参数的规划求解对话框如图 7-31 所示。

图 7-30 添加约束条件参数设置

⑤ 单击求解按钮,进行规划求解,求解结果如图 7-32 所示。

从规划求解的结果中可以看出,该企业应生产 B 产品 63 件,生产 C 产品 42 件,不生产 A 产品,资源限制的条件下,获得最大利润,最大利润为 12392.8 元。

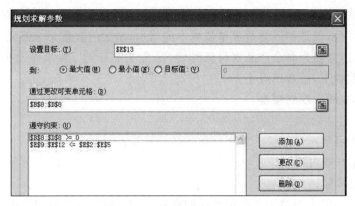

图 7-31 规划求解参数设置

图 7-32 规划求解结果

二、多阶段生产安排

企业的生产活动中经常会涉及产品由多个生产阶段生产的情况,产品的生产流程被分为多个阶段,并要求各阶段之间有一定的连续性。如何安排各生产阶段所生产的产品品种及产品数量,是企业需要考虑的问题。下面通过一个例子介绍使用 Excel 的 "规划求解"功能解决多阶段生产安排的问题。

【例 7-7】 某工厂按一定的合同要求生产 A 产品,要求分别于每个月末交货。该厂每个月的生产能力、单位成本及合同要求交货的产品数量如表 7-7 所示。

表 7-7 工厂的生产能力、单位成本及交货要求

月 份	正常生产能力/件	单位生产成本/万元	合同交货数量/件
1	58	10.6	50
2	70	10.8	62
3	45	11	30
3(加班)	8	11+3	
4	65	11.2	98
4(加班)	8	11.2+3	

由表中数据可以看出,3、4 两个月可以安排加班生产,以保证按合同要求交货,加班能力为每个月 8 台,但是加班会造成单位成本的增加,增加的数量为 3 万元。如果产品生产后不交货,工厂需要为剩余产品支付保养费,每台 0.1 万元。要求作出生产规划,在按时完成合同的前提下,总费用最小。

第一步,建立线性规划模型。

假设:

x_{ij} = 第 i 个月生产用于第 j 季度交货的产品数量;

a_i = 正常生产能力;

b_j = 合同交货量;

c_{ij} = 单位产品的生产费用+单位产品的储存费用。则目标函数和约束条件为:

目标函数:

$$\min Z = \sum_{i=1}^{6} \sum_{j=1}^{4} c_{ij} x_{ij}$$

约束条件:

$$\text{s.t.} \begin{cases} \sum_{j=1}^{4} x_{ij} \leqslant a_{ij} & (i=1,2,\cdots,6) \\ \sum_{i=1}^{6} x_{ij} = b_j & (j=1,2,3,4) \\ x_{ij} \geqslant 0 & (i=1,2,\cdots,6, j=1,2,3,4) \end{cases}$$

第二步,设置初始数据。将第 1 行和第 A 列设置为表头,并按照表 7-7 在 B2:D5 区域输入原始数据,输入后的结果如图 7-33 所示。

第三步,设置变量。

① 在 A7 单元格输入"单位费用 C_{ij}",在 B7:E7 单元格分别输入 1~4,代表 4 个月。

	A	B	C	D
1	月份	正常生产能力	单位成本(万元)	合同交货数量
2	1	58	10.6	50
3	2	70	10.8	62
4	3(加班)	45 (8)	11	30
5	4(加班)	65 (8)	11.2	98

图 7-33 初始数据设置

② 在单元格 A8:A13 单元格分别输入 1~4,其中 A11 单元格输入"3(加班)",表示第 3 个月加班的情况,在 A13 单元格输入"4(加班)",表示第 4 个月加班的情况。

③ 设置单位成本费用。

- 在 B8 单元格中输入公式"=C2",将单位成本输入到第一个月中,在 C8 单元格中输入公式"=B8+0.1",代表如果推迟交货,则每月费用增加 0.1 万元,在 D8 单元格中输入公式"=C8+0.1",在单元格 E8 中输入公式"=D8+0.1";
- 在单元格 C9 中输入公式"=C3",在单元格 D9 中输入公式"=C9+0.1",在单元格 E9 中输入公式"=D9+0.1";
- 在 D10 中输入公式"=C4",在单元格 E10 中输入公式"=D10+0.1";
- 在单元格 D11 中输入公式"=D10+3",代表如果加班的话,单位费用会增加 3 万元,在 E11 中输入公式"=E10+3";
- 在单元格 E12 中输入"=C5";

- 在单元格 E13 中输入公式"＝E12＋3",代表如果加班的话,单位费用会增加 3 万元;
- 在 B8:E13 区域剩下的单元格中输入数字 100,设置结果如图 7-34 所示。

7	单位费用c_{ij}	1	2	3	4
8	1	=C2	=B8+0.1	=C8+0.1	=D8+0.1
9	2	100	=C3	=C9+0.1	=D9+0.1
10	3	100	100	=C4	=D10+0.1
11	3(加班)	100	100	=D10+3	=E10+3
12	4	100	100	100	=C5
13	4(加班)	100	100	100	=E12+3

图 7-34 单位费用的设置

④ 在 A14 单元格中输入"决策变量 x_{ij}",在 B14:E14 中依次输入 1～4。

⑤ 在 A15:A20 单元格中输入 1～4,其中 A18 单元格中输入"3(加班)",在 A20 单元格中输入"4(加班)"。

⑥ 将 B15:E20 单元格作为决策变量,初始为空白。

⑦ 将 B21:E21 作为实际交货量的单元格,在单元格 B21 中输入公式"＝SUM(B15: B20)",并用拖曳的方式,填充至单元格 E21。

⑧ 将 B22:E22 单元格作为合同交货量单元格,依次输入 50,62,30,98。

⑨ 在 F15 单元格中输入"＝SUM(B15:E15)",并用拖曳的方式向下填充至 F20,作为每个月的实际产量。

⑩ 在 G15:G20 单元格中依次输入工厂每个月的生产能力。

⑪ 在 B23 单元格中输入总费用的公式"＝SUMPRODUCT(B8:E13,B15:E20)"。变量设置结果如图 7-35 所示。

	A	B	C	D	E	F	G
1	月份	正常生产能力	单位成本(万元)	合同交货数量			
2	1	58	10.6	50			
3	2	70	10.8	62			
4	3(加班)	45 (8)	11	30			
5	4(加班)	65 (8)	11.2	98			
6							
7	单位费用c_{ij}	1	2	3	4		
8	1	=C2	=B8+0.1	=C8+0.1	=D8+0.1		
9	2	100	=C3	=C9+0.1	=D9+0.1		
10	3	100	100	=C4	=D10+0.1		
11	3(加班)	100	100	=D10+3	=E10+3		
12	4	100	100	100	=C5		
13	4(加班)	100	100	100	=E12+3		
14	决策变量x_{ij}	1	2	3	4	实际产量	生产能力
15	1					=SUM(B15:E15)	58
16	2					=SUM(B16:E16)	70
17	3					=SUM(B17:E17)	45
18	3(加班)					=SUM(B18:E18)	8
19	4					=SUM(B19:E19)	65
20	4(加班)					=SUM(B20:E20)	8
21	实际交货量	=SUM(B15:B20)	=SUM(C15:C20)	=SUM(D15:D20)	=SUM(E15:E20)		
22	合同交货量	50	62	30	98		
23	总费用	=SUMPRODUCT(B8:E13,B15:E20)					

图 7-35 变量设置结果

第三步,规划求解。

选择"数据"选项卡中的"规划求解"工具,并作如下设置。

① 设置目标单元格为单元格 B24。
② 在设置目标单元格下选择等于最小值。
③ 设置可变单元格为 B15:E20。
④ 选择"添加"按钮,在添加约束对话框的单元格引用中选择 B15:E20,符号选择">=",约束中填写 0,单击添加按钮将约束条件添加到规划求解对话框,按照此方法依次将约束条件添加进规划求解对话框,设置结果如图 7-36 所示。

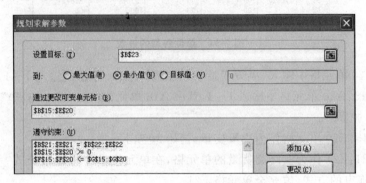

图 7-36 规划求解参数设置结果

⑤ 点击"求解"按钮,得到规划求解结果,如图 7-37 所示。

	A	B	C	D	E	F	G
1	月份	常生产能	单位成本（万元）	合同交货数量			
2	1	58	10.6	50			
3	2	70	10.8	62			
4	3（加班）	45（8）	11	30			
5	4（加班）	65（8）	11.2	98			
6							
7	单位费用c_{ij}	1	2	3	4		
8	1	10.6	10.7	10.8	10.9		
9	2	100	10.8	10.9	11		
10	3	100	100	11	11.1		
11	3（加班）	100	100	14	14.1		
12	4	100	100	100	11.2		
13	4（加班）	100	100	100	14.2		
14	决策变量x_{ij}	1	2	3	4	实际产量	生产能力
15	1	50	8	0	0	58	58
16	2	0	54	13.0454	2.9546	70	70
17	3	0	0	16.9546	28.045	45	45
18	3（加班）	0	0	0	2	2	8
19	4	0	0	0	65	65	65
20	4（加班）	0	0	0	0	0	8
21	实际交货量	50	62	30	98		
22	合同交货量	50	62	30	98		
23	总费用	2627.500013					

图 7-37 规划求解结果

根据规划求解的结果可以看出,工厂应安排第一个月生产 58 件,第二个月生产 70 件,第三个月正常工作时间生产 45 件,加班生产 2 件,第四个月生产 65 件,不加班,此时花费的总的成本费用最少,最少费用为 2627.5 万元。

三、产销存计划决策

产品的产量、销售量和库存量是生产企业生产计划的必需要素,合理的产销存计划可以避免产生库存积压,造成企业资金流不畅,影响企业整体的运营活动,下面通过一个例子介绍使用 Excel 的"规划求解"功能解决产销存计划的问题。

【例 7-8】 某工厂预制订第二年上半年产销存计划,基本要求如下。
- 产品的平均仓储费用为同月单位生产成本的 1.5%;
- 年底产品库存量为 2750 件,每月底最大库存量为 5000 件;
- 每月实际产量不低于最大生产能力的一半;
- 每月月底至少有 2000 件库存量;

各月合同订单数、单位生产成本和生产能力如表 7-8 所示。

表 7-8 各月合同订单数、单位生产成本和生产能力表

月份	单位生产成本(件)	合同订单(件)	生产能力(件)	库存能力(件)	
1	125	1000	3000	最大值	保持值
2	120	4200	3500	5000	2000
3	125	5000	4200	年底库存量:2750	
4	142	5500	4300		
5	150	3200	4600		
6	132	3000	3300		

根据现有资料,制订第二年上半年使总成本最小的产销存计划。

第一步,建立线性规划模型。

假设:

决策变量 x_i 为第 i 月生产的产品数,$i=1\sim 6$;

单位生产成本为 a_i,则单位库存成本为 $0.015a_i$;

合同交货量为 b_i;

最大生产能力为 c_i,则生产能力保持值为 $0.5c_i$;

月底库存量为 d_i,则 $d_i=d_{i-1}+x_i-b_i$;

由以上假设可得:

上半年生产成本 $=\sum_{i=1}^{6}a_i x_i$,上半年库存成本 $=\sum_{i=0}^{5}d_i\times 0.015a_{i+1}$

目标函数:

$$\min Z = \sum_{i=1}^{6}a_i x_i + \sum_{i=0}^{5}d_i\times 0.015a_{i+1}$$

约束条件:

$$\text{s.t.}\begin{cases}0.5c_i\leqslant x_i\leqslant c_i & (i=1\sim 6)\\ 2000\leqslant d_i\leqslant 5000 \\ x_i\geqslant 0 & (i=1\sim 6)\\ d_i\geqslant 0 & (i=1\sim 6)\end{cases}$$

第二步,设置初始数据。

① 将第1行、第2行和第1列设置为表头,其中第1行和第2行填写各个项目,A3:A8 单元格填写 1~6,代表 6 个月份。

② 在 B3:B8 单元格中填写单位生产成本。

③ 在 C3 单元格中填写公式"=B3*0.015",代表单位库存成本是单位生产成本的 0.015 倍,并应用拖曳的方式填充至 B8 单元格。

④ 在 D3:D8 单元格中填写合同订单。

⑤ 在 E3:E8 单元格中填写各月份生产能力的最大值。

⑥ 在 F3 单元格中输入公式"=E3*0.5",代表 1 月份的实际产量不低于最大值的一半;并用拖曳的方式填充至 F8 单元格。

⑦ 设置 G3:G8 单元格为实际产量,单元格初始值为空白。

⑧ 设置 H3:H8 单元格为实际库存,在 H3 单元格中输入公式"=H2+G3-D3",代表实际库存为上个月的库存+本月产量-本月合同交付量,并用拖曳的方式填充至 H8;初始数据的设置结果如图 7-38 所示。

	A	B	C	D	E	F	G	H
1	月份	单位生产成本(元)	单位库存成本(元)	合同定单(件)	生产能力		实际产量 x_i(件)	实际库存(件)
2					最大值	保持值		2750
3	1	125	=B3*0.015	1000	3000	=E3*0.5		=H2+G3-D3
4	2	120	=B4*0.015	4200	3500	=E4*0.5		=H3+G4-D4
5	3	125	=B5*0.015	5000	4200	=E5*0.5		=H4+G5-D5
6	4	142	=B6*0.015	5500	4300	=E6*0.5		=H5+G6-D6
7	5	150	=B7*0.015	3200	4600	=E7*0.5		=H6+G7-D7
8	6	132	=B8*0.015	3000	3300	=E8*0.5		=H7+G8-D8

图 7-38 初始数据设置结果

第三步,设置变量。

① 在 A10 单元格中输入"库存成本"。

② 在 A11 单元格中输入公式"=SUMPRODUCT(H2:H7,C3:C8)",代表库存成本为各月的单位库存成本与库存量的乘积之和。

③ 在 A12 单元格中输入"生产成本"。

④ 在 A13 单元格中输入公式"=SUMPRODUCT(B3:B8,G3:G8)",代表生产成本为各月的单位生产成本与产量的乘积之和。

⑤ 在 A14 单元格中输入"总费用"。

⑥ 在 A15 单元格中输入公式"=A13+A11"。

⑦ 在 G10 单元格中输入"库存能力(件)",在 G11 中输入"最大值",在 H11 中输入"保持值",在 G12:H12 两个单元格中分别输入 5000 和 2000,作为库存能力的设置,变量设置的结果如图 7-39 所示。

第四步,规划求解。

选择"数据"选项卡中的"规划求解"工具,并在规划求解参数对话框中进行如下设置。

① 在设置目标单元格中选择 A15 单元格。

② 在设置目标单元格下选择等于最小值,表示求总费用的最小值。

③ 在可变单元格中选择 G3:G8 单元格。

④ 单击"添加"按钮,在添加约束对话框中进行设置,在单元格引用中选择 G3:G8 单

	A	B	C	D	E	F	G	H
1	月份	单位生产成本（元）	单位库存成本（元）	合同定单（件）	生产能力 最大值	生产能力 保持值	实际产量 x_j（件）	实际库存（件） 2750
3	1	125	=B3*0.015	1000	3000	=E3*0.5		=H2+G3-D3
4	2	120	=B4*0.015	4200	3500	=E4*0.5		=H3+G4-D4
5	3	125	=B5*0.015	5000	4200	=E5*0.5		=H4+G5-D5
6	4	142	=B6*0.015	5500	4300	=E6*0.5		=H5+G6-D6
7	5	150	=B7*0.015	3200	4600	=E7*0.5		=H6+G7-D7
8	6	132	=B8*0.015	3000	3300	=E8*0.5		=H7+G8-D8
9								
10	库存成本：						库存能力（件）	
11	=SUMPRODUCT(H2:H7,C3:C8)						最大值	保持值
12	生产成本：						5000	2000
13	=SUMPRODUCT(B3:B8,G3:G8)							
14	总费用							
15	=A13+A11							

图 7-39　变量设置结果

元格，在符号中选择"<="，在约束中填写"0"，如图 7-40 所示，单击添加按钮，将约束条件添加到规划求解参数中，然后按照此方法，依次添加各项约束条件，最终的规划求解参数对话框如图 7-41 所示。

图 7-40　添加约束设置结果

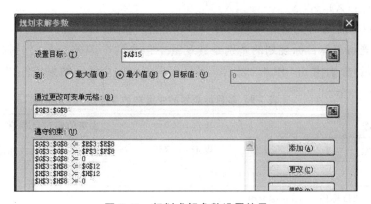

图 7-41　规划求解参数设置结果

⑤ 单击求解按钮，得到最终的规划求解结果，如图 7-42 所示。

由规划求解的结果可以看出，该工厂应 1 月份生产 3000 件产品，2 月份生产 3500 件产品，3 月份生产 4200 件产品，4 月份生产 4300 件产品，5 月份生产 3150 件产品，6 月份生产 3000 件产品，如此计划所产生的总成本最小，为 283.5895 万元。

四、多目标生产计划决策

在线性规划和非线性规划中，所研究的问题都只有一个目标函数，但是在实际应用

	A	B	C	D	E	F	G	H
1	月份	单位生产成本（元）	单位库存成本（元）	合同定单（件）	生产能力		实际产量 x_j（件）	实际库存（件）
2					最大值	保持值		2750
3	1	125	1.875	1000	3000	1500	3000	4750
4	2	120	1.8	4200	3500	1750	3500	4050
5	3	125	1.875	5000	4200	2100	4200	3250
6	4	142	2.13	5500	4300	2150	4300	2050
7	5	150	2.25	3200	4600	2300	3150	2000
8	6	132	1.98	3000	3300	1650	3000	2000
9								
10	库存成本：						库存能力（件）	
11		36795					最大值	保持值
12	生产成本：						5000	2000
13		2799100						
14	总费用							
15		2835895						

图 7-42 规划求解结果

中，所遇到的问题往往需要同时考虑多个目标的最优化问题，这种问题被称为多目标优化。相对于单一目标规划，多目标规划能够根据实际情况，兼顾多个目标的关系，在考虑约束条件重要性的前提下，求得最满意的解。

1. 多目标规划的基本概念

（1）多目标优化的标准形式

假设有 n 个变量 $x_1, x_2, \cdots x_n$，记作 $X = (x_1, x_2, \cdots, x_n)^T$，$m$ 个约束条件 $g_1(X)$，$g_2(X), \cdots, g_m(X)$，记作 $G(X) = (g_1(X), g_2(X), \cdots, g_n(X))^T$，$P$ 个目标函数 $f_1(X)$，$f_2(X), \cdots, f_P(X)$，记作 $F(X) = (f_1(X), f_2(X), \cdots, f_P(X))^T$，则将 $\min_{x \in R} F(x) = (f_1(X), f_2(X), \cdots, f_P(X))^T$ 称为多目标规划的标准形式，其中 $X \in R^n, P \geq 2, R = \{X \in E^n | G(X) = (g_1(X), g_2(X), \cdots, g_m(X))^T \geq 0\}$。

（2）多目标规划的变量和约束条件

多目标规划与单目标规划的差别是其变量中包含两个偏差变量，分别为正偏差变量和负偏差变量，分别用 d_i^+ 和 d_i^- 表示。多目标规划中的变量和约束条件如表 7-9 所示。

表 7-9 多目标规划的变量和约束条件

正偏差变量	d_i^+	规定 $d_i^+ \geq 0$	决策值超过目标值的部分
负偏差变量	d_i^-	规定 $d_i^- \geq 0$	决策值未达到目标值的部分
目标函数	$\min Z = f(d_i^-, d_i^+)$		
要求恰好达到目标值	$\min Z = d_i^- + d_i^+$		
要求不超过目标值	$\min Z = d_i^+$		
要求超过目标值	$\min Z = d_i^-$		
优先次序系数	按照目标的重要性赋予不同大小的 M 系数，$M_1 \geq M_2 \geq M_3 \geq \cdots \geq M_k$		

2. 多目标生产计划应用

【例 7-9】 某工厂生产 A、B 两种产品，生产过程需经过组装和测试两个车间，每箱产品的加工时间和利润如表 7-10 所示。又已知组装工序车间正常生产时间为 100 小时，而测试工序车间正常生产时间为 80 小时，求工厂获利最大的生产方案。

表 7-10 每箱产品的加工时间和利润表

加工时间(小时/箱)	产品A	产品B
组装工序车间	3	2
测试工序车间	1.5	2.5
利润(元/箱)	350	400

将此问题用例 7-3 中的线性规划求解方法,可以很方便地得出结果,如图 7-43 所示。

	A	B	C	D	E
1	加工时间（小时/箱）	产品A	产品B	实际用时	用时限制
2	组装工序车间	3	2	145	120
3	测试工序车间	1.5	2.5	102.5	100
4	利润（元/箱）	350	400	20250	
5	方案（箱）x	35	20		
6	目标函数	20250			

图 7-43 线性规划求解结果

现按照重要性依次设立目标如下。

① 严格控制组装工序车间的时间限制。
② 产品 B 的产量不超过订单数 20 箱。
③ 利润不低于 24000 元。
④ 充分利用正常生产时间,不加班。

第一步,建立多目标规划模型。

目标函数:
$$\text{Min} Z = M_1 d_1^+ + M_2 d_2^- + M_3(d_3^- + d_3^+)$$ （本题将 M_i 设置为 5,2,1）

约束条件:

$$\text{s.t.} \begin{cases} 2x_1 + 1.5x_2 \leqslant 100 \\ x_2 + d_1^- - d_1^+ = 20 \\ 400x_1 + 500x_2 + d_2^- - d_2^+ = 24000 \\ x_1 + 2x_2 + d_3^- + d_3^+ = 80 \\ x_1, x_2, d_i \geqslant 0 \quad (i = 1,2,3) \end{cases}$$

第二步,设置初始数据。

① 根据表 7-10 将第 1 行和第 1 列设置为表头。
② 在 D1 单元格中输入"实际用时"。
③ 在 D2 单元格中输入公式"=SUMPRODUCT(B2:C2,B$5:C$5)",代表实际组装工序车间的实际用时为各产品的用时与各产品产量的乘积之和,用拖曳的方法向下拖曳至 D4 单元格。
④ 在 E1 单元格中输入"用时限制"。
⑤ 在 E2 和 E3 单元格中分别输入 120 和 100,代表各车间的用时限制。
⑥ 在 A6:F6 单元格中分别输入"$d_1^+, d_1^-, d_2^+, d_2^-, d_3^+, d_3^-$",作为目标值的正负偏差。
⑦ 将 A7:D7 单元格设置为目标值的正负偏差,初值设为空白;设置的结果如图 7-44 所示。

管理决策分析

	A	B	C	D	E	F
1	加工时间（小时/箱）	产品A	产品B	实际用时	用时限制	
2	组装工序车间	3	2	=SUMPRODUCT(B2:C2,B$5:C$5)	120	
3	测试工序车间	1.5	2.5	=SUMPRODUCT(B3:C3,B$5:C$5)	100	
4	利润（元/箱）	360	400	=SUMPRODUCT(B4:C4,B$5:C$5)		
5	方案（箱） x					
6	d_1^+	d_1^-	d_2^+	d_2^-	d_3^+	d_3^-
7						

图 7-44 初始数据设置结果

第三步，变量设置。

① 在 A8 单元格中输入"目标函数：$M_i=5,2,1$"，在 C8 单元格中输入"目标约束"。

② 在 A9 单元格中输入公式"$=5*A7+2*D7+E7+F7$"，代表所求的目标函数应为正负偏差的最小值。

③ 在 C9 单元格中输入公式"$=C5+B7-A7$"，用于表示产品 B 的产量与正负偏差之和不超过 20，在 C10 单元格中输入公式"$=D4+D7-C7$"，用于表示总利润与正负偏差值之和不超过 24000，在单元格 C11 中输入公式"$=D3+F7-E7$"，用于表示测试工序车间的工作用时与正负偏差值之和不超过 80。

④ 在 D9:D11 单元格中依次输入 20,24000,80，最终设置结果如图 7-45 所示。

8	目标函数：$M_i=5,2,1$		目标约束	
9			=C5+B7-A7	20
10	=5*A7+2*D7+E7+F7		=D4+D7-C7	24000
11			=D3+F7-E7	80

图 7-45 变量设置结果

第四步，规划求解。

在"数据"选项卡中选择规划求解功能，按照如下步骤设置规划求解参数。

① 在设置目标中选择 A9 单元格。

② 在设置目标单元格下选择最小值。

③ 在可变单元格中选择 B5:C5,A7:F7。

④ 单击"添加"按钮，在单元格引用中选择 B5:C5，在符号中选择">="，在约束中填写"0"，如图 7-46 所示，单击添加按钮将约束条件添加到规划求解参数对话框中，并按照此方法，依次添加约束条件，最终的规划求解参数设置结果如图 7-47 所示。

图 7-46 添加约束条件设置结果

⑤ 单击"求解"按钮，得到规划求解的结果，如图 7-48 所示。

根据规划求解的结果可以看出，最优的生产方案为生产 A 产品 22 箱，生产 B 产品 27 箱，可实现最大利润为 11164 元，满足所有约束要求。

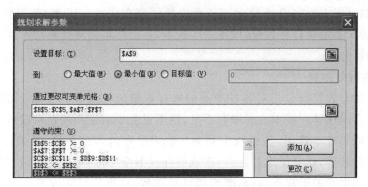

图 7-47 规划求解参数设置结果

	A	B	C	D	E	F
1	加工时间（小时/箱）	产品A	产品B	实际用时	用时限制	
2	组装工序车间	3	2	120	120	
3	测试工序车间	1.5	2.5	100	100	
4	利润（元/箱）	350	400	18444.44444		
5	方案（箱）x	22.222222	26.66667			
6		d_1^+	d_1^-	d_2^+	d_2^-	d_3^+	d_3^-
7		6.666666667	0	0	5555.555556	20	0
8	目标函数，$M_i=5,2,1$			目标约束		
9				20	20	
10	11164			24000	24000	
11				80	80	

图 7-48 规划求解结果

第四节 经济订货量

一、库存成本

企业由于各种原因，必须储备一定量的库存。如果不考虑其他因素，则库存数量应该越多越好。然而事实上，企业储备库存必须为之付出一定的代价，这一代价限制了企业的库存量，它就是库存成本。

1. 库存成本内容

采购成本。采购成本由商品的买入价、运杂费以及其他为使商品交给企业所花费的成本开支。采购成本的高低主要取决于采购数量与采购单价，实际上采购成本主要受采购单价的影响。而影响采购单价的因素除了不同的供应商可能会产生价格竞争外，采购批量的大小也可能是一项影响因素，一般地说，采购批量大，就可能享受到价格折扣，从而使采购单价降低。

订货成本。订货成本是指为订购商品而发生的成本。一般地说，订货成本与订货的次数有密切的联系。在一定时期，一定需求总量下，订货次数多，订货总成本就高，而订货次数少，订货总成本就低。企业要想降低订货成本，就应该设法扩大每次采购数量，从而减少总的订货次数。

储存成本。储存成本是指商品在储存过程中发生的仓库保管费、保险费、库存资金占用所支付的利息等。储存成本与存储的库存量有关，而与订货次数无关。在一定的时期以内,库存的储存成本总额是平均库存量乘以单位储存成本。因此,企业要降低储存成本,就应该设法压缩每次订货数量,增加采购次数,从而尽可能降低平均库存量,以达到降低储存成本的目的。

2. 库存的有效控制

所谓库存的有效控制是指对各种商品的库存数量应控制在一个恰当的水平上。因为,库存过多,会增加储存成本。而库存不足,则不仅会影响生产的正常进行,还会因临时性购置商品而增加成本费用,从而减少利润。造成库存过多或不足,其关键是订货量问题。每次订货量过多,就会使库存上升,造成储存成本增加;而每次订货量过少,为了避免库存不足而影响生产的正常进行,只能增加订货次数,这将使订货成本上升。显然,如何使储存成本和订货成本达到最低就是库存控制的一个中心问题。即要设法计算出一个最佳的库存订货量。这一订货量能使一定时期内某一类库存的总成本降至最低。

二、经济订货量

经济订货量(Economic Order Quantity,EOQ)方法是采用数学的方法计算出库存的每次订货量,这一订货量能够使在一定时期内,某一品种的库存总成本达到最低。

1. 经济订货量的前提条件

由于经济订货量是效益经济理论的一种理想方法,其计算及应用需要基于某些前提或假设,否则,计算和应用结果的正确性要受到影响。概括起来,经济订货量基于的前提条件有以下几点。

(1) 在一定时期内已知某种商品的需求量,这一需求量在分析期保持不变,它与库存水平无关,如年需求量。

(2) 每次订货成本都保持不变。

(3) 单件商品的储存成本固定不变。一般用一件商品在仓库中保存一年的储存成本来反映。

(4) 库存能够得到及时的补充。先假定各项库存一旦数量不足都可以立即得到补充,因而不考虑安全库存。

2. 经济订货量模型

(1) 固定需求下的库存量的变化规律

根据以上的前提假设条件,平均库存量可用以下公式表示:

$$\text{平均库存量} = \frac{Q}{2} \tag{7-5}$$

Q 代表每次的订货量,由于商品在不断销售掉又定期得到补充的情况下,其库存水平是以一种三角形的"波形"起伏变动的,在刚订完货时库存量等于订货量,然后每天以固定的速率降低,经过一个周期的销售到下一次订货前它降低到零的水平(由于每次订货后商品总能准时送到而不会发生缺货的情况),在粗略的研究中可以认为库存量在一年的平均值等于每一次订货量的一半。

【例 7-10】 利用 Excel 建立模型,模拟在满足经济订货量的前提下 100 天内产品库存随时间(天数)的变化情况。

【解】 第一步,按图 7-49 中单元格 B2:C10 模型计算出每天的库存情况。

	A B	C	D E	F	G	H	I
1							
2	年需求量	10000			273.97		
3	日需求量	27.4		0	547.9	0.0	
4	订货量	547.9		1	520.5	0.0	
5	订货周期	20		2	493.2	0.0	
6	初始库存量	0		3	465.8	0.0	
7	时间(天)	30		4	438.4	0.0	
8	已过去订货周期数	1		5	411.0	0.0	
9	本周期已过去天数	10		6	383.6	0.0	
10	库存量	274.0		7	356.2	0.0	
11				8	328.8	0.0	
12	订货周期=20天			9	301.4	0.0	
13	时间(天)=30天			10	274.0	0.0	
14				11	246.6	0.0	
102				99	27.4	0.0	
103				100	547.9	0.0	
104							

图 7-49 在固定需求下 100 天内库存量的变化模型

为了计算每天库存量,在相应单元格输入公式:

in C3	=C2/365
in C4	=C3*C5
in C8	=INT(C7/C5)
in C9	=C7−C8*C5

in C10	=C4−C9*C3
in B12	=B5&"="&C5&"天"
in B13	=B7&"="&C7&"天"

单元格 B12:B13 将显示决策结论。

第二步,模拟 100 天库存。

在单元格 F2:G103 建立以天数为自变量,库存量为函数的一维模拟运算表。

第三步,绘制如图 6-20 所示的图表。

为了在图形上表达反映当天库存量的红色柱子,先在单元格 H3 输入公式"=IF(F3=\$C\$7,G3,0)",然后使用填充柄将 H3 函数复制到单元格 H4:H103。注意 IF 函数的含义,单元格 H3:H103 反映出由控件控制的天数 C7 中的值与模拟运算表中单元格 F3:F103 中的某个天数相等时,取这一天的库存量值,否则,为零。在图形上生成反映某天库存量的单个红色柱子会随着天数控件值的改变而变化。

绘制柱形图的关键步骤:首先选取单元格 G3:H103,选择图表向导,选择柱形图。在图表向导 4 之 2 步骤的对话框中选择"系列"选项卡,在"分类(X)轴标志"文本框中选择单元格 F3:F103,然后按向导步骤建立图形。选中图形中的任意系列,选择菜单栏中"格式"中的"数据系列"命令,在数据系列对话框中选择"选项"选项卡,选择:重叠比例为"100",间距宽度为"0"。最后选中 X 轴,对 X 轴进行刻度设置,在刻度选项卡中将"分类轴刻度之间的分类数"改为 5。至此,只有天数控件控制的柱子为红色,模拟运算表中反映 100 天库存量的以柱子为背景的柱形图形关键步骤完成。反映 100 天内每天库存量的图形如图 7-50 所示。

管理决策分析

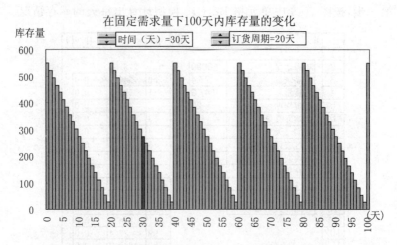

图 7-50　在固定需求下 100 天内库存量的变化图形

从图 6-20 中可以看到,当企业每次订货时,企业的库存即达到最高点 Q,经过一段时间后,企业的库存即降为零,这时企业必须重新订货。从库存这种动态变化过程,可以将其视作是一种均匀递减过程。

(2) 经济订货量公式推导

假定用 D 表示商品的全年需求量,用 k 表示一次订货的固定成本(简称单位订货成本),用 h 表示一件商品在仓库中保存一年的储存成本(简称为单位年储存成本),用 Q 表示订货量,采购单价为 p。

储存成本等于平均库存量与单位年储存成本的乘积,也就是:$hQ/2$。

订货成本等于单位订货成本乘以订货次数。由于在一定时期以内(一般为一年),商品的总需求量(即年需求量)是一定的,所以,订货次数是用每次订购量 Q 去除以年需求量 D,即 D/Q,由此得到订货成本为:kD/Q。

由于假设某种商品的全年需求量是固定的,无论每次订货量等于多少,全年所要支付的采购成本固定为 $p \times D$,与订货量 Q 无关。换言之,全年采购成本虽然可能是全年总成本中数额最大的一个组成部分,但它与每次订货的订货量无关。因此在讨论经济订货量问题时,企业的库存成本可以看成是储存成本与订货成本之和,即总成本(C)的计算公式为

$$C = \frac{kD}{Q} + \frac{hQ}{2} \tag{7-6}$$

从上面的公式中不难看出,订货量 Q 越大,储存成本就越高,而订货成本就越低;反之,订货量 Q 越小,储存成本就越低,但订货成本却越大。企业需要在增加订货量所节约的成本与增加库存量所提高的成本之间进行权衡,以求得两者的最佳组合。

由于在上式中,总成本 C 是订货量 Q 的函数,因此,可求 C 对 Q 的导数,并令其为零,即

$$\frac{dC}{dQ} = -\frac{kD}{Q^2} + \frac{h}{2} = 0$$

计算经济订货量公式为

$$Q_0 = \sqrt{\frac{2kD}{h}} \tag{7-7}$$

从公式中可以看出,在经济订货量下年订货成本与年储存成本二者相等,它们的共同值为

$$\frac{kD}{Q_0} = \frac{hQ_0}{2} = \sqrt{\frac{khD}{2}} \tag{7-8}$$

而作为它们之和的年总成本极小值则为

$$C_{\min} = \sqrt{2khD} \tag{7-9}$$

与经济订货量对应的订货周期自然就是最优的订货周期,它(以年为单位的数值)等于:

$$T_0 = \sqrt{\frac{2k}{hD}} \tag{7-10}$$

3. 经济订货量模型举例

【例 7-11】 假定某企业全年需耗用商品 15000 件,每次订货成本为 500 元,单件商品的年储存成本为 30 元,订货量为 900。操作要求:①计算年订货成本、年储存成本、年总成本;计算经济订货量及年总成本的最小值;②绘制该商品的年订货成本、年储存成本、年总成本随订货量变化的图形;③在图形中添加经过经济订货量的垂直参考线;④在图形中添加一个微调器,使得年需量在 10000 至 20000 范围以 1000 为步长进行变化;⑤在图形中添加反映模型当前订货量的垂直参考线;⑥在图形中添加一个微调器,使得订货量在 400 至 1000 范围以 50 为步长进行变化。

【解】 第一步,按图 7-51 中单元格 B2:C14 建立模型。

	A	B	C	D E	F	G	H	I	J
1									
2		年需求量(D)	15000		订货量	年订货成本	年储存成本	年总成本	
3		一次订货的订货成本(k)	500			8333.3	13500.0	21833.3	
4		单位年储存成本(h)	30		200	37500.0	3000.0	40500.0	
5					300	25000.0	4500.0	29500.0	
6		订货量(Q)	900.0		400	18750.0	6000.0	24750.0	
7		年订货成本	8333.3		500	15000.0	7500.0	22500.0	
8		年储存成本	13500.0		600	12500.0	9000.0	21500.0	
9		年总成本	21833.3		700	10714.3	10500.0	21214.3	
10					800	9375.0	12000.0	21375.0	
11		经济订货量(EOQ)	707.1		900	8333.3	13500.0	21833.3	
12		EOQ下的年订货成本	10606.6		1000	7500.0	15000.0	22500.0	
13		EOQ下的年储存成本	10606.6		1100	6818.2	16500.0	23318.2	
14		EOQ下的年总成本	21213.2		1200	6250.0	18000.0	24250.0	
15					1300	5769.2	19500.0	25269.2	
16		年需求量=15000			1400	5357.1	21000.0	26357.1	
17		订货量=900							
18		当前订货量垂直参考线			经济订货量垂直参考线				
19		900.0	35000.0		707.1	35000.0			
20		900.0	8333.3		707.1	10606.6			
21		900.0	13500.0		707.1	21213.2			
22		900.0	21833.3		707.1	0.0			
23		900.0	0.0						
24									

图 7-51 经济订货量分析模型

计算年订货成本、年储存成本、总成本,并计算经济订货量及经济订货量时的年订货成本、年储存成本、总成本的值,输入公式:

in C7	=C2/C6*C3
in C8	=C4*C6/2
in C9	=C7+C8
in C11	=SQRT(2*C2*C3/C4)

in C12	=C2/C11*C3
in C13	=C11/2*C4
in C14	=C12+C13

第二步,建立以订货量为自变量,以年订货成本、年储存成本、年总成本为因变量的一维模拟运算表。

第三步,制作图形。

根据模拟运算表数据绘制出表示经济订货量概念的年总成本随订货量变化的曲线,并将此图形改造成一个可调图形,以图形形式反映不同订货量所对应的年订货成本、年储存成本、年总成本及经济订货量的垂直参考线,如图7-52所示。

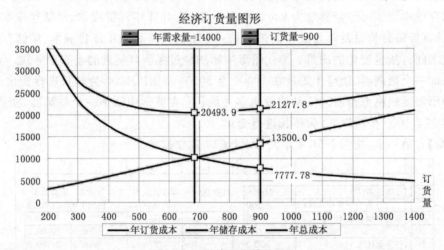

图 7-52 经济订货量图形

第四步,模型分析。

从上述模型可以看出,在目前情况下该商品的经济订货量等于707.1,在这个订货量下的年订货成本、年储存成本与年总成本分别等于10606.6元、10606.6元与21213.2元。当前订货量为900,总成本为21833.3,明显高于经济订货量点的最小总成本,所以决策者应考虑将订货量减少620左右,以使库存成本达到最低。图形上的年需求量微调器可以让我们观察到当模型的参数(年需求量)发生变化时,目标函数曲线(年总成本、年订货成本、年储存成本)曲线都会移动,经济订货量与年总成本最小值也会随之变化。

现在来考虑模型参数的变化对经济订货量的影响。如果商品年需求量存在着较大的不确定性,决策者估计它可能会在一个相当大的范围(例如10000~20000)内变化,现在需要观察年需求量的这种变化对于经济订货量的影响。如图7-52所示的那样,在图形上放置两个可以分别对年需求量与订货量进行调节的微调器,那么操作者可以在年需求量固定的条件下观察在订货量变化时三项成本沿各自曲线的变化之外,还可观察在年需求量变化时三条年成本曲线的位置与经济订货量(以及在特定订货量下的三项年成本)的变化,这显然就为观察年需求量的变化对经济订货量的影响提供了一种良好的手段。

我们还可以把结果做得更漂亮一些,绘制出与不同年需求量对应的一族年总成本(随订货量)变化曲线和一条特定年需求量对应的曲线,以及与该曲线联系着的经过经济订货量的垂直参考线。如果添加一个可以对年需求量进行调节的微调器的话,那么,该特定曲线就会在此微调器的控制下从曲线族中的一条曲线转移到另一条曲线,这样就制成了一个能够更清楚地显示在不同年需求量下年总成本随订货量而变化的完整图画,具体方法通过【例 7-12】说明。

【例 7-12】 采用【例 7-11】数据,绘制一个不同年需求量对应的一簇年总成本随订货量变化的图形。其中的 8 条灰色背景曲线分别与年需求量 11000,12000,13000,14000,15000,16000,17000,18000 等数值对应,制作一个受年需求量控件控制的反映年需求量的红色曲线,使得在年需求量控件的操纵下红色曲线会在 8 条灰色曲线族中由一个位置移动到另一个位置,在这个过程中红色曲线的最低点应会沿绿色轨迹曲线移动,而经过该最低点的垂直参考线则应会相应地左右移动。

【解】 第一步,按图 7-53 中单元格 B2:C14 建立模型。

第二步,准备作图数据。

在单元格 E2:N15 建立一个年总成本相对于年需求量和订货量的二维模拟运算表(注意:二维模拟运算表有两个自变量值序列)。

	A	B	C	D	E	F	G	H	I	J	K	L	M	N	O
1															
2		年需求量(D)	15000		21833	15000	11000	12000	13000	14000	15000	16000	17000	18000	
3		一次订货的订货成本(k)	500		200	40500	30500	33000	35500	38000	40500	43000	45500	48000	
4		单位年储存成本(h)	30		300	29500	22833	24500	26167	27833	29500	31167	32833	34500	
5					400	24750	19750	21000	22250	23500	24750	26000	27250	28500	
6		订货量(Q)	900		500	22500	18500	19500	20500	21500	22500	23500	24500	25500	
7		年订货成本	8333.33		600	21500	18167	19000	19833	20667	21500	22333	23167	24000	
8		年储存成本	13500		700	21214	18357	19071	19786	20500	21214	21929	22643	23357	
9		年总成本	21833.3		800	21375	18875	19500	20125	20750	21375	22000	22625	23250	
10					900	21833	19611	20167	20722	21278	21833	22389	22944	23500	
11		经济订货量(EOQ)	707.1		1000	22500	20500	21000	21500	22000	22500	23000	23500	24000	
12		EOQ下的年订货成本	10606.6		1100	23318	21500	21955	22409	22864	23318	23773	24227	24682	
13		EOQ下的年储存成本	10606.6		1200	24250	22583	23000	23417	23833	24250	24667	25083	25500	
14		EOQ下的年总成本	21213.2		1300	25269	23731	24115	24500	24885	25269	25654	26038	26423	
15					1400	26357	24929	25286	25643	26000	26357	26714	27071	27429	
16															
17															
18						707.1	21213.2		EOQ订货量的垂直参考线						
19					11000	606	18166		707.1	30000					
20					12000	632	18974		707.1	21213.2					
21					13000	658	19748		707.1	15000					
22					14000	683	20494								
23					15000	707	21213		年需求量=15000						
24					16000	730	21909								
25					17000	753	22583								
26					18000	775	23238								
27															

图 7-53 不同年需求量下年总成本随订货量的变化模型

第三步,制作曲线图。

利用二维模拟运算表的数据绘制出与不同年需求量对应的一簇年总成本(随订货量)

的变化曲线。

1) 选择单元格 E3:N15 绘制 XY 散点图。

2) 在图表上添加一个对年需求量控制的控件,链接单元格是 F2,使系列 1(F3:F15)变为一条可移动的曲线,即从曲线簇的一条曲线的位置移动到另一条曲线的位置(移动的曲线的次序必须叠放在最顶层,以覆盖曲线簇中的不动的作为底衬的静止曲线)。

3) 在单元格 E18:G26 建立一个相对于年需求量为自变量,经济订货量、经济订货量下的年总成本为函数的一维模拟运算表,根据这个模拟运算表中单元格 F19:E26 的数据,在图形中添加一条曲线,以反映曲线簇中每条曲线最低点连成的曲线(即连接以各个经济订货量和年经济订货量下的总成本为坐标的各个点子的曲线)。

4) 选择单元格 I19:J21 在图形上添加反映当前利润曲线的经济订货量与总成本最小点的垂直参考线和参考点。

5) 添加控件、文本框等对象,将它们与图形组合。操作结果图形如图 7-54 所示。

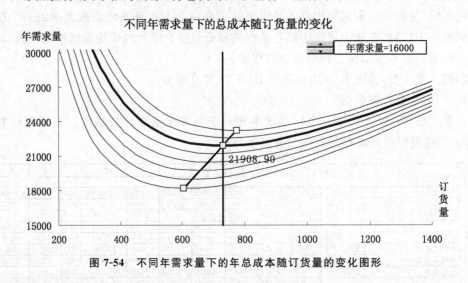

图 7-54　不同年需求量下的年总成本随订货量的变化图形

第四步,模型分析。

上述模型一方面反映了目标变量(年总成本)随决策变量(订货量)的变化规律,这是一条开口向上的抛物线,存在极值点,即经济订货量与年总成本极小值,由垂直参考线标识。另一方面还反映了不同年需求量情况下年总成本关于订货量的函数曲线有不同的位置,决策者可将这些曲线簇看作情景分析的背景,了解当控制年需求量的微调器调出一系列不同的年需求量时,年总成本曲线可能所处的位置,这是利用图形进行 What-If 分析的一种有效方法。

三、考虑价格折扣情况下的库存控制

库存控制除了在以上正常情况下确定经济订货量以外,还必须考虑一些特殊情况,例如,库存采购的数量折扣。本节对数量折扣影响库存控制的因素着重予以讨论。

数量折扣。供货单位有时为了鼓励企业多订货,往往给予企业一定的折扣优惠政策,这些优惠政策会对订货的采购单价产生影响,但不影响经济订货量的计算。也就是说,由

于在计算经济订货量时,并不考虑商品的购买单价,所以仍然可以按照上面的方法计算企业的经济订货量。问题是,在算出经济订货量以后,要不要享受供货单位的折扣优惠政策,这可以按照以下两种思路去考虑。

如果折扣优惠政策规定的订货量小于或等于经济订货量,则按经济订货量确定每次订货量。因为,这样既可以享受折扣优惠政策,又实现了最佳的订货量。

如果折扣优惠政策规定的订货量大于经济订货量,则必须进行成本分析。这里年总成本不仅包含年订货成本和年储存成本,还应考虑年采购成本。如果按照折扣优惠政策规定的订货量进行订货的年总成本比按经济订货量进行订货的年总成本低,则可以接受折扣优惠政策,反之,还是放弃折扣优惠政策,坚持经济订货量策略。

	A	B	C	D	E	F	G
1							
2		单价折扣率	5.0%		订货量	年总成本	
3		折扣阈限值	1500.0			91625.0	
4		年需求量	15000.0		300	97000	
5		一次订货的订货成本	500.0		400	92250	
6		单位年储存成本	30.0		500	90000	
7		名义采购单价	4.50		600	89000	
8		实际采购单价	4.28		700	88714	
9		订货量	1500.0		800	88875	
10		年订货成本	5000.0		900	89333	
11		年储存成本	22500.0		1500	95000	
12		年采购成本	64125.0		1500	91625	
13		年总成本	91625.0		4000	126000	
14							
15		经济订货量(EOQ)	707.1		水平参考线		
16		EOQ下的年订货成本	10606.6		300	91625.0	
17		EOQ下的年储存成本	10606.6		1500	91625.0	
18		EOQ下的年采购成本	67500.0		4000	91625.0	
19		EOQ下的年总成本	88713.2				
20					EOQ垂直参考线		
21		折扣阈限值=1500			707.106781	35000.0	
22		采用经济订货量,不接受折扣优惠			707.106781	88713.2	
23		单价折扣率=5%			707.106781	15000.0	
24							

图 7-55 折扣优惠时的订货决策模型

【例 7-13】 采用【例 7-11】数据,假定供货单位提供给企业的折扣优惠政策条件为:每次订货量大于等于 1500 件,则每件的采购单价在原价 4.5 元/件的基础上可以享受 5% 的优惠折扣。操作要求:①建立一个折扣优惠模型,计算经济订货量和折扣优惠两种策略下的年订货成本、年储存成本、年总成本;②绘制年总成本随每次订货量变化的图形,图形中带有随总成本最小值变化的水平参考线、参考点及经过经济订货量的垂直参考线和参考点;③添加一个微调器,对折扣阈限值进行调整,调整的范围为 1000 元至 3500 元,增量为 50 元;④添加一个微调器,对单价折扣率进行调整,调整的范围为 5% 至 50%,增量为 1%;当每个控件调整模型中相应的参数时,显示结论文字。

【解】 第一步,建立模型框架,计算总成本。

在图 7-55 中的单元格 B2:C17 建立采购价格折扣优惠的决策模型。在单元格 C7:C13 计算采用折扣优惠政策的年总成本,输入公式:

in C8	=IF(C9>=C3,C7*(1−C2),C7)
in C9	=C3
in C10	=C4/C9*C5

in C11	=C6*C9/2
in C12	=C8*C4
in C13	=C9+C10+C11

在单元格 C15:C19 计算采用经济订货量的年总成本,输入公式:

in C15	=SQRT(2*C4*C5/C6)
in C16	=C4/C15*C5
in C17	=C15/2*C6

in C18	=C7*C4
in C19	=C16+C17+C18

在单元格 B21:B23 生成结论文字,输入公式:

in B21	="折扣阈限值="&C3
in B22	=IF(C19<C13,"采用经济订货量,不接受折扣优惠",IF(C19=C13,"皆可","接受折扣优惠"))
in B23	="单价折扣率="&C2*100&"%"

第二步,准备作图数据。

在单元格 E3:F13 建立以订货量为自变量,年总成本为函数的一维模拟运算表。

第三步,制作图形。

以模拟运算表中的单元格 E4:F13 数据绘制 XY 散点图,并将图改造成可调图形。本例类似上节中有折扣时的成本决策模型的操作,同样要注意以下几点。

① 在模型中单元格 C8 计算实际单价时,必须使用 IF 函数根据订货量的大小来决定不同的价格。

② 在建立订货量与年总成本的一维模拟运算表时必须反映出达到折扣阈限值时的转折点,单元格 E11 采用公式(=C3−0.001)和 E12(=C3),将来通过控件反映订货量的变化时,图形能在表示折扣临界点时产生陡降的感觉,而模拟运算表的自变量是 C9,表示分别用 E4:E13 中的每个值来替代单元格 C9 中的值,分别计算出相应的各个年总成本的值。

③ 在单元格 C9 输入公式(=C3),表示将折扣优惠规定的阈限值作为订货量。因为在订货量超出经济订货量以后,同等价格情况下订货量越小年总成本就越小,所以没必要将订货量超过折扣阈限值。

④ 在单元格 E16:E18 输入公式:

in E16	=300
in E17	=IF(C19<C13,C15,C9)
in E18	=4000

in F16	=IF($C$19<$C$13,$C$19,$C$13)
in F17	=IF($C$19<$C$13,$C$19,$C$13)
in F18	=IF($C$19<$C$13,$C$19,$C$13)

用单元格 E16:F18 的数据,在图形上添加经过年总成本极小值的水平参考线。采用

单元格 E21:F23 的数据,在图形上添加经过经济订货量的垂直参考线。最后,添加控件、文本框,将它们与图形组合形成可调图形。操作结果如图 7-56 所示。

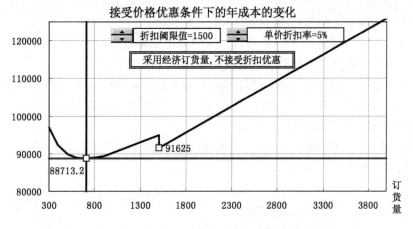

图 7-56　接受价扣优惠条件下的年成本的变化图形

第五节　随机需求状态下资源配置

在现实的生产活动中,根据生产模式和生产工具的不同,对资源的需求也不同,此外,并不是所有的生产活动都能够按照计划顺利完成,期间会有很多突发状况出现,如设备损坏、人员不足等,需要特殊考虑。

Excel 软件为随机需求提供了"概率函数"和"单变量求解"功能,通过运用概率论相关知识,作出随机需求状态下的资源合理配置。

一、泊松分布的计算与应用

泊松分布是一种随机变量 X 只取非负整数的离散型概率分布,其概率分布服从

$$P(X=i) = \frac{e^{-\lambda}\lambda^i}{i!} \tag{7-11}$$

在实际应用中,当一个随机事件以固定的平均速率随机且独立地出现时,则该事件在单位时间内出现的次数近似服从泊松分布,如某电话交换台收到的呼叫、某公交站的乘客、机器的故障数、产品的缺陷数等。

【例 7-14】　某工厂有 200 台机器,各机器的工作与其他机器无关,日常工作中机器因发生故障需要维修的概率为 0.05,如果要求机器待修的概率不到 0.02,求工厂需要多少个维修工。

【解】　某时刻机器发生故障的次数为 X,服从泊松分布,$\lambda = np$,$n = 200$,$p = 0.05$,设需要安排 N 个维修工人,P 为待修概率,则上述问题可以表示为

$$P(X > N) = 1 - P(X \leqslant N) = 1 - \sum_{i=0}^{N} \frac{e^{-\lambda}\lambda^i}{i!} = 1 - \sum_{i=0}^{N} \frac{e^{-1}1^i}{i!} \leqslant 0.2$$

即 $\sum_{i=0}^{N} \frac{e^{-1}1^i}{i!} \geq 0.98$，采用查表或者手工计算的方式比较复杂，而采用 Excel 的概率函数功能则更为简便。

第一步，设置 A2:A8 为 i 值，从 0 至 8。

第二步，设置 B2:B8 为 $P(X=i)$，首先将 B2 单元格设置为公式"=POISSON(A2,1,0)"，并向下拖曳，将公式填充到下列各单元格。

第三步，设置 C2:C8 单元格为累计概率，在 C2 单元格输入公式"=B$2"，并在 C3 单元格中输入公式"=C2+B3"，并向下拖曳至 C8，代表当 i 逐渐增加时，$P(X=i)$ 的累计和。设置的结果如图 7-57 所示。

第四步，选择公式选项卡，单击公式审核中的"显示公式"功能，取消显示公式，得到泊松分布的结果，如图 7-58 所示。

	A	B	C
1	i值	$P(X=i)$	累计概率
2	0	=POISSON(A2,1,0)	=B$2
3	1	=POISSON(A3,1,0)	=C2+B3
4	2	=POISSON(A4,1,0)	=C3+B4
5	3	=POISSON(A5,1,0)	=C4+B5
6	4	=POISSON(A6,1,0)	=C5+B6
7	5	=POISSON(A7,1,0)	=C6+B7
8	6	=POISSON(A8,1,0)	=C7+B8

图 7-57 变量设置的结果

	A	B	C
1	i值	$P(X=i)$	累计概率
2	0	0.367879441	0.367879441
3	1	0.367879441	0.735758882
4	2	0.183939721	0.919698603
5	3	0.06131324	0.981011843
6	4	0.01532831	0.996340153
7	5	0.003065662	0.999405815
8	6	0.000510944	0.999916759

图 7-58 泊松分布的求解结果

根据求解的结果可以看出，当维修工的人数 $i=3$ 时，累计的概率为 0.9810，也就是说，当维修工人的人数大于 3 时，即可满足生产的需求。

二、正态分布的计算与应用

正态分布在数学、物理学及工程学领域都具有非常重要的地位，在众多统计问题中得到了广泛的应用。

若随机变量 X 服从概率密度函数为

$$f(x) = \frac{1}{\sqrt{2\pi}\delta} e^{\left(-\frac{(x-\mu)^2}{2\delta^2}\right)} \tag{7-12}$$

则称 X 服从正态分布，记作 $X \sim N(\mu, \delta^2)$。

当 $\mu=0, \delta=1$ 时，正态分布就称为标准正态分布，此时概率密度函数为

$$f(x) = \frac{1}{\sqrt{2\pi}} e^{\left(-\frac{x^2}{2}\right)}$$

【例 7-15】 某工厂的生产车间设置相同的机床 300 部，每部机床工作的概率为 0.8，各机床的工作与否同其他机床无关，每部机床工作时要消耗电能 10 单位，若要求保证供电充足的概率为 95%，则最少应向该车间提供多少电能。

【解】 假设某时刻工作的机床的台数为随机变量 X，则 X 服从均值为 240、方差为 48 的正态分布，设 N 为可供电机床工作数，则供电电能应为 $10N$，供电充足的概率 $P(X \leq N) \geq 0.95$，即

$$P(X \leq N) = \int_{-\infty}^{N} \frac{1}{\sqrt{2\pi}\delta} e^{\left(-\frac{(x-\mu)^2}{2\delta^2}\right)} dx \geq 0.95$$

第一步，在 A1 中输入"目标单元格："，在 A2 中输入公式"=NORMDIST(B2,240,48^0.5,1)"，其中 B2 为可变单元格，即所求的最少影响车间供应的电能数，240 为期望值，即 $300*0.8,48^{\wedge}0.5$ 为标准差，如图 7-60 所示。

第二步，在 B1 单元格中输入"可变单元格"，单击"数据"选项卡，在"数据工具"组中选择"模拟分析"功能，然后选择单变量求解，弹出单变量求解对话框，在目标单元格中选择 A2 单元格，在目标值中填写"0.95"，在可变单元格中选择 B2 单元格，如图 7-61 所示；

第三步，单击"确定"按钮，得到正态分布求解结果，如图 7-62 所示。

图 7-59　单变量求解参数设置

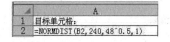

图 7-60　目标单元格设置结果　　图 7-61　正态分布求解结果

根据正态分布求解结果显示，若要求保证供电充足的概率为 95%，则最少应向该车间提供 251.37 单位的电能。

三、指数分布的计算与应用

指数分布是一种连续的概率分布，可以用来表示随机事件发生的时间间隔，其概率密度函数为

$$f(x) = \begin{cases} \lambda e^{-\lambda x} \\ 0 \end{cases} \tag{7-13}$$

记作 $x \sim \text{Exponential}(\lambda)$。指数分布最重要的特点在于其无记忆性，这种无记忆性的意义在于能够表示单位时间内某事件发生的次数，如某电子元件已使用了 T 小时，那么，它共使用 $S+T$ 小时的条件概率与从开始使用算起它至少使用 S 小时的概率相等。指数分布的期望为 $1/\lambda$，方差为 $1/\lambda^2$。

【例 7-16】　某企业购进生产设备 100 台，设备的寿命服从指数分布，平均使用寿命为 4000 小时，为保持不间断生产，技术工人需了解在 100 台设备中，能够超过平均使用寿命的设备数量。

【解】　假设生产设备的寿命为随机变量 X，$X \sim \text{Exponential}(\lambda)$

$P(X \leqslant x) = \int_0^x \lambda e^{-\lambda x} dx$，又已知生产设备的平均寿命为 4000 小时，正常使用期限超过平均寿命的概率为

$$P\left(X > \frac{1}{\lambda}\right) = 1 - P\left(X \leqslant \frac{1}{\lambda}\right) = 1 - \int_0^{\frac{1}{\lambda}} \lambda e^{-\lambda x} dx = e^{-1} = 0.367879$$

从计算结果来看，所购买的 100 台设备中，大约有 368 台设备的正常使用期限会超过设备的平均寿命。

在通常的设备使用状态估计的过程中，如果技术工人对积分的运算掌握并不扎实，可以选择 Excel 中的积分函数"EXPONDIST()"进行计算，该函数有三个参数，第一个参数

为 x，即积分的上限；第二个参数为概率分布的方差；第三个函数是一个逻辑值，表示函数返回的类型，该值为"1"时返回累计分布函数，为"0"时返回概率密度函数。操作的步骤如下。

第一步，在 A1 单元格中输入"超过平均寿命的概率为"。

第二步，在 B1 单元格中输入公式"=EXPONDIST(4000,1/4000,1)"，其中 4000 为设备使用时间的均值，设置的结果如图 7-62 所示。

第三步，在 B2 单元格中输入公式"=1－B1"，进行正态分布的求解，在"公式"选项卡的"公式审核"组中选择"显示公式"按钮，取消显示公式，结果如图 7-63 所示。

	A	B
1	超过平均寿命的概率=	=EXPONDIST(4000,1/4000,1)

图 7-62　目标单元格设置结果

	A	B
1	超过平均寿命的概率=	0.632120559
2		0.367879
3		0.367879

图 7-63　正态分布的求解结果

从求解结果中可以看出，100 台设备中，能够超过平均使用寿命的设备大约为 37 台。

第六节　项目管理技术

网络计划技术作为现代化科学管理的重要组成部分，是将一个项目作为一个统一的系统，系统中的各项作业相互制约、相互依存，作业的相互关系由网络计划图表示，管理计划人员通过关键作业和关键路径对资源进行合理配置，以花费最少的资源和时间，实现整个系统的预期目标，进而达到最优的经济效益。

一、网络计划技术概述

1. 网络计划技术的基本概念

网络计划技术的基本概念包括网络图、时间参数、关键路线和网络优化，各概念的具体含义如表 7-11 所示。

表 7-11　网络计划技术的基本概念

概　念	含　义
网络图	整个项目的分解和合成，即对项目的划分以及解决各项工作的协作和配合。
时间参数	反映项目中人、事、物运动状态的时间，包括作业时间、开工与完工时间、工作之间的衔接时间、机动时间、工程范围及总工期等。
关键路线	影响项目进行快慢的关键工作。
网络优化	通过利用时差，在满足约束条件的前提下不断改进网络计划的初始方案，实现计划的最优化。

2. 网络计划技术的优点

（1）表述清晰。网络计划技术采用图示的方式，清晰的表达出项目中各工作的相关关系，使项目管理人员能够方便地厘清复杂的项目工作，从而进行有序的安排，进而产生良好的效果。

（2）重点突出。通过网络图的计算，可以方便地找出项目的关键路线，便于管理人员认清重点，集中力量解决重点问题，确保计划实现，避免项目实施过程中所有工作平均使用资源，造成盲目浪费。

（3）合理配合。利用网络计划，能够实现机动时间的有效利用，进行关键工作和非关键工作的合理配合，充分利用资源，调整工作进度，进而实现降低成本，提高管理水平的效果。

（4）信息充足。足够的信息是项目管理工作顺利进行的关键，网络计划能够提供各种事件参数，有利于加强管理的科学性，并提升管理效果。

（5）操作方便。网络计划技术中的绘图、计算、优化、调整、控制、统计与分析等操作均可由计算机完成，实现计算机的全程管理，一方面保证了计划的准确性；另一方面提高了计划的效率。

3. 网络计划技术的步骤

网络计划技术的应用一般分为六个步骤，如图 7-64 所示。

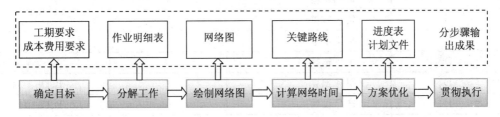

图 7-64 网络计划技术的步骤

（1）绘制网络图的基本原则

绘制网络图一般应遵循以下基本原则。

① 网络图中不应存在循环线路。

② 在网络图中的所有结点均应有编号，且编号顺序统一。

③ 两个相邻的结点间有且只有一条箭线。

④ 箭线与箭线不能相连，即箭线的首尾必须存在一个结点。

⑤ 网络图中只有一个表示项目开始的始点事项，和一个表示项目终止的终点事项，不能存在独立的中间事项。

⑥ 网络图中的箭线衔接关系的含义为指向某一结点的所有工作全部完成后，从该结点引出的箭线才能开始。

（2）网络计划平衡和优化的原则

网络计划平衡和优化的原则如下。

① 关键路线上的关键作业应重点考虑，保证其资源需求。

② 合理利用时差，通过错时作业以平衡各项作业所需要的资源。

③ 推迟时差较大事项的开工时间，减少每日所需的资源数量。

可用于实现网络计划技术的计算及工具有很多，目前最为常用，也是在现实中操作较为简便的工具就是 Excel，Excel 中提供的"规划求解"功能能够实现关键路线的计算、最短工期的计算、工期与费用优化以及制动工期与完工概率的互推。

二、关键路线规划求解与工作表直接优化

网络计划技术的重点在于根据项目的实际需求，通过绘制网络图并计算网络时间，找出项目的关键路线，进行重点资源配置。下面通过两个例子介绍使用 Excel 进行关键路径规划求解并对求解的工作表进行直接优化的方法。

1. 关键路径直接求解

【例 7-17】 某公司拟策划一种大型产品，因为项目较大，要进行前期一系列的工作，项目的工作计划单如表 7-12 所示。试采用网络计划技术计算产品投入生产前需要花费的总时间，并列出关键路线。

表 7-12 项目工作计划单

工序代号	作业内容	时间(天)	紧前工序
A	市场调研	4	—
B	资金筹措	5	—
C	批文申报	2	A
D	工厂选择	3	A
E	财务预算	2	B、D
F	产品设计	6	B、D
G	产品规划	4	C、E
H	产品推广人员招聘	4	C、E
I	产品广告策划	3	F、G
J	原材料供应商选择	9	B、D
K	工厂设置	2	J
L	投入生产	1	K

根据该项目的工作计划单，我们可以绘制如图 7-65 所示的网络图。继而根据网络图建立规划模型，求出项目的总工期和关键路线。

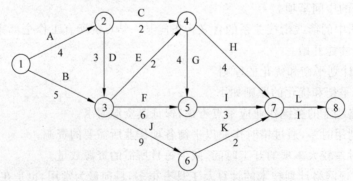

图 7-65 项目工作网络

第一步，建立规划模型。

假设模型中结点 i 到结点 j 之间的箭线为工序，已知时间常数 a_{ij} 为工序 ij 的时间。

设 0-1 变量 x_{ij} 为决策变量,其中 $i=1\sim 7, j=2\sim 8$。

$$\begin{cases} x_{ij}=1, & \text{表示工序 } ij \text{ 为关键路线中的工序} \\ x_{ij}=0, & \text{表示工序 } ij \text{ 不是关键路线中的工序} \end{cases}$$

设工序通道限制逻辑变量 b_{ij},当 $a_{ij}=0$ 时,$b_{ij}=0$,当 $a_{ij}\neq 0$,$b_{ij}=1$,可见 b_{ij} 所代表的含义是判断两个结点之间是否存在一道工序,存在即为 1,不存在即为 0。

目标函数:

$$\text{Max} Z = \sum_{i=1}^{7}\sum_{j=2}^{8} a_{ij} x_{ij}$$

约束条件:

$$\begin{cases} x_{ij} \leqslant b_{ij} & (i=1\sim 7, j=2\sim 8)(\text{关键工序存在}) \\ \sum_{j=2}^{8} x_{1j} = 1 & (\text{首节点出发的工序中存在一道关键工序}) \\ \sum_{i=1}^{7} x_{i8} = 1 & (\text{回归到末结点的工序中存在一道关键工序}) \\ \sum_{i=1}^{7} x_{ij} = \sum_{j=2}^{8} x_{ij} & (j=i)(\text{保证关键路线不能间断}) \end{cases}$$

第二步,设置初始数据。

① 在 A1 单元格中输入"工期表 a_{ij}"作为表头,在 A2 单元格中输入"节点",在 B2:I2 单元格中输入 1~8,代表项目的 8 个节点,在 A3:A9 单元格中输入 1~8,同样代表项目的 8 个节点;

② 在 C3 单元格中输入"4",代表从节点 1 到节点 2 需要 4 个时间单位,按照此方法依次输入各项工作所需时间;

③ 在 L1 单元格中输入"决策变量 x_{ij}",在 K2 单元格中输入"节点",在 L2:S2 单元格中输入 1~8,代表项目的 8 个节点,在 K3:K10 单元格中输入 1~8,代表项目的 8 个节点,K2:S10 区域的其他单元格内的初始值为空白;

④ 在 B13 单元格中输入"通道限制设定表 b_{ij}",在 A14 单元格中输入"节点",在 B14:I14 单元格中输入 1~8,代表项目的 8 个节点,在 A15:A22 单元格中输入 1~8,代表项目的 8 个节点,在 C15 单元格中填写 1,代表在节点 1 和节点 2 之间存在通道,以此方法依次填入各节点之间的通道。

初始数据的设置结果如图 7-66 所示。

第三步,变量设置。

① 在 T2 单元格中输入公式"=SUMPRODUCT(C3:I9,M3:S9)",代表整个项目的总工期为项目各工作所花费的时间与工作是否为关键事件的乘积之和。

② 在 T3 单元格中输入公式"=SUM(M3:S3)",并用向下拖曳的方式填充至 T10,在 M11 单元格中输入公式"=SUM(M3:M10)",并用向右拖曳的方式填充至 S11 单元格。

第四步,规划求解。

单击"数据"功能中的规划求解功能,在规划求解参数对话框中作如下设置。

① 在设置目标中选择 T2 单元格。

	A	B	C	D	E	F	G	H	I	J	K	L	M	N	O	P	Q	R	S
1			工	期	表	a_{ij}							决	策	变	量	x_{ij}		
2	节点	1	2	3	4	5	6	7	8		节点	1	2	3	4	5	6	7	8
3	1		4	5							1								
4	2			3	2						2								
5	3				2	6	9				3								
6	4					4		4			4								
7	5						3				5								
8	6						2				6								
9	7								1		7								
10	8										8								
11																			
12																			
13				通道限制设定表			b_{ij}												
14	节点	1	2	3	4	5	6	7	8										
15	1		1	1	0	0	0	0	0										
16	2			1	1	0	0	0	0										
17	3				1	1	1	0	0										
18	4					1	0	1	0										
19	5						1	0	0										
20	6							1	0										
21	7								1										
22	8																		

图 7-66 初始数据设置结果

② 在设置目标下选择最大值。

③ 在可变单元格中选择 M3:S9 单元格。

④ 单击"添加"按钮,弹出添加约束对话框,在单元格引用中选择 M3:S9 单元格,在符号中选择"≤",在约束中选择 C15:I21,如图 7-67 所示,单击添加按钮将约束条件添加到规划求解参数对话框中,按照此方法依次添加约束条件,规划求解对话框的最终设置如图 7-68 所示。

图 7-67 添加约束条件设置

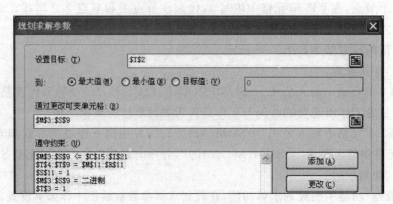

图 7-68 规划求解参数设置结果

⑤ 单击“求解”按钮，得到规划求解的结果，如图 7-69 所示。

从求解结果中可以看出，该项目的总工期为 19 天，关键路线为 1→2→3→6→7→8，即 A→D→J→K→L。但是，从求解结果中可以看出，这种求解方法只能输出唯一的关键路线，而其他关键路线是不能输出的。但是这种方法方便之处在于在优化的过程中，只要更改工期表中的数据，即可进行重新规划。

K	L	M	N	O	P	Q	R	S	T
	决 策 变 量 x_{ij}								总工期
节点	1	2	3	4	5	6	7	8	**19**
1		**1**	0	0	0	0	0	0	1
2		0	**1**	0	0	0	0	0	1
3		0	0	0	**0**	1	0	0	1
4		0	0	0	0	0	0	0	0
5		0	0	0	0	0	**0**	0	0
6		0	0	0	0	0	1	0	1
7		0	0	0	0	0	0	**1**	1
8									0

图 7-69　规划求解结果

2. 工作表的直接优化

【例 7-18】 考虑到公司发展的整体规划，现要求总工期缩短 2 天，改为 17 天，应如何优化？

从上例求解的关键路线中可以看出，任务 J 花费的时间最多，则选择将任务 J 所花费的时间缩短 2 天，在 Excel 中的求解步骤如下。

第一步，将单元格 G5 中的“9”改为“7”，代表任务 J 所花费的时间缩短 2 天。

第二步，将表中 M3：S10 中的值清空。

第三步，单击“数据”选项卡中的规划求解功能。

第四步，单击“求解”按钮，进行规划求解，求解结果如图 7-70 所示。

在规划求解结果中可以看出，该项目的关键路线改为 1→2→3→5→7→8，即 A→D→F→I→L。

【例 7-19】 在例 7-17 中，由于工厂设置方面出现了问题，需要重新开会确定，因此需要拖延两天，求新的工期和关键路线。

工厂设置在网络图中是任务 K，所以，应将任务 K 所花费的时间增加 2 天，在 Excel 中的求解步骤如下。

第一步，将 H8 单元格中的内容“2”改为“4”。

第二步，将表中 M3：S10 中的值清空。

第三步，单击“数据”选项卡中的规划求解功能。

第四步，单击“求解”按钮，进行规划求解，求解结果如图 7-71 所示。

K	L	M	N	O	P	Q	R	S	T
	决 策 变 量 x_{ij}								总工期
节点	1	2	3	4	5	6	7	8	**17**
1		**1**	0	0	0	0	0	0	1
2		0	**1**	0	0	0	0	0	1
3		0	0	1	**0**	0	0	0	1
4		0	0	0	1	0	0	0	1
5		0	0	0	0	0	**1**	0	1
6		0	0	0	0	0	0	0	0
7		0	0	0	0	0	0	**1**	1
8									0
		1	1	1	1	0	1	1	

图 7-70　规划求解结果(一)

K	L	M	N	O	P	Q	R	S	T
	决 策 变 量 x_{ij}								总工期
节点	1	2	3	4	5	6	7	8	**21**
1		**1**	0	0	0	0	0	0	1
2		0	**1**	0	0	0	0	0	1
3		0	0	0	**0**	1	0	0	1
4		0	0	0	0	0	0	0	0
5		0	0	0	0	0	**0**	0	0
6		0	0	0	0	0	1	0	1
7		0	0	0	0	0	0	**1**	1
8									0
		1	1	0	0	1	1	1	

图 7-71　规划求解结果(二)

在规划求解结果中可以看出，该项目的总工期改为 21 天，关键线路为 1→2→3→6→7→8，即 A→D→J→K→L。

三、利用线性规划进行项目时间调整

在本章的前几节中介绍了网络计划技术的部分功能,即绘制网络图、计算网络时间以及确定关键路线。通过这些功能,我们可以初步确定完成工程的流程,即初步的工程规划方案。而一个方案的形成,需要考虑更多的相关因素,如计划期的人员安排、原材料的供应以及成本费用等问题,仍需要进一步的完善和调整。通过一系列的调整和优化,达到资源利用最合理、成本最低的目标,并尽可能提升整个工程的进度,实现方案最优化。利用线性规划进行项目方案调整的方法有两种,分别为规划求解法和作业相互关系表法,本节通过一个例题来分别对这两种方法进行介绍。

【例 7-20】 某企业的一项工程可分解为 10 个任务,各任务的工作时间及先后顺序如图 7-72 所示,各任务的时间及费用如表 7-13 所示。试求:①该项工程的关键路径和总工期;②该工程的最短完成时间;③若合同中限制工期为 30 天,应该如何调整项目方案,使总费用最低;④若合同中限制总费用需小于 320 万元,又该如何调整项目方案,使总工期最短。

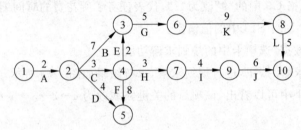

图 7-72 该工程各任务的工作时间和先后顺序图

表 7-13 该工程各作业的作业时间和费用表

任务	时间	最短时间	费用	最短时间费用
A	2	1	180000	250000
B	7	5	350000	430000
C	3	2	150000	240000
D	4	3	200000	280000
E	2	1	120000	210000
F	8	5	400000	450000
G	5	3	210000	330000
H	3	1	130000	200000
I	4	2	250000	310000
J	6	4	320000	400000
K	9	6	450000	490000
L	5	3	220000	270000

1. 规划求解法

在 Excel 中应用规划求解法对工程网络中的关键路线和总工期进行计算,步骤如下。

第一步，构建任务时间矩阵。

① 在 A1 单元格中输入“规划求解法”。

② 在 B2：K2 单元格中输入 1～10，代表工程的 10 个节点。

③ 在 A3：A12 单元格中输入 1～10，同样代表工程的 10 个节点。

④ 在单元格 C3 输入 2，代表从节点 1 到节点 2 之间需要 2 天时间，即任务 A 需要 2 天时间，然后依次输入各任务需要的时间，设置结果如图 7-73 所示。

第二步，构造通道限制矩阵。

① 选中 A1：K12 区域，按下 Ctrl＋C 进行复制，然后选择 A15 单元格，按下 Ctrl＋V 进行粘贴。

② 将 B17：K26 区域内的数字改为 1，代表两个节点之间存在通路，设置的结果如图 7-74 所示。

	A	B	C	D	E	F	G	H	I	J	K
1	规划求解法										
2		1	2	3	4	5	6	7	8	9	10
3	1		2								
4	2			7	3	4					
5	3						5				
6	4			2				3			
7	5				8						
8	6								9		
9	7									4	
10	8										5
11	9										6
12	10										

图 7-73　任务时间矩阵设置结果

15	通道限制矩阵										
16		1	2	3	4	5	6	7	8	9	10
17	1	0	1	0	0	0	0	0	0	0	0
18	2	0	0	1	1	1	0	0	0	0	0
19	3	0	0	0	0	0	1	0	0	0	0
20	4	0	0	1	0	0	0	1	0	0	0
21	5	0	0	0	1	0	0	0	0	0	0
22	6	0	0	0	0	0	0	0	1	0	0
23	7	0	0	0	0	0	0	0	0	1	0
24	8	0	0	0	0	0	0	0	0	0	1
25	9	0	0	0	0	0	0	0	0	0	1
26	10	0	0	0	0	0	0	0	0	0	0

图 7-74　通道限制矩阵设置结果

第三步，变量设置。

① 选中 A1：K12 区域，按下 Ctrl＋C 进行复制，然后选择 O1 单元格，按下 Ctrl＋V 进行粘贴。

② 将 P3：Y12 区域内的数值全部清空。

③ 在 Z2 单元格中输入“节点流出和”，在 Z3 单元格中输入公式“＝SUM(P3：Y3)”，并向下拖曳至 Z12，进行填充。

④ 在 O13 单元格中输入“节点流出和”，在 P13 单元格中输入公式“＝SUM(P3：P12)”，并向右拖曳至 Y13。

⑤ 在 O14 单元格中输入“节点流差”，选中 P14：Y14，并在公式输入框中输入公式“＝TRANSPOSE(Z3：Z12)－P13：Y13”，同时按下“Ctrl＋Shift＋Enter”确定。

⑥ 在 O15 单元格中输入“节点流差限制”在 P15 单元格中输入“1”，在 Y15 单元格中输入“－1”，在 Q15：X15 单元格中输入“0”。

⑦ 在 Z13 单元格中输入公式“＝SUMPRODUCT(P3：Y12，B3：K12)”，表示关键路径的总长度，变量设置的结果如图 7-75 所示。

第四步，规划求解。

① 选择“数据”选项卡中的规划求解功能，按照如下步骤设置变量求解参数。

② 在设置目标中选择 Z13 单元格。

管理决策分析

	O	P	Q	R	S	T	U	V	W	X	Y	Z
2		1	2	3	4	5	6	7	8	9	10	节点流出和
3	1											=SUM(P3:Y3)
4	2											=SUM(P4:Y4)
5	3											=SUM(P5:Y5)
6	4											=SUM(P6:Y6)
7	5											=SUM(P7:Y7)
8	6											=SUM(P8:Y8)
9	7											=SUM(P9:Y9)
10	8											=SUM(P10:Y10)
11	9											=SUM(P11:Y11)
12	10											=SUM(P12:Y12)
13	结点流出和	=SUM(P3:P12)	=SU	=SU	=SU	=SU	=SU	=SU	=SU	=SU	=SU	=SUMPRODUCT(P3:Y12,B3:K12)
14	结点流差	=TRANSPOSE(Z3:Z12)-P13:Y13	=TR	=TR	=TR	=TR	=TR	=TR	=TR	=TR	=TR	
15	结点流差限制	1	0	0	0	0	0	0	0	0	-1	

图 7-75 变量设置结果

③ 在设置目标下选择最大值。
④ 在可变单元格中选择 P3:Y12 区域。
⑤ 单击"添加",在添加约束对话框的单元格引用中选择 P14:Y14 单元格,在符号中选择"≤",在约束中选择 P15:Y15,如图 7-76 所示,单击添加按钮将约束条件添加到规划求解参数对话框中,按照此方法依次添加约束条件,规划求解参数的设置如图 7-77 所示。

图 7-76 添加约束设置结果

图 7-77 规划求解参数设置结果

⑥ 单击"选项"按钮,在"所有方法"选项卡下的约束精确度中填写"0.000001",整数最优性填写"5",最大时间填写"100",迭代次数填写"100",如图 7-78 所示。
⑦ 单击"求解"按钮,求得关键路径,结果如图 7-79 所示。

根据规划求解的结果可以看出,该项工程的总工期为 35 天,关键路径为 1→2→5→4→3→6→8→10。

图 7-78 规划求解选项设置　　　　图 7-79 规划求解结果

2. 任务相互关系表法

在 Excel 中运用任务相互关系表法对工程网络中的关键路径和总工期进行计算,步骤如下。

第一步,构建任务相互关系表。

① 在 A1 单元格中输入"各任务互关系表"。

② 在 A2:J2 单元格中依次输入"任务、任务时间、最短时间、任务费用、最短时间费用、最大可调整时间、单位时间增加花费、任务开始时间、任务缩短时间、任务完成时间"。

③ 在 A3:A14 单元格中输入 A～L;代表各项任务。

④ 根据表 7-13,在 B3:B14 单元格中分别输入完成各项任务的时间。

⑤ 根据表 7-13,在 C3:C14 单元格中分别输入完成各项任务的最短时间。

⑥ 根据表 7-13,在 D3:D14 单元格中分别输入完成各项任务所需的费用。

⑦ 根据表 7-13,在 E3:E14 单元格中分别输入完成各项任务最短时间需要的费用。

⑧ 在 F3 单元格中输入公式"=B3−C3",并向下拖曳至 F14 单元格。

⑨ 在 G3 单元格中输入公式"=(E3−D3)/F3",并向下拖曳至 G14 单元格。

⑩ 根据图 7-80 以及任务时间,计算各项任务的开始时间填写在 H3:H14 单元格。

⑪ 在 J3 单元格中输入公式"=H3+B3−I3",并向下拖曳至 J14 单元格。

⑫ 将 I3:I14 单元格设置为空白,最终设置结果如图 7-80 所示。

第二步,变量设置。

由于项目的完成时间取决于最后一个项目完成的时间,因此,最后一个节点前任务 J 和任务 L 完成时间的最大值即为总工期,因此,应对表格作如下设置。

① 在 A16 单元格中输入"总工期"。

② 在 B16 单元格中输入公式"=MAX(J12,J14)"。

③ 在 A17 单元格中输入"项目消耗总费用"。

④ 在 B17 单元格中输入公式"=SUM(D3:D14)+SUMPRODUCT(I3:I14,G3:G14)",设置结果如图 7-81 所示。

管理决策分析

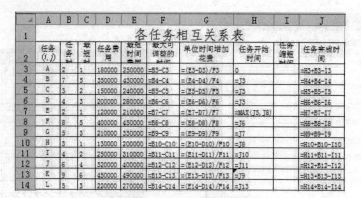

图 7-80　任务相互关系表设置

图 7-81　变量设置结果

⑤ 单击"公式"选项卡中"公式审核"组"显示公式"按钮,可得到项目的总工期以及项目消耗的总费用,求解结果如图 7-82 所示。

图 7-82　关键路径求解结果

由求解的结果可知,项目的总工期为 35,由作业 L 向前推算,使作业之间首尾相连,可得关键路径为 1→2→5→4→3→6→8→10。

第三步,求项目最短完成时间。

用 Excel 中的规划求解功能计算项目完成的最短时间,步骤如下。

① 在"数据"选项卡中选择规划求解功能,进行规划求解参数设置。

② 在设置目标中选择 B16 单元格。
③ 在设置目标下选择最小值。
④ 在可变单元格下选择 I3:I14 单元格。
⑤ 在遵守约束中依次添加约束条件,设置结果如图 7-83 所示。

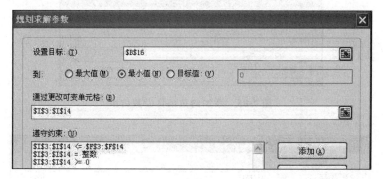

图 7-83　规划求解参数设置结果

单击"求解"按钮,得到最终的规划求解结果,如图 7-84 所示。

	A	B	C	D	E	F	G	H	I	J
1	各任务相互关系表									
2	任务(i, j)	任务时间	最短时间	任务费用	最短时间费用	最大可调整的时间	单位时间增加花费	任务开始时间	任务缩短时间	任务完成时间
3	A	2	1	180000	250000	1	70000	0	1	1
4	B	7	5	350000	430000	2	40000	1	0	8
5	C	3	2	150000	240000	1	90000	1	0	4
6	D	4	3	200000	280000	1	80000	1	1	4
7	E	2	1	120000	210000	1	90000	9	1	10
8	F	8	5	400000	450000	3	16666.6667	4	3	9
9	G	5	3	210000	330000	2	60000	10	2	13
10	H	3	1	130000	200000	2	35000	9	0	12
11	I	4	2	250000	310000	2	30000	12	0	16
12	J	6	4	320000	400000	2	40000	16	0	22
13	K	9	6	450000	490000	3	13333.3333	13	3	19
14	L	5	3	220000	270000	2	25000	19	2	22
15										
16	总工期				22					
17	项目消耗总费用				3480000					

图 7-84　规划求解结果

由规划求解结果可知,该项目总工期可缩短为 22 天,项目消耗的总费用为 3480000 元。

3. 限制工期下费用优化的规划求解

在现实的工程进行过程中往往会因企业的要求或外界环境的因素,对工程的工期提出要求,因此,在项目方案规划的过程中,应考虑此种情况,根据工期的限制对整个工程进行重新的规划和调整。在 Excel 中的求解步骤如下。

第一步,在上一节的基础上重新设置规划求解参数,选择"数据"选项卡下的规划求解功能。

第二步,将设置目标中的 B16 单元格删掉,改为 B17 单元格。

第三步，单击"添加"按钮，在添加约束对话框中的单元格引用中选择 B16 单元格，符号选择"="，约束中填写"30"，如图 7-85 所示，单击添加按钮将该约束条件添加规划求解参数对话框，最终的规划求解参数设置结果如图 7-86 所示。

图 7-85　添加约束条件设置结果

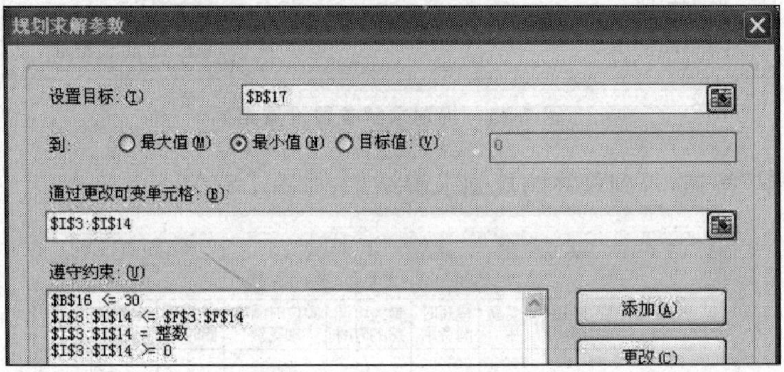

图 7-86　规划求解参数设置

第四步，单击"求解"按钮，得到限制工期条件下的求解结果，如图 7-87 所示。

	A	B	C	D	E	F	G	H	I	J
1	各任务相互关系表									
2	任务 (i, j)	任务时间	最短时间	任务费用	最短时间费用	最大可调整的时间	单位时间增加花费	任务开始时间	任务缩短时间	任务完成时间
3	A	2	1	180000	250000	1	70000	0	0	2
4	B	7	5	350000	430000	2	40000	2	0	9
5	C	3	2	150000	240000	1	90000	2	0	5
6	D	4	3	200000	280000	1	80000	2	0	6
7	E	2	1	120000	210000	1	90000	12	0	14
8	F	8	5	400000	450000	3	16666.6667	6	2	12
9	G	5	3	210000	330000	2	60000	14	0	19
10	H	3	1	130000	200000	2	35000	12	0	15
11	I	4	2	250000	310000	2	30000	15	0	19
12	J	6	4	320000	400000	2	40000	19	0	25
13	K	9	6	450000	490000	3	13333.3333	19	3	25
14	L	5	3	220000	270000	2	25000	25	0	30
15										
16	总工期				30					
17	项目消耗总费用				3053333.333					

图 7-87　规划求解结果

根据求解结果，如果将总工期限制在 30 天，最少要花费费用 3053333.33 元。

4. 限制成本费用下工期的规划求解

根据企业的要求对整个工程的成本费用进行控制,用 Excel 求解的步骤如下。

第一步,在第 2 项的基础上重新设置规划求解参数,选择"数据"选项卡下的规划求解功能。

第二步,单击"添加"按钮,在添加约束对话框中的单元格引用中选择 B17 单元格,符号选择"＜＝",约束中填写"3200000",如图 7-88 所示,单击添加按钮将该约束条件添加规划求解参数对话框,最终的规划求解参数设置结果如图 7-89 所示。

图 7-88 添加约束条件设置结果

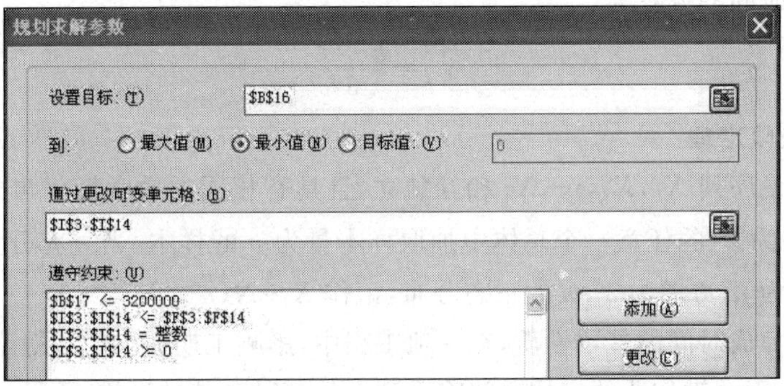

图 7-89 规划求解参数设置

第三步,单击"求解"按钮,得到限制成本条件下的规划求解结果,如图 7-90 所示。

图 7-90 规划求解结果

第七章 生产管理决策模型

根据求解结果可知,当成本限制在 320 万时,总工期可缩短为 26 天。

四、指定工期与完工概率的互推

在日常的工作中,经常要对一项工程是否能够在制定工期内完工进行推算,即需要计算正常情况下,工程完工的概率,以从总体上掌握工程规划方案的合理性。

(一) 理论基础

1. 三点时间估计法

三点时间估计法,简称"三点估计法",是推定平均值的方法,该方法将施工的时间划分为三类,分别为乐观时间、最可能时间和悲观时间,即工作顺利的情况下花费的时间为 a,最可能的情况下花费的时间为 m,工作最不顺利的情况下花费的时间为 b。

则该工作的平均花费时间为

$$T = \frac{a + 4m + b}{6} \tag{7-14}$$

工作花费时间的方差为

$$\delta^2 = \frac{b-a}{6} \tag{7-15}$$

2. 中心极限定理

设随机变量序列 $X_1, X_2, \cdots, X_n$ 相互独立,且具有相同的数学期望与方差,若假设从均值为 μ,方差为 δ^2 的任意一个总体中抽取样本量为 n 的样本,当 n 充分大时,样本均值近似服从均值为 μ,方差为 δ^2/n 的正态分布,记作 $X \sim N(\mu, \delta^2)$。

根据工程完成时间的基本性质,在一项工程中,影响工期完成的关键路径是由各项关键作业组成的,而关键作业的完成时间将受到人员、环境、基础设施、原材料供应等多方面的影响,具有一定的随机性,因此,整个工程的完工时间也具有一定的随机性。由于组成某项工程的作业是各自独立的,假设每个工程的关键路径包括多个作业,每个作业对工期的完成影响很小,则根据中心极限定理,关键路径的完成工期近似服从正态分布,即 $T \sim N(\mu, \delta^2)$。其中 μ 为关键路径长度的均值,即关键路径上各作业的平均完成时间。方差为各关键作业时间的方差之和。

(二) 应用举例

【例 7-21】 某企业策划一项工程,总体规划的网络图如图 7-91 所示,其中各项作业的乐观时间、最可能时间和悲观时间已标示在网络图上,求:

(1) 若合同规定该项目在 30 天以内完成,则合同能完成的概率是多少?

(2) 若公司要求项目的完工率达到 90%,则完工期应规定为多少天?

【解】

第一步,根据工程的总体规划网络图,制作工程作业时间表,如表 7-14 所示。

第二步,设置初始数据。

① 将 A1:G1 单元格作为表头,在 A1 单元格中输入"作业名称",将 B1:D1 单元格合

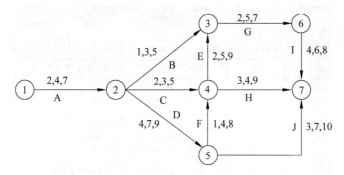

图 7-91 工程总体规划网络图

并,输入"作业时间估计",在 E1 单元格中输入"作业时间平均值",在 F1 单元格中输入"方差",在 G1 单元格中输入"关键作业"。

表 7-14 工程作业时间表

作业名称	作业时间估计		
	a 乐观	m 最可能	b 悲观
A	2	4	7
B	1	3	5
C	2	3	5
D	4	7	9
E	2	5	9
F	1	4	8
G	2	5	7
H	3	4	9
I	4	6	8
J	3	7	10

② 在 B2 单元格中输入"a 乐观",表示该列为乐观情况下作业所花费的时间,在 C2 单元格中输入"m 可能",表示该列为最可能情况下作业所花费的时间,在 D2 单元格中输入"b 保守",表示该列为最悲情况下作业所花费的时间。

③ 在 E2 单元格中输入"$(a+4m+b)/6$",表示该列为作业时间平均值。

④ 在 F2 单元格中输入"$((b-a)/6)^2$",表示该列为作业时间的方差。

⑤ 在 E3 单元格中输入公式"=(B3+4*C3+D3)/6",并向下拖曳至 E12 单元格进行填充。

⑥ 在 F3 单元格中输入公式"=(D3-B3)^2/36",并向下拖曳至 F12 单元格进行填充。

⑦ 根据工程的总体规划网络图可知,项目中的关键作业为作业 A、E、F、G、I,初始数据设置结果如图 7-92 所示。

管理决策分析

	A	B	C	D	E	F	G
1	作业名称	作业时间估计			作业时间平均值	方差	关键作业
2		a乐观	m可能	b保守	(a+4m+b)/6	((b-a)/6)^2	
3	A	2	4	7	=(B3+4*C3+D3)/6	=(D3-B3)^2/36	√
4	B	1	3	5	=(B4+4*C4+D4)/6	=(D4-B4)^2/36	
5	C	2	3	5	=(B5+4*C5+D5)/6	=(D5-B5)^2/36	
6	D	4	7	9	=(B6+4*C6+D6)/6	=(D6-B6)^2/36	√
7	E	2	5	9	=(B7+4*C7+D7)/6	=(D7-B7)^2/36	√
8	F	1	4	8	=(B8+4*C8+D8)/6	=(D8-B8)^2/36	√
9	G	2	5	7	=(B9+4*C9+D9)/6	=(D9-B9)^2/36	√
10	H	3	4	9	=(B10+4*C10+D10)/6	=(D10-B10)^2/36	
11	I	4	6	8	=(B11+4*C11+D11)/6	=(D11-B11)^2/36	√
12	J	3	7	10	=(B12+4*C12+D12)/6	=(D12-B12)^2/36	

图 7-92　初始数据设置结果

第三步，变量设置。

① 在 E13 单元格中输入公式"＝SUM(E3,E6,E7,E8,E9,E11)"，代表关键路径平均长度。

② 在 F13 单元格中输入公式"＝SUM(F3,F6,F7,F8,F9,F11)^0.5"，代表关键路径长度标准差。

③ 将 A15 单元格和 B15 单元格合并，并输入"制定工期＝"，在 C15 单元格中输入"30"，在 D15 单元格中输入"天"，代表制定工期为 30 天。

④ 在 C16 单元格中输入公式"＝NORMDIST(C15,E13,F13,1)"，设置结果如图 7-93 所示。

	A	B	C	D	E	F
13					=SUM(E3,E6,E9,E7,E8,E11)	=SUM(F3,F6,F7,F8,F9,F11)^0.5
14						
15	指定工期=		30	天		
16			=NORMDIST(C15,E13,F13,1)			

图 7-93　变量设置结果

第四步，在"公式"选项卡中的"公式审核"组，单击"显示公式"按钮，求得按合同完成工程的概率为 30.53%，如图 7-94 所示。

	A	B	C	D	E	F	G
1	作业名称	作业时间估计			作业时间平均值	方差	关键作业
2		a乐观	m可能	b保守	(a+4m+b)/6	((b-a)/6)^2	
3	A	2	4	7	4.166666667	0.6944	√
4	B	1	3	5	3.0000	0.4444	
5	C	2	3	5	3.1667	0.2500	
6	D	4	7	9	6.833333333	0.6944	√
7	E	2	5	9	5.166666667	1.3611	√
8	F	1	4	8	4.166666667	1.3611	√
9	G	2	5	7	4.833333333	0.6944	√
10	H	3	4	9	4.666666667	1.0000	
11	I	4	6	8	6	0.4444	√
12	J	3	7	10	6.833333333	1.3611	
13					31	2.29	
14							
15	指定工期=		30	天			
16			0.3053				

图 7-94　完工概率求解结果

由表格中的数据可得,关键路径的平均长度为31,关键路径长度的标准差为2.29。

第五步,选择"数据"选项卡,在"模拟分析"功能下选择"单变量求解"功能。

第六步,在单变量求解参数设置对话框中填写参数,在目标单元格中选择C16单元格,在目标值中选择0.9,在可变单元格中选择C15,设置结果如图7-95所示。

第七步,单击"确定"按钮,得到最终的求解结果,如图7-96所示。

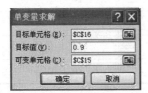
图 7-95 单变量求解参数设置结果

图 7-96 单变量求解结果

根据 Excel 单变量求解的结果,如果合同制定工期是 34 天,则完成合同的可能性可以达到 90%。

本 章 小 结

生产管理是指相关人员通过对生产活动的计划、组织、指挥、协调与控制,为市场提供合格的产品,并实现企业的运营目标。本章介绍盈亏平衡分析、生产管理实务中的规划求解问题、生产计划决策、随机需求状态下的资源合理配置以及项目管理中的网络计划技术。

习　　题

1. 已知某化工项目,设计年产量为 5800kg,估计产品售价为 72 元/kg,固定成本为 60000 元/年,可变成本为 32 元/kg,其销售收入和总成本费用与产量皆呈线性关系,销售税金及附加和增值税共为 10 元/kg,求以产量、生产能力利用率、销售价格、单位产品可变成本表示的盈亏平衡点。

2. 某企业生产某种设备,预定每台售价 300 元,单位产品变动成本为 100 元/台。因零配件大批量采购享受优惠,单位产品变动成本按固定的变化率 0.01 随产量 Q 降低为 $(100-0.01Q)$ 元;而由于市场竞争的需要,单位产品售价可能按固定的变化率 0.03 随产量 Q 降低为 $(300-0.03Q)$ 元。该公司年固定成本为 180000 元,试求盈亏平衡产量和最大盈利产量。

3. 某工厂从事原油的加工,生产的成品油主要包含了甲、乙、丙、丁四种主要成分及少量其他杂质。根据产品质量标准的要求,单位成品油中必须包含甲成分不少于 36%,乙成分不多于 12%,丙成分在 28%~35%,丁成分不少于 18%,其他杂质不多于 5%。现在,工厂的主要原油原料来自于 5 处供货商,各处所提供的原油中甲乙丙丁四种成分的含量各不相同,原油价格也有所区别,如表 7-15 所示。

表 7-15 原油原料成分含量表

	成分含量/%				原油价格/(元/吨)
	甲	乙	丙	丁	
原油 1	25	8	30	29	5350
原油 2	30	12	38	14	5370
原油 3	45	9	21	18	5390
原油 4	38	7	32	16	5393
原油 5	33	10	28	20	5362

如何选择 5 种油的原料配比,可以使得产品满足质量要求的情况下原料成本最低。

4. 有一份中文说明书,需译成英、日、德、俄四种文字,分别记作 E、J、G、R。现有甲、乙、丙、丁四人。他们将中文说明书翻译成不同语种的说明书所需的时间如表 7-16 所示,问应指派哪个人去完成哪项工作,所需总时间最少?

表 7-16 翻译人员翻译情况表

	E	J	G	R
甲	2	15	13	4
乙	10	4	14	15
丙	9	14	16	13
丁	7	8	11	9

5. 某生物药厂需在市场上采购某种原料,现市场上有甲、乙两个等级,单价分别为 2000 元/kg 和 1000 元/kg,要求采购的总费用不得超过 20 万元,购得原料的总重量不少于 100kg,而甲级原料又不得少于 50kg,问如何确定最好的采购方案(即用最少的钱采购最多数量的原料)。

6. 某制药公司有甲、乙两个工厂,现要生产 A、B 两种药品均需在两个工厂生产。A 药品在甲厂加工 2h,然后送到乙厂检测包装 2.5h 才能成品,B 药在甲厂加工 4h,再到乙厂检测包装 1.5h 才能成品。A、B 药在公司内的每月存贮费分别为 8 元和 15 元。甲厂有 12 台制造机器,每台每天工作 8h,每月正常工作 25 天,乙厂有 7 台检测包装机,每天每台工作 16h,每月正常工作 25 天,每台机器每小时运行成本:甲厂为 18 元,乙厂为 15 元,单位产品 A 销售利润为 20 元,B 为 23 元,依市场预测次月 A、B 销售量估计分别为 1500 单位和 1000 单位。

该公司依下列次序为目标的优先次序,以实现次月的生产与销售目标。

P1:厂内的储存成本不超过 23000 元。

P2:A 销售量必须完成 1500 单位。

P3:甲、乙两工厂的设备应全力运转,避免有空闲时间,两厂的单位运转成本当作它们的权系数。

P4：甲厂的超过作业时间全月份不宜超过 30h。

P5：B 药的销量必须完成 1000 单位。

P6：两个工厂的超时工作时间总和要求限制,其限制的比率依各厂每小时运转成本为准。

试确定 A、B 药各生产多少,使目标达到最好,建立目标规划模型并化成标准型。

7. 某工程项目的网络图如图 7-97 所示,各作业所花费的时间、成本如表 7-17 所示,求解：

(1) 该项目的关键路径；

(2) 若该项目需在 45 日内完成,求需要的最低成本；

(3) 若该项目需将成本限制在 1160000 元内,求工期需要多长时间；

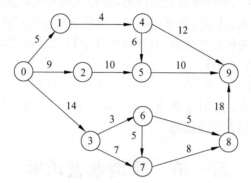

图 7-97　工程项目的网络图

表 7-17　各项作业花费时间及费用表

作业	时间	最短时间	费用	最短时间费用
A	5	4	180000	250000
B	9	7	350000	430000
C	14	9	150000	240000
D	4	3	200000	280000
E	10	8	120000	210000
F	3	1	400000	450000
G	7	4	210000	330000
H	6	3	130000	200000
I	5	2	250000	310000
J	12	5	320000	400000
K	10	6	450000	490000
L	5	2	220000	270000
M	8	5	150000	185000
N	18	9	190000	220000

第八章 资金管理决策模型

财务管理是现代企业管理的重要组成部分,是对企业资金运行的管理,即对企业资金的获得、有效使用、回收与分配进行的具体管理工作。财务管理致力于服务企业的会计信息系统,为企业制定最优管理决策提供科学、有效的财务管理方案及相关数据信息。

在财务管理中,包含大量的定量分析问题,需要应用大量的现代数学方法,公式、数据的计算与处理都较为繁杂。因此,将 Excel 工具运用于财务管理的分析方法中,不仅能够帮助分析人员获得较准确的财务数据,而且可以使分析的过程更加简便、快捷,提高财务分析的效率,增加数据的准确性。

Excel 在财务管理中的应用,具体表现在运用 Excel 环境建立财务管理分析模型,并使用各种 Excel 财务函数实现财务管理活动。本章节中,主要介绍如何运用 Excel 工具解决各项财务管理问题的方法及过程。

第一节 预期收益求解

通常情况下,我们可以通过已知的数据建立公式来计算某个结果,而单变量求解却是一个相反的过程。单变量求解,就是解决假定公式中需取的某一结果值,则其中变量的引用单元格应取多少值的问题,即已知某个公式的结果,反过来求公式中某个变量的值。变量的引用单元格只能是一个,公式对单元格的引用可以是直接的,也可以是间接的。系统允许用户提问"如果……",系统回答"怎么样",当问题较为复杂时,靠手工计算是无法做到的。

例如,假设当商店下个月的利润总额设定后,决策人员需要了解当其他条件不变的情况下,销售收入需要达到多少,才能完成该利润总额的目标。此时,我们不能简单地将利润总额与销售收入同量增加或减少来进行计算,因为当销售收入增加时,我们必须要考虑相应增加的员工奖金、差旅费等。此时,若靠员工手工计算则过于复杂了,而利用 Excel 提供的单变量求解技术可以非常方便地计算出来。

【例 8-1】 某公司财务数据如表 8-1 所示。

表 8-1 某公司财务数据

项 目	数据(元)	项 目	数据(元)
产品销售成本	650240	财务费用	2882.04
产品销售费用	87760.03	投资收益	16900
产品销售税金及附加	586628.42	营业外收入	17500
其他业务利润	24954.40	营业外支出	46538.9
管理费用	17238.72		

若下个季度的利润总额指标定为 145000 元,当其他条件基本保持不变的情况下,试在 Excel 中建立模型预测销售收入需要增加到多少。

【解】 具体步骤如下。

第一步,将表格中的项目和对应的金额填入一张 Excel 工作表中。

第二步,在使用 Excel 进行分析前,我们需要根据例题中的数据和问题,建立正确的数学模型。在表 8-1 中,我们应按照以下公式进行计算:

- 产品销售利润＝产品销售收入－产品销售成本－产品销售费用－产品销售税金及附加
- 营业利润＝产品销售利润＋其他业务利润－管理费用－财务费用
- 利润总额＝营业利润＋投资收益＋营业外收入－营业外支出

第三步,将以上公式输入对应的项目中。

(1) 产品销售利润单元格 B6 中,输入公式"＝B2－B3－B4－B5";
(2) 营业利润单元格 B10 中,输入公式"＝B6＋B7－B8－B9";
(3) 利润总额单元格 B14 中,输入公式"＝B10＋B11＋B12－B13"。

其中,"公式显示"与"结果显示"可同时按"Ctrl"和"～"键进行切换,得到 Excel 工作表如图 8-1 所示。

第四步,我们可以应用单变量求解命令进行分析和求解。

(1) 选中目标单元格 B14,在"工具"菜单上选择"模拟分析"—"单变量求解"命令,这时弹出"单变量求解"对话框,如图 8-2 所示。

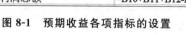

图 8-1 预期收益各项指标的设置

图 8-2 预期收益的单变量求解设置

(2) Excel 自动将当前单元格的地址"B14"填入到"目标单元格"文本框中,在"目标值"文本框中输入预定的目标"145000",并在"可变单元格"文本框中输入产品销售收入所在的单元格地址"B2",也可点击文本框右侧按钮 指定"可变单元格"后,直接单击 B2 单元格,最后点击"确定"按钮。

(3) 此时将弹出单变量求解状态对话框(如图 8-3 所示),说明已找到一个解,并与所要求的解一致。单击"确定"按钮,便可以看到求解的结果,如图 8-4 所示。

管理决策分析

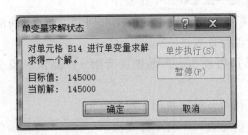

图 8-3　预期收益的单变量求解状态对话框　　图 8-4　预期收益的单变量求解结果

从求解结果中可以看出，在其他条件保持不变的情况下，要使利润总额达到 145000 元，则产品销售收入需增加到 1476933.71 元。

第二节　财务函数与资金时间价值

一、财务函数介绍

在 Excel 中提供了许多财务函数，这些财务函数可以帮助我们进行一般的财务计算、分析和解决财务问题。财务函数大致可分为四类：投资计算函数、折旧计算函数、偿还率计算函数、债券及其他金融函数，它们为财务分析提供了极大的便利。下面列举一些常用的财务函数。

表 8-2 列出了投资计算函数，表 8-3 列出了折旧计算函数，表 8-4 列出了偿还率计算函数，表 8-5 列出了债券及其他金融函数。

1. 投资计算函数

表 8-2　投资计算函数

函 数 名 称	函数主要功能
EFFECT	计算实际年利率
FV	计算某项投资的未来值
FVSCHEDULE	计算原始经一系列复利率计算之后的未来值
IPMT	计算某项投资在给定期间内的支付利息
NOMINAL	计算名义年利率
NPER	计算某项投资（或贷款）的总期数
NPV	在已知定期现金流量和贴现率的条件下计算某项投资的净现值
PMT	计算某项年金每期支付金额
PPMT	计算某项投资在某一给定期间内的本金偿还额
PV	计算某项投资的净现值

续表

函数名称	函数主要功能
XIRR	计算某一组不定期现金流的内部收益率
XNPV	计算某一组不定期现金流的净现值

2. 折旧计算函数

表 8-3　折旧计算函数

函数名称	函数主要功能
AMORDEGRC	计算每个会计期间的折旧值
DB	使用固定余额递减法，计算某一笔资产在给定期间内的折旧值
DDB	使用双倍余额递减法或其他指定方法，计算某一笔资产在给定期间内的折旧值
SLN	计算某项资产在一个期间中的线性折旧值
SYD	计算某项资产按年限总和折旧法计算的指定期间的折旧值
VDB	使用双倍余额递减法或其他指定的方法，计算指定的任何期间内（包括部分期间）的资产折旧值

3. 偿还率计算函数

表 8-4　偿还率计算函数

函数名称	函数主要功能
IRR	计算某一连续现金流的内部收益率
MIRR	计算某一连续期间内现金流的修正内部收益率
RATE	计算年金的各期利率

4. 债券及其他金融函数

表 8-5　债券及其他金融函数

函数名称	函数主要功能
ACCRINTM	计算到期一次性付息有价证券的应计利息
COUPDAYBS	计算当前付息期内截止到成交日的天数
COUPDAYS	计算成交日所在的付息期的天数
CUMPRINC	计算一笔贷款在给定的 start-period 到 end-period 期间累计偿还的本金数额
DISC	计算有价证券的贴现率
INTRATE	计算一次性付息证券的利率
PRICE	计算定期付息的面值 $100 的有价证券的价格
YIELD	计算定期付息有价证券的收益率
YIELDDISC	计算折价发行的有价证券的年收益率
YIELDMAT	计算到期付息的有价证券的年收益率

这些财务函数不容易记忆,我们也可以通过点击"工具栏"—"插入函数 fx"按钮打开"插入函数"对话框(如图 8-5 所示),在"选择类别"一栏单击"财务",便会出现所有 Excel 提供的财务函数名称、格式及基本的作用,我们可以按照实际情况选择相应的财务函数,单击"确定"。

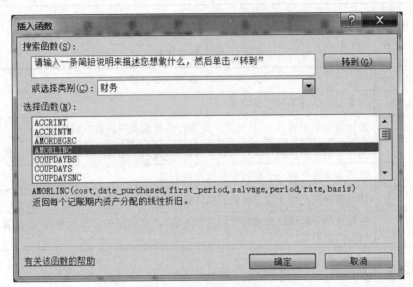

图 8-5 选择财务函数

其中,在财务函数中经常用到的参数如表 8-6 所示。

表 8-6 财务函数中常见参数

参 数	含 义
未来值(fv)	在所有付款发生后的投资或贷款的价值
期间数(nper)	总投资(或贷款)期,即该项投资(或贷款)的付款期总数
付款(pmt)	对于一项投资或贷款的定期支付数额
现值(pv)	在投资期初的投资或贷款的价值
利率(rate)	投资或贷款的利率或贴现率
类型(type)	付款期间内进行支付的间隔,如在月初或月末,用 0 或 1 表示
日计数基准类型(basis)	日计数基准类型。basis 为 0 或省略代表 US(NASD)30/360,basis 为 1 代表实际天数/实际天数,basis 为 2 代表实际天数/360,basis 为 3 代表实际天数/365,basis 为 4 代表欧洲 30/360

这些参数在后面的章节中我们会具体使用。另外需要注意的是,本章中凡是投资的金额都以负数形式表示,收益以正数形式表示。

二、资金的时间价值

资金的时间价值,是指资金在生产和流通过程中随着时间的推移产生的数额增加值,是一定量资金在不同时点上的价值量的差额。也有专家认为:资金的时间价值指当前所持有的一定量货币比未来获得的等量货币具有更高的价值。

对于资金的时间价值,我们可以从两个方面来理解。一方面,资金属于商品经济的范畴。在商品经济中,资金参与社会的再生产过程而不断地运动着,资金的运动伴随再生产流通的过程中。由于劳动者再生产过程中创造了剩余价值,从而使资金增值给投资者带来利润。因此从投资者的角度来看,资金时间价值表现为资金在运动过程中的增值特性。另一方面,资金一旦用于投资,就不能用于消费,牺牲现期消费是为将来得到更多的消费。因此从消费者的角度来看资金时间价值表现为牺牲现期消费的损失所应得到的必要补偿。

通过理解,我们可以得出,资金的时间价值是资金在周转使用的过程中发生的,也可以看作是资金所有者让渡资金使用权而参与社会财富分配的一种形式。例如,某人将今天的 1000 元钱存入银行,假设年利率为 8% 的情况下,一年之后便会产生 1080 元。可见,通过一年时间,1000 元钱产生了 80 元的增值,这就是资金的时间价值。资金的时间价值是一个客观存在的经济范畴,在企业的财务管理中引入资金的时间价值概念,是提高财务管理水平的必要保证。

资金时间价值的基本表现形式为利息或利率,因此资金时间价值的计算方法和利息的计算方法相类似,在实际运用中通常以终值和年金现值来表示。

1. 终值与现值

终值是指现在一定量的资金按给定的利率计算所得到的未来某一时点上的价值。

现值是指未来一定量的资金按给定的利率计算所得到的现在时刻的价值。

目前有两种利息计算方式,即单利计息和复利计息。因此,我们对单利终值与现值、复利终值与现值的计算方法分别进行介绍。

1) 单利终值与现值

(1) 单利终值

单利终值指按单利计算出来的资金未来的价值,即按单利计算出来的本金与未来利息之和。在单利方式下,我们只对本金计算利息,当期利息即使不取出也不计入下期的计息基础,因此每期的计息基础保持固定,为初始本金。

假设:P 为现在投入的一笔资金,i_s 为单利年利率,n 为计息年数,F_s 为 n 年末的单利终值。则单利终值的计算公式为

$$F_s = P + P \times i_s \times n = P \times (1 + i_s \times n) \tag{8-1}$$

【例 8-2】 某人现在存入银行 1000 元,单利年利率 5%,求 5 年后的单利终值。

【解】 具体步骤如下。

第一步,将例题中的数据输入到一个 Excel 工作表的单元格 B1:B3 中(见图 8-6)。

第二步,在计算单利终值的单元格 B4 中输入公式 8-1 变量所对应的单元格数据,即"=B1*(1+B2*B3)",可求得 5 年后的单利终值=1250 元。

图 8-6 表示了该问题的计算公式和结果。

(2) 单利现值

相应地,如果已知一笔资金在一定时期后按单利计息的终值,我们可以求出其等值的单利现值。其计算公式为

管理决策分析

	A	B
1	现值	1000
2	利率	5%
3	期间	5
4	终值	1250

B4 单元格公式：=B1*(1+B2*B3)

图 8-6　单利终值的计算

$$P = F_s/(1+i_s \times n) \tag{8-2}$$

【例 8-3】 某人打算 5 年后从银行取出 1000 元，单利年利率 5%，则现在需要存入银行的金额为多少。

【解】 具体步骤如下。

第一步，将例题中的数据输入到一个 Excel 工作表的单元格 B1:B3 中（见图 8-7）。

第二步，在计算单利现值的单元格 B4 中输入公式 8-2 变量所对应的单元格数据，即"=B1/(1+B2*B3)"，可求得单利现值=800 元。

图 8-7 表示了该问题的计算公式和结果。

	A	B
1	终值	1000
2	利率	5%
3	期间	5
4	现值	800

B4 单元格公式：=B1/(1+B2*B3)

图 8-7　单利现值的计算

2）复利终值与现值

（1）复利终值

复利终值是指一定数量的本金在复利计息情况下未来某一时点的本息之和。在该方式下，每期我们都将上期期末的本利和作为当期的计息基础，即通常说的"利上加利"，不仅要对初始本金计息还要对上期已经产生的利息再计息，因此每期的计息基础都在发生变化。复利计算方法与单利计算方法使资金的时间价值在计算结果上截然不同。

假设：PV 为现在投入的一笔资金，i 为复利年利率，n 为计息年数，F 为 n 年末的复利终值，则复利终值的计算公式为

$$F = PV \times (1+i)^n \tag{8-3}$$

【例 8-4】 1000 元本金在复利年利率 10% 的情况下，第 5 年终值为多少？

【解】 具体步骤如下。

第一步，将例题中的数据输入到一个 Excel 工作表的单元格 B1:B3 中（见图 8-8）。

第二步，在计算复利终值的单元格 B4 中输入公式 8-3 变量所对应的单元格数据，即"=B1*(1+B2)^B3"，可求得复利终值=1610.51 元。

图 8-8 表示了该问题的计算公式和结果。

（2）复利现值

复利现值是指未来一定时间的货币资金在复利计息情况下折算的现在价值。给定一

B4		f_x	=B1*(1+B2)^B3	
	A	B	C	D
1	现值	1000		
2	利率	10%		
3	期间	5		
4	复利终值	1610.51		

图 8-8　复利终值的计算

笔资金在一定时期后按复利计息的终值,我们可以求出其复利现值。通常把终值折算为现值称为贴现或折现。其计算公式为

$$PV = F/(1+i)^n \tag{8-4}$$

【例 8-5】　在年利率 10% 的情况下,请运用 Excel 计算第 5 年年末 1000 元的复利现值为多少。

【解】　具体步骤如下。

第一步,将例题中的数据输入到一个 Excel 工作表的单元格 B1:B3 中(见图 8-9)。

第二步,在计算复利现值的单元格 B4 中输入公式 8-4 变量所对应的单元格数据,即"=B1/(1+B2)^B3",可求得复利现值 620.921 元。

图 8-9 表示了该问题的计算公式和结果。

B4		f_x	=B1/(1+B2)^B3	
	A	B	C	D
1	终值	1000		
2	利率	10%		
3	期间	5		
4	复利现值	620.9213		

图 8-9　复利现值的计算

2. 年金的终值与现值

1) 年金终值

年金是指一定时期内,每期都收入或支出一笔相同金额的货币资金。年金的特点表现在资金的收入或付出不是一次性发生的,而是分次等额发生的,且每次发生的间隔时间都是相等的。按照每次收付款发生的具体时点不同,又可以把年金分为后付年金(又称普通年金)、先付年金、递延年金和永续年金四种形式。

- 后付年金:从第一期开始,在一定时期内每期期末等额收付的货币资金,又称为普通年金。
- 先付年金:从第一期开始,在一定时期内每期期初等额收付的货币资金,又称为即付年金。
- 递延年金:从第一期以后才开始的,在一定时期内每期期末等额收付的货币资金。它与普通年金的区别主要表现在开始的期数,凡不是从第一期开始的普通年金都是递延年金。
- 永续年金:从第一期开始,无限期每期期末等额收付的货币资金。

其中普通年金和先付年金是年金的两种基本类型。以下主要以普通年金为例介绍年金终值和年金现值的计算方法。

年金终值是在复利计息情况下,各期收入或支出相等金额的货币资金终值的总和。假设 A 为每年的现金流,i 为利率,n 为期数,其计算公式如下:

$$F = A \times \frac{(1+i)^n - 1}{i} \tag{8-5}$$

【例 8-6】 在复利年利率 10% 的情况下,连续 5 年每年年末投入 1000 元,试计算 5 年后的本利和为多少元。

【解】 具体步骤如下。

【方法一】 使用公式 8-5 进行计算。

第一步,将例题中的数据输入到一个 Excel 工作表的单元格 B1:B3 中(见图 8-10)。

第二步,在计算年金终值的单元格 B4 中输入公式 8-5 变量所对应的单元格数据,即 "=B1*((1+B2)^B3−1)/B2",可求得年金终值 6105.1 元。

图 8-10 表示了该问题的计算公式和结果。

	A	B	C	D
	B4	▼	f_x	=B1*((1+B2)^B3-1)/B2
1	各期应付金额	1000		
2	利率	10%		
3	期间	5		
4	年金终值	¥6,105.10		

图 8-10 年金终值的公式计算

【方法二】 运用 Excel 的 FV 函数求解。

年金终值的计算也可以利用 Excel 的财务函数 FV 来计算,帮助我们解决日常工作生活中遇到的计算某项投资未来值的情况,以进行有计划的投资。

FV 函数:基于固定利率及等额分期付款方式,返回某项投资的未来值。其语法为:FV(rate,nper,pmt,pv,type)。

其中,rate 为各期利率;nper 为总投资期,即该项投资的付款期总数;pmt 为各期所应支付的金额,其数值在整个年金期间保持不变,通常 pmt 包括本金和利息,但不包括其他费用及税款,如果忽略 pmt,则必须包括 pv 参数;pv 为现值,即从该项投资开始计算时已经入账的款项,或一系列未来付款的当前值的累积和,也称为本金,如果省略 pv,则假设其值为零,并且必须包括 pmt 参数;Type 为数字 0 或 1,用以指定各期的付款时间是在期初(1)还是期末(0),如果省略 type,则假设其值为 0。

这里需要注意的是,在使用 FV 函数时,我们应确认所指定的 rate 和 nper 单位是否具有一致性。例如,同样是 5 年期年利率为 12% 的贷款,如果按月支付,rate 就应为 12%/12,nper 应为 5*12;如果按年支付,rate 应为 12%,nper 为 5。

在该例题中,用 FV 函数的计算过程为:

第一步,单击 Excel 工具栏中的"公式"—"fx"按钮,选择财务函数 FV(如图 8-11 所示)。

第二步,根据对话框提示输入相应的数值:rate=0.1,nper=5,pmt=−1000(如图 8-12 所示)。

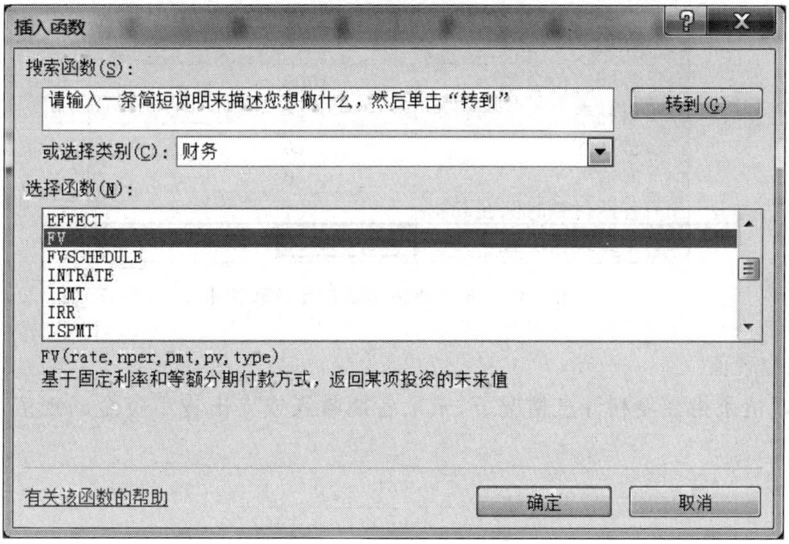

图 8-11 选择财务函数 FV

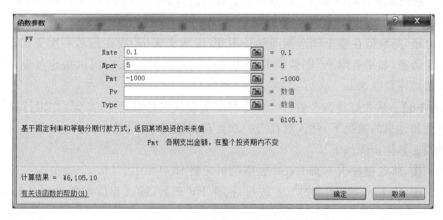

图 8-12 年金终值的 FV 函数计算

第三步,单击"确定",可得到答案 6105.1 元。

注意： 例题中输入参数 pmt=－1000,说明此时各期应付金额为负数,代表的是投入。

【例 8-7】 某人两年后需要一笔费用支出,计划从现在起每月初存入 1000 元,如果按年利 4%,按月计息,那么两年以后该账户的存款额会是多少呢?

【解】 具体步骤如下。

第一步,将数据输入一张 Excel 表格的单元格 B1:B5 中,使用 FV 函数进行计算。

第二步,可通过以下两种方法。

【方法一】 直接在单元格 B6 中将 FV 函数写为:"＝FV(B2/12,B3,B1,B4,B5)＝25026.03"(如图 8-13)。

【方法二】 也可以在 Excel 表上通过"fx"按钮选择财务函数 FV 并在对话框中输入相应参数即可。

第八章 资金管理决策模型

管理决策分析

	A	B
1	各期应付金额	1000
2	年利率	4%
3	总期数	24
4	现值	0
5	各期付款时间在起初	1
6	年金终值函数	¥25,026.03

B6 =FV(B2/12, B3, B1, B4, B5)

图 8-13　年金终值函数的参数和结果

2) 年金现值

年金现值是指在复利计息情况下，未来各期收入或支出货币资金的现值总和。其计算公式如下：

$$F = A \times \frac{(1+i)^n - 1}{i \times (i+1)^n} \tag{8-6}$$

计算普通年金现值，可以使用 Excel 中提供的 PV 函数，返回未来若干期资金的现值。现值为一系列未来付款的当前值的累积和。其语法为 PV(rate, nper, pmt, fv, type)。

其中 rate 为各期利率；nper 为总投资期，即该项投资的付款期总数；pmt 为各期所应支付的金额，其数值在整个年金期间保持不变；fv 为未来值，或在最后一次支付后希望得到的现金余额，如果省略 fv，则假设其值为零；Type 数字 0 或 1，用以指定各期的付款时间是在期初还是期末。

【例 8-8】　某人打算在今后的 4 年中每年等额从银行取出 2000 元，在银行按 10% 的年利率复利计息的情况下，此人现在应一次性存入银行多少钱？

【解】　具体步骤如下。

第一步，将数据输入一张 Excel 表格的单元格 B1:B3 中。

第二步，在 Excel 表上通过"fx"按钮，选择 PV 函数，输入相应参数进行计算，得到结果为 6339.73 元。

具体参数设置和结果如图 8-14、图 8-15 所示。

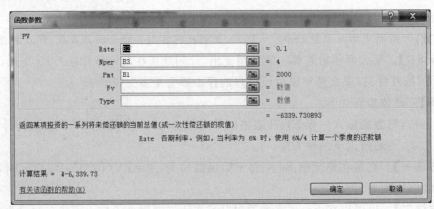

图 8-14　年金现值函数和参数

B4 =PV(B2, B3, B1)

	A	B
1	年金	2000
2	利率	10%
3	期数	4
4	年金现值	¥-6, 339. 73
5		

图 8-15　年金现值计算结果

第三节　投资管理评估决策

投资管理与决策在现代企业经营管理中占据非常重要的地位，主要指企业管理人员为实现投资目标，运用科学的理论和方法，对投资过程中涉及的重要活动如投资的必要性、投资方向、投资规模、投资目标等问题进行详细分析、研究、判断及方案的选择等。投资管理与决策可以说是企业各项决策中最为关键的决策之一，帮助企业正确、合理地解决资金需求和资源有限性之间的矛盾。企业投资需要一大笔支出，然而在一定的时期内，企业拥有的资金是有限的，如何通过科学的手段和方法，为企业决策者当好参谋把好关，统筹安排有限的资金和资源，找到最佳投资决策方案，使其合理、有效、充分地利用起来，是财务管理人员的一项重要职责。

投资方案评价时使用的指标分为贴现指标和非贴现指标。非贴现指标是指没有考虑时间价值因素的指标，主要包括回收期、会计收益期等。贴现指标是指考虑了时间价值因素的指标，主要包括净现值、现值指数、内含报酬率等。相应地将投资决策方法分为非贴现的方法和贴现的方法。

一、非贴现法的投资评估决策

1. 投资回收期法

投资回收期法，是计算项目投产之后，在正常的经营条件下所获得的收益额和计提的折旧额、无形资产摊销用来收回项目投资所需要的时间。因此，我们可以把回收期看作是投资引起的现金流累计到与投资额相等所需要的时间，它代表收回投资所需要的年限。

投资回收期法衡量的指标是收回项目投资速度的快慢，回收年限越短，则该方案就越有利。当只有一个方案可供选择时，该项目的投资回收期应少于企业决策者规定的时间标准；当有两个及以上项目可供选择时，在确定项目的投资回收期少于企业决策者规定的时间标准的基础上，应选择回收期最短的一项方案。

对于投资回收期的计算，我们分别从每年的现金净流量相等和不相等两种情况进行讨论。

在投资项目各期现金净流量相等时，回收期的计算公式为

$$投资回收期 = \frac{原始投资额}{年现金净流量} \tag{8-7}$$

如果项目投产后,每年产生的现金净流量不等,则要根据每年年末尚未回收的投资额加以确定。计算公式如下:

$$投资回收期 = (n-1) + \frac{第(n-1)年年末尚未回收的投资额}{第n年当年的现金净流量} \tag{8-8}$$

【例 8-9】 某企业某项投资总额为 15000 元,第一年收入 4000 元,第二年、第三年均收入 5000 元,第四年、第五年均收入 2000 元,第六年收入 1000 元。试计算投资回收期。

【解】 具体步骤如下。

第一步,将投资额及第一年至第六年的现金净流量输入一张 Excel 表格的单元格 B7:H7 中,如图 8-16 所示。

	时间	0	1	2	3	4	5	6
7	现金净流量	-15000	4000	5000	5000	2000	2000	1000
8	累计净流量	-15000	-11000	-6000	-1000	1000	3000	4000

图 8-16 现金净流量表

第二步,对累计净流量值的计算,可在单元格 C8 中输入公式"=B8+C7",然后拖曳填充柄至 H8。

从图中可看出,至第三年年末,累计的现金净流量已达到 -1000 元,即尚未回收的投资额余 1000 元,到第四年年末,累计的现金净流量值为 +1000 元。由此,可根据公式进行计算:

$$投资回收期 = (4-1) + \frac{1000}{2000} = 3.5 \text{ 年}$$

具体步骤如图 8-16 所示。

2. 会计收益率法

会计收益率法就是将投资项目的年平均净收益与该项投资的资金成本加以比较,计算出会计收益率。因此,会计收益率的计算公式为

$$会计收益率 = \frac{年平均净收益}{原始投资额} \times 100\% \tag{8-9}$$

与投资回收期法类似,会计收益率法既可以对某项投资进行决策判断,也可以对多项投资方案进行排序选择。当只有一个投资项目可供选择时,该项目的会计收益率应不小于企业决策者可接受的收益率;当有两个及以上项目可供选择时,在确定这些项目的会计收益率不小于企业决策者可接受的收益率后,应选择会计收益率最高的投资项目。

二、贴现法下的投资评估决策

1. 净现值法

净现值法是计算一项投资所产生的未来现金流折现值与项目投资原始额之间的差

值,即通过计算净现值(NPV)来反映投资的报酬水平来评价投资方案,并进行投资方案的取舍。

净现值法的判断标准是:
- NPV>0,说明该方案的投资贴现率高于企业的目标贴现率,因此,该投资方案在经济上可行;
- NPV<0,说明方案的投资贴现率低于企业的目标贴现率,达不到期望值,方案应予拒绝;
- NPV=0,说明方案的投资贴现率等于事先确定的贴现率,方案可以接受。

计算净现值,可使用 Excel 提供的 NPV 函数,返回某项投资的净现值。其语法为:
NPV(rate,value1,valu2,…)其中 value1,valu2,…为已知未来连续期间的现金流量,代表支出和收入,此时注意 value1,value2,…在时间上必须具有相等间隔,并且都发生在期末;rate 为某一期间的贴现率,是一固定值。

NPV 函数假定投资开始于 value1 现金流发生日期的前一期,且结束于 value n(即最后一笔现金流)发生日期的当期。在计算时,若第一笔现金流发生在第一个周期的期初,那么第一笔现金流就必须单独加到 NPV 函数的结果中,反之若发生在期末,则应包含在 NPV 函数的 values 参数中。详细信息请见以下案例。

【例 8-10】 某企业计划开一家分店。初期投资为 200000 元,希望未来五年中各年的收入分别为 20000 元、40000 元、50000 元、80000 元和 120000 元。假定每年的贴现率是 8%,试求该投资的净现值,并判断是否应开这家分店。

【解】 具体步骤如下。

第一步,将初期投资额及每年期望的收益率等数据输入一张 Excel 表格的单元格 B2:B8 中,如图 8-17 所示。

第二步,运用 Excel 财务函数中的 NPV 函数进行计算,返回该投资的净现值。

	A	B
1	内容	数据
2	年贴现率	0.08
3	初期投资	-200000
4	第1年收益	20000
5	第2年收益	40000
6	第3年收益	50000
7	第4年收益	80000
8	第5年收益	120000

图 8-17 项目各期投资和收益

由于题目中该投资款项发生在初期,因此在利用 NPV 函数计算投资的净现值时,除了应输入 NPV 函数及其参数之外,还应将初期投资额 B3 单独加在 NPV 函数的结果后,即"=NPV(B2,B4:B8)+B3",得出该投资的净现值为 32976.06 元。由于净现值大于 0,说明该方案可行。

此时,若题目改为期初投资额 200000 元发生在期末,则计算净现值时,可直接将投资额包含在 NPV 函数的参数中,即"=NPV(B2,B3:B8)",得出该投资的净现值为 30533.38 元。净现值大于 0,该投资方案也是可行的。

除了判断某项投资方案是否可行外,净现值法还可以评价在有多个备选方案时,应该选择的最优方案。方法是通过 NPV 函数分别计算几个备选方案的净现值,并选择净现值最高的方案作为供企业参考的最优方案。

【例 8-11】 某企业现有 A、B 两个投资方案(相关信息见表 8-7),若贴现率为 10%,试说明哪个方案为最优方案。

表 8-7 某企业 A,B 方案现金流量信息

A方案				B方案			
年数	现金流出（单位：元）	现金流入（单位：元）		年数	现金流出（单位：元）	现金流入（单位：元）	
		利润	折旧			利润	折旧
0	80 000			0	80 000		
1		15000	20000	1		10000	20000
2		15000	20000	2		15000	20000
3		15000	20000	3		14000	20000
4		15000	20000	4		17000	20000
5		15000	20000	5		20000	20000

【解】 具体步骤如下。

第一步，将 A,B 两个方案的数据输入一张 Excel 表格的单元格中，以便进行计算。

第二步，题目中给出了第一年至第五年的利润和折旧值，我们应首先根据这些数据计算每期的净现金流量。具体步骤是，在 E4 单元格中输入公式“＝C4＋D4－B4”，计算出当期的净现金流量。并拖曳填充柄至单元格 E9，计算出方案 A 每年的净现金流量。使用同样方法在 E13 单元格中输入公式“＝C13＋D13－B13”，并拖曳填充柄至单元格 E18，计算方案 B 每年的净现金流量。步骤及结果如图 8-18 所示。

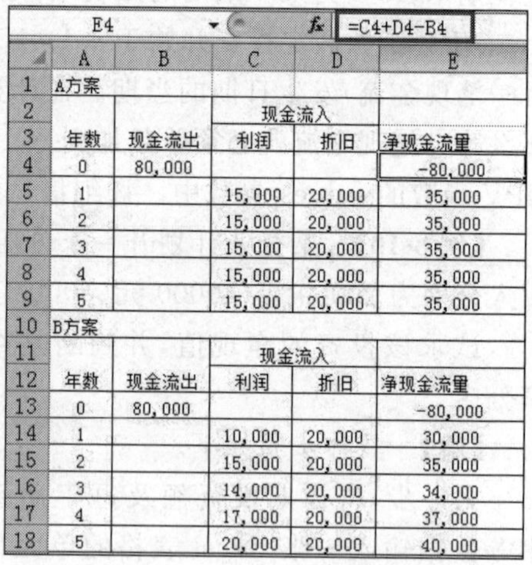
E4 =C4+D4-B4

	A	B	C	D	E
1	A方案				
2			现金流入		
3	年数	现金流出	利润	折旧	净现金流量
4	0	80,000			-80,000
5	1		15,000	20,000	35,000
6	2		15,000	20,000	35,000
7	3		15,000	20,000	35,000
8	4		15,000	20,000	35,000
9	5		15,000	20,000	35,000
10	B方案				
11			现金流入		
12	年数	现金流出	利润	折旧	净现金流量
13	0	80,000			-80,000
14	1		10,000	20,000	30,000
15	2		15,000	20,000	35,000
16	3		14,000	20,000	34,000
17	4		17,000	20,000	37,000
18	5		20,000	20,000	40,000

图 8-18 A、B 方案的基本信息

第三步，运用 Excel 的 NPV 函数分别计算 A、B 方案的净现值。在空白单元格中输入 NPV 函数及其各项参数。具体步骤及结果如图 8-19 所示。

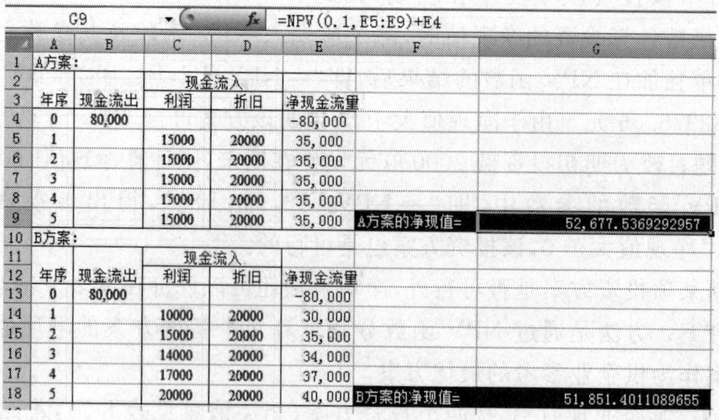
G9 =NPV(0.1,E5:E9)+E4

	A	B	C	D	E	F	G
1	A方案:						
2			现金流入				
3	年序	现金流出	利润	折旧	净现金流量		
4	0	80,000			-80,000		
5	1		15000	20000	35,000		
6	2		15000	20000	35,000		
7	3		15000	20000	35,000		
8	4		15000	20000	35,000		
9	5		15000	20000	35,000	A方案的净现值=	52,677.5369292957
10	B方案:						
11			现金流入				
12	年序	现金流出	利润	折旧	净现金流量		
13	0	80,000			-80,000		
14	1		10000	20000	30,000		
15	2		15000	20000	35,000		
16	3		14000	20000	34,000		
17	4		17000	20000	37,000		
18	5		20000	20000	40,000	B方案的净现值=	51,851.4011089655

图 8-19 计算 A、B 方案的净现值

A 方案的净现值＝NPV(0.1,E5：E9)＋E4＝52677.5

B 方案的净现值＝NPV(0.1,E14：E18)＋E13＝51851.4

计算结果表明：A、B 方案的净现值均为正值，两方案均为可行方案。但 A 方案的净现值略大于 B 方案的净现值，因此相比较之下，A 方案为最优方案。

净现值法的优点在于：一是综合考虑了资金的时间价值，能够反映各种投资方案的真正经济价值；二是考虑了方案计算期的全部净现金流量，体现了流动性与收益性的统一；三是考虑了投资风险性，因为贴现率的大小与风险大小有关，风险越大，贴现率就越高。但该方法的缺点是无法直接反映投资项目的实际投资收益率水平，且当各项目投资额不同时，难以确定最优的投资项目。

2．内含报酬率法

内含报酬率又称内部收益率，是指投资项目中，对未来的每年现金净流量进行贴现，能够使未来现金流入量现值恰好等于原始投资额时的贴现率，即使投资项目的净现值等于 0 时的贴现率，记为 IRR。

若内含报酬率大于或等于贴现率，则接受该投资项目；若内含报酬率小于贴现率，就放弃该项目。

对内含报酬率的计算可以使用 Excel 的财务函数 IRR 进行。IRR 函数的功能是返回由数值代表的一组现金流的内部收益率。这些现金流不一定是均衡的，但作为年金，它们必须按固定的间隔产生，如按月或按年。

函数的语法为：IRR(values,guess)。其中 values：数组或单元格的引用，包含用来计算返回的内部收益率的数字，values 必须包含至少一个正值和一个负值，以计算返回的内部收益率；guess：对函数 IRR 计算结果的估计值，若忽略，则默认为 0.1(百分之十)。

【例 8-12】 某企业计划投资一项目，合同约定该项目投资期为 5 年，预计投入 150000 元，并预计今后五年的净收益分别是投资额的 20％、30％、30％、30％、20％，假如每年贴现率为 8％，计算该投资项目 5 年后的内含报酬率。

【解】 具体步骤如下。

第一步，将例题中的各项数据输入一张 Excel 表中，以便计算。

第二步，运用 Excel 的 IRR 函数计算该项目的内含报酬率。具体操作为单击工具栏中的"公式"—"插入函数"，在"或选择类别"一栏中选择"财务函数"，并在"选择函数"一栏中找到"IRR"，单击"确定"，如图 8-20 所示。

第三步，在出现的"函数参数"对话框中选择"Values"的值为"B2：B7"(可拖曳鼠标从单元格 B2 至单元格 B7)，即可得出该项目的内含报酬率约为 9.39％，如图 8-21 所示。

可见，该项目的内含报酬率(9.39％)大于贴现率(8％)，该项目可行。

内含报酬率法的优点是考虑了货币的时间价值，反映了投资方案本身的投资报酬率水平，因此，内含报酬率指标是投资效益评价的主要指标。

3．现值指数法

该方法使用现值指数作为评价方案的指标。所谓现值指数(PI)，是未来现金流入现值与现金流出现值的比率，亦称现值比率、获利指数、贴现后收益—成本比率等。

若现值指数≥1，说明贴现后现金流入大于贴现后现金流出，该投资项目的报酬率大

管理决策分析

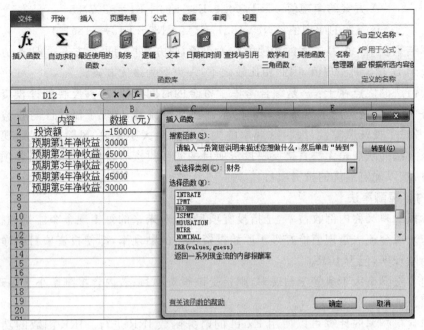

图 8-20　Excel IRR 函数的选择

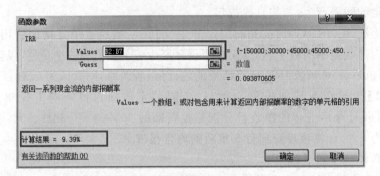

图 8-21　内含报酬率的计算和结果

于预定的贴现率,项目是可行的;

若现值指数<1,说明贴现后现金流入小于贴现后现金流出,该投资项目的报酬率小于预定的贴现率,项目是不可行的;

若现值指数=1,说明贴现后现金流入等于贴现后现金流出,该投资项目的报酬率等于预定的贴现率,应对该项目综合考虑。

如果几个投资方案的现值指数均大于 1,在对非互斥方案的选择时,现值指数越高的方案越好。

Excel 中没有专门计算现值指数的函数,但我们可以通过净现值函数来计算一个项目的现值指数。计算方法是:

$$现值指数 = NPV()/期初现金净流量$$

【例 8-13】 以例 8-11 中的 A、B 两个投资方案为例,要求计算现值指数。

【解】 具体步骤如下。

沿用例 8-11 的数据和表格,单击将要计算 A 方案现值指数的单元格 G9,输入现值指数计算公式"＝NPV(0.1,E5:E9)/B4",按回车键,得到结果"1.658",同样在计算 B 方案现值指数的单元格 G18 输入公式"＝NPV(0.1,E14:E18)/B13",得到结果"1.648",如图 8-22 所示。

	A	B	C	D	E	F	G
1	A方案						
2			现金流入				
3	年序	现金流出	利润	折旧	净现金流量		
4	0	80,000			-80 000		
5	1		15000	20000	35 000		
6	2		15000	20000	35 000		
7	3		15000	20000	35 000		
8	4		15000	20000	35 000		
9	5		15000	20000	35 000	A方案的现值指数:	1.6584692116
10	B方案						
11			现金流入				
12	年序	现金流出	利润	折旧	净现金流量		
13	0	80,000			-80 000		
14	1		10000	20000	30 000		
15	2		15000	20000	35 000		
16	3		14000	20000	34 000		
17	4		17000	20000	37 000		
18	5		20000	20000	40 000	B方案的现值指数:	1.6481425139

图 8-22 A、B 方案现值指数的计算和结果

A、B 方案的现值指数均大于 1,说明两个方案均可行,但 A 方案的现值指数大于 B 方案的现值指数,因此 A 方案相对更优。

第四节 筹资管理问题

企业的资金和资源往往是有限的,这时就需要企业为满足资金需求,降低资金成本,从而增加公司的利益,进行各项筹资管理活动。筹资管理是指企业根据其生产经营、对外投资和调整资本结构的需要,通过各种筹资渠道,经济有效地筹集企业所需的资本(金)的财务行为。Excel 也为企业财务人员提供了一系列筹资管理函数,如贷款分期偿还额函数、债券及其他金融函数等。本节我们将选取其中几个函数进行详细介绍。

一、贷款分期偿还额函数 PMT

贷款是企业筹资的主要途径之一,如何计算企业贷款的月偿还金额也作为决策的重要依据。Excel 提供的 PMT 函数是基于固定利率及等额分期付款方式,返回投资或贷款的每期付款额。PMT 函数可以帮助我们计算例如某企业为偿还一笔贷款,要求在一定周期内支付完时,则每期需要支付的偿还额,也就是平时所说的"分期付款"的付款额。

PMT 函数的语法格式为 PMT(rate, nper, pv, fv, type)。

其中,rate 为各期利率,是一固定值;nper 为总投资(或贷款)期,即该项投资(或贷款)的付款期总数;pv 为现值,或一系列未来付款当前值的累积和,也称为本金;fv 为未来值,或在最后一次付款后希望得到的现金余额,如果省略 fv,则假设其值为零;type 为 0 或 1,用以指定各期的付款时间是在期初还是期末,如果省略 type,则假设其值为零。

【例 8-14】 若某企业贷了 500000 元的贷款,贷款利率为 8%,计划在 10 年还清,那么在这 10 年时间里,计算企业的月支额。

【解】 具体步骤如下。

第一步,在一张 Excel 表格的单元格 B2:B4 中输入贷款额、年利率等数据。

第二步,运用 PMT 函数计算贷款分期偿还额。由于题目中贷款利率和贷款时间均以年为单位,而我们需要计算的则是企业的月支额,因此在计算过程中,应注意单位的统一,即将贷款利率除以 12(即 rate=B4/12),并将总期数乘以 12(nper=B3*12)。具体步骤是单击计算月支额的单元格 B5,输入函数 PMT 及各项参数"=PMT(B4/12,B3*12,B2)",可得结果为"-6066.38",即每月需还 6066.38 元,如图 8-23 所示。

A	B
内容	数据
贷款金额(元)	500000
总投资期(年)	10
年利率	0.08
贷款分期偿还额	=PMT(B4/12,B3*12,B2)
	=-6066.38

图 8-23 贷款分期偿还额函数

除上述方法外,我们也可通过单击 Excel 工具栏中的"公式"—"插入函数"—"财务函数"—"PMT",并输入相关参数求得。

二、债券及其他金融函数

债券及其他金融函数包括计算本金、利息的函数,与利息支付时间有关的函数、与利率收益率有关的函数、与修正期限有关的函数、与有价证券有关的函数以及与证券价格表示有关的函数等,部分函数可参见表 8-5。其中:

- 计算本金、利息的函数有:CUMPRINC、ACCRINT、ACCRINTM、CUMIPMT、COUPNUM。
- 与利息支付时间有关的函数有:COUPDAYBS、COUPDAYS、COUPDAYSNC、COUPNCD、COUPPCD。
- 与利率收益率有关的函数有:INTRATE、ODDFYIELD、ODDLYIELD、TBILLEQ、TBILLPRICE、TBILLYIELD、YIELD、YIELDDISC、YIELDMAT。
- 与修正期限有关的函数有:DURATION、MDURATION。
- 与有价证券有关的函数有:DISC、ODDFPRICE、ODDLPRICE、PRICE、PRICEDISC、PRICEMAT、RECEIVED。
- 与证券价格表示有关的函数有:DOLLARDE、DOLLARFR。

以下将重点介绍 ACCRINT、CUMPRINC 及 DISC 函数。

1. 求定期付息有价证券的应计利息函数 ACCRINT

ACCRINT 函数可以返回定期付息有价证券的应计利息。

语法形式为 ACCRINT(issue,first_interest,settlement,rate,par,frequency,basis)。

其中 issue 为有价证券的发行日；first_interest 为有价证券的起息日；settlement 为有价证券的成交日，即在发行日之后，有价证券卖给购买者的日期；rate 为有价证券的年息票利率；par 为有价证券的票面价值，如果省略 par，函数 ACCRINT 就会自动将 par 设置为￥1000；frequency 为年付息次数，如果按年支付则 frequency＝1，按半年期支付则 frequency＝2，按季支付则 frequency＝4；basis 为日计数基准类型，具体类型请见本章节中的表 8-6。

【例 8-15】 某国库券的交易情况为：发行日为 2008 年 3 月 1 日，起息日为 2008 年 8 月 31 日，成交日为 2008 年 5 月 1 日；息票利率为 10％；票面价值为 1000 元；按半年期付息；日计数基准为 30/360。请计算应计利息。

【解】 具体步骤如下。

第一步，在一张 Excel 表格的单元格 B2:B8 中输入国库券的交易数据。

第二步，在求应计利息的单元格 B10 中输入 ACCRINT 函数及各项参数，"＝ACCRINT(B2,B3,B4,B5,B6,B7,B8)"，此时应根据函数语法，注意各项参数填入的顺序。我们可以很快得到计算结果约为 16.67，如图 8-24 所示。

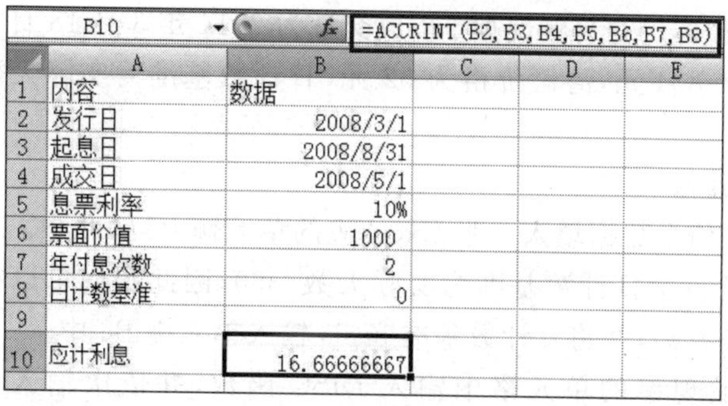

图 8-24 ACCRINT 函数

2. 求本金数额的 CUMPRINC 函数

CUMPRINC 函数用于返回一笔贷款在给定的开始到结束期间累计偿还的本金数额。其语法形式为 CUMPRINC(rate,nper,pv,start_period,end_period,type)。其中，rate 为利率；nper 为总付款期数；pv 为现值；start_period 为计算中的首期，付款期数从 1 开始计数；end_period 为计算中的末期；type 为付款时间类型。

【例 8-16】 假设一笔住房抵押贷款的交易情况如下：年利率为 9％；期限为 30 年；现值为 200000 元。求该笔贷款在第一个月偿还的本金数额。

【解】 具体步骤如下。

第一步，在一张 Excel 表格的单元格 B2:B4 中输入贷款相关数据，以便计算。

第二步，在求第一个月偿还的本金单元格 B6 中输入 CUMPRINC 函数"＝CUMPRINC(B2/12,B3∗12,B4,1,1,0)"，其中为保证单位的统一，年利率需转换为月利率(rate＝B2/12)；总期数转换为以月为单位(nper＝B3∗12)；现值 pv＝B4；由于需计算第一个月应还的本金，因此计算的首期与末期都为 1。可得结果为－109.25，如图 8-25 所示。

另外，若题目为求该笔贷款在第一年下半年(即计算的首期为 7，末期为 12)偿还的本

B6 =CUMPRINC(B2/12,B3*12,B4,1,1,0)

	A	B	C	D
1	内容	数据		
2	年利率	9%		
3	期限（年）	30		
4	现值	200000		
5				
6	第一个月偿还本金	-109.2452339		

图 8-25　CUMPRINC 函数

金数额，则输入的函数应为“＝CUMPRINC(B2/12，B3＊12，B4，7，12，0)”。

3. 求有价证券的贴现率 DISC 函数

DISC 函数返回计算有价证券的贴现率。其语法形式为 DISC(settlement，maturity，pr，redemption，basis)。其中，settlement 为有价证券的成交日，即在发行日之后，有价证券卖给购买者的日期；maturity 为有价证券的到期日，到期日是有价证券有效期截止时的日期；pr 为面值为 100 元的有价证券的价格；redemption 为面值为 100 元的有价证券的清偿价格；basis 为日计数基准类型。

【例 8-17】 某债券的交易情况如下：成交日为 2014 年 3 月 18 日，到期日为 2014 年 8 月 7 日，价格为 48.834 元，清偿价格为 52 元，日计数基准为实际天数/360。试求该债券的贴现率。

【解】 具体步骤如下。

第一步，同样将债券数据填入一张 Excel 表的单元额 B2：B5 中。

第二步，由于题目中日计数基准为实际天数/360，因此我们可以得出参数 basis＝2（详细信息请参见表 8-6），并将日计数基准 basis 输入单元格 B6 中。

第三步，在求贴现率的单元格中输入 DISC 函数，并依次输入函数相关参数，即“＝DISC(B2，B3，B4，B5，B6)”，可得该债券的贴现率约为 15.4％，如图 8-26 所示。

B8 =DISC(B2,B3,B4,B5,B6)

	A	B	C
1	内容	数据	
2	成交日	2014/3/18	
3	到期日	2014/8/7	
4	价格	48.834	
5	清偿价格	52	
6	日计数基准	2	
7			
8	贴现率	0.154355363	
9			

图 8-26　DISC 函数

第五节　资产管理计算与分析

一、固定资产管理折旧计算

企业固定资产是指企业为生产产品、提供劳务、出租或者经营管理而持有的、使用时间超过12个月的,价值达到一定标准的非货币性资产,包括房屋、建筑物、机器、机械、运输工具以及其他与生产经营活动有关的设备、器具、工具等。

固定资产的计价有以下三种形式。

- 原值。表示固定资产的原始投资,指建造或购买时支付的原价加运输、安装、调试费用等。
- 重置价值。重新估价时,重建或购置与原物基本相同的固定资产所需要的费用。
- 净值。又称折余价值,是固定资产原值减去累计折旧后的净额,反映固定资产的新旧程度。

固定资产作为企业生产经营所需的资产,在生产过程中可以长期发挥其功能和作用,但服务能力会随着使用年限逐渐降低,其价值也随着固定资产的使用和磨损而逐渐转移到生产产品的成本和费用中去,成为组成产品价值的一个部分。如何合理地使用固定资产,提高其使用的经济效率,创建更多产品,节约资金消耗,降低生产成本,就要对固定资产进行综合分析,如分析现有的固定资产及其使用情况,并且还要对固定资产进行计提折旧计算。

固定资产的折旧是指在固定资产的使用寿命内,为弥补固定资产损耗,按照国家规定的固定资产折旧率对应计折旧额进行的系统分摊;使用寿命是指固定资产预期使用的期限;应计折旧额是指应计提折旧的固定资产的原价扣除其预计净残值后的余额。

企业的固定资产折旧一般采用平均年限法、双倍余额递减法、工作量法、年限总和法等方法进行计算。

1. 平均年限法

平均年限法又称直线法,是将固定资产的折旧均衡地分摊到各期的一种方法。采用这种方法计算的每期折旧额均是等额的,它主要取决于两个基本因素,即固定资产的原值和预计使用年限。其计算公式如下:

$$年折旧率 = \frac{(1-预计净残值率)}{预计使用寿命(年)} \times 100\% \qquad (8\text{-}10)$$

$$月折旧率 = 年折旧额 \div 12 \qquad (8\text{-}11)$$

$$月折旧额 = 固定资产原价 \times 月折旧率 \qquad (8\text{-}12)$$

预计净残值率就是预计净残值占固定资产原值的比率,一般按原值的3%~5%确定。

在Excel中,可以用财务函数SLN来计算月折旧额。SLN函数的作用是返回某项资产在一个期间中的线性折旧值。其语法格式是:SLN(cost,salvage,life)。其中cost为资产原值;salvage为资产在折旧期末的价值(也称为资产残值);life为折旧期限(有时也称做资产的使用寿命)。

【例8-18】 某固定资产的原值为80000元,预计净残值率为5%,折旧年限为10年,计算该固定资产的月折旧额。

【解】 具体步骤如下。

第一步,将该固定资产的相关数据输入一张Excel表的单元格B2:B4中。

第二步,题目已知预计净残值率和固定资产原值,我们需要通过两者利用公式求得该固定资产的预计净残值,即"=B2*B3",结果为4000元。将结果填入单元格B6中,便于后续计算。

第三步,在求月折旧额的单元格B7中输入SLN函数及参数"=SLN(B2,B6,B4*12)"。此时注意,折旧期限需转换为以月为单位(即life=B4*12)。得到结果为633.33元,如图8-27所示。

	A	B	C
1	平均年限法		
2	原值	80000	
3	预计净残值率	0.05	
4	折旧年限(年)	10	
5			
6	资产残值	4000	
7	月折旧额	¥633.33	

图 8-27 SLN 函数求月折旧额

2. 双倍余额递减法

双倍余额递减法是一种折旧率按平均年限法的双倍,折旧基数按折余价值进行计算的加速折旧方法。这种方法第1年提取的折旧额等于平均年限法的双倍,以后随着价值的减少而逐年递减下来,折旧年限到期前2年,要把固定资产原值扣除预计净残值后的净额在两年内平均分摊。这种折旧计算方法和将要讲到的年数总和法同属加速折旧法,适用于在国民经济中具有重要地位、技术进步快的电子生产企业、船舶工业企业、生产"母机"的机械企业、飞机制造企业、汽车制造企业、化工生产企业和医药生产企业,以及其他经财政部批准的特殊行业中的机器设备。其计算公式如下:

$$年折旧率 = \frac{2}{预计折旧年限} \times 100\% \quad (8-13)$$

$$年折旧额 = 固定资产期初账面净值 \times 年折旧率 \quad (8-14)$$

$$月折旧额 = 年折旧额 \div 12 \quad (8-15)$$

在Excel中,也有一个函数用来计算折旧额,即DDB函数,作用是使用双倍余额递减法或其他指定方法,计算一笔资产在给定期间内的折旧值。其语法格式是DDB(cost,salvage,life,period,factor),其中cost为资产原值;salvage为资产在折旧期末的价值(有时也称为资产残值);life为折旧期限(有时也称作资产的使用寿命);period为需要计算折旧值的期间,period必须使用与life相同的单位;factor为余额递减速率,如果factor被省略,则假设为2(双倍余额递减法)。

【例8-19】 某固定资产原值180000元,预计净残值为9000元,折旧年限定为5年,试计算每年的折旧额。

【解】 具体步骤如下。

第一步,将该固定资产相关数据输入一张Excel表的单元格B2:B4中,以便计算。

第二步,在计算第一年折旧额的单元格B6中输入DDB函数及参数,此时需要计算的是第一年期间的折旧值,因此参数period=1。输入函数"=DDB(B2,B3,B4,1,2)",得到结果72000元。

第三步,在计算第二年折旧额的单元格 B7 中输入函数"=DDB(B2,B3,B4,2,2)"(此时参数 period 应为 2),得到结果 43200 元。并以同样方式计算第三年折旧额为 25920 元。

第四步,根据双倍余额递减法的定义,折旧年限到期前两年,我们需要把固定资产原值扣除预计净残值后的净额在两年内平均分摊,因此在计算第四、五年的折旧额前,我们应首先确定截至第三年年末固定资产的账面折余价值,即分别计算截止到第一、二、三年的累计折旧额(=截至前一年的累计折旧额+本年折旧额)及年末账面折余价值(原值-截至本年的累计折旧额)。具体步骤是,计算第一年累计折旧额为第二步中求得的第一年期间折旧值(=B6),第一年年末账面折余价值为原值减第一年折旧额(B2-C6);计算截至第二年的累计折旧额为第一年折旧额加上第二年折旧额(=C6+B7),而第二年年末账面折余价值为原值减去截至第二年累计折旧额(=B2-C7);同理可得截至第三年的累计折旧额(=C7+B8)及第三年年末账面折余价值(=B2-C8)。将公式和结果输入相应单元格 C6:C8 及 D6:D8 中。

第五步,计算最后两年的折旧额。第四、五年折旧额=(第三年年末账面折余价值-预计净残值)÷2,得到结果为 14940 元。

运用 DDB 函数计算折旧额的过程及结果如图 8-28、图 8-29 所示。

	A	B	C	D
1	双倍余额递减法			
2	原值	180000		
3	预计净残值	9000		
4	折旧年限(年)	5		
5		折旧额	累计折旧额	年末账面折余价值
6	第1年	=DDB(B2,B3,B4,1,2)	=B6	=B2-C6
7	第2年	=DDB(B2,B3,B4,2,2)	=C6+B7	=B2-C7
8	第3年	=DDB(B2,B3,B4,3,2)	=C7+B8	=B2-C8
9	第4年	=(D8-B3)/2		
10	第5年	=(D8-B3)/2		

图 8-28 双倍余额递减法计算过程

	A	B	C	D
1	双倍余额递减法			
2	原值	180000		
3	预计净残值	9000		
4	折旧年限(年)	5		
5		折旧额	累计折旧额	年末账面折余价值
6	第1年	¥72,000.00	¥72,000.00	¥108,000.00
7	第2年	¥43,200.00	¥115,200.00	¥64,800.00
8	第3年	¥25,920.00	¥141,120.00	¥38,880.00
9	第4年	¥14,940.00		
10	第5年	¥14,940.00		

图 8-29 双倍余额递减法计算结果

3. 年数总和法

年数总和法又称变率递减法,它是一种折旧基数不变、折旧率采用一个变率分数的加速折旧方法。这个变率分数的分母是折旧年限各年序数总和,分子是折旧年限各年序数,最大的序数在前,逐年递减。用这种方法计算的年折旧额也是开始很大,以后逐年递减。

计算公式如下:

$$年折旧率 = \frac{折旧年限 - 已使用年数}{折旧年限 \times (折旧年限 + 1) \div 2} \times 100\% \quad (8-16)$$

$$年折旧额 = (固定资产原值 - 预计残值) \times 年折旧率 \quad (8-17)$$

在 Excel 中,可以使用 SYD 函数计算折旧额。该函数的作用是返回某项资产按年限总和折旧法计算的指定期间的折旧值。其语法格式是 SYD(cost,salvage,life,period),其中 cost 为资产原值;salvage 为资产残值;life 为折旧期限;period 为需要计算折旧值的期间。

【例 8-20】 请用年数总和法计算例 8-19 中的各年折旧额。

【解】 具体步骤如下。

第一步,将数据输入一张 Excel 表的单元格 B2:B4 中,以便计算。

第二步,运用 SYD 函数计算各年折旧额。具体步骤是,在计算第一年折旧额的单元格 B6 中输入 SYD 函数及参数,此时需计算折旧值的期间为第一年,因此参数 period=1,即"=SYD(B2,B3,B4,1)";在计算第二年折旧额的单元格 B7 中输入 SYD 函数"=SYD(B2,B3,B4,2)";同理在相应单元格中分别输入计算第三、四、五年折旧额的 SYD 函数。具体的过程和结果分别如图 8-30、图 8-31 所示。

	A	B
1	年数总和法	
2	原值	180000
3	预计净残值	9000
4	折旧年限(年)	5
5		折旧额
6	第1年	=SYD(B2,B3,B4,1)
7	第2年	=SYD(B2,B3,B4,2)
8	第3年	=SYD(B2,B3,B4,3)
9	第4年	=SYD(B2,B3,B4,4)
10	第5年	=SYD(B2,B3,B4,5)

图 8-30 年数总和法计算过程

	A	B
1	年数总和法	
2	原值	180000
3	预计净残值	9000
4	折旧年限(年)	5
5		折旧额
6	第1年	¥57,000.00
7	第2年	¥45,600.00
8	第3年	¥34,200.00
9	第4年	¥22,800.00
10	第5年	¥11,400.00

图 8-31 年数总和法计算结果

4. 工作量法

工作量法指按实际工作量计提固定资产折旧额的一种方法。一般是按固定资产所能工作的时数平均计算折旧额。它的特点是单位工作量的折旧额相等,公式如下:

$$每工作小时折旧额 = \frac{固定资产原值 \times (1 - 预计净残值率)}{工作总小时} \quad (8-18)$$

【例 8-21】 某企业挖掘机每台原值 800000 元,可工作 7200 小时,预计净残值率为 4%,本月工作 150 小时,计算该挖掘机本月应提折旧额。

【解】 具体步骤如下。

第一步,将固定资产相关数据输入一张 Excel 表的单元格 B2:B5 中,以便计算。

第二步,通过式(8-18),计算出该挖掘机每工作小时折旧额。在单元格 B7 中输入公式"=B2*(1-B4)/B3",得到结果为 106.67 元/小时。

第三步,已知挖掘机每工作小时折旧额后,可根据挖掘机本月的工作小时数,计算该挖掘机本月应提折旧额,即在单元格 B8 中输入公式"=B7*B5",得到结果为 16000 元。

具体的计算过程及结果如图 8-32 所示。

图 8-32 工作量法

二、流动资产管理中存货资产因素分析

流动资产是指在一年内以及超过一年的一个经营周期内能够转换为现金的资产,主要包括货币资金、短期投资、应收票据、应收账款和存货等内容。流动资产管理是公司财务管理中一项十分重要的日常工作。据调查,公司财务经理60%的时间和精力均花费在流动资金的管理上。

流动资产管理的目标就是制定合理的营运资金管理政策和流动资产管理制度,保证流动资金安全,加快资金周转,提高收益水平,控制财务风险,实现企业价值最大化。

存货是指企业在生产经营过程中储存以备出售的产品、处于生产过程中的在产品、在生产过程中耗用的原材料、物料等储备资产,一般在流动资产中所占的比重高、数额大。存货区别于固定资产的基本特点是,企业持有存货的目的是为了出售,无论是可以直接销售的产成品,还是需经过加工、处理之后进行销售的在产品和原材料等。对存货的管理要求在存货数量必须保证生产过程正常需要的前提下,要尽可能减少存货占用的资金,防止超储积压,加速资金周转。以下分别对存货的各项组成因素进行具体分析。

1. 对在产品的分析

在产品是企业在生产过程中处于正在生产或等待加工状态,尚未完工的生产物。在产品资产占用额的多少,一般要受产品产量、生产周期、单位成本等因素变动的影响。因此,对在产品资产的分析,可以从以上这些因素分析入手,分析其变动对在产品资金占用额的影响。

【例 8-22】 某公司生产 A 产品,其在产品资金占用情况如表 8-8 所示。试分析 A 产品的平均日产量、生产周期、单位成本及在产品成本系数等因素的变动对在产品资金占用额的影响。

表 8-8 在产品 A 资金占用情况

在产品 A 资金占用情况		
项　　目	计划	实际
平均日产量(件)q	500	520
生产周期(天)t	6	5.75
单位成本(元)m	35	36.5
在产品成本系数 p	0.8	0.8

在此，我们可以用差额分析法进行分析，差额分析法就是直接利用各因素的预算（计划）与实际的差异来按顺序计算，确定其变动对分析对象的影响程度。具体分析公式如下：

$$\text{在产品资金占用额} = \text{平均日产量} \, q \times \text{生产周期} \, t \times \text{单位成本} \, m \times$$
$$\text{在产品成本系数} \, p \tag{8-19}$$

则：(1) 指标 Q 的变动受到因素 q 的变动影响为 $(q_1-q_0) \times t_0 \times m_0 \times p_0$

(2) 指标 Q 的变动受到因素 t 的变动影响为 $q_1 \times (t_1-t_0) \times m_0 \times p_0$

(3) 指标 Q 的变动受到因素 m 的变动影响为 $q_1 \times t_1 \times (m_1-m_0) \times p_0$

(4) 指标 Q 的变动受到因素 p 的变动影响为 $q_1 \times t_1 \times m_1 \times (p_1-p_0)$

我们可以得出：

$$(Q_1 - Q_0) = (q_1 - q_0) \times t_0 \times m_0 \times p_0 + q_1 \times (t_1 - t_0) \times m_0 \times p_0 + q_1 \times$$
$$t_1 \times (m_1 - m_0) \times p_0 + q_1 \times t_1 \times m_1 \times (p_1 - p_0)$$

其中，在上述计算模型中应注意以下几点：①要求各因素按照"数量指标在前，质量指标在后"的逻辑顺序排列；②在分析某因素变动的时候，其余因素的下标固定，在被分析因素前面的固定在1，在被分析因素后面的固定在0。其中下标1表示为实际数（或报告期数），下标0表示为计划数（或基期数）。

【解】 具体到该例题，则分析和计算步骤如下。

第一步，将在产品 A 的资金占用情况相关数据输入一张 Excel 表的单元格 B3:C6 中，以便计算。根据以上公式，我们应分别计算各项目变动对在产品 A 资金占用额的影响，然后将这些变动影响值求和，进行综合分析。

第二步，首先通过公式计算平均日产量 q 的变动（即实际平均日产量 C3－计划平均日产量 B3）对在产品资金占用额 Q 的影响。我们可以在单元格 E3 中输入公式"＝(C3－B3)＊B4＊B5＊B6"，得到结果为3360元。

第三步，通过公式计算生产周期 t 的变动（即实际生产周期 C4－计划生产周期 B4）对在产品资金占用额 Q 的影响。我们可以在单元格 E4 中输入公式"＝C3＊(C4－B4)＊B5＊B6"，此时应注意平均日产量 q 为排列在生产周期 t 前面的因素，因此我们在计算公式中应选择实际平均日产量 C3 作为因数。计算结果为－3640元。

第四步，通过公式计算单位成本 m 的变动（即实际单位成本 C5－计划单位成本 B5）对在产品资金占用额 Q 的影响，输入公式"＝C3＊C4＊(C5－B5)＊B6"，得到结果为3588元。

第五步，同理，我们可以通过公式计算在产品成本系数 p 的变动（即实际在产品成本系数 C6－计划在产品成本系数 B6）对在产品资金占用额 Q 的影响，输入公式"＝C3＊C4＊C5＊(C6－B6)"。由于题中实际在产品成本系数与计划在产品成本系数一致，因此该因素影响值为零。

第六步，我们通过 Excel 求和函数 SUM 将各因素的变动对在产品 A 资金占用额的影响值相加，即"＝SUM(E3:E6)"，得到结果为3308元。

具体计算过程和结果如图8-33和图8-34所示。

2. 对成品的分析

成品资产是指从产品入库到售出这一阶段表现为成品资金形态的流动资产，包括产成品、外购商品等。影响成品资金占用额的主要因素是期末库存量和产品单位成本，而同

	A	B	C	D	E
1	在产品资产分析				
2	项目	计划	实际	差异	对在产品资金变动影响(元)
3	平均日产量（件）q	500	520	=C3-B3	=(C3-B3)*B4*B5*B6
4	生产周期（天）t	6	5.75	=C4-B4	=C3*(C4-B4)*B5*B6
5	单位成本（元）m	35	36.5	=C5-B5	=C3*C4*(C5-B5)*B6
6	在产品成本系数p	0.8	0.8	=C6-B6	=C3*C4*C5*(C6-B6)
7	在产品资金（元）Q	=B3*B4*B5*B6	=C3*C4*C5*C6	=C7-B7	=SUM(E3:E6)

图 8-33 在产品资产变动的因素分析过程

	A	B	C	D	E
1	在产品资产分析				
2	项目	计划	实际	差异	在产品资金变动影响(元)
3	平均日产量（件）q	500	520	20	3360
4	生产周期（天）t	6	5.75	-0.25	-3640
5	单位成本（元）m	35	36.5	1.5	3588
6	在产品成本系数p	80.00%	80.00%	0	0
7	在产品资金（元）Q	84000	87308	3308	3308

图 8-34 在产品资产变动的因素分析结果

时期末库存量又受期初库存量、本期入库量和本期出库量等因素的影响。

【例 8-23】 已知某公司生产的 A 产品成品资产占用情况如表 8-9 所示，请分析期初库存量、本期入库量、本期出库量及单位成本等各项因素的变动对成品 A 资金占用额的影响。

表 8-9 成品 A 资产占用情况

成品 A 资产占用情况		
项目	计划	实际
期初库存量(件)$q_{初}$	2800	2680
本期入库量(件)$q_{入}$	156000	160800
本期出库量(件)$q_{出}$	157400	160000
单位成本(元)p	25	27

同样，我们首先运用差额分析法进行分析，公式如下：

产成品资金占用额 $Q=$ 期末库存量 $q_{末} \times$ 单位成本 p
$\qquad =$（期初库存量 $q_{初}$ ＋ 本期入库量 $q_{入}$ － 本期出库量 $q_{出}$）×
$\qquad$ 单位成本 p \hfill (8-20)

则：(1) 指标 Q 的变动受到因素 $q_{初}$ 的变动影响为 $(q_{初1}-q_{初0}) \times p_0$

(2) 指标 Q 的变动受到因素 $q_{入}$ 的变动影响为 $(q_{入1}-q_{入0}) \times p_0$

(3) 指标 Q 的变动受到因素 $q_{出}$ 的变动影响为 $(q_{出1}-q_{出0}) \times p_0$

(4) 指标 Q 的变动受到因素 p 的变动影响为 $q_{末} \times p_1$

我们可以得出：

$$(Q_1 - Q_0) = (q_{初1} - q_{初0}) \times p_0 + (q_{入1} - q_{入0}) \times p_0 + (q_{出1} - q_{出0}) \times p_0 + q_{末} \times p_1$$

【解】 具体分析和计算步骤如下。

第一步,将成品 A 的资金占用情况相关数据输入一张 Excel 表的单元格中。具体思路是:根据以上公式,我们应分别计算各因素变动对成品 A 资金占用额的影响,然后将这些变动影响值求和,进行综合分析。

第二步,首先通过公式计算期初库存量 $q_{初}$ 的变动(即实际期初库存量 C3-计划期初库存量 B3)对产成品资金占用额 Q 的影响。我们可以在单元格 E3 中输入公式"=(C3-B3)*B7",得到结果为-3000元。

第三步,通过公式计算本期入库量 $q_{入}$ 的变动(即实际本期入库量 C4-计划本期入库量 B4)对产成品资金占用额 Q 的影响。我们可以在单元格 E4 中输入公式"=(C4-B4)*B7",计算结果为 120000 元。

第四步,通过公式计算本期出库量 $q_{出}$ 的变动(即实际本期出库量 C5-计划本期出库量 B5)对产成品资金占用额 Q 的影响,输入公式"=(C5-B5)*B7",得到结果为 65000 元。

第五步,在计算单位成本的变动对成品资金占用额的影响之前,根据公式,我们应先计算实际期末库存量 $q_{末}$,即实际期初库存量加上实际本期入库量减去实际本期出库量所得的值。在求实际期末库存量的单元格 C6 中,输入公式"=C3+C4-C5",计算结果为 3480 件。

第六步,我们再通过公式计算单位成本 p 的变动(即实际单位成本 C7-计划单位成本 B7)对产成品资金占用额 Q 的影响,输入公式"=C6*(C7-B7)",计算结果为 6960 元。

第七步,我们通过 Excel 求和函数 SUM 将各因素的变动对成品 A 资金占用额的影响值相加,即"=SUM(E3,E4,E5,E7)",得到结果为 188960 元。

具体分析过程和结果如图 8-35 和图 8-36 所示。

	A	B	C	D	E
1				产成品资产分析	
2	项目	计划	实际	差异	对产成品资金变动影响(元)
3	期初库存量(件)$q_{初}$	2800	2680	=C3-B3	=(C3-B3)*B7
4	本期入库量(件)$q_{入}$	156000	160800	=C4-B4	=(C4-B4)*B7
5	本期出库量(件)$q_{出}$	157400	160000	=C5-B5	=(C5-B5)*B7
6	期末库存量(件)$q_{末}$	=B3+B4-B5	=C3+C4-C5	=C6-B6	
7	单位成本(元)P	25	27	=C7-B7	=C6*(C7-B7)
8	产成品资金(元)Q	=(B3+B4-B5)*B7	=(C3+C4-C5)*C7	=C8-B8	=SUM(E3,E4,E5,E7)

图 8-35 成品资产变动的因素分析过程

	A	B	C	D	E
1				产成品资产分析	
2	项目	计划	实际	差异	对产成品资金变动影响(元)
3	期初库存量(件)$q_{初}$	2800	2680	-120	-3000
4	本期入库量(件)$q_{入}$	156000	160800	4800	120000
5	本期出库量(件)$q_{出}$	157400	160000	2600	65000
6	期末库存量(件)$q_{末}$	1400	3480	2080	
7	单位成本(元)P	25	27	2	6960
8	产成品资金(元)Q	35000	93960	58960	188960

图 8-36 成品资产变动的因素分析结果

3. 储备资产的分析

储备资产的分析,主要是对储备的原材料、燃料等存货的分析,应根据不同的储备资产比较实际情况与计划情况的增减变动情况,对其影响因素逐一进行分析。

【例 8-24】 某公司水泥期末库存情况如表 8-10 所示,请分析该公司水泥库存量和每吨价格等因素的变动对水泥库存金额的影响。

表 8-10 某公司水泥期末库存情况

水泥期末库存情况		
项　　目	计划	实际
库存量(吨)q	1550	1528
每吨价格(元)p	300	460

运用差额分析法进行分析,公式如下:

$$库存金额\ Q = 库存量\ q \times 每吨价格\ p \tag{8-21}$$

则:指标 Q 的变动受到因素 q 的变动影响为$(q_1-q_0)\times p_0$

指标 Q 的变动受到因素 p 的变动影响为$q_1\times(p_1-p_0)$

我们可以得出:

$$(Q_1 - Q_0) = (q_1 - q_0) \times p_0 + q_1 \times (p_1 - p_0)$$

【解】 具体分析和计算步骤如下。

第一步,将该公司水泥期末库存情况相关数据输入一张 Excel 表的单元格中。根据以上公式,我们应分别计算各项目变动对水泥库存金额的影响,然后将这些变动影响值求和,进行综合分析。

第二步,首先通过公式计算库存量 q 的变动(即实际库存量 C3－计划库存量 B3)对水泥库存金额 Q 的影响。我们可以在单元格 E3 中输入公式"＝(C3－B3)＊B4",得到结果为－6600 元。

第三步,通过公式计算每吨价格 p 的变动(即实际每吨价格 C4－计划每吨价格 B4)对水泥库存金额 Q 的影响。我们可以在单元格 E22 中输入公式"＝C3＊(C4－B4)",计算结果为 244480 元。

第四步,我们通过 Excel 求和函数 SUM 将各因素的变动对水泥库存金额的影响值相加,即"＝SUM(E3:E4)",得到结果为 237880 元。

具体分析过程和结果如图 8-37 和图 8-38 所示。

	A	B	C	D	E
1		储备资产的分析			
2	项目	计划	实际	差异	对库存金额变动影响(元)
3	库存量(吨)q	1550	1528	=C3-B3	=(C3-B3)*B4
4	每吨价格(元)p	300	460	=C4-B4	=C3*(C4-B4)
5	库存金额(元)Q	=B3*B4	=C3*C4	=C5-B5	=SUM(E3:E4)

图 8-37 储备资产变动的因素分析过程

储备资产的分析				
项目	计划	实际	差异	对库存金额变动影响(元)
库存量(吨)q	1550	1528	-22	-6600
每吨价格(元)p	300	460	160	244480
库存金额(元)Q	465000	702880	237880	237880

图 8-38 储备资产变动的因素分析过程

第六节　财务分析与组合投资决策

财务分析在企业的发展中起着至关重要的作用,又称财务报表分析。财务报表是企业财务状况和经营成果的信息载体。财务分析是指以财务报告和其他相关的资料为依据和起点,系统分析和评价企业的过去和现在的经营成果、财务状况及其变动的一种方法,目的是了解过去、评价现在、预测未来,为集团公司提供决策依据。

企业财务分析的内容归纳起来主要包括偿债能力分析、营运能力分析、获利能力分析、发展能力分析和综合能力分析等五个方面。本节主要着重于分析企业的资产负债表、损益表和利润分配表,及其关联模板的设置。

关联模板设置的好处是,模板一旦形成,以后只要改变基础数据,就能立即看到分析指标的变动结果。其中,设置图和计算结果可以通过同时按"Ctrl"+"~"组合键交替出现。

一、企业财务报表的关联设置

1. 资产负债表

【例 8-25】　假设已知东方机械厂资产负债表的基本数据(如表 8-11 所示),请为其设置相应关联模板。

表 8-11　东方机械厂资产负债表基本数据

资产负债表					
编制单位:东方机械厂		2014 年 12 月 31 日		单位:万元	
资　　产	年初数	期末数	负债和股东权益	年初数	期末数
流动资产:			流动负债:		
货币资金	25	50	短期借款	45	60
短期投资	12	6	应付票据	4	5
应收票据	11	8	应付账款	109	100
应收账款	200	400	预收账款	4	10
减:坏账准备	1	2	其他应付款	12	7
应收账款净额	199	398	应付工资	17	14
预付账款	4	22	未交税金	4	5
其他应收款	22	12	未付利润	10	28
存货	326	119	其他未交款	1	7
待摊费用	7	32	预提费用	14	64
待处理流动资产损失	4	53	流动负债合计	220	300
流动资产合计	610	700	长期负债:		
长期投资:	45	30	长期借款	245	450

续表

资产	年初数	期末数	负债和股东权益	年初数	期末数
流动资产：			流动负债：		
固定资产：			应付债券	260	240
固定资产原价	1617	2000	长期应付款	75	70
减：累计折旧	662	762	长期负债合计	580	760
固定资产净值	955	1238	所有者权益（或股东权益）：		
在建工程	47	18	实收资本	100	100
固定资产合计	1002	1256	资本公积	10	16
无形及递延资产：			盈余公积	40	74
无形资产	8	6	未分配利润	730	750
递延资产	15	8	所有者权益合计	880	940
资产总计	1680	2000	负债及所有者权益总计	1680	2000

【解】 具体步骤如下。

第一步，将东方机械厂的资产负债表相关数据填写到一张Excel表中，注意仔细输入每个资产、负债和股东权益的项目及对应的数据。

第二步，根据资产负债表中各项目之间的关系，我们在相应单元格中输入关联公式。

1. 资产关联设置

（1）已知公式：应收账款净额＝应收账款－坏账准备。我们可以在年初应收账款净额的单元格B10中输入关联公式"＝B8－B9"，并在期末应收账款净额的单元格C10中输入关联公式"＝C8－C9"。

（2）已知流动资产合计值为流动资产各项内容相加所得，我们可以在年初流动资产合计单元格B16中，运用Excel提供的SUM求和函数输入关联公式"＝SUM(B5:B7,B10:B15)"，并在期末流动资产合计单元格C16中输入公式"＝SUM(C5:C7,C10:C15)"。

（3）已知固定资产合计值为固定资产各项内容相加所得。我们分别在年初固定资产合计单元格B23和期末固定资产合计单元格C23中输入求和公式"＝SUM(B21:B22)"和"＝SUM(C21:C22)"。

（4）已知资产总计为流动资产、长期投资、固定资产、无形及递延资产的合计。因此，在年初资产总计单元格B27中输入公式"＝B16＋B17＋B23＋B25＋B26"，在期末资产总计单元格C27中输入公式"＝C16＋C17＋C23＋C25＋C26"。

2. 负债和股东权益关联设置

（1）已知流动负债合计值为流动负债各项内容相加所得。运用Excel SUM求和函数分别在年初流动负债合计单元格E15和期末流动负债合计单元格F15中输入求和公式"＝SUM(E5:E14)"和"＝SUM(F5:F14)"。

（2）已知长期负债合计值为长期负债各项内容求和。运用Excel SUM求和函数分别在年初长期负债合计单元格E20和期末长期负债合计单元格F20中输入求和公式"＝SUM(E17:E19)"和"＝SUM(F17:F19)"。

(3) 同理，分别在年初和期末所有者权益合计单元格中输入公式"＝SUM（E22：E25）"和"＝SUM（F22：F25）"。

(4) 将以上各项相加可得负债和股东权益总计。分别在年初和期末负债和股东权益合计单元格中输入公式"＝E15＋E20＋E26"和"＝F15＋F20＋F26"。

至此，我们已完成东方机械厂资产负债表的关联模板设置，当表中某项基础数据发生改变时，相应的分析指标也会随之改变。我们可以通过同时按"ctrl"和"～"键交替查看公式和数值。

东方机械厂资产负债表的关联设置和结果如图 8-39 和图 8-40 所示。

	A	B	C	D	E	F
1			资产负债表			
2	编制单位：东方机械厂		2014年12月31日			单位：万元
3	资　　产	年初数	期末数	负债和股东权益	年初数	期末数
4	流动资产：			流动负债：		
5	货币资金	25	50	短期借款	45	60
6	短期投资	12	6	应付票据	4	5
7	应收票据	11	8	应付账款	109	100
8	应收账款	200	400	预收账款	4	10
9	减：坏账准备	1	2	其他应付款	12	7
10	应收账款净额	=B8-B9	=C8-C9	应付工资	17	14
11	预付账款	4	22	未交税金	4	5
12	其他应收款	22	12	未付利润	10	28
13	存货	326	119	其他未交款	1	7
14	待摊费用	7	32	预提费用	14	64
15	待处理流动资产损失	4	53	流动负债合计	=SUM(E5:E14)	=SUM(F5:F14)
16	流动资产合计	=SUM(B5:B7,B10:B15)	=SUM(C5:C7,C10:C15)	长期负债：		
17	长期投资	45	30	长期借款	245	450
18	固定资产：			应付债券	260	240
19	固定资产原价	1617	2000	长期应付款	75	70
20	减：累计折旧	662	762	长期负债合计	=SUM(E17:E19)	=SUM(F17:F19)
21	固定资产净值	=B19-B20	=C19-C20	所有者权益（或股东权益）：		
22	在建工程	47	18	实收资本	100	100
23	固定资产合计	=SUM(B21:B22)	=SUM(C21:C22)	资本公积	10	16
24	无形及递延资产：			盈余公积	40	74
25	无形资产	8	6	未分配利润	730	750
26	递延资产	15	8	所有者权益合计	=SUM(E22:E25)	=SUM(F22:F25)
27	资产总计	=B16+B17+B23+B25+B26	=C16+C17+C23+C25+C26	负债及所有者权益总计	=E15+E20+E26	=F15+F20+F26

图 8-39　东方机械厂资产负债表的关联设置

【例 8-26】 假设已知东方机械厂利润分配表的基本数据（如表 8-12 所示），请为其设置相应关联模板。

表 8-12　东方机械厂利润分配表基本数据

利润分配表			
编制单位：东方机械厂	2014 年 12 月 31 日		单位：万元
项　　目	上年实际		本年累计
净利润	185		147
加：年初未分配利润	650		696
上年利润调整	0		−20
可供分配利润	835		823
加：盈余公积补亏	0		0
减：提取盈余公积	42		37
应付利润	50		36
未分配利润	743		750

	A	B	C	D	E	F
1		资产负债表				
2	厂		2014年12月31日		单位：	万元
3	资　产	年初数	期末数	负债和股东权益	年初数	期末数
4	流动资产：			流动负债：		
5	货币资金	25	50	短期借款	45	60
6	短期投资	12	6	应付票据	4	5
7	应收票据	11	8	应付账款	109	100
8	应收账款	200	400	预收账款	4	10
9	减：坏账准备	1	2	其他应付款	12	7
10	应收账款净额	199	398	应付工资	17	14
11	预付账款	4	22	未交税金	4	5
12	其他应收款	22	12	未付利润	10	28
13	存货	326	119	其他未交款	1	7
14	待摊费用	7	32	预提费用	14	64
15	待处理流动资产损失	4	53	流动负债合计	220	300
16	流动资产合计	610	700	长期负债：		
17	长期投资：	45	30	长期借款	245	450
18	固定资产：			应付债券	260	240
19	固定资产原价	1617	2000	长期应付款	75	70
20	减：累计折旧	662	762	长期负债合计	580	760
21	固定资产净值	955	1238	所有者权益（或股东权益）：		
22	在建工程	47	18	实收资本	100	100
23	固定资产合计	1002	1256	资本公积	10	16
24	无形及递延资产：			盈余公积	40	74
25	无形资产	8	6	未分配利润	730	750
26	递延资产	15	8	所有者权益合计	880	940
27	资产总计	1680	2000	负债及所有者权益总计	1680	2000

图 8-40　东方机械厂资产负债表的数值结果

【解】　具体步骤如下。

第一步，将东方机械厂的利润分配表相关项目及数据填写到一张 Excel 表中。

第二步，根据利润分配表中各项目之间的关系，我们在相应单元格中输入关联公式，设置其关联模板。具体设置过程可参考例 8-25 资产负债表关联模板设置的详细步骤，这里就不一一说明。利润分配表的关联设置和结果如图 8-41、图 8-42 所示。

	A	B	C
1		利润分配表	
2	编制单位：东方机械厂	2014年12月31日	单位：万元
3	项　　目	上年实际	本年累计
4	1、净利润	185	147
5	加：年初未分配利润	650	696
6	上年利润调整	0	-20
7	2、可供分配利润	=B4+B5+B6	=C4+C5+C6
8	加：盈余公积补亏	0	0
9	减：提取盈余公积	42	37
10	应付利润	50	36
11	3、未分配利润	=B7+B8-B9-B10	=C7+C8-C9-C10

图 8-41　东方机械厂利润分配表的关联设置

【例 8-27】　假设已知东方机械厂损益表的基本数据（如表 8-13 所示），请为其设置相应关联模板。

【解】　具体步骤如下。

第一步，将东方机械厂的损益表相关项目及数据填写到一张 Excel 表中。

管理决策分析

	A	B	C
1		利润分配表	
2	编制单位：东方机械厂	2014年12月31日	单位：万元
3	项目	上年实际	本年累计
4	1、净利润	185	147
5	加：年初未分配利润	650	696
6	上年利润调整	0	-20
7	2、可供分配利润	835	823
8	加：盈余公积补亏	0	0
9	减：提取盈余公积	42	37
10	应付利润	50	36
11	3、未分配利润	743	750

图 8-42　东方机械厂利润分配表的数值结果

表 8-13　东方机械厂损益表基本数据

损益表

编制单位：东方机械厂	2014 年 12 月 31 日	单位：万元
项目	上年实际	本年累计
主营业务收入	2850	3000
减：主营业务成本	2503	2644
营业费用	20	22
主营业务税金及附加	28	28
主营业务利润	299	306
加：其他业务利润	36	20
减：管理费用	40	46
财务费用	96	110
营业利润	199	170
加：投资净收益	24	40
营业外收入	17	10
减：营业外支出	5	20
利润总额	235	200
减：所得税	75	64
净利润	160	136

第二步，根据损益表中各项目之间的关系，我们在相应单元格中输入关联公式，设置其关联模板。具体设置过程可参考例 8-25 的详细步骤，这里就不具体说明。损益表的关联设置和结果如图 8-43、图 8-44 所示。

二、企业财务比率分析的关联模板设置

1. 偿债能力比率分析指标

偿债能力是企业对债务清偿的承受能力或保证程度。按照债务偿付期限的不同，企业偿债能力分析包括短期偿债能力分析和长期偿债能力分析。

	A	B	C
1		损益表	
2	编制单位：东方机械厂	2014年12月31日	单位：万元
3	项目	上年实际	本年累计
4	1、主营业务收入	2850	3000
5	减：主营业务成本	2503	2644
6	营业费用	20	22
7	主营业务税金及附加	28	28
8	2、主营业务利润	=B4-B5-B6-B7	=C4-C5-C6-C7
9	加：其他业务利润	36	20
10	减：管理费用	40	46
11	财务费用	96	110
12	3、营业利润	=B8+B9-B10-B11	=C8+C9-C10-C11
13	加：投资净收益	24	40
14	营业外收入	17	10
15	减：营业外支出	5	20
16	4、利润总额	=B12+B13+B14-B15	=C12+C13+C14-C15
17	减：所得税	75	64
18	5、净利润	=B16-B17	=C16-C17

图 8-43　东方机械厂损益表的关联设置

	A	B	C
1		损益表	
2	编制单位：东方机械厂	2014年12月31日	单位：万元
3	项目	上年实际	本年累计
4	1、主营业务收入	2850	3000
5	减：主营业务成本	2503	2644
6	营业费用	20	22
7	主营业务税金及附加	28	28
8	2、主营业务利润	299	306
9	加：其他业务利润	36	20
10	减：管理费用	40	46
11	财务费用	96	110
12	3、营业利润	199	170
13	加：投资净收益	24	40
14	营业外收入	17	10
15	减：营业外支出	5	20
16	4、利润总额	235	200
17	减：所得税	75	64
18	5、净利润	160	136

图 8-44　东方机械厂损益表的数值结果

(1) 短期偿债能力分析

短期偿债能力是指企业流动资产对流动负债及时足额偿还的保证程度，是衡量企业当前财务能力，特别是流动资产变现能力的重要标志，其主要指标包括以下几项。

1) 流动比率

流动比率是流动资产与流动负债的比率，表示企业每元流动负债有多少流动资产作为偿还的保证，反映了企业的流动资产偿还流动负债的能力。其计算公式为

流动比率＝流动资产÷流动负债

2) 速动比率

速动比率，又称酸性测试比率，是企业速动资产与流动负债的比率。其计算公式为

速动比率＝（流动资产－存货）÷流动负债

3) 现金流动负债比率

现金流动负债比率是企业一定时期的经营现金净流量与流动负债的比率,它可以从现金流量角度来反映企业当期偿付短期负债的能力。其计算公式为

$$现金流动负债比率=(现金+短期有价证券)\div 流动负债$$

(2) 长期偿债能力分析

长期偿债能力是指企业偿还长期负债的能力。它的大小是反映企业财务状况稳定与否及安全程度高低的重要标志。其分析指标主要有四项。

1) 资产负债率

资产负债率又称负债比率,是企业的负债总额与资产总额的比率。它表示企业资产总额中,债权人提供的资金所占的比重,以及企业资产对债权人权益的保障程度。其计算公式为

$$资产负债率=(负债总额\div 资产总额)\times 100\%$$

2) 产权比率

产权比率是指负债总额与所有者权益总额的比率,是企业财务结构稳健与否的重要标志,也称资本负债率。其计算公式为

$$负债与所有者权益比率=(负债总额\div 所有者权益总额)\times 100\%$$

3) 所有者权益比率

所有者权益比率是表示长期偿债能力保证程度的重要指标,从偿债能力来看,该指标越高,说明企业资产中由投资人投资所形成的资产越多,债权人的利益也越有保障,其计算公式为

$$所有者权益比率=(所有者权益总额\div 资产总额)\times 100\%$$

4) 利息保障倍数

利息保障倍数又称为已获利息倍数,是企业息税前利润与利息费用的比率,是衡量企业偿付负债利息能力的指标。其计算公式为

$$利息保障倍数=(净利润+所得税+利息费用)\div 利息费用$$

2. 营运能力比率分析指标

营运能力是指通过企业生产经营资金周转速度的有关指标所反映出来的资金利用的效率,因此,也称为资产管理能力。营运能力分析包括流动资产周转分析、固定资产周转分析和总资产周转分析。其中流动资产周转分析又可细分为应收账款周转率分析和存货周转率分析。

(1) 流动资产周转分析

1) 应收账款周转率

应收账款周转率,又称收账比率,是指在一定期间内,一定量的应收账款资金循环周转的次数或循环一次所需要的天数,是衡量应收账款变现速度的一个重要指标。其计算公式为

$$应收账款周转率=销售收入\div 应收账款平均余额$$
$$应收账款平均余额=(应收账款年初余额+应收账款年末余额)\div 2$$

2) 存货周转率

存货周转率是指企业一定时期内一定数量的存货所占资金循环周转次数或循环一次所需要的天数。其计算公式为

$$存货周转率＝销货成本÷存货平均余额$$

3）流动资产周转率

流动资产周转率指企业一定时期内主营业务收入净额同平均流动资产总额的比率，流动资产周转率是评价企业资产利用率的一个重要指标。其计算公式为

$$流动资产周转率＝销售收入÷平均流动资产总额$$

（2）固定资产周转情况

反映固定资产周转情况的主要指标是固定资产周转率，它是企业一定时期营业收入与平均固定资产净值的比值，是衡量固定资产利用效率的一项指标。其计算公式为

$$固定资产周转率＝销售收入÷平均固定资产净值$$

（3）总资产周转情况

反映总资产周转情况的主要指标是总资产周转率，它是企业一定时期营业收入与平均资产总额的比值，可以用来反映企业全部资产的利用效率。其计算公式为

$$总资产周转率＝销售收入÷平均资产总额$$

3. 获利能力比率分析指标

获利能力是企业赚取利润的能力。获利能力分析是企业财务分析的重要组成部分，也是评价企业经营管理水平的重要依据。企业获利能力的一般分析指标包括：

（1）销售净利率

销售净利率是企业一定时期销售利润与销售收入的比率。其计算公式为

$$销售净利率＝(净利润÷销售收入)\times 100\%$$

（2）销售毛利率

销售毛利率是毛利占销售净值的百分比，通常称为毛利率。其中毛利是销售净收入与产品成本的差。其计算公式为

$$销售毛利率＝(销售收入－产品成本)÷销售收入\times 100\%$$

（3）成本费用净利率

成本费用净利率是企业净利润与成本费用总额的比率，它反映企业生产经验过程中发生的耗费与获得的收益之间的关系。其计算公式为

$$成本费用净利率＝(净利润÷成本费用总额)\times 100\%$$

（4）资产净利润率

资产净利润率、投资报酬率或资产收益率，是企业在一定时期内的净利润和资产平均总额的比率。资产净利润率越高，说明企业利用全部资产的获利能力越强；资产净利润率越低，说明企业利用全部资产的获利能力越弱。其计算公式为

$$资产净利润率＝(净利润÷资产平均总额)\times 100\%$$

（5）资本收益率

资本收益率又称资本利润率，是指企业净利润（即税后利润）与所有者权益（即资产总额减负债总额后的净资产）的比率。用以反映企业运用资本获得收益的能力。也是财政部对企业经济效益的一项评价指标。其计算公式为

资本收益率＝(净利润÷实收资本)×100％

(6) 净资产收益率

净资产收益率是反映所有者对企业投资部分的盈利能力，又称所有者权益报酬率或净资产利润率。其计算公式为

净资产收益率＝(净利润÷所有者权益平均余额)×100％

【例 8-28】 根据以上公式，请参照例 8-25、例 8-26、例 8-27 中东方机械厂的资产负债表、利润分配表和损益表中的基本数据，对该企业财务比率分析指标的关联模板进行设置。

东方机械厂财务比率分析指标的关联模板设置和结果如图 8-45 和图 8-46 所示。

	A	B	C	D
1			东方机械厂	财务比率分析
2	偿债能力分析	短期偿债能力分析	流动比率	=(资产负债表!C16/资产负债表!F15)
3			速动比率	=(资产负债表!C16-资产负债表!C13)/资产负债表!F15
4			现金流动负债比率	=(资产负债表!C5+资产负债表!C6)/资产负债表!F15
5		长期偿债能力分析	资产负债率	=(资产负债表!F15+资产负债表!F20)/资产负债表!C27
6			产权比率	=(资产负债表!F15+资产负债表!F20)/资产负债表!F26
7			所有者权益比率	=(资产负债表!F26)/资产负债表!C27
8	营运能力分析		利息保障倍数	=(损益表!C18+损益表!C17+损益表!C11)/损益表!C11
9			应收账款周转率	=损益表!C4/((资产负债表!B8+资产负债表!C8)/2)
10			存货周转率	=损益表!C5/((资产负债表!B13+资产负债表!C13)/2)
11			流动资产周转率	=损益表!C4/((资产负债表!B16+资产负债表!C16)/2)
12			固定资产周转率	=损益表!C4/((资产负债表!B21+资产负债表!C21)/2)
13			总资产周转率	=损益表!C4/((资产负债表!B27+资产负债表!C27)/2)
14	获利能力分析		销售净利率	=损益表!C18/损益表!C4
15			销售毛利率	=(损益表!C4-损益表!C5)/损益表!C4
16			成本费用净利率	=损益表!C18/(损益表!C5+损益表!C6+损益表!C7+损益表!C10+损益表!C11)
17			资产净利润率	=损益表!C18/((资产负债表!B27+资产负债表!C27)/2)
18			资本收益率	=损益表!C18/资产负债表!F22
19			净资产收益率	=损益表!C18/((资产负债表!E26+资产负债表!F26)/2)

图 8-45 东方机械厂财务比率分析指标的关联模板设置

	A	B	C	D
1			东方机械厂	财务比率分析
2	偿债能力分析	短期偿债能力分析	流动比率	2.333333333
3			速动比率	1.936666667
4			现金流动负债比率	0.186666667
5		长期偿债能力分析	资产负债率	53.00%
6			产权比率	112.77%
7			所有者权益比率	47.00%
8	营运能力分析		利息保障倍数	2.818181818
9			应收账款周转率	10
10			存货周转率	11.88314607
11			流动资产周转率	4.580152672
12			固定资产周转率	2.735978112
13			总资产周转率	1.630434783
14	获利能力分析		销售净利率	4.53%
15			销售毛利率	11.87%
16			成本费用净利率	4.77%
17			资产净利润率	7.39%
18			资本收益率	136.00%
19			净资产收益率	14.95%

图 8-46 东方机械厂财务比率分析指标的数值结果

三、组合投资方案决策

在企业投资决策中,如果一组方案中各投资项目都是可行的,它们既不属于相互独立,又不属于相互排斥,而是可以实现任意组合或排队,则这些方案被称作组合投资方案。

在对组合投资方案进行决策时,可以采用 Excel"规划求解"进行最优投资组合的求解。在这过程中,首先应根据实际问题确定决策变量,设置目标函数和约束条件。建立好模型后,就可以使用 Excel"规划求解"工具进行求解。

【例 8-29】 A、B、C、D、E 五个投资项目为非互斥方案,有关原始投资额、净现值、净现值率和内部收益率数据如表 8-14 所示,要求作出投资总额分别为 300 万元、450 万元、600 万元时多方案组合决策。

表 8-14 A、B、C、D、E 五个投资项目相关数据

项目	原始投资/万元	净现值/万元	净现值率	内部收益率
A	300	120	0.4	18%
B	200	40	0.2	21%
C	200	100	0.5	40%
D	100	22	0.22	19%
E	100	30	0.3	35%

【解】 具体步骤如下。

第一步,确定决策变量,设置目标函数和约束条件。

确定决策变量为 $x_i(i=1,2,3,4,5)$,取值为 1(选中)或 0(未选中),设各方案投资为 I_i,各方案净现值为 NPV_i,则

目标函数:

$$\max f(x) = \sum_{i=1}^{5} x_i \cdot NPV_i$$

约束条件:

$$\begin{cases} \sum_{i=1}^{5} x_i \cdot I_i \leqslant 投资限额 \\ x_i = 1 \text{ 或 } 0 \end{cases}$$

第二步,模型建立好之后,使用 Excel"规划求解"。

(1) 先打开新建文档左上角 OFFICE 按钮—"Excel 选项"—"自定义"—"从下列位置选择命令"菜单中选择"所有命令"—找到"加载宏"—"添加"—"确定",如图 8-47 所示。单击"加载宏"工具,弹出"加载宏"对话框,勾选"分析工具库"和"规划求解加载项",单击"确定",并安装。

(2) 根据模型建立工作表;设 D3—D7 分别为 X_1—X_5,在 E3—E7 中输入"$X_i \cdot I_i$",F3—F7 中输入"$X_i \cdot NPV_i$",E8、F8 输入求和,如图 8-48 所示。

将例题中的投资限额数据及所需求内容输入 Excel 工作表中,如图 8-49 所示。

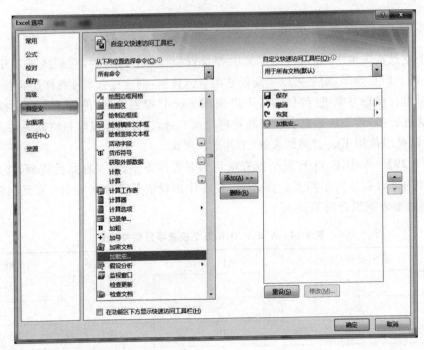

图 8-47　添加"加载宏"

	A	B	C	D	E	F
1	最优投资组合决策					
2	项目	*Ii*	*NPVi*	*Xi*	*Xi · Ii*	*Xi · NPVi*
3	A	300	120		=B3*D3	=C3*D3
4	B	200	40		=B4*D4	=C4*D4
5	C	200	100		=B5*D5	=C5*D5
6	D	100	22		=B6*D6	=C6*D6
7	E	100	30		=B7*D7	=C7*D7
8	合计				=SUM(E3:E7)	=SUM(F3:F7)

图 8-48　最优投资组合决策数据

11	投资限额	最优组合	投资额	净现值
12	300			
13	450			
14	600			

图 8-49　已知投资限额及需求内容

(3) 执行"数据"栏中的"规划求解"

对投资限额为 300 万元的最优投资组合求解，设置目标单元格为"＄F＄8"，"等于"一栏中选择"最大值"，可变单元格为"＄D＄3:＄D＄7"，添加约束条件：①"＄D＄3:＄D＄7=bin(二进制)"；②"＄E＄8""<=""=＄A＄12"。单击"求解"。具体设置如图 8-50 所示。

获得规划求解结果，并保存方案为"300"，如图 8-51 所示。

同理可求解当投资限额分别为 450 万元和 600 万元时的最优投资组合方案，只需在"规划求解"中修改约束条件并保存方案就可完成。

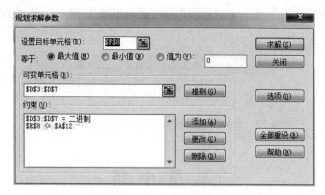

图 8-50　规划求解参数设置

图 8-51　保存规划求解结果

（4）显示不同方案结果

执行"数据"菜单栏下的"假设分析"—"方案管理器",可以看到之前保存的三个方案,并选择其中一项,单击"显示",则可以查看到该方案的结果,如图 8-52 所示。

图 8-52　显示投资限额为 300 万元时的最优投资组合结果

第三步，分别将 300 万元、450 万元和 600 万元投资限额下的最优投资组合结果填入表格中，如图 8-53 所示。

投资限额	最优组合	投资额	净现值
300	C+E	300	130
450	C+D+E	400	152
600	A+C+E	600	250

图 8-53 三种不同投资限额下的最优投资组合结果

本 章 小 结

　　财务管理是现代企业管理的重要组成部分，是对企业资金的获得、有效使用、回收与分配进行的具体管理工作，为企业制订最优管理决策提供科学、有效的财务管理方案及相关数据信息。Excel 在财务管理中的应用，具体表现在运用 Excel 环境建立财务管理分析模型，并使用各种 Excel 财务函数实现财务管理活动，不仅能够帮助分析人员获得较准确的财务数据，而且可以使分析的过程更加简便、快捷，提高财务分析的效率，增加数据的准确性。

习　　题

　　1．什么是现金流量？举例说明个人一学年 12 个月的现金流量变化情况。
　　2．解释利率、贴现率、内部报酬率的概念。
　　3．什么是投资风险？它对投资决策有何影响？
　　4．利用 Excel 内建函数完成如下要求的计算。
　　(1) 某工厂借出资金 50000 元，按年利率 6％计算，10 年后该厂可获资金多少？
　　(2) 某人准备在 10 年后积蓄 10000 元，试计算目前应存款多少元？（按年利率 6％计算）。
　　(3) 某厂购入机器一架，价值为 10000 元，使用期为 5 年，若使用机器后每年可获利 4000 元，5 年后年金的现值为多少（按年率 10％计算）？
　　5．某投资者有 1000 万元资金，现有两个投资项目，项目 A 是浦江大桥的建设，项目 B 是郊区高速公路的建设。项目 A 初始投入 1000 万元，以后每年获得本金的 10％的投资收益，10 年后收回本金；项目 B 初始投入 1000 万元，以后每年视公路的经营情况获得收益，根据预测该项目第 1 年可获得 50 万元的收益，以后每年的收益在上年基础上递增 16％，10 年后收回本金。假定贴现率为 6％，要求：
　　(1) 在本工作表中建立一个对两个项目进行比较的模型，在两个并列的单元格中分别求出两个投资项目的净现值，在一个单元格中利用 IF() 函数给出"项目 A 较优"或"项目 B 较优"的结论；
　　(2) 将上述模型加以扩充，在两个并列的单元格中分别求出两个项目的内部报酬率；
　　(3) 在一个单元格中使用一个 Excel 内建函数求出使两个项目的净现值相等的贴现

率及相等处的净现值。

6. 某人准备在 10 年后购买一套必须全额现金支付的住房,该住房当前房价为 1000000 元,预计房价每年上涨 5%,购房人每年将等额金钱存入(投入)一种收益率为 10% 的投资项目,准备在 10 年末将存款全部取出来支付当时的房价,题目框架见下图,要求:

(1) 在单元格 D7 与 D8 中分别求出 10 年后购买时的房价与购房人每年应存入的金额;

(2) 基于 D8 中的数据,在单元格 H3:N13 的动态模拟表的各个单元格中输入正确公式以求出该人每年向投资项目存入的金额、从该投资项目得到(并继续投入到该项目中去)的年收益、每年年初与年末的存款余额以及每年末的房价(利用这个计算表来确认 10 年末的存款余额正好可以支付当时所需的购房款)。

当前房价	1000000	年	年初存款余额	年存入金额	年收益	年末存款余额	年末房价
房价上升率	5%	1					
投资收益率	10%	2					
年限	10	3					
购买时房价		4					
每年存入金额		5					
		6					
		7					
		8					
		9					
		10					

第八章 资金管理决策模型

第九章 管理系统优化问题

在生活与经济管理中经常会遇到诸如厂址选择、运输线路选择、管道运输线路选择等方面的决策问题。这些决策问题都可以转化为网络最优化问题,在各种实际背景中以各种各样的形式存在。网络最优化是运筹学中的一个重要分支,为描述系统各组成部分之间的关系提供了非常有效、直观和概念上的帮助,广泛应用于科学、社会和经济活动的各个领域中,解决不同领域中的各种问题。在本章我们将从管理决策的角度来讨论这些问题,建立相应管理决策模型。本章主要介绍:网络最优化问题的基本概念、模型、规划求解工具的使用;最短路径问题的概念、模型、规划求解模型的建立;最小费用流问题的概念、模型、规划求解模型的建立;最大流问题的概念、模型、规划求解模型的建立;最小费用最大流问题的概念、模型、规划求解模型的建立;最小支撑树问题的概念、模型、规划求解模型的建立。

第一节 网络最优化基本概念

一、网络最优化概述

在图论中许多研究的对象往往可以用一个图表示,研究的目的归结为图的极值问题。运筹学中研究的图具有下列特征。

(1) 用点表示研究对象,用连线(不带箭头的边或带箭头的弧)表示对象之间的某种关系。

(2) 强调点与点之间的关联关系,不讲究图的比例大小与形状。

(3) 每条边上都赋有一个权,其图称为赋权图。实际中权可以代表两点之间的距离、费用、利润、时间、容量等不同的含义。

(4) 建立一个网络模型,求最大值或最小值。

图 9-1 为网络图。

对于图 9-1 网络图,可以提出许多极值问题。

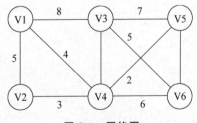

图 9-1 网络图

(1) 从某个点 $v_i(i=1,2,\cdots,6)$ 出发到达另一个点 $v_j(j=1,2,\cdots,6,j\neq i)$,怎样安排路线使得总距离最短或总费用最小。这属于最短路径问题。

(2) 将某个点 $v_i(i=1,2,\cdots,6)$ 的物资或信息送到另一个点 $v_j(j=1,2,\cdots,6,j\neq i)$,使得运送成本最小。这属于最小费用流问题。

(3) 将某个点 $v_i(i=1,2,\cdots,6)$ 的物资或信息送到另一个点 $v_j(j=1,2,\cdots,6,j\neq i)$,使得流量最大。这属于最大流问题。

(4) 点 $v_i(i=1,2,\cdots,6)$ 表示自来水厂及用户,$v_i(i=1,2,\cdots,6)$ 与 $v_j(j=1,2,\cdots,6,j\neq i)$ 之间的边表示两点间可以铺设管道,权为 $v_i(i=1,2,\cdots,6)$ 与 $v_j(j=1,2,\cdots,6)$ 间铺设管道的距离或费用,极值问题是如何铺设管道,将自来水送到其他 5 个用户并且总的费用最小。这属于最小支撑树问题。

(5) 售货员从某个点 $v_i(i=1,2,\cdots,6)$ 出发走过其他所有点后回到原点 $v_i(i=1,2,\cdots,6)$,如何安排路线使总路程最短。这属于货郎担问题或旅行商问题。

(6) 邮递员从邮局 $v_i(i=1,2,\cdots,6)$ 出发要经过每一条边将邮件送到用户手上,最后回到邮局 $v_i(i=1,2,\cdots,6)$,如何安排路线使总路程最短。这属于中国邮递员问题。

二、网络最优化问题的求解工具

网络最优化问题往往可以抽象成求最大值和求最小值问题,学术界在解决这一类型的问题上的研究很多。可以利用一些专门的数学方法进行求解。利用数学方法进行计算求解,步骤繁多,计算量大,准确率不高。借助于计算机的强大计算功能可以提高求解效率和准确性,经济管理的决策者们如果没有掌握相应的数学方法和计算机编程知识就很难解决这类问题。我们也可以利用 Excel 的规划求解工具来解决这类网络优化问题,能够为普通经济管理决策者们作出决策提供很好的参考。

Excel2010 中的规划求解工具包含在"数据"选项卡中,默认没有加载"规划求解"命令,我们需要通过以下步骤来加载该命令。

第一步,从"文件"选项卡中选择"选项"会弹出"Excel 选项"窗口。

第二步,在弹出的"Excel 选项"窗口左边选中"加载项",窗口下端的"管理"项右端的下拉列表选择"Excel 加载项"单击"转到",弹出"加载宏"窗口。

第三步,在"加载宏"窗口中勾选"规划求解加载项",单击"确定"按钮加载规划求解工具,如图 9-2 所示。

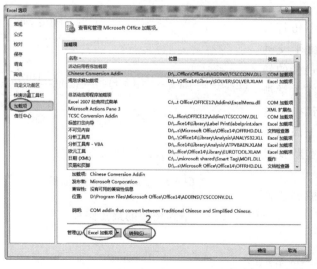 

图 9-2　Excel 规划求解加载

通过以上步骤我们就已经加载了 Excel 的规划求解工具,接下来就可以用该工具进行网络最优化管理决策模型的建立了。

第二节 最短路径问题

在实际生活中,存在许多需要求出图上从一点到另一点的最近"走法"的问题,例如要从甲地到乙地,希望在交通图上找出一条距离最短的路。要把货物从某一城市运到另一城市,也许有许多转运的途径,希望找到一种方案,或者要求总的运输时间最短,或者要求总的费用最省。这些问题抽象到图上,就是最短路径问题。

一、最短路径问题概述

图论中所说的路,是指一列以点开始并以点结束的点和边的交错序列:$P=v0e1v1\cdots v(n-1)e(n)v(n)$,其中 $v0,v1,\cdots,vn$ 是图上的点,$e1,e2,\cdots,en$ 是图上的边,并且 ei 是连接 $v(i-1)$ 与 vi 的边,这个序列 P 称为一条 $v0vn$ 路,$v0$ 是它的起点,vn 是它的终点。严格地说,还要求路上各点都不相同。

就图所带边的实际意义而言,路可以代表从甲地到乙地的不同走法,也可以代表货物的转运方案。为寻求最优走法或最优方案,自然要考虑数量关系。这种数量关系,是建立在图上的各条边所对应的"数"的基础之上。这个数可能代表交通图上公路段的实际长度,也可能代表货物运输过程中通过该段路径的时间,花费的代价等。

二、最短路径问题的应用

在交通图上找到两个城市的最短路径是最短路径问题在现实生活当中的典型应用,接下来通过一个例子来演示如何将最短路径问题转化为规划求解问题,并且建立相应的管理决策模型。

【例 9-1】 柘荣县的学生小柘打算报考上海财经大学浙江学院,由于交通不便,没有直达,小柘只能寻找最佳的转乘方案。最初小柘以为上海财经大学浙江学院在上海,于是找了上海到柘荣的最短转乘方案。后来发现原来上海财经大学浙江学院在金华,于是要重新找最短转乘方案。图 9-3 为交通图。

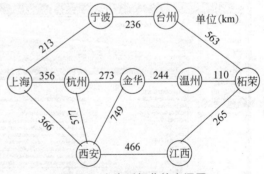

图 9-3 上海到柘荣的交通图

大家帮助他建立一个模型能够快速找到上海到柘荣的最短路径,并且能够方便地查找金华到柘荣的最短路径。

【解】 求解步骤如下。

第一步,建立最短路径的决策模型。

如图 9-4 所示,该模型分为两部分:第一部分为各个地区两地之间的距离,将交通图转为系数矩阵,其中没有直达的设置一个极大值 99999,确保不可能被选为最短线路。第二部分是与系数矩阵相似的决策矩阵,其中值只能为 0 和 1,1 表示该线路为最短线路,0 表示非最短线路。其中"线路决策"用于保证所要求的线路的唯一性,确保所选线路为通路,符合我们的要求,并且"线路决策"要等于我们要求的"起始站"。其中的"起始站"一列中 1 表示所要求的起始站,-1 表示所要求的终点站。该决策模型公式如图 9-5 所示,其中 K24 单元格为系数矩阵与决策矩阵对应相乘得到的线路总距离;K23 单元格的公式为 ="从'&INDEX($B$14:$B$22,MATCH(1,$L$14:$L$22,0))&'到'&INDEX($B$14:$B$22,MATCH(-1,$L$14:$L$22,0))&'的最短距离为"。

图 9-4 最短路径计算模型

图 9-5 最短路径决策模型公式

第二步,使用规划求解工具,求得最短距离。

打开规划求解工具,根据建模分析,设置规划求解参数如图 9-6 所示。我们设置"起始站"列中的 L14 为 1,即起始站为上海,L22 为 -1,即终点站为柘荣,其他为 0,单击求解按钮,可得到求解结果如图 9-7 所示,从上海到柘荣的最短线路方案为:上海→杭州→金华→温州→柘荣,最短距离为 983km。如果要求得金华到柘荣的最短距离,将 L18 改为 1,L14 改为 0,打开规划求解工具,单击"求解"重新求解,得到结果如图 9-8 所示,从金华到柘荣的最短线路方案为:金华→温州→柘荣,最短距离为 354km。

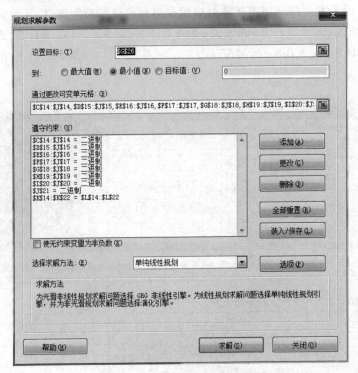

图 9-6 最短路径规划模型参数

终点站\起始站	宁波	杭州	西安	金华	台州	温州	江西	柘荣
上海	213	356	366	99999	99999	99999	99999	99999
宁波		99999	99999	99999	263	99999	99999	99999
杭州			99999	273	99999	99999	577	99999
西安				749	99999	99999	466	99999
金华					99999	244	99999	99999
台州						99999	99999	563
温州							99999	110
江西								265
柘荣								

终点站\起始站	宁波	杭州	西安	金华	台州	温州	江西	柘荣	线路决策	起始站
上海	0	1	0	0	0	0	0	0	1	1
宁波		0	0	0	0	0	0	0	0	0
杭州			0	1	0	0	0	0	0	0
西安				0	0	0	0	0	0	0
金华					0	1	0	0	0	0
台州						0	0	0	0	0
温州							0	1	0	0
江西								0	0	0
柘荣									-1	-1
						从上海到柘荣的最短距离为			983	

图 9-7 从上海到柘荣的求解结果

起始站\终点站	宁波	杭州	西安	金华	台州	温州	江西	柘荣
上海	213	356	366	99999	99999	99999	99999	99999
宁波		99999	99999	99999	263	99999	99999	99999
杭州			99999	273	99999	99999	577	99999
西安				749	99999	99999	466	99999
金华					99999	244	99999	99999
台州						99999	99999	563
温州							99999	110
江西								265
柘荣								

起始站\终点站	宁波	杭州	西安	金华	台州	温州	江西	柘荣	线路决策	起始站
上海	0	0	0	0	0	0	0	0	0	0
宁波		0	0	0	0	0	0	0	0	0
杭州			0	0	0	0	0	0	0	0
西安				0	0	0	0	0	0	0
金华					0	1	0	0	1	1
台州						0	0	0	0	0
温州							0	1	0	0
江西								0	0	0
柘荣									-1	-1
						从金华到柘荣的最短距离为			354	

图 9-8 从金华到柘荣的求解结果

第三节 最小费用流问题

在经济管理决策的实际问题中,费用的因素很重要。例如,在运输问题中,人们总是希望在完成运输任务的同时,寻求一个使总的运输费用最小的运输方案。这就是下面要介绍的最小费用流问题。

一、最小费用流问题概述

在运输网络 $N=(s,t,V,A,U)$ 中,设 C_{ij} 是定义在 A 上的非负数,它表示通过弧 (i,j) 单位流的费用。所谓最小费用流问题就是从发点到收点怎样以最小费用输送一已知量为 $v(f)$ 的总流量。

最小费用流问题可以用如下的线性规划问题描述:

$$\min \sum_{(i,j)\in A} c_{ij} f_{ij}$$

$$\sum_{j:(i,j)\in A} f_{ij} - \sum_{j:(j,i)\in A} f_{ji} = \begin{cases} v(f) & i=s \\ -v(f) & i=t \\ 0 & i \neq s,t \end{cases}$$

$$0 \leqslant f_{ij} \leqslant u_{ij}, \forall (i,j) \in A$$

显然,如果 $v(f)=$ 最大流 $v(f\max)$,则本问题就是最小费用最大流问题。如果 $v(f)>$ 最大流 $v(f\max)$,则本问题无解。

二、最小费用流问题的应用

【例9-2】 某鞋企,在全国有3个分公司(公司1、公司2和公司3),假设各公司的日生产量可以无限满足市场需求。该公司每天要向4个城市(城市A、城市B、城市C和城市D)供货,这四个城市的日需要量分别为8万双、13万双、11万双和19万双。1万双货物从公司运到各城市的运费如表9-1所示。该企业怎样安排生产和运输量,能使总运费最小?

表9-1 最小费用流运费

1万双运费	城市A	城市B	城市C	城市D
公司1	111	210	130	91
公司2	120	120	130	130
公司3	125	110	160	133

【解】 求解步骤如下。

第一步,建立最小费用流的决策模型。

如图9-9所示,该模型分为两部分:第一部分为各公司到各城市的运费表。第二部分为决策模型图,决策模型包括各公司到各城市的分配表、约束条件最大产量和需要量。分配表与运费表类似,只是当中的值为各公司到各城市的实际分配量。该决策模型公式如图9-10所示,其中"总运费"为运费表和分配表对应相乘得到的结果。

	A	B	C	D	E	F	G
1							
2		1万双运费	城市A	城市B	城市C	城市D	
3		公司1	111	210	130	91	
4		公司2	120	120	130	130	
5		公司3	125	110	160	133	
6							
7							
8			城市A	城市B	城市C	城市D	实际产量
9		公司1	0	0	0	0	0
10		公司2	0	0	0	0	0
11		公司3	0	0	0	0	0
12		运到量	0	0	0	0	
13		需要量	8	13	11	19	
14						总运费	0
15							

图9-9 最小费用流计算模型

	城市A	城市B	城市C	城市D	实际产量
公司1	0	0	0	0	=SUM(C9:F9)
公司2	0	0	0	0	=SUM(C10:F10)
公司3	0	0	0	0	=SUM(C11:F11)
运到量	=SUM(C9:C11)	=SUM(D9:D11)	=SUM(E9:E11)	=SUM(F9:F11)	
需要量	8	13	11	19	
				总运费	=SUM(C3:F5*C9:F11)

图9-10 最小费用流模型公式

第二步,使用规划求解工具,求得最小费用。

打开规划求解工具,根据建模分析,设置规划求解参数如图9-11所示。单击求解按钮,可得到求解结果如图 9-12 所示,安排生产运输方案为:公司 1 向城市 A 供应 8 万双、向城市 C 供应 11 万双、向城市 D 供应 19 万双;公司 3 向城市 B 供应 13 万双。最小运费为 5477 元。

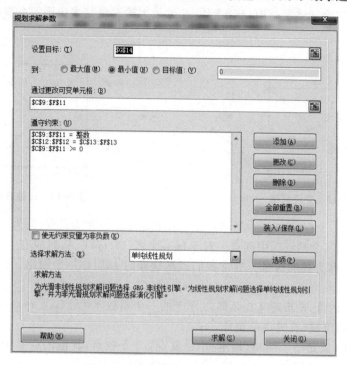

图 9-11　最小费用流规划模型参数

	城市A	城市B	城市C	城市D	实际产量
公司1	8	0	11	19	38
公司2	0	0	0	0	0
公司3	0	13	0	0	13
运到量	8	13	11	19	
需要量	8	13	11	19	
				总运费	5477

图 9-12　最优运输方案

第四节　最大流问题

在经济管理决策的许多系统中都包含了流量问题。例如,公路系统中有车辆流,控制系统中有信息流,供水系统中有水流,金融系统中有现金流等。这就涉及最大流问题。

一、最大流问题概述

图 9-13 是连接某产品产地 $v1$ 和销地 $v6$ 的交通网,每一弧 (vi,vj) 代表从 vi 到 vj 的运输线,产品经这条弧由 vi 输送到 vj,弧旁的数字表示这条运输线的最大通过能力。产品经过交通网从 $v1$ 输送到 $v6$。现在要求制订一个运输方案使从 $v1$ 运到 $v6$ 的产品数量最多。

第九章　管理系统优化问题

图 9-14 给出了一个运输方案,每条弧旁的数字表示在这个方案中,每条运输线上的运输数量。这个方案使 8 个单位的产品从 $v1$ 运到 $v6$,在这个交通网上输送量是否还可以增多,或者说这个运输网络中,从 $v1$ 到 $v6$ 的最大输送量是多少呢?本节就是要研究类似这样的问题。

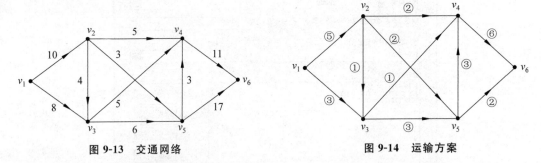

图 9-13 交通网络　　　　　图 9-14 运输方案

【定义】 给一个有向图 $D=(V,A)$,在 V 中指定了一点称为发点(记为 vs),而另一点称为收点(记为 vt),其余的点叫中间点。对于每一个弧 $(vi,vj) \in A$,对应有一个 $c(vi,vj) \geqslant 0$(或简写为 cij),称为弧的容量。通常我们就把这样的 D 叫作一个网络。记作

$$D = (V, A, C)$$

所谓网络上的流,是指定义在弧集合 A 上的一个函数 $f=\{f(vi\ vj)\}$,并称 $f(vi,vj)$ 为弧 (vi,vj) 上的流量(有时也简记作 fij)。

例如图 9-13 就是一个网络,指定 $v1$ 是发点,$v6$ 是收点,其他的点是中间点。弧旁的数字为 cij,表示弧的容量。

图 9-14 所示的运输方案,就可看作是这个网络上的一个流,每个弧上的运输量就是该弧上的流量,即 $f12=5, f24=2, f13=3, f34=1$ 等。

在运输网络的实际问题中可以看出,对于流有两个明显的要求:一是每个弧上的流量不能超过该弧的最大通过能力(即弧的容量);二是中间点的流量为零。因为对于每个点,运出这点的产品总量与运进这点的产品总量之差,是这点的净输出量,简称为是这一点的流量;由于中间点只起转运作用,所以中间点的流量必为零。易见发点的净流出量和收点的净流入量必相等,也是这个方案的总输送量。因此有:

【定义】 满足下述条件的流 f 称为可行流:
(1) 容量限制条件:对每一弧 $(vi,vj) \in A$

$$0 \leqslant fij \leqslant cij$$

(2) 平衡条件:
对于中间点:流出量等于流入量,即对每个 $i(i \neq s, t)$ 有

$$\sum_{(v_i,v_j) \in A} f_{ij} - \sum_{(v_j,v_i) \in A} f_{ji} = 0$$

对于发点 vs,记

$$\sum_{(v_s,v_j) \in A} f_{sj} - \sum_{(v_j,v_s) \in A} f_{js} = v(f)$$

对于收点 vt,记

$$\sum_{(v_t,v_j) \in A} f_{tj} - \sum_{(v_j,v_t) \in A} f_{jt} = -v(f)$$

式中 $v(f)$ 称为这个可行流的流量,即发点的净输出量(或收点的净输入量)。可行流总是存在的。比如令所有弧的流量 $f_{ij}=0$,就得到一个可行流(称为零流)。其流量 $v(f)=0$。

最大流问题就是求一个流 $\{f_{ij}\}$ 使其流量 $v(f)$ 达到最大,并且满足:

$$0 \leqslant f_{ij} \leqslant c_{ij} \qquad (v_i, v_j) \in A$$

$$\sum f_{ij} - \sum f_{ji} = \begin{cases} v(f) & (i=s) \quad (1) \\ 0 & (i \neq s, t) \\ -v(f) & (i=t) \quad (2) \end{cases}$$

最大流问题是一个特殊的线性规划问题。即求一组 $\{f_{ij}\}$,在满足条件(1)和(2)下使 $v(f)$ 达到极大。

二、最大流问题的应用

最大流问题可以转化为线性规划问题,利用 excel 进行求解。

【例 9-3】 某物流公司需要从城市 1 到城市 6 建立配送线路,两城市的配送中心网络如图 9-15 所示。箭头上的数字为每条线路的最大配送流量,该公司应该如何安排配送线路,能够使两个城市的配送流量达到最大?

【解】 求解步骤如下。

第一步,建立最大流的决策模型。

如图 9-16 所示,该模型分为两部分:第一部分为各城市的流量表,将配送图转化为系数矩阵。第二部分为决策模型图,决策模型包括各城市的实际流量表、各个城市的流量流出量和流量流入量。该决策模型公式如图 9-17 所示,流入量为各城市流入量之和,流出量为各城市流出量之和。

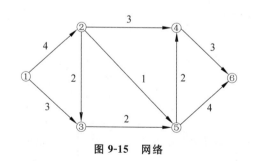

配送流量	城市2	城市3	城市4	城市5	城市6
城市1	4	3	0	0	0
城市2	0	2	3	1	0
城市3	0	0	0	2	0
城市4	0	0	0	0	3
城市5	0	0	0	2	4

配送流量	城市2	城市3	城市4	城市5	城市6	流出量
城市1	0	0	0	0	0	
城市2	0	0	0	0	0	
城市3	0	0	0	0	0	
城市4	0	0	0	0	0	
城市5	0	0	0	0	0	
流入量	0	0	0	0	0	

图 9-15 网络　　　　图 9-16 最大流计算模型

第二步,使用规划求解工具,求得最大流量。

打开规划求解工具,根据建模分析,设置规划求解参数如图 9-18 所示。约束条件要保证各线路所求得的流量不大于最大流量;所求的流量为大于 0 的整数;除了起始城市,其他中转城市的流入量要等于流出量。单击求解按钮,可得到求解结果如图 9-19 所示,

配送流量	城市2	城市3	城市4	城市5	城市6	流出量
城市1	4	2	0	0	0	=SUM(C11:G11)
城市2	0	0	3	1	0	=SUM(C12:G12)
城市3	0	0	0	2	0	=SUM(C13:G13)
城市4	0	0	0	0	3	=SUM(C14:G14)
城市5	0	0	0	0	3	=SUM(C15:G15)
流入量	=SUM(C11:C15)	=SUM(D11:D15)	=SUM(E11:E15)	=SUM(F11:F15)	=SUM(G11:G15)	

图 9-17 最大流模型公式

安排配送如图 9-20 所示,括号内为实际流量,最大流量为 6。

图 9-18 最大流模型参数

	A	B	C	D	E	F	G	H
1								
2		配送流量	城市2	城市3	城市4	城市5	城市6	
3		城市1	4	3	0	0	0	
4		城市2	0	2	3	1	0	
5		城市3	0	0	0	2	0	
6		城市4	0	0	0	0	3	
7		城市5	0	0	2	0	4	
8								
9								
10		配送流量	城市2	城市3	城市4	城市5	城市6	流出量
11		城市1	4	2	0	0	0	6
12		城市2	0	0	3	1	0	4
13		城市3	0	0	0	2	0	2
14		城市4	0	0	0	0	3	3
15		城市5	0	0	0	0	3	3
16		流入量	4	2	3	3	6	

图 9-19 最大流最优结果

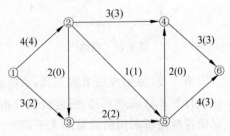

图 9-20 最大流最优配送方案图

第五节 最小费用最大流问题

前面的内容讨论了寻求网络中的最小费用流问题和最大流问题。在经济管理决策中,涉及"流"的问题时,决策者考虑的还不仅仅是独立的流量和费用因素,很多时候需要满足最大流量的情况下,要求费用最小,这就是本节要讨论的最小费用最大流问题。

一、最小费用最大流问题概述

给网络 $D=(V,A,C)$,每一弧 $(v_i,v_j)\in A$ 上,除了已给容量 c_{ij} 外,还给了一个单位流量的费用 $b(v_i,v_j)\geq 0$(简记为 b_{ij})。所谓最小费用最大流问题就是要求一个最大流 f,使流的总输送费用 $b(f)=\sum\limits_{(v_i,v_j)\in A} b_{ij}f_{ij}$ 取极小值。

下面介绍解决这个问题的一种方法。

寻求最大流的方法是从某个可行流出发,找到关于这个流的一条增广链 μ。沿着 μ 调整 f,对新的可行流试图寻求关于它的增广链,如此反复直至最大流。现在要寻求最小费用的最大流,首先考查一下,当沿着一条关于可行流 f 的增广链 μ,以 $\theta=1$ 调整 f,得到新的可行流 f' 时,显然 $v(f')=v(f)+1$,$b(f')$ 比 $b(f)$ 增加多少?不难看出:

$$b(f')-b(f) = \left[\sum_{\mu^+} b_{ij}(f'_{ij}-f_{ij}) - \sum_{\mu^-} b_{ij}(f'_{ij}-f_{ij})\right] = \sum_{\mu^+} b_{ij} - \sum_{\mu^-} b_{ij}$$

我们把 $\sum\limits_{\mu^+} b_{ij} - \sum\limits_{\mu^-} b_{ij}$ 称为这条增广链 μ 的"费用"。

可以证明,若 f 是流量为 $v(f)$ 的所有可行流中费用最小者,而 μ 是关于 f 的所有增广链中费用最小的增广链,那么沿 μ 去调整 f,得到的可行流 f',就是流量为 $v(f')$ 的所有可行流中的最小费用流。这样,当 f' 是最大流时,它也就是所要求的最小费用最大流了。

注意到,由于 $b_{ij}\geq 0$,所以 $f=0$ 必是流量为 0 的最小费用流。这样,总可以从 $f=0$ 开始。一般的,设已知 f 是流量 $v(f)$ 的最小费用流,余下的问题就是如何去寻求关于 f 的最小费用增广链。为此,可构造一个赋权有向图 $W(f)$,它的顶点是原网络 D 的顶点,而把 D 中的每一条弧 (v_i,v_j) 变成两个相反方向的弧 (v_i,v_j) 和 (v_j,v_i)。定义 $W(f)$ 中弧的权 w_{ij} 为

$$w_{ij} = \begin{cases} b_{ij} & \text{若 } f_{ij} < c_{ij} \\ +\infty & \text{若 } f_{ij} = c_{ij} \end{cases}$$

$$w_{ji} = \begin{cases} -b_{ij} & \text{若 } f_{ij} > 0 \\ +\infty & \text{若 } f_{ij} = 0 \end{cases}$$

(长度为 $+\infty$ 的弧可以从 $W(f)$ 中略去)

于是在网络 D 中寻求关于 f 的最小费用增广链就等价于在赋权有向图 $W(f)$ 中,寻求从 vs 到 vt 的最短路径。因此有如下算法:

开始取 $f(0)=0$,一般情况下若在第 $k-1$ 步得到最小费用流 $f(k-1)$,则构造赋权有向图 $W(f(k-1))$,在 $W(f(k-1))$ 中,寻求从 vs 到 vt 的最短路径。若不存在最短路径(即最短路径权是 $+\infty$),则 $f(k-1)$ 就是最小费用最大流;若存在最短路径,则在原网

络 D 中得到相应的增广链 μ，在增广链 μ 上对 $f(k-1)$ 进行调整。调整量为：

$$\theta = \min[\min_{u^+}(c_{ij} - f_{ij}^{(k-1)}), \min_{u^-}(f_{ij}^{(k-1)})]$$

令

$$f_{ij}^{(k)} = \begin{cases} f_{ij}^{(k-1)} + \theta & (\nu_i, \nu_j) \in u^+ \\ f_{ij}^{(k-1)} - \theta & (\nu_i, \nu_j) \in u^- \\ f_{ij}^{(k-1)} & (\nu_i, \nu_j) \mid u \end{cases}$$

得到新的可行流 $f(k)$，再对 $f(k)$ 重复上述步骤。

当然最小费用最大流问题也可以转化为线性规划问题，请参考最小费用流问题有关内容，将最小费用流线性规划模型的流量 $v(f)=$ 最大流 $v(f\max)$，即为最小费用最大流线性规划模型。

二、最小费用最大流问题的应用

最小费用最大流问题在经济管理中经常会遇到，经济管理决策者能够通过管理决策模型解决这一问题，接下来通过一个例子介绍如何利用 Excel 2010 建立最小费用最大流问题的线性规划管理决策模型。

【例 9-4】 某鞋企，在全国有 3 个分公司（公司 1、公司 2 和公司 3），各公司的日最大生产量分别为 23 万双、21 万双和 10 万双。该公司每天要向 4 个城市（城市 A、城市 B、城市 C 和城市 D）供货，这四个城市的日需要量分别为 8 万双、13 万双、11 万双和 19 万双。1 万双货物从公司运到各城市的运费如表 9-2 所示。

表 9-2　最小费用最大流运费

1 万双运费	城市 A	城市 B	城市 C	城市 D
公司 1	111	210	130	91
公司 2	120	120	130	130
公司 3	125	110	160	133

该企业怎样安排生产和运输量，能使总运费最小？要求各公司的实际供给量不能超过其最大产量，同时又要满足各城市的需要量。

【解】 求解步骤如下。

第一步，建立最小费用最大流的决策模型。

如图 9-21 所示，该模型分为两部分：第一部分为各公司到各城市的运费表。第二部分为决策模型图，决策模型包括各公司到各城市的分配表、约束条件最大产量和需要量。其中分配表与运费表类似，当中的数据为各公司到各城市的实际分配量。该决策模型公式如图 9-22 所示，其中"总运费"为运费表和分配表对应相乘得到的结果。

第二步，使用规划求解工具，求得最优决策方案。

打开规划求解工具，根据建模分析，设置规划求解参数如图 9-23 所示。实际产量不能大于最大产量；运到量要等于需要量。单击求解按钮，可得到求解结果如图 9-24 所示，安排生产运输方案为：公司 1 向城市 A 供应 4 万双、向城市 D 供应 19 万双；公司 2 向城市 A 供应 4 万双、向城市 B 供应 3 万双、向城市 C 供应 11 万双；公司 3 向城市 B 供应 10 万双。最小运费为 5543 元。

图 9-21 最小费用最大流计算模型

图 9-22 最小费用最大流模型公式

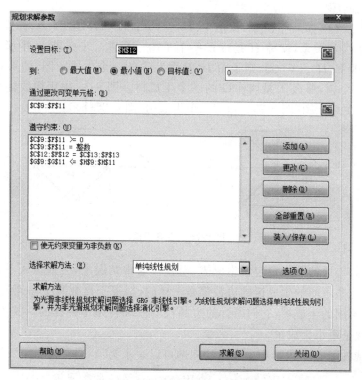

图 9-23 最小费用最大流模型参数

	城市A	城市B	城市C	城市D	实际产量	最大产量
公司1	4	0	0	19	23	23
公司2	4	3	11	0	18	21
公司3	0	10	0	0	10	10
运到量	8	13	11	19	总运费	5543
需要量	8	13	11	19		

图 9-24 最小费用最大流最优决策结果

第六节 最小支撑树问题

经济管理决策当中的另一类问题是不需要回路的,例如网络线路的建设,只要将各个站点连通,又要使建设长度最小;又如自来水管道问题;网络铺设问题。此类问题即为最小支撑树问题。

一、最小支撑树问题概述

最小支撑树问题是图论最优化的问题之一,就是要在赋权图的边集之中选出一些边,既能把图上所有的点连接起来,又要使它们的边权之和达到最小,这就是求赋权图的最小生成树问题(即最小支撑树)。

在连接问题中,如果进一步考虑边的代价,也就是说既要考虑点的连通性,又要考虑连一条边所花费的代价,这种要求总代价最小的问题,就是最小连接问题,在赋权图中,就是最小生成树问题。

对于一个图 G,如果存在图 H,使 $V(H) \subseteq V(G)$,$E(H) \subseteq E(G)$,并且 $E(H)$ 中的边保留在 G 中的关联关系,就称 H 是 G 的一个子图。若进一步要求 H 中所有的点就是 G 中所有的点,即 $V(H)=V(G)$,则子图 H 就称为 G 的一个生成子图,如果 G 的一个生成子图 T 又是一个树,那么 T 就叫作 G 的一个生成树。图 9-25 中用粗线标出的子图分别是原图的一个生成子图(图 9-25(a))和一个生成树(图 9-25(b))。

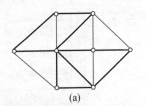
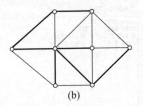

图 9-25 生成子图

容易看到,连通的图一定包含生成树,而且在通常情况下,生成树还不止一个。由树的性质可知,这些不同的生成树的边数都是一样的(都等于点数减1)。然而,在一个赋权的连通图里,不同的生成树,它们所含的边的权的总和将是不一样的。其中,边权之和最小的生成树就是最小生成树。

在一个赋权图 G 中求最小生成树的问题可以表示为

$$\text{Min}\{W(T) = \sum_{e \in E(T)} W(e) \mid T \text{ 是 } G \text{ 的生成树}\}$$

对于前面所说的最小连接问题,只要把连接起来的点以及可能连接的方案用一张图来表示,每条连线的代价就是各条边的权,于是最小生成树就是总代价最小的连接方案。

二、最小支撑树问题的应用

最小支撑树问题显然有它的应用背景。一家跨国公司为保持其分布在世界各地子公司与总公司的信息传递,必须至少由一个作为"热线"的树保持联系。学校里要把全部计算机连成校园网,也必须至少连接成一个树。要建立一个合理的物流供应线路,建立一个合理的网络线路等,都需要用到最小支撑树的内容。接下来我们通过一个例题来介绍,如何利用 Excel2010 规划求解工具建立最小支撑树求解模型。

【例 9-5】 某区下属 6 个街道,它们的相对位置及距离由图 9-26 表示(单位:千米)。区政府准备投资建设一个网络以传输内部文件。假定建设费用与距离成正比。请为它们设计一个费用最省的建造方案。

【解】 解题思路:由于已经假定建设费用与距离成正比,所以要求费用最省的建造方案,我们只要求得最短建设距离即可。

求解步骤如下。

第一步,建立最小支撑树的决策模型。

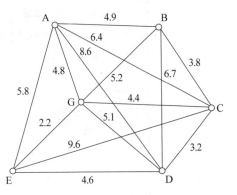

图 9-26 街道网络图

如图 9-27 所示,该模型分为两部分:第一部分为各个地区两地之间的距离,将交通图转为系数矩阵。第二部分与系数矩阵相似的决策矩阵,其中值只能为 0 和 1,1 表示该线路被选中,0 表示该线路未被选中。该决策模型公式如图 9-28 所示,其中"总距离"为系数矩阵与决策矩阵对应相乘得到的线路总距离。

街道	B	C	D	E	G
A	4.9	6.4	8.6	5.8	4.8
B		3.8	6.7	7.4	5.2
C			3.2	9.6	4.4
D				4.6	5.1
E					2.2

街道	B	C	D	E	G	合计项
A	0	0	0	0	0	0
B		0	0	0	0	0
C			0	0	0	0
D				0	0	0
E					0	0
					总距离	0

图 9-27 最小支撑树计算模型

第二步,使用规划求解工具,求得最优建设方案。

打开规划求解工具,根据建模分析,设置规划求解参数如图 9-29 所示。单击求解按钮,可得到求解结果如图 9-30 所示,建设方案为:A—G—E—D—C—B,最短距离为 18.6km。

图 9-28　最小支撑树模型公式

图 9-29　最小支撑树模型参数

图 9-30　最优建设方案结果

本 章 小 结

经济管理中经常会遇到诸如厂址选择、运输线路选择、管道运输线路选择等方面的决策问题。这些决策问题都可以转化为网络最优化问题，网络最优化问题在各行各业中的应用都非常广泛，掌握网络最优化问题的模型有利于经济管理决策的制定。本章主要介绍了几种常见的网络最优化问题的相关概念和数学模型，同时通过例题介绍了利用 Excel2010 建立这几种常见的网络最优化决策模型。

习　　题

1. 某快递公司准备在甲、乙两地设物流线路，问如何设计线路最短？图 9-31 中给出了甲、乙两地间的交通图，图中的点 $1,2,\cdots,10$ 表示 10 个地名，其中 1 表示甲地，10 表示乙地，点之间的联线（边）表示两地之间的公路，边所赋的权值表示两地间公路的长度（单位为 km）。

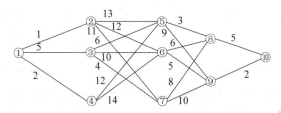

图 9-31　甲、乙两地之间的交通

2. 某公司是一家电子公司，它的工厂分别位于工厂 1、工厂 2、工厂 3。在工厂生产出的部件可能被运送到城市 4、城市 5、城市 6、城市 7 等地区的零售商发货。这四个城市的需求量分别为 31 箱、47 箱、64 箱、53 箱。表 9-3 给出了每个供应点和需求点的运输成本。公司的目标是使总运输成本达到最小。

表 9-3　运　　费

每箱运费	城市1	城市2	城市3	城市4
工厂1	24	56	39	5
工厂2	45	2	57	89
工厂3	7	55	45	15

3. 某电子科技公司需要从总部运输产品到分部，两地之间需要经过其他城市中转，两地的配送中心网络如图 9-32 所示，其中 $v1$ 表示总部，$v6$ 表示分部，$v2-v5$ 表示中转城市。箭头上的数字为每条线路的最大配送流量，该公司应该如何安排配送线路，能够使总部运输到分部的产品最多？

4. 某公司生产一种高档品牌葡萄酒，在全国有 3 个工厂（工厂 1、工厂 2 和工厂 3），

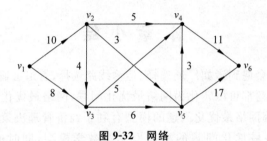

图 9-32 网络

各工厂的日最大生产量分别为 120 箱、200 箱和 100 箱。该公司每天要向 4 个城市(城市 A、城市 B、城市 C 和城市 D)供货,这四个城市的日需要量分别为 80 箱、150 箱、100 箱和 70 箱。每箱货物从工厂运到各城市的运费如表 9-4 所示。该公司怎样安排生产和运输量,能使总运费最小?要求各工厂的实际供给量不能超过其最大产量,同时又要满足各城市的需要量。

表 9-4 运 费

每箱运费	城市 A	城市 B	城市 C	城市 D
工厂 1	100	200	130	80
工厂 2	120	100	150	130
工厂 3	140	110	180	150

5. 某饮料厂的产品在市场上畅销,为了有利于原料的及时获得和质量控制,工厂决定对其 6 个原料供应站铺设管道输送牛源,6 个供应站相互间的距离如表 9-5 所示。已知:1 号供应站离工厂的距离为 5 公里,每铺设 1 公里管道的成本为人工费 30 万元、材料费 50 万元、其他费用 100 万元。请设计从 1 号供应站开始铺设管道,把各供应站连接起来的铺设方案,使建设总成本最低。

表 9-5 供应站间相互距离

供应站	2	3	4	5	6
1	1.3	2.1	0.9	0.7	1.8
2		0.9	1.8	1.2	2.6
3			2.6	1	2.5
4				0.8	1.6
5					0.9

参 考 文 献

1. 赫伯特·西蒙. 现代决策理论的基石[M]. 杨砾,等,译. 北京:北京经济学院出版社,1989.
2. 李怀祖. 管理研究方法论[M]. 第2版. 西安:西安交通大学出版社,2004.
3. 邱菀华. 管理决策熵学及其应用[M]. 北京:中国电力出版社,2011.
4. 刘兰娟. 财经管理计算机应用[M]. 上海:上海财经大学出版社,2010.
5. 《运筹学》教材编写组. 运筹学[M]. 第4版. 北京:清华大学出版社,2013.
6. 郭强,孙浩. 运筹学原理与算法[M]. 北京:科学出版社,2012.
7. 张清华. 图论及其应用[M]. 北京:清华大学出版社,2013.
8. 岳宏志,蔺小林. 运筹学[M]. 大连:东北财经大学出版社,2012.
9. 包凤达,李竹宁. Excel在管理技术中的应用于拓宽[M]. 北京:清华大学出版社.
10. 郑蕉,涂传清. Excel在多目标规划求解和灵敏度分析中的应用[J]. 中国管理信息化,2007(9):47-47.
11. 唐齐千. 盈亏平衡分析[J]. 技术经济,1984(6):10-17.
12. 路允芳,严广松. 线性盈亏平衡分析及应用[J]. 科教文汇,2006(6):168-169.
13. 杨志翔. Excel在经济规划与管理决策中的应用[J]. 计算机与现代化,2003(11):102-104.
14. 张所地. 管理决策论[M]. 北京:中国科学技术出版社,2005.
15. 西蒙·弗兰奇,等. 决策分析[M]. 李华旸,译. 北京:清华大学出版社,2012.

教师服务

感谢您选用清华大学出版社的教材！为了更好地服务教学，我们为授课教师提供本书的教学辅助资源，以及本学科重点教材信息。请您扫码获取。

≫ 教辅获取

本书教辅资源，授课教师扫码获取

≫ 样书赠送

管理科学与工程类重点教材，教师扫码获取样书

 清华大学出版社

E-mail: tupfuwu@163.com
电话: 010-83470332 / 83470142
地址: 北京市海淀区双清路学研大厦 B 座 509

网址: http://www.tup.com.cn/
传真: 8610-83470107
邮编: 100084

教辅服务

感谢您选用清华大学出版社的教材！为了方便广大师生教学，我们为使用本书的教师提供本书的教学课件，以及本书中涉及的二维码链接内容，请扫描下方二维码获取。

> 教辅获取

本书教学课件、增值服务申请获取

> 样书赠送

管理科学与工程类专业课程，教师可扫码获赠样书

📚 清华大学出版社

E-mail: tupwuli@163.com
电话: 010-83470032 / 83470142
地址: 北京市海淀区双清路学研大厦 B座 509

网址: http://www.tup.com.cn/
传真: 010-83470107
邮编: 100084